Rupert Lay

Das Bild des Menschen

Rupert Lay

Das Bild des Menschen

Psychoanalyse für die Praxis

Wirtschaftsverlag Langen-Müller/Herbig

Schutzumschlag: Christel Aumann, München
Satz und Druck: Jos. C. Huber KG, Dießen
Binden: R. Oldenbourg, München
Printed in Germany
ISBN: 3-7844-7139-0

Inhaltsverzeichnis

Vorwort 7

1. Teil: Die Struktur der menschlichen Psyche 11
   1. Wer bin ich? 13
   2. Die Psyche 19
   3. Die Freiheit und das Unbewußte 22
   4. Triebe und das Es 33
   5. Das Ich und das Selbst 43
   6. Das Überich 63
   7. Angst 85
   8. Abwehr und Abwehrmechanismen 98
   9. Narzißmus 134
   10. Übertragung und Gegenübertragung 143
   11. Traumanalyse 149

2. Teil: Das Werden der Psyche 161
   1. Das erste Lebensjahr 164
   2. Das zweite und dritte Lebensjahr 180
   3. Das vierte und fünfte Lebensjahr 189
   4. Zwischenspiel: Das sechste bis zehnte Lebensjahr 204
   5. Die Pubertät 207
   6. Die Adoleszenz 219

3. Teil: Das Leiden der Psyche 233
   1. Die schizophrenen Störungen 244
   2. Leere Depressionen 257
   3. Die Schulddepression 270
   4. Borderline-Zustände 276
   5. Perversionen 282
   6. Homosexualität 286
   7. Die Sucht 293
   8. Die Wahnkrankheit 296
   9. Die Depression als narzißtische Abwehr 301
   10. Die Hypochondrie 303
   11. Hyperthymie 305
   12. Neurosen mit ausgeprägter Angstentwicklung 310
   13. Neurosen mit ausgeprägter Autoaggression 316
   14. Die Zwangsneurose 320

15. Die hysterische Neurose 325
16. Psychosomatische Krankheiten 330

Sachregister 348

Literaturverzeichnis 352

Vorwort

Wer es unternimmt, ein Bild vom Menschen zu zeichnen, ist sich bewußt, daß er etwas von sich selbst darstellt. Die eigenen psychischen Dispositionen gehen ebenso ein in das Bild wie die Erfahrungen mit sich und anderen. In dieses Buch gehen ein die Erfahrungen einer 20jährigen therapeutischen Praxis und einer ebensolangen Tätigkeit als Hochschullehrer. Nun schafft Erfahrung an sich keinen Vorteil. Sie ermöglicht es aber dem, der zu stetem Lernen bereit ist, dem, der sich nirgendwo ideologisch oder wissenschaftstheoretisch festmacht und ankettet – immer wieder Neues neu zu sehen und das, was er denkt, ständig zu kontrollieren und zu modifizieren.

Dieses Buch ist das Ergebnis einer langen Praxis. Und es steht mitten in der Praxis, der therapeutischen wie der lehrenden seines Autors. Er vermutet, daß einiges aus dieser Praxis typisch ist – hat er es doch in der Hauptsache mit Menschen zu tun, deren Verhalten für unsere Zeit charakteristisch zu sein scheinen: mit Industriemanagern und Studenten.

Für mich ist Psychoanalyse das Paradigma einer humanen Anthropologie, weil sie nicht nach dem *Wesen* des Menschen fragt, sondern sich um jeden einzelnen kümmert und das dabei Erfahrene zusammenträgt zu Deutesystemen – immer aber in jeder Begegnung mit einem neuen Menschen bereit, untaugliche Stücke der eigenen Theorie aufzugeben.

Im Mittelpunkt des analytischen Interesses steht also der einzelne Mensch: Er ist das Zentrum seines Verhaltens, seiner Interaktionsangebote, er ist das, woher alles andere Tun mit ihm und an ihm Sinn erhält.

Sicherlich haben auch romantische oder mystische Konzeptionen des Menschen ihren Sinn. Sie erklären ihrem Autor und seiner Gemeinde, die ihm durch ähnliche Bedürfnisse und Emotionen verbunden ist, etwas vom eigenen Selbst. Doch werden diese kurzgreifenden Modelle gefährlich, wenn sie einen generellen Anspruch vertreten. So konnten im Namen der Liebe Menschen zu Tode gehaßt und im Namen der Humanität unterdrückt und im Namen der Freiheit sozial und psychisch gemordet werden, ohne daß denen, die wie Fanale diese allzu großen Werte vor sich hertrugen, auch nur das geringste Unrecht bewußt gewesen wäre.

Das kann einem Psychoanalytiker kaum passieren. Er wird nicht aufgrund eines Bildes auf einen Menschen Zwang ausüben wollen. Die Psychoanalyse überzeugt – oft ohne es zu wollen – nicht erststellig durch die Einsichtigkeit ihrer Gedanken, sondern durch die Humanität ihrer Praxis.

So verstehe ich dieses Buch als ein Plädoyer für humane Praxis. Nicht die große Humanität von Grundgesetz und Verfassungen, von Parlamentsreden oder Deutschstunden ist hier gemeint, sondern jene Humanität, die möglich wird, wenn ich mich und einen anderen Menschen besser verstehe und so sinnvoll mit ihm umgehen, auf ihn eingehen und von ihm lernen kann. Die verbreitete Unfähigkeit zur humanen (und nicht nur funktionalisierten) Kommunikation wurzelt meist nicht in bösem Willen. Nein, guter Wille ist viel da – zu viel, wenn man beobachtet, wie sich manche Anhänger der Transaktionsanalyse oder der »Themenzentrierten Interaktion« um humanes Kommunizieren mühen. Sie haben es schwer, denn ohne ein Bild vom Menschen, nicht ein wissenschaftliches, sondern ein mit den Wissenschaften verträgliches, kann man kaum zu anderen als oberflächlichen Erfolgen kommen. Dies ist mehr als nichts.

Aber es ist zu wenig, wenn man mehr haben kann. Dieses Mehr können psychoanalytische Theorie und Praxis geben. Ich bin sicher, daß ein Leser, der dieses Buch aufmerksam studiert hat, sehr viel mehr weiß über sich und andere. Ich bin sicher, daß ihm Material an die Hand gegeben wird, das, was er ungenau spürt und eher ahnt, als daß er es wüßte, daß ihm ein begriffliches Instrumentar angeboten wird, über das scheinbar Unsprachliche zur Sprache zu kommen.

Wir können Dinge nur beherrschen, wenn wir sie in Sprache eingeholt haben. Das gilt besonders für unsere Psyche und ihre Funktionen.

Beim Abfassen dieses Buches standen mir viele Dutzend Autoren der psychoanalytischen Theorien zur Seite. Die meisten habe ich im Literaturverzeichnis aufgeführt. Viele Gedanken hörte ich auf Kongressen, wurden in Seminaren erarbeitet. Hier ist es kaum möglich, Eigenes vom Fremdhergekommenen, das längst zu eigen geworden ist, abzugrenzen.

Ein so bescheidener Band wie der vorliegende kann nur eine Einführung in die Psychoanalyse wagen. Dem, der darin weitergehen will, steht eine reiche Literatur zur Verfügung. Besonders ist die regelmäßige Lektüre der Zeitschrift »Psyche« zu empfehlen, die heute (1984) schon im 38. Jahrgang erscheint. Auf die Dauer ist jedoch auf eine praktische Einführung in die psychoanalytische Praxis nicht zu verzichten, wenn man mitreden will. Neben Lehranalysen, die viele Hundert Stunden dauern, empfehle ich die Einrichtung von »Analytischer Therapie zu Lehrzwekken«. Sollten Sie so etwas antreffen und hat Ihnen das Buch weitergeholfen, greifen Sie zu.

Es ist das größte Abenteuer, das wir Menschen wagen können: die Expedition in die eigene Psyche. Ich möchte es mit Ihnen ein paar Schritte gemeinsam gehen. Wenn wir wieder auseinandergehen, werden Sie selbst entscheiden, ob Sie wieder zurückkehren in das gewohnte Zuhause oder ob Sie die Heimat verlassen wollen und aufbrechen in das Reich, in dem sich Humanität konkretisiert: in das Reich Ihrer Psyche. Ich wünsche Ihnen für diesen Weg Mut, Geduld mit sich selbst und einen geeigneten Begleiter.

Frankfurt im Februar 1984 Rupert Lay

1. Teil

Die Struktur der menschlichen Psyche

1. Wer bin ich?

Vermutlich gibt es keine Frage, deren Beantwortung mehr Menschen interessiert. Es kann durchaus sein, daß sich in ihr alle Neugier verdichte. Alles suchende, bohrende Fragen hat seinen Grund in einer einzigen unbeantworteten Frage, der Frage: »Wer bin ich eigentlich?«

Menschen, die nach dem Alter des Universums fragen, nach der chemischen Struktur des Lebendigen, dem »Wesen« von Gesellschaft, die fragen nach dem Guten, dem Göttlichen, dem Wahren, stellen in aller Regel, gebrochen in den Facetten sekundären Interesses, die Frage nach sich selbst. Wir Menschen müssen mit uns selbst sehr unversöhnte Wesen sein, daß uns die Frage beunruhigt, wer wir denn seien – eine Frage, die wir bislang nicht beantworten können. Wir wissen etwas (nicht sehr viel) über unser Sein, kaum aber etwas über unser Wesen, unseren Entwurf, auf den hin wir als Einzelne und als Gattung leben. Die Unversöhntheit unseres Seins mit unserem Wesen macht uns zu glaubenden, zu hoffenden, zu liebenden Menschen, aber auch zu fragenden, zu unglücklichen, zu leidenden, zu hassenden.

In all den Ausweisen unserer Nicht-Identität mit uns selbst leben wir im Dazwischen, im Zwischen-Frage-und-Antwort. In Stunden der Besinnung wird es uns deutlich, daß wir zusammen mit einer unbeantworteten Frage leben, eine Frage, die an uns gerichtet ist, deren Beantwortung aber zugleich all unsere Möglichkeiten übersteigt.

Von allen Theorien, die in den letzten Jahrzehnten erdacht wurden und die mit dem Anspruch einiger Wissenschaftlichkeit die alten Mythen ersetzten (deren erklärender und sinngebender Nutzen nicht bestritten werden soll), ist die Psychoanalyse wohl die erheblichste, die folgenreichste und erhellendste. Sie gibt uns ein Instrumentar an die Hand, die Frage nach dem eigenen Sein in einer nie gekannten Weise und Dringlichkeit nicht nur zu stellen, sondern auch vorläufig zu beantworten.

Die ihr vorausgehenden Mythen haben der menschlichen Sehnsucht nach Größe, Vollkommenheit und Vollendbarkeit das Wort geredet. Sie sind, weil sie der Sehnsucht nach Größe und Würde entsprechen, noch immer unter uns lebendig. Viele Menschen sind bereit, auf vieles zu verzichten, ja selbst auf Wahrhaftigkeit und Redlichkeit, wenn nur ihre Würde – oder besser: was sie dafür halten – nicht verletzt wird.

Der Glaube an die Würde manifestiert sich im Mythos von der Gottebenbildlichkeit. Menschen partizipieren an ihrem Gott, weil sie sich frei wähnen und fähig zur intellektuellen Überschreitung jedwelcher erkannten Grenze. Sie schließen aus ihrer Fähigkeit, Grenzen zu erkennen, auf das Vermögen, Grenzen zu überschreiten – hinein ins Göttliche.

Die psychoanalytische Theorie ersetzt diese reichen, viele Jahrtausende alten Mythen durch ein neues, empirisch gut fundiertes Erklärungssystem. Während der alte Mythos vom Menschen und seiner Würde Menschen allenfalls half, mit der fremden Realität auch der eigenen Psyche in einer Art von labilem Kompromiß zu leben und hieraus sein relatives Recht bezog, kann die psychoanalytische Theorie auf die psychoanalytische Praxis verweisen. Sie erlaubt es, Menschen zu größerer Realitätsdichte, mehr Kreativität und weniger Leiden zu führen. Sie kann Menschen heilen, vermutlich nicht nur durch die Kraft des Glaubens des Geheilten.

Das Erkenntnisinteresse an psychologischen Theorien

Menschen, die sich mit Psychologie beschäftigen, werden zumeist geleitet von der Erwartung, sich selbst besser zu verstehen. Sie sind sich selbst, mehr als der Durchschnitt der Bevölkerung, ein Problem. Und dieses Problem wird bewußt und stellt sich dar in der Verdichtung aller möglichen Erkenntnisinteressen hin auf psychologische Fragen und Antwortversuche. Der Horizont der Interessen verengt sich.
Das ist ganz »normal«, denn die Akzentuierung eines Interesses verringert meist die Interessen an anderen Fragen und Antworten.
Die Fokussierung der erkenntnisleitenden Interessen auf eines finden wir besonders häufig bei Menschen, die sich auf metapsychologische Fragen festlegen, um herauszufinden, wer sie denn eigentlich seien. Zur Metapsychologie rechne ich auch viele dogmatische Theologien, spekulative Anthropologien ebenso wie die Psychoanalyse (oder andere Formen der »Tiefenpsychologie«). Menschen möchten herausfinden, daß sie noch großartiger sind, als bisher vermutet, oder möchten die Vermutungen über ihre eigene Größe bestätigt finden. Hier hat die Psychoanalyse gegenüber ihren mythischen Vorläuferinnen einen Vorzug: Sie verweigert sich diesem Anspruch. Sie bestätigt nicht die Vermutung eigener Größe, sondern entlarvt vielmehr viele Argumente und Einsichten, die die Vermutung stützen könnten, als Lebenslügen.
Nun kann man sicherlich den Interessenten in Sachen Psychoanalyse vorwerfen, sie suchten ebenfalls nur Selbstbestätigung, wennschon auch auf eine masochistische (die eigene Kleinheit und Nichtigkeit betonende) oder sadistische (die andere Menschen von ihren Sockeln und Podesten zerrende) Art. Das kann durchaus in einzelnen Fällen so sein. Im Bereich der *bewußten* Motivationen ist es zumeist jedoch nicht so. Während in den mythischen Vorläufern der Psychoanalyse das Erkenntnisinteresse sicherlich der Sicherung der eigenen Größe dienen sollte, ist das Interesse

an der Psychoanalyse *auch* reine Neugier (und das hat sie mit allen Wissenschaften gemein). Doch zugegeben: Die bewußten Motive sind nicht tatsächlich die primären – in aller Regel zumindest nicht.

Kompromißbildungen

»Kompromißbildung« meint, daß zwischen einzelnen Konfliktinstanzen ein Kompromiß hergestellt wird. Konfliktinstanzen können sein: Bedürfnisse, Gewissen und Idealbild von sich selbst, Umwelt. In jeder Lebenssituation fordern sie von uns ein bestimmtes Verhalten ein. Das tatsächliche Verhalten ist das Ergebnis eines Konfliktlösungsversuchs.
Die psychoanalytische Theorie geht davon aus, daß Konflikte zwischen den drei Konfliktinstanzen unvermeidbar sind und *jede* Handlung mitbestimmen. Ja, sie geht noch weiter und bestimmt, daß *alle Elemente des bewußten Seelenlebens Kompromißbildungen* sind. Kompromißbildungen haben die Aufgabe, das psychische Gleichgewicht im Feld einander widersprechender Ansprüche der verschiedenen Konfliktinstanzen aufrechtzuerhalten. Die Labilisierung des psychischen Gleichgewichts führt zu Gefühlen der Angst, der Scham, der Schuld, der eigenen Minderwertigkeit, der Niedergeschlagenheit – kurzum zu Gefühlen, die uns Unlust bereiten. Die Vermeidung von Unlust aber ist eine der wichtigsten Aufgaben der psychischen Dynamik.
Das macht sie so, daß sie einige Ansprüche eines Konfliktpartners abwehrt und so nicht zum Bewußtwerden zuläßt. Indem die Ansprüche eines (oder auch mehrerer) Konfliktpartner abgewehrt werden, wird meist Kompromißbildung möglich.
Die *Art* des gefundenen Kompromisses hängt zum guten Teil von den konkreten Umweltsituationen ab, vom Angebot, das die Umwelt einem Menschen macht. Doch auch von den Erfahrungen seiner Vergangenheit, vor allem von früheren Erfahrungen, die in Konflikten und mit Konfliktlösungen gemacht oder nicht gemacht wurden.
Was sind die Elemente des bewußten Seelenlebens, von denen die psychoanalytische Theorie behauptet, daß sie Kompromißbildungen oder Folgen von Kompromißbildungen sind?
1. Der *Charakter* eines Menschen. »Charakter« meint den Inbegriff stabiler Gewohnheiten und Gesinnungen eines Menschen, die ihn dazu bringen, bestimmte Verhalten und Reaktionen anderen vorzuziehen (A. Gehlen). Insbesondere bestimmt der Charakter, zu welcher Art von Interaktionsangeboten an andere und zu welcher Art von Reaktionen auf fremde Interaktionsangebote ein Mensch in bestimmten psychischen und sozialen Situationen neigt. Charakter bezeichnet also eine Tendenz, sich zu verhalten, zu denken, zu fühlen, zu erwarten ..., wenn ich geliebt

oder abgelehnt werde, einsam oder sozial beansprucht bin, Erfolg oder Mißerfolg habe, sexuell oder aggressiv erregt oder gehemmt bin, frustriert oder befriedigt bin, traurig bin oder mich freue, erschreckt bin oder zweifle ...
Der Charakter ist ein Ensemble vielfach determinierter und einander determinierender Kompromißbildungen der Vergangenheit und Gegenwart.
2. Das *Selbstbildnis,* das mir eine Antwort gibt auf die Frage: »Wer bin ich?« Es beantwortet diese Frage unvermeidbar unzulänglich und unzutreffend, doch stets so, daß meine Selbstachtung möglichst aufrechterhalten bleibt und Unlust sich nicht institutionalisiert. Auch die Antwort auf die Frage nach dem Lebenssinn gehört hierher. Sie ist wesentlicher Teil des Selbstbildes. Insofern das Selbstbild eine Kompromißbildung auf dem Sockel zahlloser vergangener Kompromißbildungen ist, gilt das auch für die Antwort auf die Sinnfrage. Lebenssinn ist uns niemals vorgegeben, sondern er wird über Kompromißbildungen gefunden. An dieser Stelle unterscheidet sich die psychoanalytische Theorie von den Angeboten der Mythen, die zumeist von einer Sinnvorgabe ausgehen.
Das Selbstbild hat die Funktion, die »narzißtische Homöostase« zu sichern, ist Ausdruck und Folge eines solchen Sicherungsversuchs. »Narzißtische Homöostase« meint die Stabilität der Selbstachtung im Fluß verschiedenartiger psychischer und sozialer Beanspruchungen, die sehr oft dazu geeignet sind, die Selbstachtung zu mindern. Ohne diese Bemühungen um ein Selbstachtungsgleichgewicht im Fluß psychischer und psychosozialer Abläufe wäre ein Mensch den degradierenden Urteilen seines Gewissens, seiner Selbstideale, seiner Umwelt nahezu hilflos ausgeliefert und lebensuntüchtig.
3. Die *Weltanschauungen* und die Weltbilder eines Menschen, vor allem aber seinen dominierenden. »Weltbild« meint die geordnete Summe der theoretischen Einstellungen eines Menschen zur Welt. So kann man etwa ein Weltbild haben, das von einer bestimmten Gesellschaftstheorie (etwa der des Marxismus) bestimmt wird oder von einer psychologischen oder theologischen Theorie. »Weltanschauung« bezeichnet die geordnete Menge der praktischen Einstellungen eines Menschen zur Welt. Hierher gehören vor allem die Wertungen, wertbesetzten Vorurteile, die Normen, die wertbesetzten Bezüge ... So kann jemand eine christliche Weltanschauung haben, wenn er die Wertungen und Wertbesetzungen des Christentums übernimmt, und sie in einzelnen Situationen ohne (nochmalige) Prüfung anwendet oder anzuwenden fordert.
Daß Weltbild und Weltanschauung als Elemente des bewußten oder doch des bewußtseinsfähigen Seelenlebens Kompromißbildungen sind, läßt sich meist leicht ausmachen. Sie hängen oft eng mit dem Selbstbild

zusammen. Nicht selten bestimmen Selbst- und Weltbild einander wechselseitig.

In Weltbild und Weltanschauung werden aber auch Einflüsse der Umwelt deutlich. Beide hängen weitgehend von Zeit und Ort ab. So ist es sehr unwahrscheinlich, daß sich im europäischen Mittelalter ein Mensch ein heliozentrisches Weltbild verbunden mit einer buddhistischen Weltanschauung aufbaute. Wir alle selektieren aus dem mehr oder weniger pluralen Angebot unserer Umwelt jene Elemente und Aspekte, die Mythen und Theorien, die am ehesten geeignet sind, unser psychisches Gleichgewicht zu stabilisieren und (so) Unlust zu vermeiden.

4. Hierher gehört aber auch die Ausbildung von *wissenschaftlichen Theorien.* Vor allem die Theorien der Handlungswissenschaften (das sind Wissenschaften, die es mit menschlichen Handlungen und deren Folgen zu tun haben, wie Psychologie, Sozialwissenschaften, Wirtschaftswissenschaften, Pädagogik, Politologie, Ökologie ...) haben, wenn ihnen, wie oft üblich, weltanschauliche Bedeutung zukommt, den Charakter von Kompromißbildungen. Menschen wählen die aus, die vor allem in der Lage ist, ihr psychisches Gleichgewicht zu stabilisieren.

Das erklärt auch die auf den ersten Blick befremdliche Feststellung, daß für die Bestätigung nahezu jeder handlungswissenschaftlichen Theorie beliebig viele Erfahrungen und Beobachtungen bereit stehen. Wissenschaftstheoretisch gesehen, hängt das mit der allgemein akzeptierten Tatsache zusammen, daß Erfahrungen und Theorien einander wechselseitig bedingen, da wir all unsere Erfahrungen immer schon vor dem Hintergrund einer möglichen Erklärung machen und so Erfahrungen, die nicht erklärbar erscheinen, als unerheblich ausgefiltert oder gar nicht erst wahrgenommen werden.

Diese Einsicht der Psychoanalyse hat nichts oder nur sehr wenig mit der Forderung nach Objektivität in den Wissenschaften zu tun. »Objektivität« (bzw. »Objektivierbarkeit«) kann nur bedeuten, daß Menschen mit gleichen oder ähnlichen Vorgaben an Wissen, Interessen, Orientierungen, Vorurteilen ... zu gleichen oder ähnlichen Ergebnissen kommen. Daß Wissenschaft es nicht mit »Wahrheit an sich« oder auch nur »Realität an sich« zu tun hat, sondern nur mit den Gegenständen und Sachverhalten unserer Erfahrung, insofern und wie wir sie erfahren (also bestenfalls mit Abbildern von Realität), ist heute wohl allgemein akzeptiert. In solche Abbilder gehen aber unsere erkenntnisleitenden Interessen *konstitutiv* ein. *Das* erkenntnisleitende Interesse schlechthin ist aber die Stabilisierung des eigenen Selbst.

Das gilt auch für die Psychoanalyse.

Auch sie ist ein handlungswissenschaftliches System von Theorien, die die Absicht und das Interesse haben, psychisch zu stabilisieren, doch das auf einem kritischeren und kritisch gesichertem Niveau als dem der alten theologischen oder philosophisch-anthropologischen Mythen. Daß sie selbst dabei im Dämmerlicht zwischen Mythos und wissenschaftlicher Theorie steht, sei unbestritten.

Töricht aber ist es und absurd, wenn verschiedene »tiefenpsychologische« Schulen einander exkommunizieren oder Abweichler innerhalb einer Schule, die bestimmt ist durch den paradigmatischen Charakter einer bestimmten Theorie eines bestimmten Lehrers, arg verfolgt und verfemdet werden. Absurd, weil gerade Vertreter einer psychoanalytischen Theorie über die Funktion und Aufgabe einer handlungswissenschaftlichen Theorie soweit informiert sein sollten, daß sie über ihre psychoanalytische Theorie auch verfügen können. Verfügen, das bedeutet, sie auf alle möglichen ihr entsprechenden Gegenstandsbereiche anzuwenden. Es ist ein elementarer Ausdruck der Toleranz, den der Umgang mit Psychoanalyse in Theorie und Praxis (und vor allem: Praxis!) lehren sollte: Jede Variante einer psychoanalytischen Theorie ist Ergebnis und Folge von Bemühungen ihres Autors, sein psychisches Gleichgewicht aufrechtzuerhalten.

So ist es durchaus verständlich, wenn die Vertreter der Ich-Analyse und der Trieb-Analyse mit der jeweils anderen Theorie wenig anzufangen wissen. Es ist aber unverständlich, wenn sie einander befehden, vorausgesetzt, es stehen ihnen andere Aggressionsobjekte zur Verfügung. Ich denke, daß dieser psychische Mechanismus, der uns zwingt, Dissidenten besonders heftig zu verfolgen, analytisch beherrscht werden kann. Gelingt das nicht, sollte man sich fragen, an welcher Stelle man die analytische Theorie verlassen hat: Sicher in ihrer Einsicht über Kompromißbildungen.

5. Doch auch *politische* Überzeugungen gehören hierher. Sie sind meist Folgen bestimmter weltanschaulicher Meinungen. Im politischen Streit sind Verketzerungen vermutlich unvermeidbar, denn nur wenige Politiker verfügen in der Praxis und Organisation ihres Lebens über psychoanalytische Theorien. Obschon solches sehr nützlich wäre. Viele innen- und außenpolitische Konflikte lassen sich leicht als Folge von Versuchen verstehen, die persönliche (oder gesellschaftliche) Identität (verstanden als narzißistische Homöostase) aufrechtzuerhalten. Politische Taktik, die große wie die kleine, hat oft keine andere Funktion als die, Angst-, Scham-, Schuld- oder/und Minderwertigkeitsgefühle (ASSM) zu vermeiden. Nur wenn man darum weiß, wird man Konflikte sinnvoll und erfolgreich beheben können.

6. Daß auch *Träume, neurotische Symptome, Phantasien, Wünsche, Hoffnungen, bewußte Bedürfnisse und Emotionen* ... Kompromißbildungen sind, wird der Leser leicht verstehen. Auch in ihnen wird der Wi-

derstreit psychischer und psychosozialer Strukturen gemindert, indem einige Ansprüche abgewehrt und damit aus dem Bewußtsein verbannt oder erst gar nicht zum Bewußtsein zugelassen werden. Diese Abwehr geschieht nicht selten unbewußt, so daß wir über unsere Kompromißbildungen (als Prozeß) oft wenig wissen. Meist kennen wir nur das Ergebnis.

Ist die Abwehr nicht stark genug, wird uns die ursprüngliche Unvereinbarkeit der Ansprüche der verschiedenen psychischen und psychosozialen Instanzen an ASSMD (= Gefühle der Angst, der Schuld, der Scham, der Minderwertigkeit, der Niedergeschlagenheit) erhebbar und erlebbar. In Angstträumen oder auch in Schuldgefühlen versagt die Abwehr teilweise – das bemerken wir. Die Kompromißbildung ist – meist vorübergehend – aufgehoben. Diese versagende Kompromißbildung (sie kann sehr verschiedene Gründe haben, über die noch zu sprechen sein wird) gibt der psychoanalytischen Theorie die Möglichkeit, ihre Theorie der Kompromißbildung immer wieder zu überprüfen.

Mitunter zeigen sich ASSMD auch nur halbbewußt und unbestimmt. Es steht dann zu vermuten, daß die Kompromißbildung nur unvollständig gelungen ist. Die Abwehr funktioniert nicht (mehr) zuverlässig.

Es mag nun scheinen, als ob das Abwehren von unvereinbaren Aspekten bei »Forderungen« der psychischen und/oder psychosozialen Instanzen ein stets begrüßenswerter Vorgang sei. Das ist nicht der Fall. Gerade problematische Formen der Abwehr sind der Grund neurotischer (und oft auch psychotischer) Symptombildung. Die Lehre von der Abwehr ist deshalb zu einem zentralen Kapitel in der psychoanalytischen Theorie geworden.

Das Ziel der psychoanalytischen Behandlung ist nicht etwaKompromißbildungen zu beschränken, sondern sie zu verändern, so daß ein Mensch in der Lage ist, mit einem Minimum an Unlust (ASSMD) ein kreatives und sozial befriedigendes Leben zu führen.

2. *Die Psyche*

Nach Aristoteles unterscheidet sich der redliche Mensch vom unredlichen, insofern der Redliche sagen kann, worüber er handelt. Die meisten Menschen, die über Freiheit, Gleichheit, Gerechtigkeit, über Demokratie, Leistung, Vaterland, über Gott und die Welt sprechen, können das nicht. Da ich mich aber in diesem Buch zumindest um Redlichkeit bemühen will, muß ich sagen, worüber es handelt, was ich meine, wenn ich die Worte »Psyche«, »psychisch« verwende.

Es ist nicht sicher auszumachen, wann ein Mensch zum ersten Mal auf den Einfall kam, daß er nicht identisch sei mit seinem Körper und daß deshalb etwas anderes ihn zu dem mache, der er ist. Doch war dieser Einfall der Beginn dessen, was wir heute Psychologie nennen. Die Überzeugung, nach dem Tod des Leibes weiterzuexistieren, manifestiert sich schon in frühen Totenkulten, von denen einige älter sind als 100000 Jahre. Der Begriff »Seele« war gefunden.

Schon damals bezeichnete er nichts Erfahrbares, sondern erklärte die Erfahrung der Nicht-Identität mit dem eigenen Leib, die Spannung, die zwischen dem »Ich bin mein Leib« und dem »Ich habe meinen Leib« liegt.

Es liegt im Wesen des mythischen Denkens, Erklärungsbegriffen einen realen Gegenstand zuzuordnen. Und das taten Menschen schon früh (wie die Totenkulte belegen, die offenbar von einer unsterblichen, also realen Seele ausgingen).

Der erste der großen europäischen Denker, der sich die Überwindung von Mythen zur Aufgabe machte, war Aristoteles. Er räumte als erster auf mit dem Mythos von der selbständigen Seele.

Das war ihm möglich, da er auf einem ganz anderen Gebiet frühen philosophischen Forschens einen wichtigen Einfall hatte: Er fragte nach der Bedingung der Möglichkeit allgemeiner Begriffe. Sein Lehrer, Platon, nahm an, tief im mythischen Denken verwurzelt und ohne jeden aufklärerischen Elan, daß es Real-Allgemeines gäbe (die »Ideen«), das die Allgemeinbegriffe an erster Stelle das bezeichneten, woher sie ihre reale Gültigkeit bezögen. Aristoteles verlegte das Real-Allgemeine ins Unerkenntliche »ontologischer Prinzipien«, die nichts an sich sind, wodurch aber alles andere ist. So ist »Menschheit« etwas Reales, das in jedem Menschen realisiert ist, insofern er Mensch ist, nichts Reales aber an sich. Und ähnliches gelte auch für die Seele.

Sie sei ein Prinzip, durch das der Mensch sei, nicht aber etwas, das an sich selbst sein könne. Der Leib sei das materielle Prinzip des Menschen, die Seele das informierende (mit Informationen Versorgende, so daß es zu einer konsistenten Funktion und zum Bewußtsein von Einheit kommen könne). Im Tod fallen beide Prinzipien auseinander ins Nichts (sie gehen ein in die Potentialität der Materie). Ohne Seele ist kein materielles Gebilde Leib des Menschen, ohne Leib ist Seele unmöglich. Die Seele ist die »stets vorhandene Möglichkeit aller Lebensfunktionen des Leibes«, die »sich selbst verwirklichende, zielorientiert gestaltende Aktualität des Leibes«.

Wir wissen heute, daß die Voraussetzungen, die Aristoteles dahin führten, reale metaphysische Prinzipien anzunehmen, falsch sind. Wir wissen, wie allgemeine Begriffe gebildet werden: Durch Erkenntnis von

Ähnlichkeit. Die aristotelische Erfindung real-allgemeiner Prinzipien war also überflüssig. Und damit auch die Möglichkeit, über Analogieschlüsse die Bedingung der Möglichkeit der Organisation der körperlichen Prozesse zu einer Einheit zu »realisieren«. Die von Aristoteles geforderte Seele ist also nur ein denknotwendiges, nicht aber ein realnotwendiges Gebilde. Wir können ohne sie »Mensch« nicht denken, das aber sagt noch nicht, daß sie auch außerhalb unseres Denkens real sein müßte.

Das Christentum des ersten Jahrhunderts entschied sich, die Frage, die in der jüdischen Religiosität offengeblieben war, zugunsten der Unsterblichkeit (und damit implicite zugunsten einer realen Seele) zu beantworten. Das wurde durch den zentralen Satz christlichen Glaubens dringend nahegelegt, nach dem Jesus von Nazaret gestorben und von den Toten auferstanden sei. Der mythennahe Platonismus bot sich denn auch, als das Christentum begann in den Raum europäischer Kultur zu emigrieren, an, die christliche Lehre von der Seele auszuarbeiten.

Das wurde problematisch, als im 13. Jahrhundert unter dem Einfluß des arabischen Denkens und einer im Bereich der anthropologischen Wissenschaften überlegenen arabischen Kultur im christlichen Europa Aristoteles wiederentdeckt wurde. Es kam zu einer ersten Aufklärung. Innerhalb dieser Aufklärung galt es den alten Mythos von der für sich existierenden Seele zu retten. Schon bald fanden die großen Theologen des 13. Jahrhunderts (Albert der Große, Thomas von Aquin) eine Formel, die Aristoteles mit dem Christentum versöhnte: Die Seele sei zwar Informationsinstanz, die zusammen mit dem Körper den Menschen ausmache, könne aber für sich bestehen. Dieses platonisch-aristotelische Gemisch wurde 1312 vom Konzil von Vienne (einer kleinen Stadt an der unteren Rhône) zum Dogma erklärt, wobei sich die Spitze des Dogmas gegen die Platoniker richtete. Damit hatte die Kirche immerhin den Stand aristotelischer Aufklärung in etwa eingeholt.

Eine grundsätzliche neue Stufe erklomm die Diskussion um die real-existente Seele erst, nachdem das Christentum als unbestritten herrschende Ideologie abzudanken begann. I. Kant sicherte die (heute kaum bestrittene) Einsicht, daß die Frage nach der Bedingung der Möglichkeit nicht hin zu realen Gegenständen führe, sondern zu Funktionen oder Strukturen unserer Vernunft. Und der Begriff »Seele« gebe eine davon wieder. Die Bedingung der Möglichkeit von Selbstbewußtsein sei nicht eine reale Seele, sondern ein denknotwendiges Konstrukt, dem nichts Reales entsprechen müsse. Die Jahrhunderttausende alte Tendenz, Denknotwendiges auch für real zu halten, etikettierte er als »transzendentalen Schein«, indem er das klassische Verbot, vom Denken auf Realität zu schließen, ernstnahm. Da nun aber mit Kant nicht schon das allgemeine Bewußtsein

geändert wurde, das, durchaus verbreitet, noch nicht einmal die aristotelische Aufklärung eingeholt hat (wie sich aus der verbreiteten Formel ablesen läßt: »Der Mensch besteht aus Leib und Seele«), hat sich in der wissenschaftlichen Psychologie der Gebrauch eingebürgert, statt von »Seele« von »Psyche« zu sprechen, um die mythischen Nebenbedeutungen des Ausdrucks »Seele« oder »Geist« zu vermeiden.
Wir wollen »Psyche« als Benennung für einen Erklärungsbegriff einführen. Erklärt werden soll, daß Motive des Verhaltens in irgend etwas Einheitlichem gründen müssen, das dieses Verhalten zum Verhalten ein und desselben Menschen macht. Ich nenne also den einen Grund für verschiedene Motive verschiedenen Verhaltens einer körperlichen Realität »Psyche«. Beobachten können wir stets nur menschliches Verhalten. Motive können wir als eigenpsychische Erscheinungen wahrnehmen. Das mit »Psyche« Bezeichnete kann weder beobachtet noch wahrgenommen werden. Es wird als denknotwendig erschlossen, ist ein »transzendentallogischer Gegenstand«. Über die Eigenschaften oder Strukturen von Psyche (ein Wort, das immer nur einen Begriff und keine »Sache« bezeichnet), können wir nur dann etwas Sinnvolles ausmachen, wenn und solange wir uns darüber im klaren sind, daß es sich dabei nicht um Eigenschaften oder Strukturen von etwas Realem handelt, sondern von Eigenschaften und Strukturen, die sich aus einem Begriffsinhalt entfalten lassen. Sie sind nur gerechtfertigt, insoweit die Aussagen, in denen der so entfaltete Begriff vorkommt, etwas Erfahrbares erklären.

3. Die Freiheit und das Unbewußte

Wir erleben alltäglich, daß uns viele Motive unseres Handelns nicht bewußt sind. Wenn ich diese Sätze auf meiner Schreibmaschine tippe, bin ich mir nicht bewußt,
- nach welchen Regeln ich Worte aus dem mir zur Verfügung stehenden Repertoire auswähle, warum ich dieses oder jenes Wort wähle,
- nach welchen Regeln ich Worte zu Sätzen zusammenfüge,
- nach welchen Regeln das eine Wort mit welchen anderen verträglich ist,
- wo die einzelnen Buchstaben auf der Tastatur der Schreibmaschine liegen ...

Ein so rationales Unternehmen wie das Schreiben eines Buches (oder das Sprechen eines Satzes) fordert viele hundert Entscheidungen ein, die uns nicht bewußt sind, die dennoch aber unsere Handlungen bestimmen.
In der Hypnose erinnern sich Menschen zutreffend an oft längst vergangene Ereignisse. Das ist nicht eigentlich verwunderlich, denn warum

sollte Vergessen ein totales Löschen aus dem Speicher unserer Erinnerung bedeuten?
Nun konnte schon die früheste Psychoanalyse sicherstellen, daß solche Erinnerungen, die dem Bewußtsein grundsätzlich nicht mehr zugänglich sind, hysterische Symptome mitbewirken können. Grundsätzlich Unbewußtes kann also unser Handeln mitmotivieren. Offensichtlich sind uns dann auch unsere Motive unbewußt, wenngleich wir unseren Handlungen in aller Regel bewußte Motive unterschieben, weil wir mit dem scheinbar Unmotivierten als dem scheinbar Sinnlosen nicht leben können. Wir *rationalisieren* und stellen so einen Kompromiß her, der es uns möglich macht, die unbewußt-motivierte Handlung als unsere zu akzeptieren, ohne unsere Selbstachtung zu mindern.

1. Das Vorbewußte

»Vorbewußt« bezeichnet die Eigenschaft psychischer Prozesse, die ohne inneren Widerstand der Person aktiviert werden können. So ist vorbewußt die Entscheidung eines Sprechenden, über die Verwendung bestimmter Worte und Regeln seine Rede zu ordnen. Schlägt unser Sprecher später einen Nagel in die Wand, folgt er vorbewußt einer Fülle von Regeln.
Das »Vorbewußt« (Vbw) bezeichnet nicht nur »vor der Schwelle des Bewußtseins liegend«. Es steht vielmehr für eine Struktur des Systems »Psyche«. Systeme werden über ihre Strukturen tätig, so auch die Psyche über die Strukturen Unbewußtes (Ubw), Vorbewußtes (Vbw) und Bewußtes (Bw). Diesen drei Strukturen ist gemeinsam, daß sie

- einen Speicher besitzen, in dem sie Erfahrungen, Szenen, Symbole ... speichern können,
- über einen ihnen eigentümlichen Verarbeitungsmechanismus verfügen, durch den sie die gespeicherten Inhalte assoziieren, dissoziieren, filtern, zensieren, auswählen, mit »Energie« besetzen ...

Das Vbw verarbeitet *aktiv* verschiedene unbewußt und bewußte Motive, wählt *aktiv* aus seinen Speichern aus, weist anderes zurück, ohne daß alles dies bewußt wäre. Diese Aktivitäten des Vbw ließen es Freud als eigenes psychisches System abhandeln. Seit die Wissenschaftstheorie den Systembegriff präzisierte, sprechen wir besser von einer psychischen Struktur.
Die Dynamik des Vbw kann kaum überschätzt werden. Es selektiert, koppelt an und ab, assoziiert, koordiniert, prüft soziale und physische Angemessenheit ... Es gibt unserem Leben mit der Selbstverständlichkeit seines Funktionierens Sicherheit, weil es funktioniert, ohne daß wir uns bewußt mit zahlreichen Motiven unseren Verhaltens prüfend ausein-

andersetzen müßten. In diesem Fall kämen wir vermutlich nie dazu, fließend zu sprechen oder innerhalb von zwei Minuten einen Nagel in die Wand zu schlagen.
Vom Vbw sollte man das *Unterbewußte* unterscheiden. Während das Vbw psychische Funktionsbereiche beschreibt, in denen Vorstellungen, Gedanken, Erinnerungen, Handlungen, Motive, Wünsche, Erwartungen, Phantasien ... organisiert und verbunden werden, die im Augenblick nicht aktiviert werden, bezeichnet das Wort »Unterbewußtes« jene psychischen Inhalte, die zu den gerade bewußten, sie begleitend, dazugehören, obschon sich auf sie nicht das Interesse des Handelnden richtet. Sie sind nicht mit Aufmerksamkeit besetzt. In aller Regel werden unsere Gedanken, Handlungen, Erinnerungen ... von einer Fülle anderer Gedanken, Erinnerungen, Phantasien ... begleitet, die dicht unterhalb der Bewußtseinsschwelle ablaufen und deren Existenz wir deutlich wahrnehmen, wenn sich unser Interesse plötzlich auf sie richtet. Wir Menschen sind in der Lage, psychisch eine ganze Reihe von Dingen gleichzeitig zu produzieren. Die Bedeutung unterbewußter psychischer Abläufe für die psychologische Diagnostik scheint noch nicht zureichend erforscht. Vielleicht deshalb, weil es sich hierbei offenbar nicht um ein »psychisches System« handelt.

2. Das Unbewußte

Das Unbewußte (Ubw) bezeichnet eine psychische Struktur, deren Inhalt die Menge aller Erfahrungen, Vorstellungen, Verwundungen ist, denen ein oft sehr starker Widerstand den Zugang zum Bewußtsein verbietet. Es ist darauf zu achten, daß man diese Struktur »Ubw« nicht vergegenständlicht (ontologisiert). Wir befinden uns im Bereich theoretischer Organisationen, die ausgemacht werden, um Beobachtungen und Erfahrungen so zu erklären, daß diese Erklärung zu einem praktisch verwendbaren Wissensfortschritt führt (hier: in der Praxis der Psychoanalyse etwa).
Viele Inhalte des Unbewußten waren einmal bewußt. Unter bestimmten psychischen Umständen wurden sie, um die psychische Stabilität zu bewahren, abgewehrt, aus dem Bewußtsein verdrängt. Dieser Abwehrprozeß geschieht selbst oft unbewußt. Hierher gehört auch die Menge der nicht mehr zur Verfügung stehenden Gelegenheiten, Bedürfnisse und Emotionen zu realisieren. Der Inhalt des Unbewußten kann indirekt durch beobachtbare Lücken oder Defizite im Realitätskonzept des betreffenden Menschen (etwa durch Inhaltsstichproben) abgeschätzt werden. Lücken im Realitätskonzept betreffen sehr oft andere Personen. Die reale Begegnung mit solchen Personen war zumeist mit ASSM verbun-

den. Ihre Fähigkeit zur Kooperation, ihre Gewissenhaftigkeit, ihre Macht ... können ignoriert sein (W. Toman). Das Unbewußt-gewordene bleibt nach wie vor psychisch erheblich. Es bestimmt weitgehend unser Verhalten (jedenfalls sehr viel mehr als bewußte Inhalte).

Die verdrängten Erfahrungen der Vergangenheit prägen einen Menschen und seine Grundeinstellungen zu sich selbst, zur Welt und Gesellschaft sehr viel mehr als die wenigen, im konkreten Entscheidungsprozeß bewußten Erfahrungen. Es sind das vor allem die frühen Erfahrungen eines Menschen, von denen nur ein verschwindend kleiner Anteil erinnert werden kann. Während ein Kind in den ersten fünf Lebensjahren viele Tausende emotional stark ansprechende Erfahrungen macht, werden davon kaum mehr als zehn erinnert. Alle anderen wurden einmal verdrängt oder aus anderen Gründen vergessen.

In konkreten Entscheidungsprozessen wechselwirken die bewußten (und vorbewußten) Erfahrungsinhalte einerseits mit den unbewußten andererseits in einer uns weitgehend unbekannten Weise. Ferner wechselwirken, teils unter dem Einfluß gegenwärtiger Erfahrungen, auch die Inhalte des Ubw mehr oder weniger lebhaft miteinander. (Es handelt sich also beim Ubw um eine eigentliche Struktur des psychischen Systems.) Konkrete Entscheidungen sind somit weitgehend bedingt durch unbewußte Erfahrungen. Da wir uns aber für rational organisierte Menschen halten und der Auffassung sind, unsere Entscheidungen müßten nicht nur rational, sondern auch rational begründbar sein, schieben wir unseren Entscheidungen eine Reihe rationaler Gründe nach, um sie uns und anderen sinnvoll und verständlich erscheinen zu lassen. Wir rationalisieren, weil wir mit dem Irrationalen und dem daher scheinbar Sinnlosen nichts anfangen können. Wir fühlen uns von Irrationalität und Sinnlosigkeit existentiell bedroht.

Aus der Tatsache, daß wir gute Gründe für unsere Entscheidungen angeben können, folgt nicht, daß es auch die entscheidenden Gründe waren. Die psychoanalytische Theorie geht vielmehr davon aus, daß *jedes* psychische Geschehen durch die Menge der ihm vorausgehenden Erfahrungen einerseits und die psychische und soziale Situation der Gegenwart (als wahrgenommener) andererseits voll ausbestimmt ist. Das ist das PRINZIP DES PSYCHISCHEN DETERMINISMUS. Das soll heißen: Der psychoanalytischen Praxis ist bislang noch niemals eine Entscheidung begegnet, die nicht dem Prinzip des psychischen Determinismus gehorcht hätte. Niemals war es nötig, den Begriff »Freiheit« als Erklärungsbegriff für menschliches Verhalten einzuführen. Ja, es war dies nicht nur nicht nötig, sondern es hätte die Annahme einer real existierenden Entscheidungsfreiheit vieles unerklärlich gemacht. Die Einführung des Begriffs »Entscheidungsfreiheit« wäre also kontraproduktiv gewesen. Die Psychoanalyse scheint den mythischen Lehren vom Menschen damit ihr liebstes Spielzeug aus der Hand genommen zu haben. So ist es denn erklärlich, daß viele Menschen, dem mythischen Denken verhaftet oder verpflichtet, gegen die Psychoanalyse Front beziehen.

3. Zur Begründung des Determinismusprinzips

Ein Prinzip von solcher entmythologisierender Funktion bedarf schon einiger Begründung, um akzeptabel zu sein. Es besagt, daß alles, was uns indeterminiert erscheint im menschlichen Verhalten, über unbewußte oder vorbewußte Impulse, Dispositionen, Grundeinstellungen, Prägungen ... determiniert ist. Es besagt ferner, daß man, von dieser Annahme ausgehend, eine Fülle von sonst gar nicht oder nur schwer zu erklärenden Erscheinungen menschlichen Verhaltens deuten kann. Einige davon seien hier aufgeführt:

(a) Fehlleistungen

Fehlleistungen sind Handlungen, die unbewußt falsch plaziert sind, zu anderen als den intendierten Zielen führen oder »versehentlich« unterbleiben. Hierher gehören die »Ver«-Handlungen (wie vergessen, versprechen, verschreiben, verlegen, versehen, verhören ...) oder aber auch Verhalten wie Stolpern, Übersehen, Zuspätkommen ...
Beispiele für solche Fehlleistungen sind:

- Das Vergessen von Namen (meist motiviert durch Desinteresse an Personen).
- Das Stolpern (meist auf unangenehmen Wegen, wobei das »Unangenehm«, vor allem aber seine Gründe, unbewußt sein können).
- Das Versprechen (»Da sind einige Dinge zum Vorschwein gekommen.« – »Ich begrüße die Anwesenden und erkläre die Sitzung für geschlossen.« – »Ich bin bereit, darauf jeden Meineid zu leisten.«)
- Das Verschreiben (statt »Mit freundlichen Grüßen« – »Mit fruendlichen Grüßen«; statt »Liebe« – »Leibe« ...)

Fehlleistungen geschehen also unbewußt. Oft verraten sie einen unbewußten – aber realen – Wunsch des Fehlleistenden. Es ist bislang kein Fall bekannt, indem es nicht möglich gewesen wäre, diesen oft unbewußten Wunsch bewußtzumachen.
Erklärt werden können solche Fehlleistungen durch die Überwindung der Abwehr durch einen dominanten Wunsch oder ein dominantes Bedürfnis. Sie führen zu einer Organisation im Vbw, die dann zur Fehlleistung motiviert. Wenn die meisten Menschen hier von Zufall sprechen, meint das, daß ihnen der Grund nicht bewußt sei.
Die meisten Fehlleistungen des Alltags sind banal und belanglos moti-

viert (so etwa die meisten Rechenfehler bei Routinerechnungen oder Tippfehler bei Routinetexten). Fehlleistungen, die einer Analyse (d. h. ein Aufdecken der ihnen zugrundeliegenden Motivationen) würdig sind, sind solche vor allem, die entweder sehr unwahrscheinlich sind oder erhebliche Folgen hatten. Die Fehlleistungen bei »nebensächlichen Handlungen« sind jedoch in einer analytisch geführten Therapie mitunter von erheblicher Bedeutung.

Da wir alle alltäglich von solchen Fehlleistungen »heimgesucht« werden, ist es verständlich, daß hier die Freudsche Deutung (in gelegentlich trivialisierter Form) akzeptiert worden ist. Das »Freud läßt grüßen« ist zu einer beliebten Floskel des Studentenjargons geworden. Wie bei jedem vulgarisierten Aspekt einer wissenschaftlichen Theorie ist jedoch auch hier darauf zu achten, daß nicht barer Unsinn mit dem Namen der Theorie verbunden wird. Mitunter scheinen die unbewußten Motive, die zur Fehlleistung führen, evident. Das gilt aber nicht für alle.

(b) Symptome

Die meisten neurotisch gestörten Menschen sind der Ansicht, daß ihre Symptome nicht im kohärenten Zusammenhang stünden mit ihrem Charakter oder ihren übrigen psychischen Funktionen. Das ist nicht so. Die psychoanalytische Praxis konnte bislang noch jedes neurotische Symptom im Kontext gestörter psychischer Strukturen deuten, die das »Wesen« eines Menschen mitbestimmen. In der Psychoanalyse spricht man vom PRINZIP DER PSYCHISCHEN KONTINUITÄT. Dieses Prinzip sichert die psychoanalytisch viele hunderte Male gemachte Erfahrung, daß ein neurotisches Symptom eingebettet ist in ein konsistentes System einer Kompromißbildung – also einen Versuch darstellt, die Psyche zu stabilisieren. Es ist also nur im Gesamtkontext der konkreten Psyche interpretierbar. Auch das neurotisch gestörte Verhalten ist also sehr wohl determiniert (und zweckvoll).

Das Prinzip der psychischen Kontinuität läßt sich jedoch auch bei scheinbar unerklärlichen Handlungen, Bedürfnissen, Gefühlen, Träumen, ... bestätigen. Sie alle sind Aussagen der einen Psyche. Wenn Sie sich dabei ertappen, daß Sie eine Melodie vor sich hin summen, oder einen überraschenden Einfall haben, oder von Ihnen unerklärlicher Aggressivität oder Trauer heimgesucht werden, ist in aller Regel die Psychoanalyse in der Lage, dieses Geschehen aus Ihrer psychischen Gesamtsituation in einem bestimmten Augenblick ohne Rest zu deuten. Es ist das nur eine Frage des Zeitaufwandes und der beiderseitigen Geduld.

Diskontinuitäten im menschlichen Verhalten, Denken, Fühlen, Träumen ... sind also nur scheinbar. Es gelang bislang stets, sie in das Kontinuum der Psyche einzubinden.

(c) *Träume*

Auf die psychoanalytische Theorie der Träume soll in einem anderen Zusammenhang ausführlicher eingegangen werden. Hier sei nur die uns allen bekannte Tatsache erwähnt, daß viele Träume durch unbewußte körperliche Wahrnehmungen zustande kommen und durch sie erklärt werden können. Hierher gehören etwa Träume vom Essen (bei im Schlaf unbewußten Hungergefühlen), Träume vom langanhaltenden Urinieren (bei im Schlaf unbewußtem Harndrang) …
Die Träume bei unbewußten *psychischen* Wahrnehmungen sind schon alleine deshalb schwieriger zu deuten, weil nach dem Aufwachen die Wahrnehmung oft nicht bewußtgemacht werden kann.

(d) *Unbewußte Kommunikationsebenen*

Wenn Menschen miteinander sprechen (oder anders miteinander interagieren wie beim Spiel, der Arbeit oder der Liebe), liegt unter der bewußten Handlungsschicht eine unbewußte Kommunikationsebene, auf der sich Prozesse abspielen, die sich in der Art des Miteinander-umgehens, des Aufeinander-eingehens, der auftauchenden und bewußt werdenden Bedürfnisse und Emotionen (Gefühle, Stimmungen) widerspiegeln. Die Konsistenz der Kommunikation ist in aller Regel nur dann zu erklären, wenn man eine solche vorbewußte Ebene aufnimmt, auf der alle Kommunikation und alle Formen kommunikativen Handelns aufliegen. Nur in wenigen Fällen kann die Konsistenz und Kohärenz der Kommunikation durch *logische* Anknüpfung der verschiedenen Beiträge gesichert werden. In aller Regel handelt es sich um projektive, selektive und assoziative Verarbeitungen, deren Konsistenz alles andere als logisch ist. Wenn es dennoch zu einer »Einheit der Interaktion« kommt, ist das Band offenbar im Vbw oder Ubw zu suchen. In der Tat ist es möglich, unter Verwendung der psychoanalytischen Theorie dieses einheitstiftende Band der Interaktion erkennbar zu machen, selbst wenn erhebliche Widerstände dies erschweren sollten.

(e) *Das Determinismusproblem*

In einer Zeit, in der alle Welt davon überzeugt ist, daß »Determinismus« ein Relikt des Denkens des 19. Jahrhunderts ist, gehört schon einiger Mut dazu, sich im 20. zu einem Determinismuspostulat zu bekennen. Dieser Mut ist aber nicht ganz so aufwendig und heroisch, wenn man sich verdeutlicht, daß es sich beim psychoanalytischen Determinismuspostulat zunächst nur um ein methodisches Postulat handelt, das im übrigen – mit geringen Änderungen – allen Wissenschaften (außer vielleicht der Mikrophysik) gemeinsam ist.

Zudem meint »Determinismus« in einer modernen Wissenschaft nicht etwa ursächliche Bestimmtheit, weil »Ursache«, ein Erklärungsbegriff, nicht auf reales Geschehen angewandt werden kann. Die Realität scheint nur Wechselwirkungen zu kennen. Solche Wechselwirkungen spannen aber ein Netzwerk von verschiedenen möglichen Verbindungen auf, während der Kausalismus eindimensional dachte. »Determinismus« meint, daß in einem solchen Netzwerk prinzipiell verschiedenartige Gesamtwirkungen bei identischen Ausgangssituationen möglich sind, wobei jedoch die Ausgangs- und Endzustände durch voraussagbare und durch in einer einheitlichen Theorie deutbare Beziehungen miteinander verbunden sind.
In diesem Sinne behauptet und postuliert die psychoanalytische Theorie einen psychischen Determinismus. Dabei wird die Psyche als System verstanden, deren Strukturen und Strukturelemente netzwerkartig miteinander verknüpft sind, so daß eine Veränderung in einem Strukturbereich Veränderungen in allen anderen zur Folge hat. Diese Veränderungen laufen nach uns zum Teil unbekannten Regeln ab. Die psychischen Strukturen bestimmen zusammen mit denen der sozialen Umwelt das menschliche Verhalten. Dieses »Bestimmen« erfolgt nach den Regeln der psychischen und psychosozialen Organisation. Sie auszumachen, ist wichtiges Ziel der theoretischen Psychoanalyse. Ihre komplexen und nicht eindeutig voraussagbaren Funktionen nach innen und außen zu deuten, ist ein wichtiger Teil der praktischen Psychoanalyse. »Determinismus« meint also in unserem Fall (wie vermutlich in allen Handlungswissenschaften), daß jedes Verhalten aus zureichenden Gründen erklärt werden kann (wobei die Einführung des Grundes »Freiheit« kontraproduktiv ist), nicht aber, daß bestimmte bekannte Gründe notwendig dieses Resultat haben müßten. Zur wissenschaftstheoretischen Beherrschung dieser Erscheinung hat uns die moderne Systemtheorie reiches Material zur Verfügung gestellt.

4. Das Freiheitsproblem

Der Begriff »Freiheit« ist einer der zentralen Begriffe der europäischen Philosophie (und nur dieser) bis ins 20. Jahrhundert. Es ist nicht ganz einfach herauszufinden, was denn die Gründe dafür gewesen sind, daß gerade das europäische Denken sich durch lange Jahrhunderte um diesen Begriff organisierte. Doch seien hier einige Vermutungen angestellt:
(a) »Freiheit« als das Fehlen von vermeidbaren und zur menschlichen Disposition stehenden äußeren Zwängen, wie sie in den Konzepten von »wirtschaftlicher« oder »politischer Freiheit« erheblich werden, scheint einem verbreitetem menschlichem Bedürfnis zu entsprechen. Ein Über-

maß von äußeren Zwängen wird vermutlich von allen gesunden Menschen (unabhängig von ihrer sozio-kulturellen Herkunft) als Last und Bedrückung empfunden und daher tunlichst vermieden. Solche Freiheit ist also ein allgemein-menschlicher Wunsch, denn ihr Fehlen führt zu erheblicher Unlust, weil der Bedürfnisbefriedigung mehr als notwendig Grenzen gesetzt werden und eine optimale Bedürfnisbefriedigung Lust bringt und Unlust (durch Frustration und deren Folgen wie Aggression, Angst, Niedergeschlagenheit) vermeidet. »Freiheit« als Vermeiden unnötiger äußerer Zwänge oder auch als »Befreiung« von unnötigen äußeren (und inneren) Zwängen ist ein psychoanalytisch sinnvoller Begriff, der nur wegen seiner mythischen Nebenbedeutungen vermieden werden sollte.

(b) »Freiheit« bezeichnet ein Gefühl des Freiseins von äußeren und bewußten inneren Zwängen. Dieses Gefühl scheint mit Lust verbunden zu sein. Insofern streben Menschen nach Freiheit. Doch das Gefühl von Freiheit kann mit einem rigiden Kausaldeterminismus und mit einer Fülle von mehr oder weniger verschleierten äußeren und inneren Zwängen zusammengehen. Es ist also nicht gemeint, wenn die Mythen von »Freiheit« sprechen.

(c) »Freiheit« kann auch die Fähigkeit bezeichnen, in bestimmten Situationen sich so oder anders zu entscheiden, und das ohne jede offene oder verborgene Determination. Diese Entscheidungsfreiheit (oder auch Willensfreiheit) wird heute als *reale* kaum noch behauptet. Das Kapitel »Willensfreiheit« taucht nicht mehr in der wissenschaftlichen Lehre vom Menschen auf, ist nicht mehr ein Problem der Handlungswissenschaften. Der Begriff der Willensfreiheit ist sicherlich die Erfindung einer Zeit, der nichts fremder war als die Annahme unbewußter Determinanten menschlichen Handelns, und die so recht unkritisch Psychisch und Bewußt miteinander identifizierte. Im Bereich des Bewußten erleben wir – unbestritten –, daß unsere Handlungen nicht selten indeterminiert sind. Viele unserer Handlungen geschehen aus unvollständigen, sie nicht zureichend erklärenden Gründen – solange man in der Ebene des Bewußten denkt und reflektiert. Da war die »Erfindung« der Willensfreiheit nicht einmal so schlecht, denn sie ist, verglichen mit anderen möglichen Rationalisierungen, immer noch vergleichsweise ehrlich. Sie sagt nicht, sie kenne die Gründe, warum ich so oder so entschieden habe bis ins letzte. Es bleibt da immer noch ein Rest für das sachlich Unerklärliche in der Freiheit.

Ein anderer Grund, warum »Willensfreiheit« in das Konzept vom Menschen eingebracht werden konnte, ist das schon erwähnte Gefühl von Freiheit. Fehlen äußere Zwänge, scheine ich tatsächlich eine größere Wahlmöglichkeit zu haben in meinen Entscheidungen. Das Gefühl von Freiheit scheint also ein Indikator für Entscheidungsfreiheit zu sein.

Endlich könnte man auch daran denken, daß »Entscheidungsfreiheit« als ein transzendental-logisches Postulat eingeführt wurde. Frage ich nach den Bedingungen der Möglichkeit für Verantwortung für Verhalten, stoße ich auf Entscheidungsfreiheit. Ein Mensch, der sich in einer bestimmten Situation nur auf eine ihn zwingende Weise verhalten kann, ist für sein Verhalten nicht verantwortlich zu machen – weder von sozialen Instanzen noch von denen des eigenen Gewissens. Verantwortungsbewußtsein scheint aber allen sozial-fähigen Menschen eigen zu sein, scheint Sozial-Fähigkeit zu begründen. Insofern wir Menschen Sozialwesen sind, ist also Verantwortlichkeit für Verhalten eine zwingende Eigenschaft – und mit ihr auch Entscheidungsfreiheit.

Diesem Gedankengang können mehrere Fehler zugrunde liegen: Er berücksichtigt nicht:

- Sozialverhalten ist auch über angeborene oder früh erworbene psychosoziale Muster möglich ohne jede Verantwortlichkeit (wie sozial lebende Tiere und ihr Verhalten zeigen).
- Das *Gefühl* für Verantwortlichkeit ist eine Folge des Schuldgefühls, zu dem wir Menschen fähig sind. Es wird im Verlauf unserer Sozialisation an bestimmte Handlungen, Wünschen Phantasien ... gebunden. Das *Gefühl* von Verantwortlichkeit aber sagt ebensowenig wie das Schuldgefühl etwas über reale Entscheidungsfreiheit aus. Es scheint vielmehr ein Instrument des typisch humanen Sozialverhaltens zu sein, das es ihm ermöglicht, Sozialisation auf menschliche Weise zu realisieren.
- Menschen wollen Menschen, die sich nicht an die sozialen Spielregeln halten, bestrafen. Um sie bestrafen zu können, müssen sie schuldig sein. Um schuldig sein zu können, müssen sie für ihre Handlungen verantwortlich sein. Um verantwortlich zu sein, müssen sie sich in einem den freien Willensentscheid ermöglichenden Zustand ihrer Geistestätigkeit befinden. Also muß es so etwas wie Entscheidungsfreiheit geben. Dieses Argument übersieht, daß der Bestrafungswille zwei Gründe haben kann: Einen irrationalen, den nach Rache (zur Befriedigung aggressiver Bedürfnisse oder zur Sicherung der eigenen psychischen und psychosozialen Stabilität), und einen rationalen, den nach Sozialisation (um das in der Bildung eines Menschen zwangsweise nachzuholen, was an ihm früher versäumt wurde). Nur der letzte »Strafgrund« kann psychoanalytisch gesehen rational sein. Er setzt nicht die Existenz von Entscheidungsfreiheit voraus.

Es gibt also keinen Grund, Entscheidungsfreiheit als transzendental-logisches Postulat einzuführen. Es scheint vielmehr so zu sein, daß am Anfang des mythischen Freiheitsspekulationen des europäischen Denkens

irgendein Irrtum unterlaufen sei. Das sollte uns aber nicht daran hindern, ihn gelegentlich wieder gutzumachen.
Ich bin sicher, daß diese Ausführungen über das Unbewußte und die Entscheidungsfreiheit bei nicht wenigen Menschen auf Ablehnung stoßen werden. Ich bin nicht der Ansicht, daß alle diese Menschen sich selbst und ihre Würde (für die Freiheit ein unaufgebbarer Bestandteil ist) zu sehr lieben, als daß sie sich ihr romantisches Verhältnis zu sich selbst durch Sachkenntnis trüben ließen. Es ist vielmehr so, daß für viele Menschen die Annahme der eigenen und – vor allem – der fremden Entscheidungsfreiheit wesentlicher Bestandteil ihres Selbstsystems ist. Ich vermute, daß ein Aufgeben dieser Überzeugung zu einer Destabilisierung ihrer narzißtischen Homöostase führen würde.
Das betrifft keineswegs nur jene Menschen, die ihr zerstörtes oder gestörtes Selbstsystem hinter einer wohlanständigen, oft auch übergeordneten Bürgerlichkeit maskieren und die deshalb ihre eigene Schuld nach außen delegieren müssen, um sie hier verfolgbar, bestrafbar, haßbar zu machen. Es betrifft auch die sehr vielen, die noch in den alten Mythen ihre Heimat haben.
Es wäre ein Verstoß gegen die elementaren Regeln psychoanalytischer Praxis, wenn man solche Mythen zerstören wollte. Psychoanalyse ist nur für Menschen geeignet, die aus dem Mythos auszogen und – wenigstens vorübergehend – keine Heimat mehr haben. Das Leben im Mythos ist meist weder psychisch noch sozial problematisch – aber es ist auch nicht unproblematisch. Es ist vermutlich nicht zureichend, die psychischen und sozialen Konflikte zu bewältigen, die auf jeden von uns und auf unsere Gesellschaften in den kommenden Jahrzehnten zukommen werden. Die Mythen helfen die Konflikte der Zeit zu lösen, in denen sie entstanden sind. War doch die vermehrte Konfliktfähigkeit ihrer Anhänger ein wesentliches Selektionskriterium. Die erfolgreichen Mythen machten Menschen fähiger zu überleben.
Doch haben sich die Konflikte gewandelt. Und so besteht ein für die Erhaltung der menschlichen Art zwingendes Bedürfnis nach neuen Mythen, die, entsprechend dem Geist unserer Zeit, im Gewand von Wissenschaften einhergehen und sich – um erfolgreich zu sein – als Wissenschaften ausweisen müssen. K. Marx war der erste, der das erkannte. Er konstruierte im historischen Materialismus und im »wissenschaftlichen Sozialismus« zwei solcher Mythen im Gewand der Wissenschaftlichkeit. Der Marxismus hat jedoch einen entscheidenden Fehler: Er hat bislang keinen Anwendungsbereich gefunden, ist also abstrakt geblieben.
Das mag daran liegen, daß er eine Spur zu großartig ist. Vielleicht ist es uns Menschen noch nicht möglich, eine brauchbare Theorie über das System Gesellschaft (mit ihren politischen, ökonomischen, sozialen und

kulturellen miteinander wechselwirkenden Strukturen) zu erstellen. Es mag sich da das System »Psyche« einer wissenschaftlichen Behandlung aufgeschlossener erweisen. Es könnte sein, daß sich dann einige klassische Probleme des Marxismus mit-deuten und vielleicht gar nicht lösen ließen.

4. Triebe und das Es

Die Psychoanalyse betrachtet das menschliche Seelenleben von drei Gesichtspunkten aus:

- dem dynamischen (etwa dem der Kompromißbildungen),
- dem ökonomischen (nach dem die Psyche versucht, die Gesamtsumme der sie belastenden Erregungen möglichst niedrig zu halten) und
- dem topischen (einer Strukturtheorie der menschlichen Psyche, der historisch die Unterteilung in drei »Systeme« [Ubw, Vbw, Bw] vorausging).

Ich werde in dem folgenden Kapitel dem topisch-strukturellen Gesichtspunkt besondere Aufmerksamkeit widmen. Er hat sich als besonders fruchtbar für die psychoanalytische Arbeit in Theorie und Praxis erwiesen.

1. Was ist ein Trieb?

Gemeinhin bezeichnet das Wort »Trieb« ein Motivationssystem mit physiologischer Basis. Der Begriff »Trieb« (engl. »drive«) entstammt einer mechanistischen Biologie bzw. Physiologie und gilt heute als *biologischer* Term für überholt und veraltet. Auf der einen Seite konnte sichergestellt werden, daß die Aktivitäten eines Organismus nicht erst durch Triebe in Gang gesetzt werden (es gibt so etwas wie eine »Elementaraktivität«), zum anderen erwiesen sich die Triebquellen (etwa Nahrungs- oder Getränkeentzug) als nicht vertauschbar. Sie summieren sich also nicht, wie man experimentell leicht feststellen kann. Ebenso scheint das Triebkonzept alle nicht-physiologischen Motivationsquellen auszuschließen. Es gibt aber gute Gründe – auch bei Tieren –, »soziale Triebe« anzunehmen.
Wir wollen das vom Begriff »Trieb« Bezeichnete zunächst generalisieren, um den Begriff – trotz aller historischen Belastung – für eine psychoanalytische Theorie produktiv zu machen. Er bezeichnet dann einen Zustand zentraler Erregung als Reaktion auf einen äußeren oder inneren Reiz. Die zentrale Erregung wird durch mehr oder weniger spezifische

Verhaltensweisen dargestellt und abgebaut. Das Verhalten (vor allem die Aktivität) zielt – oft erfolgreich – auf das Enden der Erregung.

An der Existenz solcher Triebe muß die psychoanalytische Theorie festhalten, weil sie die hauptsächliche Quelle aller »Energie« sind, die Verhalten und Verhaltensänderung erst ermöglicht. »Energie« bezeichnet in der Psychoanalyse in ziemlicher Nähe zur Umgangssprache, alles was einen Körper dazu bringt, sich zu verändern. Ehe die Physik des 19. Jahrhunderts diesen Begriff für sich okkupierte, hatte er diese allgemeine und universelle Bedeutung (vgl. auch das gr. enérgeia). Es ist durchaus erlaubt, den Begriff wieder von seiner physikalischen Bedeutung abzulösen.

Es fällt schwer, eine *rein* psychische Energie anzunehmen, da – wie gesagt – »Psyche« nur einen Erklärungsbegriff bezeichnet, die Quelle der zum Handeln nötigen Energie aber offensichtlich real sein muß. Wir sehen sie im ZNS (Zentralnervensystem).

Es wäre nun recht einfältig, würde die Psychoanalyse solche biologischen Triebe als Ursprung und Grund menschlichen Verhaltens behaupten. Ohne sie läuft zwar nichts, aber sie reichen nicht aus, menschliches Verhalten zu erklären. Deshalb konzipierte sie den Begriff des »psychischen Triebs« als einer psychischen Repräsentanz einer *kontinuierlich* fließenden innersomatischen Reizquelle. Das »Kontinuierlich« unterscheidet einen psychischen deutlich und unverwechselbar von einem biologischen Trieb, der gerade dadurch charakterisiert ist, daß die Reizquelle auf einen Auslöser reagiert und somit diskontinuierlich Energie bereit stellt.

Es empfiehlt sich, beim psychischen Trieb zwei Aspekte zu unterscheiden: die stets unbewußte und im Ubw spielende *Triebregung* und die grundsätzlich und im Prinzip bewußtseinsfähige *Repräsentanz dieser Triebregung* in der Vorstellung.

Ähnlich wie der biologische Trieb ruft auch der psychische einen Zustand der Spannung (Erregung) hervor, der oft auf eine Aktivität gerichtet ist, die Spannung (Erregung) zu beenden und zur Triebbefriedigung zu führen.

Freud nahm zwei verschiedene Formen der psychischen Energie psychischer Triebe an, die nicht aufeinander zurückzuführen seien: Libido und Destrudo.

2. Besetzung und Objekt

»Objekte« bezeichnet in der psychoanalytischen Theorie Vorstellungen von Personen oder Dingen (belebte oder unbelebte) der Umwelt, die für unser psychisches Leben von Bedeutung sind. Es sind also nicht Personen oder Dinge selbst. Daß diese Vorstellungen von Personen oder Dingen unter Umständen nur sehr wenig mit den Gegenständen, denen sie entsprechen, zu tun haben können, ist uns eine allgemeine Erfahrung. Es kann zu erheblichen Mißverständnissen kommen, wenn man die realen Entsprechungen der psychischen Repräsentanzen als Objekte bezeichnet. »Objekt« ist immer in Beziehung zu setzen zu »Subjekt« und meint – im Gegensatz zum Begriff »Gegenstand« – das subjektive Bild des Gegenstandes. Nur es ist psychologisch erheblich. So kann ich aus den Aussagen eines Menschen über ein Objekt nur sehr begrenzt auf den Gegenstand schließen.

Die Repräsentanz wird zum Objekt, wird also psychisch bedeutsam, weil und insoweit sie mit psychischer Energie besetzt wird. »Besetzung« meint das Maß an psychischer Energie, die auf eine Repräsentanz gerichtet ist oder ihr beigelegt wird. Die Besetzung kann sich vergrößern und verkleinern, kann sich auf andere Repräsentanzen verlagern (verschieben), kann abgeführt werden ... kurzum die Besetzung hat alle Eigenschaften einer Quantität.

In der psychoanalytischen Theorie unterscheidet man gemeinhin (H. Nagera, 1977, 394):

- zwei Hauptformen der Besetzung (bewegliche und ruhende),
- drei Hauptqualitäten (libidinöse, aggressive und neutrale),
- drei Hauptfunktionen (Besetzung, Gegenbesetzung und Überbesetzung).

(a) Bewegliche und ruhende Besetzung

Schon J. Breuer unterschied zwei Formen der »Energiefüllung psychischer Systeme«, die frei-strömende und die ruhende. Diese Unterscheidung greift Freud schon sehr früh auf, ja er ist der Auffassung, daß diese Unterscheidung »unsere tiefste Einsicht in das Wesen der nervösen Energie darstellt« (X, 278). Dabei bindet er die beiden Hauptformen an die Tätigkeit der Strukturen des Ubw und Vbw.

Das Ubw ist auf ein freies Abströmen der Erregung gerichtet, das Vbw sucht eine Hemmung dieses Abströmens zu erreichen, was zu einer Verwandlung der fließenden in ruhende Besetzung führt (II, 605). Die Bindung beweglicher Energie ist selbst schon hochbesetzten Strukturen möglich. Sie sind stets noch in der Lage, weitere bewegliche Energien zu binden (XIII, 30) und sie sich nutzbar zu machen.

Um seine bindende Funktion erfüllen zu können, verfügt das Vbw über die Fähigkeit, mobile Besetzungsenergie auszusenden, die uns teilweise als Aufmerksamkeit bewußt wird (II, 620). Das Vbw benutzt also bewegliche und ruhende Besetzung, um Energie zu binden. In bewußten Prozessen steht nur frei abfuhrfähige Energie zur Verfügung. Auch der Traum versucht Energie beweglich und so abfuhrfähig zu machen.

Die bewegliche psychische Energie ist prinzipiell von einer Repräsentanz auf die andere verschiebbar. Diese *Verschiebung* geschieht im Ubw. Über solche Verschiebungen können ursprünglich unbedeutende Objekte zu einer solchen Bedeutung gelangen, daß ihnen Zugang zum Bewußtsein erzwungen wird.
Den Unterschied zwischen beweglicher und ruhender Besetzung sowie die Phänomene der Bindung und der Verschiebung wollen wir uns am Beispiel eines intuitiv auftauchenden Gedankens verdeutlichen. Unser Interesse gilt etwa einem Zeitungsbericht. Das Lesen mag einen unbewußten Prozeß in Gang bringen, durch den die bewegliche Energie des Ubw eine verdrängte Erinnerung, etwa an einen eigenen Unfall, erreicht. Das Vbw läßt diese Erinnerung nicht zum Bewußtsein zu, sondern bindet die verdrängte Erinnerung an eine andere, bewußtseinsfähige, von einem fremden Unfall. Um diese Verbindung herzustellen, muß das Vbw zum einen über bewegliche Energie verfügen und zum anderen aber über eine Energie, die auf dem erinnerungsfähigen Unfall ruht (und ihn so erinnerungsfähig hält). Es bindet somit Energie auf diesen fremden Unfall und macht ihn so bewußt. Ist dieser fremde Unfall bewußt geworden, kann er nicht beliebig festgehalten werden. Die Vorstellung von ihm verändert sich ständig, um endlich wieder im Vbw zu versinken.

(b) libidinöse, aggressive und neutrale Besetzung

Freud unterschied drei fundamental voneinander unterschiedene Besetzungsenergien: die libidinöse, die aggressive und die neutrale. Die libidinöse ist dem erotischen, die aggressive dem aggressiven Trieb zugeordnet. Es ist sehr darauf zu achten, daß es sich bei diesen beiden Trieben keineswegs um biologische, sondern um psychische Triebe handelt. Besetzt sein können Triebobjekt und Triebhandlung.
Ein Objekt ist libidinös besetzt, wenn es angestrebt wird. Es ist aggressiv besetzt, wenn es abgelehnt wird. Da die Begriffe »erotischer Trieb« und »Aggressionstrieb« in der Psychoanalyse sehr viel anders verwandt werden als in der Umgangssprache, bedürfen sie einer Bestimmung. In einer ersten Näherung kann man sagen, daß der erotische Trieb die erotischen Komponenten und der Aggressionstrieb die aggressiven Komponenten in psychischen Aktivitäten hervorruft.
In der Regel sind beide Triebe miteinander »gemischt«. Freud schreibt:

Der eine dieser Triebe ist ebenso unerläßlich wie der andere, aus dem Zusammen- und Gegeneinanderwirken der beiden gehen die Erscheinungen des Lebens hervor. Nun scheint es, daß kaum jemals ein Trieb der einen Art sich isoliert betätigen kann, er ist immer mit einem gewissen Betrag von der anderen Seite verbunden, wie wir sagen: legiert, der sein Ziel modifiziert oder ihm unter Umständen die Erreichung erst möglich macht. So ist z. B. der Selbsterhaltungstrieb gewiß erotischer Natur, aber gerade er bedarf der Verfügung über die Aggression, wenn er seine Absicht durchsetzen soll. Ebenso benötigt der auf Objekte gerichtete Liebestrieb eines Zusatzes vom Bemächtigungstrieb, wenn er seiner Objekte überhaupt habhaft werden soll. (XIV, 20)

Es steht jedoch zu vermuten, daß diese Mischung beider Besetzungstypen nicht schon zu einer Lebenszeit erfolgt, in der ein Mensch noch ausschließlich von seinen Trieben bestimmt wird (sein Verhalten also primärprozeßlich ausschließlich von Es reguliert wird).

Die Lebenserfahrung scheint die Nähe und Mischung beider Triebe in konkretem Verhalten zu bestätigen. Regungen von Liebe und Haß, Zuneigung und Ärger, Zärtlichkeit und Aggression ... liegen zeitlich oft sehr eng beieinander. Das aber scheint zu bedeuten, daß eine doppelte Besetzung vorliegt, die sich schon bei leichten Veränderungen der psychischen und sozialen Situation zu Dominanz der einen oder anderen hin ausprägen kann.

Starke libidinöse Besetzungen eines Objekts werden vermutlich niemals ganz aufgegeben. Besteht eine libidinöse Besetzung aus der Kindheit im späteren Leben mit erheblichem Anteil weiter, spricht man von *Fixierungen*. Solche Fixierungen sind für jedes Menschenleben typisch.

Die *neutrale* Besetzung spielt in der Psychoanalyse eine nicht unerhebliche Rolle. Freud vermutet, daß man genötigt sei, eine verschiebbare Energie anzunehmen, die, an sich indifferent, zu einer differenzierten erotischen oder aggressiven Besetzung hinzutreten könne und so die Gesamtbesetzung zu erhöhen in der Lage sei. Diese neutrale Energie bestimmt Freud etwa als »desexualisierten Eros« (XIII, 272f). Die Aufgabe der libidinösen Besetzung und die Verwandlung ihres Energieanteils in neutrale Energie kann die Erscheinung der *Sublimation* deuten, in der ursprünglich aggressive oder erotische Besetzungen neutralisiert werden und die freiwerdende Energie auf andere Objekte gerichtet wird. So kann sich erotisch-sexuelle Besetzung sublimieren in Kreativität, Hilfsbereitschaft, Dienenwollen.

(c) Gegenbesetzung und Überbesetzung

Wird eine besetzte Vorstellung ins Ubw abgedrängt (abgewehrt), verliert sie nicht ihre Besetzung (wennschon diese meist beweglich wird). Um zu verhindern, daß das Verdrängte dennoch wieder (störend) bewußt wird, ist eine Energie vonnöten, die die Verdrängung aufrechterhält. Es ist das die Energie der *Gegenbesetzung*. Das Gleichgewicht zwischen Besetzung und Gegenbesetzung kann mitunter leicht gestört werden. Läßt die Gegenbesetzung nach, kann das Verdrängte bewußt werden, die Verdrängung versagt.

Überbesetzt wird eine Repräsentanz, wenn sie beim Übergang vom Ubw zum Vbw oder vom Vbw zum Bw übermäßig besetzt wird. Dieser Vorstellung liegt die Überzeugung zugrunde, daß die psychischen Strukturen in der Lage sind, über Besetzungsenergien zu verfügen, so daß sie bei Übergang einer Repräsentation zusätzlich Besetzungen hinzufügen können.

Das Ubw enthält die *Sachbesetzungen* der Objekte. Das Vbw wird aktiv, wenn die Sachrepräsentation in eine entsprechende Begriffsvorstellung übersetzt – überbesetzt – wird. Jeder weitere Fortschritt der psychischen Organisation bedeutet eine solche Überbesetzung – zu der alten tritt Neues hinzu.

Doch kann »Überbesetzung« auch anderes bedeuten: Eine Repräsentanz erhält vor allen anderen ein inadäquates Übergewicht. So ist Freud der Meinung, daß manche Formen der Schizophrenie durch eine Überbesetzung des Selbst zustande kommen, so daß nur noch wenige Beziehungen zur Außenwelt aufgenommen werden. (X, 295)

(d) Bahnungen

»Bahnungen« sind die dauerhaften Spuren von Besetzungen. Auf dem Wege zur Objektbildung, bei der die Besetzung zu ihrer Repräsentanz findet, scheint so etwas wie eine Dauerspur zu entstehen, die die folgenden Objektbildungen bei ähnlichen Repräsentanzen erleichtert. Die zu beobachtende Tatsache, daß die Unlustbindung bei einer geringfügigen Besetzung einer Erinnerung groß sein kann, läßt vermuten, daß frühere starke Besetzungen (vor allem, wenn sie mit Schmerzempfindungen verbunden waren) Bahnen hinterlassen haben. Vielleicht beruht auf diesem Prinzip der Unlustmeidung auch bei geringbesetzten Vorstellungen ein gut Teil der klassischen (strafenden und schmerzzufügenden) Erziehung!

3. Weitere Triebe?

Die Freudsche Dualität von erotischen und aggressiven Trieben hat schon früh zur Kritik gerufen, scheinen doch vor allem die Sozialtriebe, die Menschen existentiell aufeinander verweisen, nicht zureichend berücksichtigt. Wenn wir Menschen uns nicht nur im Entgegensatz und Zusammen mit unserer Umwelt definieren können, sondern auch die soziale Umwelt ein Teil unserer Persönlichkeit ist, wird die Freudsche Theorie, die eine wohldefinierte Grenze zwischen Person und Umwelt annimmt, dieser Definition nicht gerecht. Es liegt nahe, daß manche Freudkritik, die in der Psychoanalyse eine der bürgerlichen Ideologie verhaftete Theorie vom Menschen sieht, weil sie dessen radikale Sozialität einerseits und, als Folge davon, seine radikale Verwiesenheit auf konkrete sozio-ökonomische Verhältnisse andererseits nicht berücksichtige, sondern Person auf Individuum reduziere, in der Begrenzung auf erotischen und aggressiven Trieb eine unzulässige Beschränkung schon im psychoanalytischen Ansatz wittert. Man wird jedoch bedenken und untersuchen müssen, ob die Kritiker nicht biologische und psychische Triebe miteinander verwechseln. Es ist durchaus nicht auszuschließen, daß sich eine Reihe von biologischen Trieben auch sozial darstellt (und man dann von entsprechenden sozialen »Trieben« sprechen kann). Doch ist es nicht Aufgabe der psychoanalytischen Theorie, eine umfassende und universelle Theorie vom Menschen zu geben, sondern eine Theorie, die es ihr ermöglicht, Menschen zu therapieren und sinnvolle Hinweise zur Prophylaxe zu geben.

Die Psychoanalyse hat wie kaum eine andere psychologische Theorie vor ihr auf die soziale Verwiesenheit vor allem des Kleinkindes hingewiesen und auf sie aufmerksam gemacht. Um den existentiellen Sozialverbund eines Menschen darzustellen und zu verstehen, hat die dualistische Theorie der psychischen Triebe allemal ausgereicht.

4. Trieb und Bedürfnis

Zwischen Trieb und Bedürfnis bestehen so enge Beziehungen, daß beide Begriffe gelegentlich ungut synonym verwendet werden. Wir wollen hier »Bedürfnis« bestimmen als ein durch Mangelzustände auftretendes Spannungsgefälle (Bedürfnisspannung), das Aktivitäten stimuliert, die den Mangel beseitigen, und entsprechende Vorstellungen über die Art und Weise der Mangelbeseitigung und den Zustand nach der Mangelbeseitigung evoziert. Die Mangelzustände können durch sehr verschiedene Umstände hervorgerufen werden. Ein klassischer Fall, der einen solchen Mangel hervorruft, ist eine Triebregung, die nicht alsbald befriedigt wird.

Wie aber entstehen aus Trieben Bedürfnisse und Emotionen? Es gibt gute Gründe anzunehmen, daß psychische Triebe in bezug auf ihre Befriedigung (oder Nicht-Befriedigung) nur das Reaktionspaar Lust-Unlust kennen. In konkreten Bezügen mit der sozialen Umwelt, besonders der Bezug zur Mutter ist hier zentral und erheblich, lernt das Kind, Unlust und Lust emotional und bedürfnispraktisch zu entfalten. In gewisser Hinsicht kann man sagen, Lust und Unlust werden desomatisiert und stellen sich nun »rein psychisch« als Emotionen und Bedürfnisse (aber auch als andere Triebabkömmlinge) dar. Welche Emotionen und welche Bedürfnisse sich aus und in der Spannung von Lust und Unlust mit welcher Intensität und Erlebnisfähigkeit ausbilden, hängt von der sozialen Verwertbarkeit von Bedürfnissen und Emotionen ab. Beide sind auch soziale Einrichtungen und Appelle (sieht man einmal von den rein physiologischen Bedürfnissen ab, deren Behandlung hier weniger interessant ist). Die Art der frühen Interaktion bestimmt also die Art aller späteren, weil sie eingebettet ist und weitgehend bestimmt ist von den Emotionen und Bedürfnissen, die Interaktionen regulieren und fruchtbar machen. Daß bei den Triebabkömmlingen erhebliche soziale Komponenten einspielen, ist also evident. Daß soziale Bedürfnisse im Menschenleben eine erhebliche Rolle spielen, ist unbestritten. Das aber fordert nicht, einen eigenen Sozialtrieb anzunehmen. Auf der Ebene der Triebabkömmlinge (wie wir später sagen werden, auf der Ebene des Ichs) ist die Sozialität sicher verankert.

Triebabkömmlinge, das sind alle vom Ich erfaßten von den Trieben angeregten Inhalte. Hierher gehören neben den Bedürfnissen und den Emotionen (als den wichtigsten) auch Wünsche, Phantasien, Hoffnungen, Erwartungen ...

Die Entwicklung der Bedürfnisse ist vermutlich eng an die Entwicklung der Emotionalität gebunden.

Geeignet unterscheidet man mit S. O. Hoffmann und G. Hochapfel (1979, 27) folgende *triebhaften Grundbedürfnisse* (= Triebabkömmlinge):

1. Passive Bedürfnisse (= anaklitische Bedürfnisse). Hierher gehören etwa Abhängigkeitsbedürfnisse, Anlehnungsbedürfnisse, Zärtlichkeitsbedürfnisse ...
2. Aktive Bedürfnisse. Hierzu mag man Autonomie-, Herrschafts-, Leistungsbedürfnisse zählen.
3. Sexuelle Bedürfnisse.
4. Aggressive Bedürfnisse (Sich-heran-machen, Konkurrieren, Siegenwollen, Vernichten-wollen ...)
5. Narzißtische Bedürfnisse (Bedürfnis, ein erträgliches Bild von sich selbst zu erhalten – und das um nahezu jeden Preis, Bedürfnis nach Anerkennung).

Auf der anderen Seite sind zu unterscheiden:

1. Erhaltungsbedürfnisse (deren Befriedigung der Erhaltung der physischen, psychischen, sozialen Existenz dient und zu ihr notwendig ist). Alle genannten fünf Bedürfnistypen werden hier erheblich.
2. Entfaltungsbedürfnisse (deren Befriedigung der Entfaltung dient).
3. Kompensatorische Bedürfnisse (die sich einstellen, wenn eine Befriedigung der Erhaltungs- oder Entfaltungsbedürfnisse über eine längere Zeit nicht möglich ist [aus psychischen oder sozialen Gründen]. Hierher gehört etwa das Bedürfnis nach Anerkennung bei sexueller Frustration, das Bedürfnis, mehr als nützlich zu essen, bei sozialer Frustration ...)
4. Luxusbedürfnisse (die sich einstellen bei einer Übersättigung im An-

gebot der Befriedigung von Erhaltungs- oder Entfaltungsbedürfnissen, ohne daß diese tatsächlich befriedigt sein müßten). Luxusbedürfnisse betreffen meistens die Art der Bedürfnisbefriedigung. So ist es Luxus, den Durst mit einem Cola-Getränk zu stillen, wenn es Wasser ebenso tun würde.

Sie werden bemerkt haben, daß die erste Auflistung von Bedürfnistypen auf die Aufzählung von Bedürfnissen verzichtet, die vorwiegend physiologisch erfahren werden (Bedürfnis nach Essen, Ruhe, Trank, Anregung ...). Sie sind für die Psychoanalyse weniger von Bedeutung und können daher hier wegfallen. Die scheinbar physiologischen Bedürfnisse etwa eines Säuglings nach der Brust oder die eines Dreijährigen nach Stuhlentleerung sind übrigens immer auch soziale, sexuelle, aggressive oder narzißtische Bedürfnisse, jedenfalls insofern sich die Psychoanalyse mit ihnen beschäftigt. Psychoanalytisch kann man fragen, ob es überhaupt rein physiologische Bedürfnisse des Menschen gibt.

5. Das Es

Neben der topischen Gliederung des psychischen Systems in Ubw, Vbw und Bw verfügt die Psychoanalyse über ein Strukturmodell. Es nennt als psychische Strukturen: Es, Ich und Überich. Hier sei zunächst erklärt, was »Es« meint. Freud schreibt:

> Die älteste dieser psychischen Provinzen oder Instanzen nennen wir das *Es*; sein Inhalt ist alles, was ererbt, bei Geburt mitgebracht, konstitutionell festgelegt ist, vor allem also die aus der Körperorganisation stammenden Triebe, die hier ihren ersten uns in seinen Formen unbekannten psychischen Ausdruck finden. (XVII, 67f)

Das Es ist also der aktiv tätige Speicher der psychischen Triebimpulse. Es ist der Ort und der Ursprung aller psychischen Energie, gleichsam das Kraftwerk der Psyche. Das Es definiert den Zustand des psychischen Systems im Augenblick der Geburt.

Freud nahm an, daß der Todestrieb im Es versuche, die Triebspannungen zu mindern – letztlich auf deren völlige Aufhebung im Tod hin. Der erotische Trieb dagegen führe durch seine Triebansprüche Spannung ins Es ein.

Zu Beginn des menschlichen Lebens ist alle libidinöse Energie im Es gestaut. Das Es besetzt später mit einem Teil seiner Libido Objekte und mindert so die (narzißtische) Selbstbesetzung des Kleinkindes. Es tut das, weil es nur so zu einem optimalen Lustgewinn führen kann. Die Quelle der Lustbefriedigung wie auch die Ursprünge der Unlust liegen außerhalb der eigenen Psyche. Diese Unterscheidung zwischen Selbst und Nicht-Selbst führt das Kind dazu, sein psychisches System weiter zu differenzieren.

6. Das Lustprinzip

»Lust« bezeichnet ein Grundgefühl, das meist in den Polaritäten Spannung-Lösung und Erregung-Beruhigung erfahren wird. »Lustprinzip« meint, daß viele psychischen Vorgänge darauf ausgerichtet sind, Lust zu mehren oder doch Unlust zu mindern oder zu meiden. Das geschieht meist durch »Entladung der Besetzung«. Es gibt jedoch auch Fälle, in denen die Zunahme (etwa an sexueller Spannung) lustvoll erlebt wird. Offenbar ist Lust ein komplexerer Vorgang, als eine Lösungs-Beruhigungs-Konzeption nahezulegen scheint. Die Entladung der Besetzung einer Repräsentanz muß offensichtlich abgewogen werden mit der libidinösen Besetzung des Entladungsprozesses selbst. Ist die Besetzung der statischen Repräsentation größer als die der Repräsentation des Entladungsvorganges, ist die Erwartung auf eine spätere noch größere libidinöse Besetzung des Entladungsvorganges erheblich, dann *kann* es zu einer Verzögerung der Entladung kommen, um des größeren späteren Lustgewinns willen.

Dem Lustprinzip steht entgegen das *Realitätsprinzip*. Das Realitätsprinzip besagt, daß es zu einer größeren Vermeidung von Unlust nötig sein kann, auf schnellen Lustgewinn zu verzichten. Es sorgt dafür, daß durch Erfahrung (Objektbesetzungen) und Lernen (Objektgegenbesetzungen) manche durch das Lustprinzip verbotene Muster durch Modifizierung akzeptabel werden und so den psychischen Gesamthaushalt nicht labilisieren.

Doch nicht nur das Lustprinzip (Erreichen optimalen Lustgewinns bzw. Vermeiden erheblicher Unlust) »motiviert« menschliches Verhalten. Daneben tritt das »Prinzip vom Wiederholungszwang«, nach dem unsere Psyche soziale und/oder psychische Situationen und Szenen zu reproduzieren trachtet, in denen sie einmal verwundet wurde, ohne daß diese Verwundung heilen konnte. Diese Reproduktionen der traumatisierenden Situation oder Szene hat an sich (wie alle psychischen Mechanismen) einen vernünftigen Grund: Der einmal nicht aufgearbeitete Konflikt soll in der Wiederholung aufarbeitbar gemacht werden. Leider ist das aber – sieht man einmal von therapeutischen Situationen ab – nur selten realisierbar, denn die Reproduktion der Konfliktsituation erfolgt *völlig* unbewußt und scheinbar sinnlos. Durch Wiederholungszwang motiviertes Verhalten schadet oft dem Betroffenen sozial und/oder psychisch. Es ist eine wichtige Aufgabe einer Therapie, die sich in Wiederholungszwängen reproduzierenden Konflikte aufzuarbeiten und so ihre erneute Wiederholung überflüssig zu machen.

Es werden jedoch nicht nur ungelöste Konflikte zwangshaft wiederholt, sondern auch Emotionen, Bedürfnisse, Phantasien, Wünsche ... die in keiner Weise der sie auslösenden Situation gerecht werden. Die inadäquate Bindung von Auslöser und Reaktion wiederholt traumatisierende Erlebnisse. Auch hier wird oft nur eine Therapie helfen können.
Im Folgenden werden wir in der Regel davon ausgehen, daß Verhalten vom Lustprinzip gesteuert wird. Der Fall des Verhaltens unter dem Anspruch von Wiederholungszwängen wird im Kontext pathologischen Verhaltens abgehandelt werden.

5. *Das Ich und das Selbst*

In einer strukturellen Konzeption der Psychoanalyse spielt die Bestimmung des Ich und seiner Funktionen eine zentrale Rolle. Gelegentlich wird sie gegenüber der primären des Es überbetont. Das kann dann zur Abwendung der klassischen Es-Analyse zugunsten einer Ich-Analyse führen. Diese stellt das Ich und seine Funktionen in den Mittelpunkt des analytischen Bemühens, jene das Es (die Triebe). Sicherlich ist einer der Gründe für das heute starke Anwachsen der ich-analytischen Konzepte, daß die Organisation des psychoanalytischen Bemühens um das Ich sehr viel weniger dem aus der großen Zeit der Mythen überkommenen Menschenbild widerspricht als die Annahme, Menschen seien zuerst und an erster Stelle einmal Triebwesen, und wenn sie Verhaltensstörungen zeigen, müsse das zuerst und zunächst in einem unteroptimalen Schicksal der individuellen Triebentwicklung liegen.

1. Das Ich

»Ich« bezeichnet jene psychische Struktur, die der Menge jener Funktionen zugeordnet wird, die es in besonderer Weise mit der Beziehung des Menschen zu seiner kosmischen und sozialen Außenwelt zu tun haben. Es stellt die Verbindung des Es zur Umwelt her. Zunächst hat es die Funktion, die sich häufenden Frustrationserfahrungen des Es in seinem Streben nach maximalem Lustgewinn (und optimaler Unlustvermeidung) zu regulieren. Es soll trotz widriger Umstände zu einem Maximum an Befriedigung kommen. Das Ich steht also im Dienst des Es. Es erscheint als Vollstrecker der Triebe, indem es ihre Impulse in Bedürfnisse und Emotionen umsetzt.
Das Ich reguliert die wechselnde Nähe und Distanz der Person zur Umwelt, es sichert sowohl die Differenz zur und die Einheit mit

der Umwelt, je nachdem wie es zur optimalen Triebbefriedigung kommen mag.
In der frühen Kindheit gibt es nicht viele Gründe, ein aktives Interesse an Umwelt zu zeigen. Der Säugling mag sein Interesse an der Umwelt in nur drei Forderungen darstellen können:

- Tue, was ich möchte!
- Gib mir, was ich möchte!
- Vermeide, was mir Unlust macht!

Handelt die Umwelt gegen diese seine Interessen, reagiert er mit unüberhörbarem Unmut. Die Umwelt wird also – vermutlich nahezu ausschließlich – als mögliche Quelle von Triebbefriedigung (nicht von Bedürfnisbefriedigung) und als Quelle möglichen Unbehagens und realer Schmerzen erfahren. So entwickelt sich der Teil der Psyche, der es mit der Bewältigung dieser Erfahrungen zu tun hat, mit dem Ziel, Ordnung in das undurchschaubare und unvorhersehbare Durcheinander von Lust und Unlust, von Befriedigung und Frustration zu bringen. Es gilt, Lust und Unlust, Befriedigung und Versagung kalkulierbar zu machen – und damit, soweit als möglich, auch beherrschbar. Den Teil der Psyche, der dieses zu leisten versucht, nennen wir »Ich«.
Die erste Beziehung zwischen Ich und Es ist also die der Kooperation.
Für die Ichbildung sind verantwortlich Reifung und Erfahrung.

(a) Reifung
Gemeint ist die Reifung der zentralnervösen Funktionen. Bei der Geburt ist ein Kind zentralnervös noch ziemlich unreif. So sind eine Reihe von koordinierten Bewegungsabläufen noch nicht möglich (etwa die nur bei wechselseitiger Kontrolle von Bewegung und Sinneswahrnehmung möglichen). Die motorische Kontrolle setzt u. a. voraus, daß die corticospinalen Fasern von Markscheiden umgeben sind, solche Myelinscheiden fehlen aber in den ersten Lebenswochen. Es ist auch durchaus umstritten, ob ein Kind Erinnerungen an die Ereignisse der ersten Lebenswochen (vor allem an die Geburt) speichern kann. Vermutlich ist das Nervensystem eines Kleinkindes noch nicht soweit entwickelt, daß es zu solchen Erinnerungen kommen kann.
Es gibt Menschen, die aufgrund angeborener oder sehr früh erworbener cerebraler Störungen niemals den Reifegrad erlangen, der zur Bildung eines Ich nötig ist. Es fehlt ihnen zeitlebens eine Instanz, die die eigene Person (mit dem Es) gegen die Umwelt absetzt und sich mit ihr verbindet.
Besonders wichtig aber sind Erfahrungen für die Ausbildung des Ich.

(b) Erfahrungen

Hier sind zwei Erfahrungstypen besonders erheblich:

- Die Erfahrungen, die die Beziehung zum eigenen Körper herstellen und sichern.
- Die Erfahrungen, die zu Internalisierung von Objekten führen.

Die Erfahrungen der ersten Gruppe sind entscheidend für die Ichbildung, die der zweiten vor allem für die Selbstbildung. Hier seien zunächst nur die der ersten Gruppe behandelt.

Ein Kind scheint zunächst vor allem seinen Mund zu erfahren. Dieser Mund ist die primäre Quelle aller Lust und Bedürfnisbefriedigung. Durch den Mund nimmt es sozialen Kontakt und Nahrung auf. (Diese beiden sind in einer noch nicht ganz geklärten Weise miteinander verbunden. Die Art der frühen Bindung bleibt vermutlich zeitlebens erhalten – nach der Regel, daß frühe starke Besetzungen niemals wieder ganz verlorengehen.)

Nach einiger Zeit erkennt es aber auch, was den Mund etwa von der mütterlichen Brust oder der Flasche unterscheidet. Der Mund fühlt nicht nur, sondern er wird auch gefühlt (etwa bei der Berührung der beiden Lippen oder von Zunge und Lippe). Vermutlich ist diese Doppelwahrnehmung von ganz zentraler Bedeutung für die weitere psychische Entwicklung des Kindes. Denn nach und nach erlauben es Doppelwahrnehmungen (Fühlen und gleichzeitig Gefühlt-werden), Glied um Glied des eigenen Körpers zu entdecken und gegen die kosmische und soziale Umwelt abzugrenzen. Zudem sind auch manche Teile des eigenen Körpers leicht verfügbare Hilfen zur Lustbefriedigung. Der eigene Körper steht bald im besonderen Dienste des Es (und wird es sehr viel mehr als alles andere bleiben). Doch auch das Gegenteil wird erfahren: Die Teile des eigenen Körpers können schmerzen, ohne daß man dem Schmerz ausweichen könnte. Der eigene Körper ist also auch Schicksal, unausweichliches.

Die Schmerz- und Lustanteile sind bei der Definition des eigenen Körpers wichtig. Über sie kommt es zur Akzeptanz des eigenen Körpers und zur Selbstdefinition über den eigenen Körper, aber auch zur Abwehr der eigenen Körperlichkeit bis hin zu dessen Verneinung und Vernichtung. Die libidinöse Wahrnehmung des eigenen Körpers wird hier grundgelegt. Sie ist eine wesentliche Voraussetzung für die künftige somatische und psychische Gesundheit. Ein Mensch, der seinen eigenen Körper als Ganzes (im Vollzug von Sexualität, Bewegung, Sprechen ...) lustvoll wahrnimmt, wird selten psychisch erkranken. Daß akute Schmerzen solches Wahrnehmen in der Regel ausschließen, muß nicht eigens betont werden.

Die Erfahrung der Teile des eigenen Körpers und endlich des eigenen Körpers als etwas Ganzem führt zu einer psychischen Repräsentanz des

Körpers. Diese Repräsentenz ist in der Regel mehr oder weniger libidinös besetzt. (Eine vorwiegend aggressive Besetzung ist selten und wohl stets pathologisch.) Diese besetzte Repräsentanz bildet zusammen mit Erinnerungen und Vorstellungen samt deren Besetzungen den zentralen Anteil des kindlichen Ich. Wir sprechen vom *Körper-Ich*.

Das Körper-Ich spielt als Vermittlungsinstanz zwischen Es und Umwelt eine zentrale Rolle. Der Körper ist das psychische Organ der Umweltwahrnehmung und zugleich das Instrument, durch das auf Umwelt reagiert wird. Im Gegensatz zum noch zu behandelnden Körper-Selbst, das die besetzten Vorstellungen über den eigenen Körper eint und somit die Selbstdefinition über den eigenen Körper ermöglicht, hat das Körper-Ich die Aufgabe, sich im Dienste des Lustprinzips zu betätigen. Die Einbindung des Körpers in die Umwelt wird Grund vieler Lust- und Unlusterfahrung. Es kommt also für den gesamten Apparat des Es und der Triebe darauf an, daß die Grenzen des Körper-Ich zunehmend deutlich und scharf gezogen sind, weil sonst weder Unlustvermeidung noch Lustgewinn optimal möglich wird (sondern eher eigenpsychisch besorgt wird und nicht kosmisch oder sozial). Auch für die Entwicklung von Emotionen und Bedürfnissen, die ja immer den Körper mit einschließen, ist eine optimale Ausbildung des Körper-Ich unersetzlich.

Das Körper-Ich zieht also die Grenzen zwischen Ich und Umwelt, es definiert die Grenzen zwischen Ich und Nicht-Ich einerseits und zwischen Ich und Du andererseits. Diese Grenzen können sehr verschieden gezogen werden. Ist das Körper-Ich stark besetzt, kommt es zumeist zu klaren und optimalen Abgrenzungen. Ist das Körper-Ich schwach besetzt, sind die Abgrenzungen zumeist unscharf und uneindeutig, dann ist der frühe Ich-Bereich unklar gegen Du und Nicht-Ich definiert. Es ist leicht vorstellbar, daß das der Grund für mancherlei psychische Erkrankungen im späteren Alter sein kann. Es handelt sich dabei um die frühesten psychischen Störungen überhaupt. Da sie kaum reversibel sind und alle anderen Erfahrungen eines Menschen mitbestimmen, sind sie schicksalhaft und einer Therapie weitgehend unzugänglich, da auch die therapeutischen Erfahrungen notwendig nach dem Muster der ersten Erfahrungen gemacht werden.

In der Zeit der Bildung des Körper-Ich entwickelt ein Kind eine »affektive Organsprache« nach Maßgabe der Abgrenzung von Ich und Du. Diese affektive Organsprache, die schon wichtige Funktionen der späteren Begriffssprache übernimmt (so die *soziale* Mitteilung von Emotionen und Bedürfnissen), wird von Erstmüttern aus Kleinfamilien meist nur unzureichend beherrscht, so daß sie sich nicht optimal entfaltet und eine Möglichkeit des Kindes zur optimalen Ausbildung der frühen somatischen Ich-Du-Beziehung (mit ihren Abgrenzungen) nicht genutzt wird.

Ist der Körper über längere Zeit als Quelle der Unlust wahrgenommen worden, kann es zu zeitlebens nicht kompensierbaren Aussparungen in der Definition des Körper-Ich kommen. Bestimmte Eigenschaften oder Merkmale von Personen, bestimmte Eigenschaften oder Merkmale von Sachen werden als nicht vom Ich unterschieden wahrgenommen. Die Ich-Grenze erscheint perforiert, unscharf und ungenau gezogen.

Selbstverständlich gilt diese Wahrnehmung der Grenzen zwischen Ich-Nicht-Ich und Ich und Du im körperlichen Bereich nicht nur im ersten Lebensjahr. Wenn sich später auch psychische Ich-Wahrnehmungen (etwa die der Gefühle) der Körperwahrnehmung zugesellen, ist die Basis aller Wahrnehmungen (die psychische des eigenen Körpers) mit im Spiel. Damit ist das Schicksal aller anderen differenzierteren Wahrnehmungen weitgehend bestimmt.

Beim Erwachsenen werden die vom Ich geleiteten Erkenntnisse über die Grenzen des eigenen Körpers im allgemeinen unproblematisch sein (wenn sie problematisch sind, gehört das in die Pathologie). Dafür aber bleiben die Abgrenzungen der eigenen Psyche und ihrer Funktionen (Emotionen, rationale und ästhetische Erkenntnis, Wollen, Bedürfnisse) von denen anderer problematisch, wenn das Körper-Ich nicht optimal entwickelt wurde.

Halten wir also fest: Ein psychisch gesunder Mensch hat die Räpräsentanz seines Körpers libidinös besetzt, insofern

- starke libidinöse Besetzungen der Kindheit niemals ganz verlorengehen,
- die Entwicklung der erotischen Triebe nicht in der Bindung an den eigenen Körper steckengeblieben ist.

Die Einstellung zum eigenen Körper ist ein wichtiges Kriterium für die Ausstattung der Ich-Struktur eines Menschen und läßt Schlüsse auf die Art, Intensität und Menge seiner Ich-Funktionen (der »Ich-Stärke«) zu.

(c) Das Werden des Ich und die Neutralisierung von Triebenergie

»Neutralisierung« meint, daß sich ursprüngliche libidinöse oder aggressive Triebenergie als nicht mehr an Triebe gebunden und sich somit als nicht mehr unmittelbar auf Triebobjekte (Handlungen zur Triebbefriedigung) gerichtet erweist. Da das Ich nicht unmittelbar im Dienst der Triebansprüche des Es steht, benötigt es *neutrale* Energie, um seine Funktion zu erfüllen. Es muß in der Lage sein, je nach der Außensituation Triebenergie zu neutralisieren und spezifisch zu reaktivieren. So kann es notwendig werden, libidinöse Energie aus dem Es abzuziehen, sie zu neutralisieren und einem mäßig aggressiv besetzten Objekt zur Verfügung zu stellen, so daß die jetzt stärkere aggressive Besetzung zu

Handlungen führt, die für die Person als lustvoll erfahren werden (sollen).
Die neutralisierte Energie fordert nicht mehr schnelle Befriedigung und steht damit dem Ich für seine Aktivitäten zur Verfügung. Da es über keine andere Energiequellen verfügt, ist die Fähigkeit, Triebenergie zu neutralisieren, Voraussetzung jeder Ich-Bildung. Der Umfang, in dem Neutralisierung möglich ist, entscheidet über die Aktivitäten des Ich. Das Ich benötigt für seine geordneten Aktivitäten eine große Menge von Energie, die es – neutralisiert – dem Es abzapft (oder die ihm vom Es überlassen werden).
Zu den Aktivitäten des Ich, die nur mit neutraler Energie zu bewältigen sind, zählen – wie schon erwähnt –:

- die Koordination von Möglichkeiten der Umwelt und den Ansprüchen des Es,
- die Aufrechterhaltung von Verdrängungen (durch Gegenbesetzung).

Weitere Ich-Aktivitäten werden wir noch darzustellen haben.
Das Ich und seine neutrale Energie ermöglichen es dem Individuum, Dinge zu tun, die mit Triebbefriedigung unmittelbar nichts zu tun haben. Ja, es werden Handlungen nicht nur ohne Besetzungen, sondern auch gegen libidinöse oder aggressive Besetzungen möglich. Damit erhält das Ich die für seinen reifen Zustand erhebliche Funktion der Koordination und Kontrolle der verschiedenen innerpsychischen und sozialen Ansprüche. Es emanzipiert sich gleichsam vom Alleinvertretungsanspruch des Es.
So wird auch – im Laufe der Zeit – der *Sprachgebrauch* unabhängig von Besetzungen. Das ist durchaus notwendig, da Sprache, die sich ausschließlich zur Befriedigung erotischer oder aggressiver Triebansprüche benutzen läßt, keineswegs einen weiten Horizont ausschreiten könnte. Es gilt aber, daß die Grenzen meiner Sprache die Grenzen meiner Welt bedeuten (L. Wittgenstein). Das aber heißt, da eine weite Welt in der Regel auch die Möglichkeiten der Triebbefriedigung weitet, daß auch die Sprache geweitet werden muß, wenn es zur optimalen Realisation von Es-Ansprüchen kommen soll.
Gelingt es nicht, eine zureichend große Menge von Energie zu neutralisieren, um die Ich-Funktionen optimal aufrechterhalten zu können, kommt es zu den Symptomen einer *Ich-Schwäche*:

- Die Triebe können nicht mehr sicher in konkreten Welten befriedigt werden. Das führt zu einer Triebunsicherheit (erotisches und aggressives Verhalten wirken unsicher und ungekonnt).
- Der Gesamtantrieb der Persönlichkeit scheint reduziert auf sexuellen und/oder aggressiven Antrieb. Ansonsten erscheint die Person träge und verlangsamt.

- Primärprozeßliche energetische Abläufe und primärprozeßliches Denken dominieren.

Gelegentlich wird auch eine vorhandene Neutralisierung aufgehoben. Es kommt dann zu sekundärer Ich-Schwäche und einem Abbau von Ich-Funktionen. Solchen Abbau von Ich-Funktionen erkennt man mitunter an einem Zurückfallen in Verhaltensmuster, die einem früheren Entwicklungsstand der Person angemessen waren (Regression). Beispiele für solche regressive Triebbesetzungen mögen sein:

- Das Stottern. Das Sprechen wird nicht von neutraler Energie besetzt oder es wird wieder mit libidinöser oder aggressiver Energie besetzt. Im letzten Fall wird bei aggressiver oder erotischer Darstellung meist nicht gestottert.
- Die hysterische Sprachlosigkeit. Hier kommt es wohl stets zu einer erneuten Besetzung mit nicht neutralisierter Energie.

In beiden Fällen führt die Entneutralisierung von psychischer Energie zu einem Abbau von Ich-Funktionen. So ist es verständlich, wenn eine psychoanalytische Richtung als wesentlichstes Ziel der Analyse behauptet: »Wo Es war, soll Ich werden«.

(d) Primär- und Sekundärprozesse

Parallel zur Bildung des Ich aus dem Es verläuft die Verwandlung von Primärprozeßlichem zu Sekundärprozeßlichem. Eine Regression zu vorwiegend primärprozeßlichem Verhalten signalisiert in aller Regel eine Ich-Schwächung. Diese kann situationsbedingt sein (wenn etwa die soziale Situation nur wenig Ich-Regulation einfordert), sie kann aber auch habituell sein. Ein gesunder Mensch zeigt primär- und sekundärprozeßliches Verhalten in Entsprechung zur sozialen Situation.

Es gibt vernünftige Gründe anzunehmen, daß das Es zeitlebens primärprozeßlich funktioniert. Zu Sekundärprozessen kommt es bei Ich-Dominanz. Das unausgeprägte Ich des Kindes, das noch weitgehend den Ansprüchen des Es unterworfen ist, erlaubt, daß sich Kinder vorwiegend primärprozeßlich verhalten. Die Fähigkeit des Ich, sekundärprozeßliches Verhalten zu veranlassen, entwickelt sich vergleichsweise langsam, um im 3. Lebensjahrzehnt für die Funktion des reifen Ich charakteristisch zu werden.

Das Wort »Primärprozeß« bezeichnet zunächst eine Form der innerpsychischen energetischen Prozesse.

In *Primärprozessen* ist die psychische Energie sehr beweglich. Das hat zum einen zur Folge, daß Triebimpulse zur unmittelbaren Befriedigung drängen, und zum andern die libidinöse und/oder aggressive Besetzung der Repräsentanzen schnell gewechselt werden, wenn über die ursprüngliche Besetzung keine Triebabfuhr (kein Lustgewinn) möglich ist.

Der vergebliche Drang nach schneller und unvermittelter Triebbefriedigung kann sich manifestieren an selbstschädigender Wut, selbstzerstörerischem Haß anderer, destruktiver Spontaneität ... Dieser Drang ist typisch für die vorwiegend oder ausschließlich vom Es regulierte Form der Triebbefriedigung. Der Triebanspruch soll möglichst schnell und möglichst vollständig befriedigt werden. Es scheint eine der sicheren Erkenntnisse aus vielen hundert Analysen zu sein, daß das Es zeitlebens diese Form der Befriedigung anstrebt. Da das Ich das Es daran hindern will, solche Form der Befriedigung unkontrolliert zu suchen, ist es – obzwar schon der gewichtige Helfer des Es – zudem noch ein primärer Konfliktpartner.

Die Leichtigkeit, Besetzungen zu wechseln und so Objekte gegen andere auszutauschen (nach Interesse und Erwartung), ist ebenfalls für die frühe Kindheit charakteristisch. So kann die Besetzung der mütterlichen Brust schnell auf den Daumen gewechselt werden, wenn die Brust im Augenblick nicht zur Verfügung steht. Diese Variabilität der Besetzung ist auch die Voraussetzung für eine Triebabfuhr, die, dem Urteil des Ich entsprechend, optimal (weltkonform-lustbringend) ist. So wird ein aggressives Sich-Auslassen an Sachen möglich, wenn ein solches gegen Personen nicht oder nur bei erheblicher Unlusterwartung (etwa Strafe) möglich ist. Deshalb ist die Verlagerung der Besetzung vor allem dann ein erhebliches Instrument, Es-Ich-Konflikte zu meiden, wenn diese nicht über neutrale Energie, also nicht über die Aktivität des Ich (und nicht nur durch ein eher passives Verbieten) möglich ist.

In *Sekundärprozessen* kommt es zu anderen Darstellungs- und Verlaufsformen psychischer Energie.

- Die Entladung der Triebenergie kann verzögert werden, weil etwa günstigere Umweltzustände zu erwarten sind, die zu einem höheren Maß von Lust oder einem geringeren Maß von Unlust führen werden. Es kann durchaus sein, daß das Es solche Warteprozesse libidinös oder aggressiv besetzt. Offensichtlich ist es (sehr begrenzt) lernfähig. Diese aggressive Besetzung der vom Ich besorgten Verzögerung ist nicht zu verwechseln mit der Reaktion des Ich auf Frustration (bei der keine erhöhte Erwartung besteht, in Zukunft für das Warten mit mehr Lust oder weniger Unlust belohnt zu werden). Die Reaktionen des Es auf solche Frustration sind primärprozeßlich. Es wird eine Menge an destruktiver Energie angeliefert, die dann das Ich dazu bringt, Aggressionsgefühle (Wut, Haß, Zorn, Ärger, Niedergeschlagenheit) oder Angst zu produzieren.
- Auch bei längerer Verzögerung der Triebbefriedigung bleibt die Besetzung des Objekts (»Objekttreue«) oder an einen bestimmten Typus der Triebbefriedigung (»Erwartungstreue«) erhalten.

Es ist nicht immer leicht, *sicher* primär- und sekundärprozeßliche Anteile im Verhalten eines Menschen zu scheiden. Dazu gehört einige Erfahrung.

Im folgenden will ich das konkrete Funktionieren von primär- und sekundärprozeßlicher Energieverarbeitung am Beispiel des Denkens ausführen: Primärprozeßliche Abläufe im Denken (anders als im Fühlen oder Wollen) sind sehr gut erforscht, so daß auch ein Laie in der Regel bald solches primärprozeßliche Denken ohne Schwierigkeit wird diagnostizieren können.

Auf den ersten Blick scheint Denken und primärprozeßlicher Ablauf nicht zusammenzupassen, da Denken doch eine ausgesprochene Ich-Leistung ist. Wenn man aber bedenkt, daß es sich hier nicht um rein primärprozeßliche Abläufe handelt, sondern um solche, in denen *über das zu erwartende Maß hinausgehende* primärprozeßliche Anteile beobachtbar werden, wird deutlich, daß gerade solche Ich-Leistungen wie das Denken besonders deutlich primärprozeßliche Anteile erkennbar werden lassen.

Das primärprozeßlich gesteuerte Denken hat folgende Merkmale:

- Negationen und Bedingungen werden nicht ausdrücklich gemacht. Sie lassen sich nur aus dem Kontext erschließen. In der Rede, die aus solchem Denken hervorgeht, fehlen nahezu alle verneinenden und Bedingungen ausdrückenden Worte (wie »weil«, »deshalb«, »wenn«, »obgleich« ...) – und wenn sie vorkommen, wirken sie eher deplaziert.
- Gegensätze sind miteinander vereinbar, ja sie können füreinanderstehen. »Morgen« kann etwa für »Heute«, »lieb« kann für »frech« stehen. In der Sprache können einander widersprechende Aussagen nebeneinandergestellt und behauptet werden.
- Die Sprache ist voller Anspielungen und Vergleiche, so daß nur schwer das ursprünglich Gemeinte erschlossen werden kann.
- Ein Teil eines Objekts (Vorstellung, Erinnerung, Idee ...) steht für das Ganze – und umgekehrt. So kann etwa eine Hand beschimpft werden, wenn der ganze Mensch gemeint ist.
- Nicht selten werden verschiedene Gedanken durch einen einzigen dargestellt. Ein einziger Satz kann also sehr verschiedene Bedeutungen in sich enthalten. Mitunter enthält er gar eine ganze Lebensgeschichte.
- Bilder (wie wir sie aus Träumen kennen) können Worte, Sätze, ja ganze Reden ersetzen. Mitunter wird ein einziges Bild uninterpretiert vorgezeigt und der primärprozeßliche Denkende ist schmerzlich berührt, wenn der Betrachter nicht die ganze Fülle dessen erkennt, was ihm das Bild sagen soll.
- Das Zeitgefühl ist gestört oder fehlt ganz. Tage werden als Stunden erlebt und umgekehrt. In der Sprache wird sehr vieles in der Gegen-

wartsform dargestellt, was entweder vergangen oder zukünftig ist oder sein soll.

Primärprozeßliches Denken begleitet nicht wenige Psychosen (und ist als Diagnostikum gelegentlich sehr hilfreich). Doch auch viele organische oder chemische Beeinträchtigungen der Hirntätigkeit (etwa durch Alkohol, LSD), führen zu primärprozeßlichem Denken.
Doch sind auch primärprozeßliche Anteile im Denken psychisch Gesunder und Ungestörter nicht selten. Sie entsprechen dann jedoch der sozialen Situation – sind also kommunikationsförderlich. Beim gestörten Menschen erschwert primärprozeßliches Denken und Sprechen die Kommunikation – macht sie mitunter ganz unmöglich (zumindest die verbale). Bei psychisch ungestörten Menschen werden primärprozeßliche Abläufe immer dann erheblich, wenn die soziale Situation eine »Abschattung des Ich« nahelegt oder doch wenigstens erlaubt. So etwa:

- beim Erzählen von Witzen (Witze leben von ihrer primärprozeßlichen Organisation, eine Übersetzung in eine sekundärprozeßliche Sprache ist witzmordend),
- beim Produzieren oder Verstehen von Karikaturen und Werbebildern,
- in intimen oder sehr privaten Situationen.

Fehlt die Fähigkeit zum vom Ich erlaubten primärprozeßlichen Denken, kann es zu beachtlichen Leistungen an Humor- und Phantasielosigkeit kommen. Wir finden sie bei Menschen häufig, die ihre Ichschwäche überkompensieren. Sie haben ein schwaches Ich, wehren aber alle Situationen, in denen gerade auch ein schwaches Ich gefordert wäre, ab.
Besonders häufig finden wir beim primärprozeßlichen Denken *Verschiebungen* und *Verdichtungen.*
In der *Verschiebung* wird die Besetzung von einer Repräsentation auf eine andere verschoben. Da sie nur das Denken betrifft, können sich auf eine eigentümliche Weise Fühlen und Denken widersprechen. So ist es nicht leicht auszumachen, ob in der emotionellen Wahrnehmung etwa ein Objekt libidinös oder aggressiv besetzt ist. Es kann sprachlich zur totalen Umorientierung kommen.
Die Darstellung eines Teils durch das Ganze (und umgekehrt) ist ebenfalls die Folge einer solchen Verschiebung. Auch kann ein Gedanke durch einen anderen ausgedrückt werden, der mit ihm assoziativ verknüpft ist.
In der *Verdichtung* werden mehrere Objekte durch ein einziges Bild oder ein einziges Wort dargestellt. In diesem Fall zieht sich auf der rationalen Wahrnehmungsebene die Besetzung vieler Objekte auf ein einziges zusammen. So können in einem alle Demonstranten gehaßt werden. Es ist aber auch möglich, daß einander widersprechende Emotionen rational so

verdichtet werden, daß sie sprachlich als eine dargestellt werden. So kann es zum *Eindruck* einer ambivalenten Besetzung kommen (bei der ein Objekt zugleich libidinös und aggressiv besetzt ist).
Verschiebungen und Verdichtungen sind besonders in Träumen häufig. Ein Teil der analytischen Traumdeutung besteht darin, sie erkennbar und ihre ursprüngliche Bedeutung ausfindig zu machen.
Eine spezifische Weise der Verschiebung ist die *symbolische Darstellung*, die in der psychoanalytischen Praxis eine erhebliche Rolle spielt. Hier wechselt die Besetzung auf ein anderes Objekt, das mit dem ersten assoziiert wird. Offenbar sind alle Objekte, die für ein Kleinkind besonders wichtig sind, symbolisch darstellbar. So können Schlangen für den Penis stehen, Ratten und Wölfe für eine Angst vor der Verletzung der Genitalien ...

(e) Ich und Todestrieb
Wie schon berichtet, war Freud der Meinung, daß der Todestrieb für Ruhe im Es sorge. Er wird mit der Bildung des Ich tatkräftig von diesem unterstützt. Freud schreibt:

> Durch seine Identifizierungs- und Sublimierungsarbeit leistet es [das Ich] den Todestrieben im Es Beistand zur Bewältigung der Libido, gerät aber dabei in Gefahr, zum Objekt der Todestriebe zu werden und selbst umzukommen. Es hat sich zu Zwecken der Hilfeleistung mit Libido erfüllen müssen, wird dadurch selbst zum Verräter des Eros und will nun leben und geliebt werden.

Offensichtlich ist Freud der Meinung, daß das Ich durch seine Aktivitäten im Umgang mit dem Es selbst Merkmale des Es annehmen könne, affiziert werde von den beiden im Es wirkenden Energien: Libido und Destrudo.

2. Das Es und das Ich

Das Ich legt sich wie eine Hülle um das Es. Es ist gleichsam die Instanz zwischen Es und Umwelt. Das Ich kann unscharf abgegrenzt sein gegenüber dem Es, dann fluten Es-Abkömmlinge (Phantasien, Emotionen, Bedürfnisse ...) recht massiv ins bewußte Ich ein und können seine Funktion schmälern oder gar ganz lahmlegen. So wird etwa das Ich stark zurückgenommen im Schlaf. Das Es kann mitunter seine Boten ungehindert bis ins Bewußte senden.
Das Ich sucht nun seine Grenzen gegen das Es hin zu sichern, indem es durch geeignete Abwehrmaßnahmen, die unbewußt bleiben, Triebabkömmlinge abweist. Es hat dazu das ganze Repertoire seiner Möglichkeiten zur Verfügung. Häufige Abwehrstrategien sind die Verdrängung und die Reaktionsbildung (dabei wird eine libidinöse Besetzung einer pri-

mitiven Triebregung abgezogen und auf eine andere, am anderen Ende der entsprechenden Motivskala gesetzt – etwa: Unflätigkeit durch extreme Etikette, enttäuschte Liebe durch hassendes Verfolgen der einst geliebten Person, Schmieren durch Berührungswünsche ...).

Man könnte solche Abwehrmaßnahmen für normale Ich-Funktionen halten, die einfachhin eine Folge des reifenden Ich sind, wenn nicht etwa bei der Verdrängung so etwas wie eine psychische Verödung (das Verdrängte taucht nicht wieder auf) und bei der Reaktionsbildung eine zwanghafte Überbetonung beobachtet werden könnte.

Da das Es einen dauernden Kampf gegen die vom Ich besorgten Abwehrstrategien führt, ist die Grenze vom Ich zum Es niemals ruhig. Sie wird durch Besetzungen und Gegenbesetzungen bestenfalls einigermaßen stabil gehalten. Dennoch können auch Invasionen des Es ins Ich beobachtet werden: Das Verdrängte kann wiederkehren, die Reaktionsbildung kann zerfallen. Dann können wir unter Chiffren der Symptome oder Träume diesen Kampf des Es und seiner Abkömmlinge gegen das Ich beobachten – bis es zu einer neuen Abwehr kommt, in der auf neuem und anderem Niveau der Friede zwischen Ich und Es wiederhergestellt erscheint.

3. Das Ich und die Emotionen

Es ist ein fester Bestandteil der analytischen Theorie, daß alle Emotionen vom Es und seinen Abkömmlingen angeregte Aktionen und Reaktionen des Ich sind. Emotionen sind bewußt oder doch grundsätzlich bewußtseinsfähig. Sie gehören also zu den bewußten Funktionen des Ich (unbewußte Ich-Funktionen sind etwa die oben erwähnten Abwehrstrategien).

Bei den Emotionen unterscheidet man günstig zwischen

- Gefühlen,
- Stimmungen = länger andauernden Gefühlszuständen, die bestimmt sind durch eine bestimmte Stimmungslage (heiter, traurig, optimistisch) und eine bestimmte Stabilität (ausgeglichen, schwankend),
- Tönungen = länger andauernde Stimmungen. Sie können viele Jahrzehnte währen.
- Affekte = intensive Gefühlszustände meist verbunden mit deutlich wahrnehmbaren körperlich-vegetativen Begleiterscheinungen.

Emotionen sind im subjektiven Erfahrungsbereich nicht weiter zurückzuführen und können deshalb auch nicht adäquat begrifflich bestimmt werden. Es handelt sich um Urerfahrungen des Angenehmen und Unangenehmen. Im Gegensatz zu den Trieben sind sie also unmittelbar erfahrbar.

Obschon Emotionen wie Angst oder Schuld eine erhebliche Rolle in der psychoanalytischen Theorie einnehmen, hat sie keine universelle Theorie der Emotionen entwickelt. Das geschah – zumindest in einigen Ansätzen – durch die Ich-Psychologie, die ihr analytisches Interesse auf unmittelbar Wahrnehmbares (Emotionen und Bedürfnisse) richtet (also auf Funktionen des Ich) und nicht auf die all diesem zugrundeliegenden Triebabläufe und individuellen Triebschicksale.
Man kann begründet davon ausgehen, daß alle Emotionen Signalcharakter haben, sie wollen etwas mitteilen. Freud hatte diese Funktion der Emotionen schon für die Angst ausgeführt. Signalangst entsteht, wenn ein Mensch die gefährliche (traumatisierende) Situation in der Vorstellung vorwegnimmt und auf sie reagiert, bevor sie gefährlich wird. Heute betonen wir mit »Signal« eher den sozialen Charakter der Emotionen. Sie kündigen nicht nur angenehme oder unangenehme, sicherheitsbietende oder gefährliche psychische oder soziale Zustände an, sondern teilen auch der sozialen Umwelt mit, zu welchen Interaktionen ein Mensch im Augenblick (oder auch auf Dauer) fähig ist und zu welchen nicht, mit welchen Interaktionen und Interaktionsangeboten er etwas anfangen kann, mit welchen nicht. Das Zeigen und Wahrnehmen von Emotionen hat also eine sehr zentrale Aufgabe in der Bildung menschlicher Gruppen oder Gesellschaften.
Selbst sprachliche Darlegungen werden erst durch ihre mittelbare oder unmittelbare Verbindung mit Emotionen kommunikativ-sinnhaltig. Das sprachliche Symbol (also etwa das Wort, die Aussage, die Rede) hat nur einen kommunikativen Sinn, wenn es neben einer semantischen auch eine emotionale Bedeutung hat, die es nicht nur durch sozio-kulturelle Belegung erfährt, sondern auch durch den aktuellen emotionalen Zustand seines Produzenten (des Sprechers). Kommunikation ist nur möglich, wenn die emotionale und semantische Bedeutung zutreffend wahrgenommen wird.
Dazu aber ist es vonnöten, den semantischen und verbalen Ausdruck des Sprechenden wahrzunehmen. Seine Gestik, seine Mimik, seine Art zu modulieren ... teilen den individuellen emotionalen Aspekt mit, die augenblickliche Bedeutung des Wortes, der Sätze, der Rede. Ein sprachliches Symbol kann auf eine doppelte Weise degenerieren:

- Es verliert seine emotionale Bedeutung und wird zum *Zeichen.* Die wissenschaftliche Kommunikation, die versucht (oft übrigens erfolglos), allen Begriffen eine wohldefinierte Bedeutung zuzuteilen (über die Definition etwa) und den emotionalen Bedeutungsanteil zu unterdrücken, um ein höchstes Maß an Objektivität zu erreichen, versucht Symbole auf Zeichen zu reduzieren. Daß es sich dabei kaum mehr um menschliche Kommunikation handelt, ist offensichtlich. Im Prinzip müßten nach dem Ideal der ausschließlich zeichenvermittelten Interaktion Computer miteinander kommunizieren.

- Es verliert seine semantische Bedeutung und wird zum *Klischee.* Es steht für nichts anderes als für eine Hülle für bestimmte Emotionen. Der Verwendung von Klischees, von semantisch bedeutungslos gewordenen Worten, begegnen wir ausgeprägt bei nicht wenigen Formen der Schizophrenie. Hier haben viele Worte ausschließlich eine privatsprachlich festgelegte emotionale Bedeutung. Doch auch in der normalen Umgangssprache sind kommunikative Abläufe mit semantisch entleerten Begriffen nicht selten. So bedeutet etwa in vielen Politiker-Reden »Freiheit« nichts Semantisches. Das ist so lange kommunikativ unbedenklich, als es den potentiellen Hörern auch so geht.

Emotionen entstehen unter dem Einfluß von Triebansprüchen des aggressiven oder erotischen Formenkreises. Sie sind Triebabkömmlinge. Auch soziale und narzißtische Bedürfnisse und die ihnen entsprechenden Emotionen scheinen problemlos auf dieses Paar psychischer Triebe zurückführbar. Die Dispositionen zu erotischen und aggressiven Triebansprüchen sind wahrscheinlich angeboren. Zu einer bestimmten Emotion kommt es, wenn sich der Triebanspruch des Es mit bestimmten Erfahrungen verbindet. So kann sich, je nach der Art der Individualgeschichte eines Menschen, der gleiche Triebanspruch als Zorn, Haß oder Niedergeschlagenheit im Ich darstellen bzw. vom Ich zu diesen Emotionen verarbeitet werden. Warum das Ich das tut, wurde schon deutlich: Es steht im Dienste des Es und versucht, über emotionelle Darstellung Lust zu gewinnen und/oder Unlust zu meiden. Die Erfahrungen mit Lust und Unlust bei der Darstellung bestimmter Emotionen bringen Menschen dazu, in bestimmten sozialen Situationen unter erotischen oder aggressiven Triebansprüchen diese oder jene Emotion zu zeigen.

Es gibt gute Gründe anzunehmen, daß die Bindung: sozialer Auslöser und soziale Konstellation einerseits und emotionale Reaktion andererseits in der frühen Kindheit (den ersten fünf Lebensjahren) im wesentlichen festgelegt wird. Ein Kind wird versuchen, in bestimmten Situationen bestimmte Emotionen zu zeigen. Es wird dann bei der bleiben, die sich als am erfolgreichsten erwiesen hat im Streben nach Lustgewinn und Unlustvermeidung. Habe ich etwa als Kind erfahren, daß die emotionale Reaktion »Wut« optimal ist auf eine fremde Unrechtshandlung, die mit meiner Würde unvereinbar ist, werde ich diese Reaktion wahrscheinlich zeitlebens beibehalten, selbst wenn sie inzwischen inadäquat geworden ist und im statistischen Mittel eher zur Mehrung von Unlust führt. Wir sprechen dann von *autonomen Emotionen.* Das sind Emotionen, die sich von der Anpassung an konkrete Situationen abgelöst haben und unabhängig von ihnen ablaufen, wenn bestimmte auslösende Bedingungen erfüllt sind. Offensichtlich wird das Ich mit solchen autonomen Emotionen, die oft den Charakter von Affekten haben, nicht mehr recht fertig. Ich habe oft erlebt, daß Menschen unter dem Anspruch autonomer Emotionen Dinge sagten oder taten, die eine jahrzehntelange Partnerschaft zerstörten. Es ist ein wichtiges Ziel aller Selbstbildung, dem kritischen Ich wieder Zugang zum Bereich autonomer Emotionen zu schaffen, die, komplexhaft aus der Dynamik des kontrollierenden Ich abgespalten, ein Eigenleben führen, das nicht selten zu erheblicher psychischer oder sozialer Schädigung führt. Die Auflösung dieses Komplexes und die Reintegration solcher autonomer Emotionen in den Bereich des dynamischen Ich ist schwer und oft nur unvollkommen möglich.

Der potentielle emotionale Rahmen eines Menschen wird abgesteckt durch eine Vielzahl verschiedener diffuser frühkindlicher Erfahrungen – vor allem der der Trennung von der Mutter. Ein Kind wird, sieht man einmal von elementaren Reaktionen auf Lust- und Unlusterfahrungen ab, keine anderen Emotionen und Ausdrucksformen für Emotionen entwickeln als die, die von der auf seine Emotionen sinnvoll reagierenden Mutter zurückgespiegelt wurden. Emotionen entstehen nicht aus der engen Bindung an die Mutter, sondern in jenen Phasen, in denen sich das Kind von der Mutter abzulösen sucht (zum ersten Mal in der zweiten Hälfte des ersten Lebensjahrs). Hier werden neue kommunikative, menschliche Verbindung sichernde Strategien nötig, die das Ich zu lernen bereit ist. Aus den elementaren Reaktionen auf Lust und Unlust differenzieren sich langsam Emotionen. Doch nicht nur Emotionen, sondern auch mehr oder weniger gekonnte Fertigkeiten, sie kommunikativ einzusetzen, also zu zeigen.

Wird in dieser Phase der Desomatisierung von Lust- und Unlustwahrnehmungen und deren psychischer Verarbeitung zu Emotionen (und Bedürfnissen) versagt, kann das mancherlei Folgen haben:

- Emotionen werden nur unzureichend entwickelt,
- Emotionen werden unzureichend differenziert, so daß später ein Mensch seine emotionale Lage nicht wahrnehmen und bestimmen kann,
- Emotionen erhalten kein allgemeinverständliches Aussagemuster, sie werden zu schwach oder zu heftig gezeigt, um – außerhalb der Mutter-Kind-Beziehung – kommunikativ hilfreich zu sein.

Die psychische Störung der Alexithymie (der »Stummheit der Seele«), die einen Menschen nicht deutlich seine eigenen Emotionen wahrnehmen und die Emotionen seiner sozialen Mitwelt eher als Störgrößen betrachten läßt, hat oft hier ihren Ursprung.

Physiologisch spielen bei der Bildung, dem Verlauf sowie dem Ende von Emotionen neokortikal-hypothalamische Prozesse eine erhebliche Rolle. Sie ermöglichen die für die soziale Bedeutung der Emotion erhebliche Bindung an Wahrnehmung und Reaktion. Daß Wahrnehmung und Reaktion (vor allem auf soziale Situationen) unter dem Anspruch von Emotionen verändert sind, ist unbestritten.

4. Das Ich und das Selbst

Mit »Selbst« bezeichne ich die strukturierte Menge der Selbstrepräsentanzen eines Menschen. Das Selbst bildet sich in der Abgrenzung gegen die Welt der Objekte. Für die Selbstbildung sind Internalisationen konstitutiv, für die Ausbildung der inneren und äußeren Objektwelt Externalisationen. Ich habe schon bei der Beschreibung der Ich-Entstehung darauf verwiesen, wie wichtig die optimale Grenzziehung zwischen Ich und Nicht-Ich ist. Hier begegnen wir in vergleichsweiser Erheblichkeit einem Prozeß, der mit dem der Trennung und Unterscheidung von Ich und Nicht-Ich und Ich und Du etwa parallelläuft, doch von ihm zu unterscheiden ist.

Ähnlich wie die Körperwahrnehmung für die Ausbildung des Ichs und seiner Grenzen erheblich ist, so auch für die Bildung des Selbst. Das erste ausgebildete Selbst eines Menschen ist sein Körper-Selbst. Die Repräsentanzen seiner Körperwahrnehmungen werden internalisiert und zu etwas zusammengefaßt, das es erlaubt, sich von allen Objektrepräsentanzen zu unterscheiden. Dabei ist die Grenze zwischen den beiden Welten, der Selbst- und der Objektwelt, zwar fest, doch von regen grenzgängerischen Aktivitäten bestimmt, so daß durch Internalisationen immer wieder aus dem Objektbereich Inhalte ins Selbst übernommen und durch Externalisationen Inhalte aus dem Selbst in die Objektwelt ausgeschieden werden. Dieser »Stoffwechsel« ist für beide Welten von existentieller Bedeutung.

Gemeinhin unterscheidet man drei Level der Internalisation:

- Die Inkorporation (Einverleibung). Sie ist die Internalisationsform des unreifen Ich und verläuft noch sehr triebnah und primärprozeßlich. Selbst- und Objektrepräsentanzen sind noch nicht differenziert ausgebildet. Die Unterscheidung von Innen- und Außenwelt ist kaum realisiert.

  Die Inkorporation entspricht jener Phase der kindlichen Entwicklung, in der es vor allem über den Mund intensiv libidinös besetzte Kontakte zur Umwelt aufnimmt (»orale Phase«). Im Zustand oraler Frustration kann es zur phantasierten Einverleibung des primären Liebesobjekts (der Mutter) kommen. Die Inkorporation als Internalisationsmodus spielt (über Fixierungen an frühkindliche Verhaltensmuster oder in Regression auf solche Muster) bei manchen Formen der psychotischen

Depression eine wichtige Rolle. Aber auch »frühe Störungen« (Süchte, Borderline-Störungen ...) können diesen Modus bevorzugen.
In diesen Fällen bleiben die Objektbeziehungen eher unreif. Die Inkorporation wird zu einem (pathogenen oder pathologischen) Abwehrvorgang, den ein Mensch wählt, um seine narzißtische Homöostase aufrechterhalten zu können. Unreife Liebesbeziehungen zwischen Erwachsenen können ebenfalls weitgehend als Inkorporationen verstanden werden. Der inkorporierende Teil läßt dem Inkorporierten kaum Freiheitsräume. Er hat ihn sich einverleibt und kann so beliebig über ihn verfügen, da er zu einem Teil der eigenen Person geworden ist. Solche Beziehungen sind meistens nicht sehr stabil, da sie für den inkorporierten Partner lästig und bedrängend sind.
Diesem Inkorporieren entsprechen die Leistungen eines schwachen Ich, das – in unscharfer Abgrenzung gegen das Nicht-Ich – dieses sich in den eigenen Bereich einverleibt und so fehlreagieren wird.

- Die Introjektion setzt den Gegenstand der Objektwelt als Introobjekt real in die Selbstwelt ein. Die Introjektion ist die bevorzugte Form der Internalisation, wenn das Ich schon soweit entwickelt ist, daß es Triebforderungen selbständig abwehren kann (Isolierung, Ungeschehen-machen, Regression ...). Das Introjekt ist in aller Regel ambivalent (gleichzeitig mit libidinöser und aggressiver Energie besetzt). Die unabhängige Realität des Objekts in der Außenwelt wird zwar erkannt, aber nur mit ambivalenter Besetzung oder verbunden mit der Emotion der Angst (vor Objektverlust – es kann ja leicht verlorengehen, denn es steht nicht wie das Inkorporierte vollständig zur eigenen Disposition). Die Ambivalenz wird zumeist (projektiv) abgewehrt, die Angst nicht selten verleugnet oder über reggressive Muster abgewehrt. (Ein Mensch versucht durch infantile Verhaltensmuster die Nähe zum Außenpendant des Introjekts zu sichern und so eine Situation herzustellen, in der Inkorporation die »normale« Reaktion war.)
Diese im Alter von vier und fünf Jahren lebensnotwendigen Bewältigungsmechanismen der Introjektion werden – wie die Inkorporation – im späteren Lebensalter zu pathologischen Strategien, das unreife Selbst zu bewahren, das sich ausschließlich über inkorporative und introjektive Strategien gegen die Umwelt abgrenzen und ausgrenzen und so seine psychische Existenz sichern kann. Es ist mitunter erschütternd zu erleben, wie Menschen, die über Introjektion ihre Liebesbeziehungen aufbauen, mit überwältigender Eifersucht reagieren, weil sie in ständiger Angst leben, ihr Liebesobjekt zu verlieren – und damit sich selbst. Die Introjektion wird zu einem Abwehrprozeß gegenüber Triebabkömmlingen, die – projektiv – in den Partner versetzt werden. Dieser Mechanismus macht solche Eifersucht prinzipiell unüberwind-

lich, da ihr eigentlicher Grund – der eigene Triebanspruch – nicht erkannt oder nicht akzeptiert werden kann, ohne die eigene oft sehr mühsam über Introjektionen gesicherte narzißtische Homöostase zu labilisieren.
Die Introjektion als Abwehrmechanismus sucht eine in der gegenwärtigen Stärke bislang kaum erlebte Vergeblichkeitserfahrung durch die Übernahme eines oder mehrerer Motive anderer Personen zu mindern. Diese Motive können den als vergeblich erfahrenen ähnlich sein. Nicht selten werden Motive der Person übernommen, von der die Frustration ausging (»Identifikation mit dem Aggressor«). Der subjektive Gewinn besteht in dem Gefühl, zumindest teilweise jene bewunderte Person zu sein und somit nicht gefährdet. So kann sich ein Kind jene Motive der Mutter zu eigen machen, durch die es in seiner Triebentfaltung behindert wurde – etwa deren Gewissenhaftigkeit oder deren Ordnungssinn.

- Die Identifikation führt zu reifen Objektbeziehungen. Ambivalenzen werden toleriert und durchgestanden. Aggressive Emotionen (Wut, Zorn, Haß ...) können ausgedrückt werden ohne Angst, das Objekt zu verlieren. Eventuelle Verlustängste werden ohne Panik durchgestanden. Auf diesem Level spielen reife Liebesbeziehungen. Es ist das die Internalisierungsstrategie des reifen Ich, das gegenüber dem Nicht-Ich und dem Du sichere Grenzen abgesteckt hat und nicht den Objektverlust als Selbstverlust interpretieren muß. Es steht der Objektwelt in einem sachlichen (und nicht einem persönlichen) Interesse gegenüber. Es muß nicht haben, um zu sein, denn es hat sich.

Die von E. Fromm unterschiedenen Existenzmuster des Seins und Habens lassen sich ohne Schwierigkeiten hier einbringen. Das Muster des Habens ist weitgehend Menschen zuzuordnen, die über Inkorporationen oder Introjektionen ihr Selbst gegen die Objektwelt abgrenzen. Das Muster des Seins entspricht den Menschen, die vorwiegend ihr Selbst über Identifikationen aufbauen und abgrenzen.
Identifizieren kann man sich mit Personen und deren Eigenschaften, mit Gruppen oder Gesellschaften, mit religiösen oder politischen Überzeugungen ... Identifizierung ist mit Inhalten von großem Abstraktionsgrad möglich. So ist es auch auffällig, daß viele psychisch früh gestörte Menschen nur relative Konkreta internalisierten. Identifikationen mit Ideen oder Ideologien sind selten.
Das soll nicht heißen, daß nicht auch Menschen mit reifem Ich psychisch gestört sein können. Auch die Identifikation kann zu einer neurotischen Abwehrstrategie werden. So beobachten wir bei Zwangsneurosen, daß Menschen sich zwanghaft mit Ideen oder Ideologien identifizieren. Die klassischen Übertragungsneurosen, von denen

noch zu handeln sein wird, setzen alle ein reifes Ich voraus, jedoch ist das Selbst durch pathogene Identifikationen gestört. Hierher gehören Konversionshysterien, Zwangsneurosen, phobische Neurosen ...

Entsprechend zu den drei Stufen der Internalisierung unterscheidet man geeignet drei Stufen der Externalisierung: Exkorporation, Projektion und Selbstobjektivierung. In pathologischen Fällen werden alle drei Externalisierungsformen zur Abwehr oder Kompensation verwendet. Das soll aber nicht heißen, daß sie nicht auch zur Standardstrategie eines durchaus gesunden Ich gehören können.

Von »Realexternalisierung« spricht man, wenn ein Mensch eigene psychische Inhalte als reale Instanzen in die Objektwelt setzt. So kann das eigene Gewissen in einen strafenden Gott externalisiert werden.

Zu einer Selbstobjektivierung (als der Externalisationsform des reifen Ich) eines Gesunden gehören sicherlich die Fähigkeiten,

- Teile des eigenen Selbst in Außenobjekten darzustellen (zu expandieren) und
- eigene Vorstellungen im Draußen zu realisieren (Realexternalisierung).

Die Selbstexpansion kann in sehr verschiedenen Mustern geschehen. Es kann dabei um die Ausübung von Herrschaft gehen oder um Gestaltung der sozialen Umwelt nach eigenen Vorstellungen. Wesentlich ist, daß Selbstrepräsentazen, also Inhalte, über die ein Mensch sich selbst definiert, auch zur Gestaltung der kosmischen oder sozialen Außenwelt verwendet werden.

Die Realexternalisierung des eigenen Selbst geschieht, indem eigene Vorstellungen in der Außenwelt realisiert werden – etwa in Kunst und Wissenschaft, in missionarischem, handwerklichem oder kulturellem Tun.

Sehr oft sind Externalisierung und Internalisierung eng miteinander verbunden. Das betrifft etwa einen Bildhauer, der zugleich ein Objekt draußen herstellt und sich in es verliebt. Aber auch Liebe und Träume sind leicht als solche Gemische zu verstehen.

Inter- und Externalisierungen erlauben es dem Menschen, die Grenze zwischen den Selbstrepräsentanzen und den Objektrepräsentanzen zu ziehen. Die beiden grundsätzlich verschiedenen Typen von Vorstellungen über das, was zu mir gehört, und das, was zur Umwelt gehört, können beide aggressiv und/oder libidinös besetzt werden. Im Normalfall werden die Selbstrepräsentanzen libidinös besetzt (Eigenliebe). Dann versucht das System des Selbst sich selbst aufrechtzuerhalten (»narzißtische Homöostase«) und zu stabilisieren. Dazu werden Kompromißbildungen eingesetzt (vgl. Seite 16).

Von hierher wird auch deutlich, was »Narzißmus« bedeutet: Libidinöse

Besetzung wird von Objektrepräsentanzen abgezogen und auf Selbstrepräsentanzen verlagert. Diese Abwendung vom Objekt und die Zuwendung zum Selbst kann pathologisch oder pathogen sein. Darüber ist noch zu berichten.

Das Selbstsystem kann destabilisiert oder gefährdet werden durch

- narzißtische Kränkungen (Mißerfolg, Kritik),
- durch Entzug der gewöhnlichen narzißtischen Zufuhr (von »Streicheleinheiten«, Anerkennung, Interesse, Wohlwollen, Geborgenheit ...).

Wir alle verfügen über eine Reihe von Techniken, um mit solchen Gefährdungen fertigzuwerden. Es stehen vor allem folgende Abwehrstrategien zur Verfügung:

- Regressionen: Es kommt etwa zu Verschmelzungsphantasien, die oft deutlich werden lassen, daß ein Mensch in die Geborgenheit des Mutterschoßes oder der frühen Mutter-Kind-Einheit zurück möchte. Nicht selten beobachtet man auch die Aufgabe von einzelnen Elementen der Selbstdefinition im Vorhinein, ehe es zur narzißtischen Kränkung kommt, um auf diese Weise »weniger verletzlich« oder »weniger abhängig von Erfolg und Lob« zu werden. Auch sind Verschmelzungen mit großen und einflußreichen Personen, Gruppen oder Ideen nicht selten.
- Größenphantasien: Hier wird die eigene Kleinheit verleugnet, die Relevanz fremden Urteils wird heruntergespielt. Die Haltung: »Was kümmert es den Mond, wenn ihn ein Hund anbellt«, wird institutionalisiert. Das kann bis hin zur Ausbildung von Größenwahn gehen.
- Der Rückzug in die Einsamkeit: Erhält man aus der sozialen Umwelt mehr narzißtische Kränkungen als sie von Lob, Zuwendung, Sicherheit ... kompensiert werden können, besteht die Tendenz, den Kampf um Verständnis, Lob, Anerkennung aufzugeben und sich auf sich selbst zurückzuziehen. Dieser Selbstrückzug kann soweit gehen, daß ein Mensch sich eine private Welt mit privaten Selbst- und Objektrepräsentanzen aufbaut.

Auf den ersten Anschein mag man vermuten, daß zwischen Ich und Selbst kaum Unterschiede bestehen. Der Schein trügt. Das Ich ist die Struktur des psychischen Systems, die die Realitätsanpassung sichert. Dazu benutzt sie bewußte (Erkennen, Denken, Erinnern, Emotionen, Bedürfnisse) und unbewußte Funktionen (Abwehrmechanismen).

Das Selbst ist dagegen jener zentrale Bereich der Persönlichkeit, der sich seiner selbst bewußt ist und als zum Objekt werdendes Subjekt zu sich kommt. Das Selbst kann durchaus so organisiert sein, daß eine Realitätsanpassung nicht oder nur schwer möglich wird. Dann macht es im Grenzfall alle Bemühungen des Ich zunichte.

Nach H. Kohut ist das Selbst der bewußte *Inhalt* des psychischen Apparats. Es ist mit eigener und aus dem Es stammender Energie besetzt und dauert in der Zeit an. Das Selbst wäre somit eine psychische Struktur. Ich möchte dieses Kapitel über das Ich mit der einer Bemerkung schließen, die die ganze Größe, aber auch das Elend des Selbst einfängt: »Wir sehen uns selbst, wie man uns sagt, und wir sehen andere so, wie wir uns sehen.«

Die Art und die Qualität der Identifizierungsangebote und das Feld, in dem Identifizierungen stattfinden konnten oder nicht, entscheiden über unser psychisches Schicksal. Sie entscheiden, ob jemand gesund heranreift oder ob er einmal psychisch erkranken wird.

6. Das Überich

Das Ich vermittelt zwischen Es und der sozialen und kosmischen Umwelt. Dieser Vermittlungsprozeß ist anstrengend. Deshalb liegt es nahe, wenn ein Teil der sozialen Umwelt internalisiert, zu einer eigenen psychischen Struktur gemacht wird. Damit wird ein Teil der von außen an die Person herangetragenen Probleme, die die Lust mindern und die Unlust steigern könnten, stabilisiert und muß nicht jedesmal von neuem geprüft werden. Dadurch, daß einige Bereiche der sozialen Umwelt in das psychische System eingegliedert werden, kommt es zunächst zu einer Entlastung der Ich-Aktivitäten.

Umgangssprachlich nennt man diese psychische Instanz das Gewissen. In ihm werden bestimmte Verhaltensmuster der Eltern (und anderer Erziehender) sowie deren mit Lohn und Strafe belegten Gebote und Verbote internalisiert. Beginnend mit dem fünften Lebensjahr und etwa endend mit dem zehnten, geschieht dieser Internalisierungsprozeß durch Identifikation mit den Eltern (zum Teil aber auch durch Introjektion oder gar Inkorporation).

Sicher übernimmt das kleine Kind auch mit seinen Inkorporationen und Introjektionen einen Teil der Verhaltensweisen seiner sozialen Umgebung, doch zu einer gebietenden und verbietenden »inneren Stimme« werden diese anfangs meist eher zufällig und keineswegs die Eltern überflüssig machenden Introjektionen erst etwa mit dem Beginn der Schulreife. Mit der Internalisierung der elterlichen Verhaltensregeln und der elterlichen Gebote und Verbote wird das Kind von der elterlichen Führung unabhängiger. Es beginnt, sich selbständig im sozialen Feld zu bewegen. Die dafür zureichende Verhaltenssicherheit wird ihm durch die Normen des Überich vermittelt. Die Eltern als Introjekte machen die realen Eltern teilweise überflüssig. So schwindet die Angst vor den Eltern und um die Eltern.

Die Angst vor den Eltern mindert sich, weil die Eltern in einem wesentlichen Anteil (als gebietende und verbietende) Teil des eigenen Selbst werden. Die Angst um die Eltern (vor Objektverlust) mindert sich, weil nun eine eigene soziale Orientierung in der Umwelt möglich ist. Die Eltern überwachen gleichsam von innen die »verbotenen Wünsche« des Es, deren Realisierung zu einer unabsehbaren sozialen Gefährdung führen könnte.

Das Überich hat also zunächst die Aufgabe, das Ich zu stützen bei seiner Funktion, dem Es in einer konkreten und keineswegs immer es-freundlichen Umwelt ein Optimum an Lustgewinn zu verschaffen. Für diese Unterstützung muß das Ich aber eine Menge seiner Freiheiten und Möglichkeiten opfern. Das Ich erhält eine vorgesetzte Instanz.

Keineswegs alles, was die Eltern an erotischer und aggressiver Realisation erlaubt hätten, ist jetzt noch erlaubt. Das Überich muß generalisieren, kann nicht Nuancen der sozialen Situation berücksichtigen. Die meisten Eltern bereiten die Internalisierung von Geboten und Verboten sorgfältig vor. Mitunter vergessen sie, daß an erster Stelle ihr konkretes Verhalten (vor allem auch in seinen unbewußt gesteuerten Anteilen) internalisiert wird und erst sekundär ihr Gebieten und Verbieten. Doch ist dieses auch erheblich und wichtig.

Die Bildung des Überich ist nicht eine typisch menschliche Angelegenheit. Auch gesellig lebende Tiere müssen eine solche Instanz ausbilden, da der »äußere Gehorsam« nicht genügende Verhaltenssicherheit vermittelt, um sozialfähig zu sein oder zu werden. Offenbar besteht also ein instinktoider Drang, die Muster und Regeln das eigenen sozialen Verhaltens weiterzugeben und auf diese Weise konkrete Gesellschaftlichkeit zu reproduzieren.

Menscheneltern versuchen dies meist durch Belohnungen und Bestrafungen. Sie belohnen und bestrafen bestimmte Handlungen oder Verhaltensweisen, die vom Es eingefordert oder nahegelegt werden, da sie schnellen Lustgewinn versprechen. Sie müssen das tun, weil ein nur vom Es regulierter Mensch nicht sozialfähig ist.

An Belohnungen und Bestrafungen unterscheiden wir zwei Typen: soziale und emotionale. Soziale Bestrafung besteht in Rücknahme oder Verweigerung sozialer Anerkennung, Geborgenheit oder Zuwendung einerseits oder im sozialen Abstieg in der Familienhierarchie andererseits. Emotionales Strafen besteht darin, daß bestimmte Verhaltensmuster an ASSM gebunden werden. Ein Kind zerbricht etwas. Es schämt sich seiner Ungeschicklichkeit. Die Eltern verstärken diesen Effekt, indem sie von weiteren Strafen absehen, ja dem Kind zusprechen, es brauche sich nicht zu schämen ... Diese emotionale Bestrafung hat den Vorteil, daß der Strafwille der Eltern blockiert wird, wenn das Kind die ge-

wünschte Emotion aus dem Katalog ASSM zeigt. Wenn schon Erziehung sein muß, dann eher durch emotionale als durch soziale Bestrafung, wobei der Mechanismus Verhalten – Angst möglichst ausgespart bleiben sollte.
Da nahezu jeder Mensch mit den Gefühlen ASSM Unlust verbindet und diese Unlust oft größer ist als der vom Es versprochene Lustgewinn im Falle des Ungehorsams, lernen viele Kinder, um ASSM zu vermeiden, den elterlichen Befehlen und später denen des Überich zu gehorchen.

1. Das strafende Überich

Während das gesunde Überich gebietet und verbietet, ohne zu strafen und ohne Strafandrohung, die über die Bestrafung mit unlustbereitenden Emotionen von ASSM hinausgingen, wird das pathogene Überich aktuell strafend tätig. Es wurden nicht nur gebietende und verbietende, sondern auch belohnende und bestrafende Instanzen internalisiert. In diesem Fall ist ein Mensch oft hilflos den Imperativen seines tyrannischen Überich ausgeliefert. Ich will das Gemeinte an zwei Beispielen erläutern.

(a) Der Gotteskomplex
Nicht wenige Eltern und Erzieher vermitteln ihren Kindern – meist eher aus erzieherischen Gründen denn aus Überzeugung – das Bild eines Gottes, der die gebietenden und verbietenden, aber auch die lohnenden und strafenden Funktionen der Eltern nach Art eines Überelter wahrnimmt. Dieser »Gott« ist unbestechlich und gerecht. Er straft nicht nur das böse Handeln, auch wenn es keiner sieht (wie etwa Masturbation), sondern sogar böse Wünsche, Phantasien, Hoffnungen (die »inneren Sünden«). Zudem steht diesem Gott ein schier unermeßliches Potential an Strafen zur Verfügung bis hin zur »ewigen Verdammung«.
Es ist vermutlich jedem Christen offensichtlich, daß es einen solchen Gott nicht gibt. Aber selbst das sichere Wissen, daß dieser Gott in einem Leben keine andere Funktion hat wie Herrchen für den Dackel Waldi, hilft nicht unbedingt weiter, denn zusammen mit den Eltern wird auch deren Gottesbild internalisiert und bildet eine Instanz im Überich. Das gilt selbst dann, wenn der Glaube an diesen Gott aufgegeben wurde oder verlorengegangen ist (wie ja auch die internalisierten Eltern im Überich ihren Tod überleben). In diesem Fall ist das Ich hilflos dem Überich ausgeliefert.
Das reife Ich hat die Aufgabe, zwischen den verschiedenen psychischen und sozialen Instanzen zu vermitteln. Ist aber eine Instanz allmächtig, dann erhält sie eine Dominanz, gegen die kein Kraut gewachsen ist. Das

immer vergleichsweise schwache Ich kann hier nichts anderes tun, als dem Überich die Führung zu überlassen. Und das ist um so bedenklicher, als das Überich im wesentlichen die sehr unreifen Formen von Geboten und Strafen impliziert, wie sie etwa im fünften Lebensjahr erfahren wurden.

Ein Mensch, der unter einem solchen tyrannischen Überich leidet, ist hilflos einem vergleichsweise unreifen Ich ausgeliefert. Das mit der Persönlichkeit reifende Ich wird oder bleibt ohnmächtig. Es kann, wenn es nicht »unbewußt« den Mechanismen einer ewigen Strafe ausgeliefert werden, wenn es nicht ewiger Verdammung anheimfallen will, nichts anderes tun als dem Überich bedingungslos gehorchen – und damit entweder das Ich entmachten, oder es auf einem infantilen Entwicklungsstand fixieren.

Selbst damit sind keineswegs alle Probleme gelöst. Da sich das Es solche Formen repressiver Herrschaft nicht gefallen läßt, wird es dafür sorgen, daß eine totale Abwehr aller verbotenen Triebansprüche (und das sind eine ganze Menge) mißlingt. Erotische und/oder aggressive Ansprüche werden sich wenigstens in der Phantasie oder im Wunsch, der Hoffnung, einstellen. Sie werden aber ebenso rigide vom unreifen Überich bestraft wie verbotene Handlungen.

Meist läuft das nicht ganz so schlimm ab, weil viele Menschen gegenüber »ihrem Gott« Entsühnungsrituale eingebaut erhalten – vergleichsweise denen, die bei den Eltern strafhemmend tätig wurden. Zeigt ein Mensch diesen ASSM, waren sie in aller Regel versöhnt. Ähnlich kann man sich auch mit Gott versöhnen, indem man eine »rechte Angst« (die Angst-Reue = »mein Verhalten tut mir von Herzen leid, weil ich Angst habe, auf ewig verdammt zu werden – daher will ich nach besten Kräften zu verhindern suchen, daß solches Verhalten sich nicht wiederholt«) oder eine »rechte Liebe« (»ich liebe Gott über alles und deshalb tut es mir leid, daß ich ihn beleidigt habe«) entwickelt.

Hier wird offensichtlich, daß in der religiösen Entsühnung ganz die gleichen Mechanismen gelten wie bei der Entsühnung gegenüber den Eltern. Zwar haben nicht wenige Konfessionen noch weitere Bedingungen eingebaut (so genügt den Katholiken nicht die Angst-Reue, sie muß mit einer sakramentalen Beichte verbunden werden – also einem offenen Geständnis mit ausdrücklicher Lossprechung und dem Willen, eine Handlung der Wiedergutmachung zu leisten), doch sind sie alle im Prinzip zu erfüllen.

Doch wird die Sache problematisch, wenn ein Mensch über Ich-Mechanismen diesen »Gott« aus seinem Leben herausgeworfen hat. Ihm stehen dann als »Atheisten« keine Entsühnungsrituale zur Verfügung, obschon das Überich den alten »Gott« in all seiner tyrannischen Straflust in sich

birgt. Solche Menschen werden schuldig, ohne über ein verwendbares Entsühnungsritual zu verfügen. Das Schuldbewußtsein wird dann meist verdrängt, doch unbewußt bleibt die abgewehrte und nur scheinbar entschuldete Handlung mit Schuldgefühl besetzt und treibt dann im Ubw ihr fatales Spiel.
Es ist also dringend zu fordern, daß Menschen *niemals* im Laufe ihrer Erziehung mit diesem »Gott« Berührung erhalten. Das ist um so wichtiger, als das hier problematisierte Gottesbild in manchem der Neigung des unreifen Überich entspricht, das auch Phantasien oder Wünsche bestraft wissen will, weil es in seiner Primitivität nicht in der Lage ist, diese von Handlungen zu unterscheiden. So kann eine relativ kurze Begegnung mit diesem »Gott« (etwa im Kindergarten) dazu führen, daß er in gewisser Appetenz des Überich akzeptiert und später internalisiert wird.
Psychisch stabile und zureichend Ich-starke Menschen emanzipieren sich tatsächlich von allen Ritualisierungen, die die Religionen in die Entsühnungsabläufe hineingebracht haben. Sie konstruieren, bevor es zur Internalisierung des Elternkomplexes (mit dem entsprechenden Gottesbild) kommt (also vor Abschluß der Überichbildung mit dem Beginn der Vorpubertät etwa im 10. Lebensjahr), oft mit Hilfe ähnlich gearteter Eltern das Bild eines grundsätzlich manipulierbaren Gottes, den man durch *äußere* Handlungen (die nicht notwendig von einer inneren Überzeugung getragen sein müssen) zu seinen Gunsten beeinflussen kann. Dieser manipulierbare Gott entspricht vollständig den Eltern, die sich ja auch durch manipulierendes Verhalten (etwa gespielter ASSM) umstimmen lassen. Das Bild eines manipulierbaren Gottes ist für jeden religiösen Menschen, dem der Gottesbegriff nicht semantisch völlig leer ist, ein Greuel und eine theologische Unmöglichkeit. Dennoch ist er bei nicht wenigen Menschen – aus psychologischer Sicht eher zu begrüßen – vorhanden. Manche Gebete der Christen setzen einen solchen durch Worte (nicht durch Haltungen oder Einstellungen) manipulierbaren Gott voraus und machen es erklärlich, daß »gute Christen« selten psychisch an ihrem Gott erkranken.
Auf der anderen Seite ist natürlich diese freie Gestaltung eines Entsühnungsrituals über den Glauben an einen manipulierbaren Gott eine Gefahr für die religiösen Institutionen, die einen Teil ihrer Berechtigung beziehen aus ihrer Vollmacht, allein wirksame Entsühnungsrituale anzubieten. Ein Mensch, der an einen Gott glaubt, dessen Manipulierbarkeit nicht an die Beobachtungen bestimmter Rituale gebunden ist, wird den kirchlichen Angeboten distanzierter entgegenstehen und ihre Dienstleistungen seltener in Anspruch nehmen. Das aber ist der Kirche – verständlich – nicht recht. Somit sind einige Kirchen sehr daran interessiert, daß die Einführung in ihr Entsühnungsangebot vor dem Abschluß der

Überich-Bildung erfolgt. Das kann dann – weil die Entsühnung erheblich erschwert und für einige Menschen, die ihren »Gott« verloren haben, sogar unmöglich wird – zu sogenannten ekklesiogenen Neurosen führen. Das sind Neurosen, die in kirchlichen Aktivitäten gründen.

(b) Der Mutterkomplex

Bei nicht wenigen erfolgreichen Managern und bei sehr vielen zölibatär Lebenden ist eine Erscheinung zu beobachten, die man »Mutterkomplex« nennen kann. Die Mutter (und zwar die internalisierte) übernimmt ähnliche Funktionen, wie der »Gott« des vorigen Abschnitts. Sie erhält eine so starke Dominanz im Überich, daß sich das Ich nur sehr beschränkt dagegen wehren kann. Ein Sich-den-Ansprüchen-dieser-(internalisierten)Mutter-Versagen führt zu so erheblichen ASSM, daß ein Leben mit diesen Gefühlen erhebliche Unlust bereitet. So ist man bereit, auf die Lust bereitenden, aber im Widerspruch zur verbietenden mütterlichen Autorität stehenden Handlungen zu verzichten. Auch in diesem Fall kommt es zu einer unmittelbaren Konfrontation von Es und Überich, ohne daß das Ich erheblich eingreifen könnte. Zwar kann das Es gelegentlich siegen, doch wird der Sieg dem Ich soviel an Unlust bereiten (durch ASSM), daß nur sehr massive Es-Ansprüche sich durchsetzen.

Solche Menschen wirken in aller Regel sehr stark überichkontrolliert. Das bedeutet in nicht wenigen Fällen: überangepaßt. Sie tun alles, was man tut, und nichts, was »man nicht tut«. Sie sind gut erzogen, höflich, freundlich, hilfsbereit, erfolgreich – kurzum sie geben das Bild eines Jungen wieder, der der ganze Stolz seiner Mutter ist.

Sie organisieren ihr Leben (meist unbewußt) über die Beantwortung der Frage: »Was hätte meine Mutter in dieser Situation wohl gewollt, das ich tue?« Nicht wenige dieser an einem Mutterkomplex leidenden Menschen haben erst relativ spät etwas mit einem andersgeschlechtlichen Partner anfangen können – die Mutter genügt ihnen. Und wenn es zu einer stabilen Partnerbindung kommt, muß der Partner eine Menge von Mutterfunktionen übernehmen, wie Schutz und Zuflucht, Trost und Ermunterung – eben solche Funktionen, die die reale Mutter einem 8jährigen Jungen (oder, wenn auch oft weniger ausgeprägt, einem 7jährigen Mädchen) anbietet.

Da die Mutter mit dem Verlust ihrer Liebe strafen kann (zumindest wurde das so erfahren) und die Liebe der Mutter eine existentielle Notwendigkeit ist, kann die Angst vor dem Verlust der Mutterliebe ganz ähnlich repressiv sein wie die Angst vor der »ewigen Verdammung«. Daß beide Ängste nicht sonderlich begründet sind, tut nichts zur Sache. Internalisiert werden sie ja mit der unreifen Rationalität der ersten Schuljahre.

Wenn das Überich straft und das Ich leidet, begegnen wir einer hoch-pathogenen Situation, die in aller Regel zur Symptombildung führt, da ein Kompromiß zwischen Es und Überich, begleitet vom abwehrenden Ich, auf die Dauer nur möglich zu sein scheint, wenn in die Kompromißbildung »ungewöhnliche Lösungen« eingebaut werden, die die Konfliktfähigkeit eines Menschen wesentlich beeinträchtigen und so zur Symptombildung führen.

2. Das rigide und das schwache Überich

Zu Beginn der Überich-Bildung kann man eine Phase bemerken (vgl. A. Freud 1980, 92), in der das Überich zwar nach innen kritisiert, die »Vergehen« aber in die Außenwelt verschoben werden. »Nicht ich bin schuld, sondern die anderen!« Es gibt nun nicht wenige Menschen, die auf diesem sehr frühen Niveau der Überich-Bildung stehenbleiben. Sie fallen dann auf durch ihre Intoleranz gegen die Umwelt. Sie sind schonungslos in ihren Urteilen, rigide in ihren Forderungen. So werden

- Homosexuelle als zu meidende Menschen apostrophiert (um den eigenen homosexuellen Anteil nicht verurteilen oder gar bestrafen zu müssen),
- Ausländer als minderwertig angesehen (um die eigenen Minderwertigkeitsgefühle, die mit dem [drohenden] Verlust des Arbeitsplatzes verbunden sind, loszuwerden),
- Straftäter hart verurteilt (um die eigenen kriminellen Neigungen nicht verurteilen zu müssen). Bei nahezu allen Menschen, die für eine Wiedereinführung der Todesstrafe plädieren, ist dieser Aspekt erheblich. Um sich selbst nicht zum Tode verurteilen zu müssen, wünscht man andere zum Tode verurteilt zu sehen. Das gilt vor allem für Menschen mit einem Gotteskomplex.
- Härtere Gesetze werden gefordert (um sich nicht selbst wehe tun zu müssen)

Mit allen diesen Methoden schützt sich das Ich gegen Selbstkritik und eventuelle Selbstbestrafung.
E. H. Erikson (1981, 86) schreibt über dieses unreife Überich:

> Aus diesem Grund versuchen manche Individuen daher gelegentlich alle moralische Undeutlichkeit zu überwinden, indem sie total gut oder böse werden – Lösungen, die ihre ambivalente Natur insofern verraten, als die völlig »Guten« lernen können, zur »höheren Ehre Gottes« Folterknechte zu werden, während die völlig »Bösen« ihren Führern und Cliquen gegenüber ausgeprägte Treuegefühle entwikkeln können. Es ist offensichtlich, daß die autoritäre Propaganda sich an diese Konflikte wendet, indem sie Menschen auffordert, schamlos und kollektiv die totale Schlechtigkeit auf jeden inneren und äußeren »Feind« zu projizieren, der sich durch Staatsdekret und Propaganda als total unmenschlich … erklären läßt.

In der Bundesrepublik begegnen wir diesem Phänomen etwa im verordneten Hassen von Kommunisten, Anarchisten, Chaoten und Terroristen, das tatsächlich bei Menschen mit unreifem Überich einiges Echo findet. Das reife Überich dagegen erkennt, daß Menschen nicht in gute und böse zu trennen sind, sondern daß es sich bei diesen Etiketten um Eigenschaften handelt, die uns im Verlaufe unserer Erziehung als gut und schlecht beigebracht worden sind. Das reife Überich ist also in der Lage, sich selbst zu relativieren und nicht durch absolute Ansprüche sich und andere zu tyrannisieren. Das reife Überich weiß um die eigene und um fremde Verführbarkeit. Es wird dafür sorgen, daß es seinem Eigner nicht einfällt, es für unfehlbar zu halten. Es weiß darum, daß »moralische Menschen« oft zu einer Gefahr für sich selbst und ihre Mitmenschen werden. (vgl. Erikson 1981, 122)

Die Strenge des Überich korreliert nicht mit der Strenge der Eltern gegen die Triebwünsche des Kindes. Sehr viel entscheidender für die Strenge eines Überich scheint die Art der Elternbesetzung in der Zeit des Überich-Entstehens zu sein. Hier kommt vor allem die aggressive Elternbesetzung in Frage, die in der Entwicklung des jungen Menschen wichtig ist, damit es zur Ablösung von den Eltern kommt. Nicht zufällig fällt eine aggressive Besetzung der Elternrepräsentanzen mit der Bildung des Überich zusammen, das – als Privisorium gedacht – einige Zeit die Eltern ersetzen soll, mindestens so lange, bis der junge Mensch in der Lage ist, ich-gesteuert sein soziales Leben erfolgreich zu organisieren. Das ist sicher notwendig, weil ein Kind von fünf Jahren noch nicht erkennen kann, was sozial angepaßt ist und was nicht. Das Überich ist also ein zeitweiliges Anpassungsorgan, das die Zeit der relativen Unreife des Ich überbrücken helfen soll.

Es ist also erheblich, wie die Eltern ein Kind an sich binden, inwieweit die Bindung für sie eine psychische Notwendigkeit ist. Eine starke Bindung kann nur durch starke aggressive Besetzung gelöst werden. Eine starke aggressive Besetzung der Eltern in der zweiten erheblichen Ablösungsphase bedeutet aber, daß aggressiv besetzte Eltern internalisiert werden. Es ist leicht verständlich, daß die Folge ein aggressives Überich sein wird, das das Ich und die soziale Umwelt zu knechten versucht.

Das Überich erhält seine Energie aus jener, mit der die Eltern besetzt waren. Es sollte das vor allem libidinöse Energie sein. Dennoch ist sie meist vom aggressiven Typ. Die Heftigkeit und Erheblichkeit, mit der im späteren Leben ASSM eine Rolle spielen, hängt weitgehend von der aggressiven Eltern-Besetzung zur Zeit der frühen Überichbildung ab.

Gegenüber dem Ich verhält sich das Überich ähnlich wie das Es. Es fordert. Nicht selten ist es ein Tyrann, der das Ich sadistisch beherrscht. Dann bestraft das Überich sadistisch und das Ich leidet masochistisch.

Freud hat darauf hingewiesen, daß dieser doppelte Lustgewinn, der sich daraus ergibt, daß ein Mensch sich von seinem Überich tyrannisieren läßt, viele Neurosen ausgesprochen widerstandsfähig gegen therapeutische Versuche macht (XIII, 383).
Die durch ein rigoroses Überich verursachten Symptome sind meist leicht als in dieser Überich-Struktur begründet zu erkennen. So sind manche konversionshysterischen Symptome als Versuche des Ich zu deuten, das Überich zu überlisten, oder viele zwangsneurotische Symptome als Versuch des Ich, durch rituelle oder magische Handlungen das Überich zu beschwichtigen.
Unerfahrene Therapeuten neigen dazu, die Rigidität des Überich zu mindern und so die Symptome zu beheben. Das führt jedoch meist nur zu vorübergehenden Erfolgen. Die Ich-Überich-Konflikte sind stets *sekundäre* Konflikte. Ihnen liegt jener primäre Konflikt zugrunde, der zur Ausbildung eines rigiden Überich geführt hat. Die psychoanalytische Theorie hat deshalb in den ersten Jahrzehnten ihrer Entwicklung diese primären Konflikte in den Mittelpunkt ihres Interesses gestellt. Es sind jene Konflikte, die die Ablösung des Kindes von seinen Eltern begleiten und hervorrufen. Die psychoanalytische Theorie nennt solche Konflikte, die die psychischen Abläufe der unmittelbaren Vorschulzeit weitgehend bestimmen, ödipal. Warum sie das tut, wird noch auszuführen sein.
Wie aber kommt es in der Entwicklung eines Menschen zu einem optimal entwickelten Überich? Erikson vermutet folgendes (1981, 123): Wenn es gelingt, die Ablösungsproblematik zu relativieren, indem nicht Herrschaftsverhältnisse das Miteinander innerhalb einer Familie bestimmen – und auch die Interaktionen der Familienmitglieder gegenüber dem Fünfjährigen –, sondern Beziehungen von Kameradschaft zwischen Mutter und Tochter, Vater und Sohn, wird, wegen der vorwiegend libidinösen Elternbesetzung, zwar ein starkes, nicht aber ein strenges Überich gebildet.

3. Das Überich und das Ubw

Die Funktionen des Überich sind nicht bewußt – abgesehen von den seltenen Situationen, in denen wir es als Gewissen wahrnehmen, das uns sagt oder doch nahelegt, was wir in bestimmten Situationen zu tun oder zu lassen haben, um nicht mit ASSM bestraft zu werden. Unbewußt bringt es auch das Ich auf Marsch, um einer Invasion mit Es-Antrieben vorzubeugen oder sie abzuwehren.
Auf *mögliche* Mißbilligung des Überich reagiert das Ich meist mit Angst. Sie ist meist unschwer in Verbindung zu bringen mit jenen Ängsten, die die Ablösungsprozesse, die der Schulreife vorausgehen, begleiten. Es

sind das der Natur der Ablösung entsprechend Verlustängste. Hierher gehören Ängste

- vor dem Verlust des Elternobjekts,
- vor dem Verlust der Zuwendung durch das Elternobjekt,
- vor der Strafe (wegen der Ablösung) durch das Elternobjekt, die sich meist als Ängste vor Verletzungen im Genitalbereich manifestieren,
- vor der Mißbilligung durch das introjizierte Objekt (nach Beginn der Überich-Bildung).

Insofern Ängste (als Emotionen) Ichbildungen sind, die auf Es-Antrieb und Es-Forderungen reagieren, sind sie bewußt. Die Angstgründe liegen jedoch im Überich und sind in aller Regel unbewußt und nur begrenzt bewußtseinsfähig. Gerade diese »ödipalen Ängste« können, da sie erheblich Unlust bereiten, die hin bis zur Erfahrung existentieller Bedrohung geht, nicht auf die Dauer akzeptiert werden. Sie werden verdrängt. Wegen der starken Besetzung des Verdrängten und der entsprechenden starken Gegenbesetzung werden sie in aller Regel zeitlebens nicht mehr erinnert. Es bedarf schon analytischer Verfahren, um sich ihnen zu nähern.
Die Mißbilligung durch das Überich hat nicht nur in späteren Lebensjahren durchaus zunächst bewußte Folgen, die jedoch wegen ihrer Unlustqualität nicht selten erfolgreich abgewehrt werden. ASSM sind Indikatoren für die Mißbildung durch das Überich. Sie kann Verhalten betreffen, aber auch das Selbst eines Menschen. In diesem Fall kann die existentielle Betroffenheit, die Totalität des Tadels, zu katastrophalen Folgen führen. Wenn erhebliche Bereiche der Selbstrepräsentanz mit ASSM verbunden werden, bedeutet das in aller Regel, daß sie aus dem Verband des Selbst bald entlassen werden. Das aber kann nicht nur zu einer Neudefinition des Selbstbereichs gegen den Objektbereich führen, sondern zum Selbstverlust durch Selbstentleerung.
Doch kann das Überich auch Lustquelle sein, vor allem wenn es durch eine Internalisation von libidobesetzten Objekten zustande kam: Es belohnt dann Gehorsam durch Freude, Zufriedenheit, Glücksgefühle ... Ein psychisch Gesunder kennt die Gefühle sehr wohl. Wenn er versucht sie zu ergründen, wird er nicht selten feststellen, daß er gerade zuvor besonders überich-gehorsam war.
Unbewußt sind drei wichtige Funktionen des unreifen Überich, die sich als »Gesetze« formulieren lassen:

1. *Das Gesetz von der gerechten Vergeltung,* nach dem einem Übeltäter wenigstens der Schaden zugefügt wird, den er selbst angerichtet hat (Lex talionis). Diese primitive Gerechtigkeitsforderung ist charakteristisch für den Gerechtigkeitssinn eines Fünfjährigen. Bei Menschen mit primitiver psychischer Strukturierung wird sie sogar ins Ich übernommen.

Als unbewußte Einstellung in der Bewertung der Strafbarkeit der eigenen Handlungen, Wünsche, Phantasien ... ist sie weit verbreitet und wird in nahezu jeder Analyse offensichtlich.

2. *Das Gesetz von der Identität von Wunsch und Tat,* nach dem das Wünschen ebenso verwerflich ist wie die Tat selbst, durch die der Wunsch realisiert wird. Das Überich praktiziert also eine Art von Gesinnungsmoral, nach der es vor allem auf die Gesinnung ankommt. In der Unfähigkeit, zwischen inneren und äußeren Prozessen zu unterscheiden, entspricht es wieder der Reife eines Fünfjährigen, der nur begrenzt zwischen Phantasie und Realität zu unterscheiden in der Lage ist. In dieser magischen Welt verfügen Kinder nicht selten über (vermeintliche) Techniken, Wünsche Realität werden zu lassen.

3. *Das Gesetz von der sühnenden Selbstbestrafung,* nach dem Schuldbefreiung auch dann eintritt, wenn nicht die gebietende Instanz bestraft, sondern man sich selbst bestraft. Auch hier wird das Relikt aus der Kindheitserfahrung deutlich und erheblich: Bestrafe ich mich selbst durch ASSM, sehen die Eltern von weiterer Bestrafung ab.
Der Strafwunsch (als Entsühnungswunsch) kann schon ausgelöst werden durch bewußte und *unbewußte* Phantasien (das sind Phantasien an der Grenze zur Bewußtseinsfähigkeit, die aber sogleich abgewehrt werden). Die Gründe, Methoden und Folgen der Selbstbestrafung, mit dem Ziel zu sühnen und so der Fremdbestrafung zu entgehen, spielen in der psychoanalytischen Praxis, auch außerhalb der großen Analyse, eine erhebliche Rolle.
Je nach den frühkindlichen Erfahrungen bevorzugen Menschen sehr verschiedene Strategien der Selbstbestrafung. Häufig sind folgende Muster:

- Die Zufügung von sozialem Schaden. Über unbewußte Mechanismen versuchen Menschen, ihre zu bestrafende Tat »herauskommen zu lassen« und sie so sozial sühnefähig zu machen. Andere Menschen reproduzieren immer wieder die gleichen sozialen Konflikte, mit dem Ziel, sozial bestraft zu werden (durch Abstieg, sozialen Mißerfolg, Entzug von Geborgenheit, Anerkennung, Zuwendung ...). Wieder andere provozieren ihr soziales Umfeld so, daß es zu Exkommunikationen kommt. Wenn sich Menschen dadurch bestrafen, daß sie den sozialen oder partnerschaftlichen Mißerfolg herbeiführen, sprechen wir von »Schicksalsneurose«. Solche Menschen werden gleichsam vom »Pech« verfolgt. »Pech« steht für ihr rigides Überich, das sich gleichsam als Außeninstanz betätigt, indem es dafür sorgt, daß sich ein Mensch solche Außenbedingungen schafft, in denen die Strafforderungen des Überich realisiert werden.

- Die Zufügung von physischem Schaden. Über unbewußte Mechanismen versuchen Menschen immer wieder Situationen herbeizuführen, in denen sie sich verletzen, verwunden (physisch und psychisch). Die Verletzungsgefahr wird bewußt provoziert (etwa durch zu schnelles Autofahren, durch Zigarettenkonsum, durch gefährliche Sportarten ...).

4. Das Überich und die Gesellschaft

Öffentliche (ökonomische, politische, soziale und kulturelle) Gesellschaften sind darauf angewiesen, daß die Mehrzahl ihrer Mitglieder bestimmte Normen beachten. Diese Normen definieren Gesellschaften weitgehend. Da Gesellschaften zumeist die Tendenz haben, sich selbst zu erhalten, sind sie auf einen möglichst ungestörten Normentransfer angewiesen. Dieser aber funktioniert nur, wenn die Mehrzahl der Normen – oder doch bestimmte basale Normen – internalisiert wurden und deshalb so selbstverständlich gelten, daß sie nicht (oder kaum) in Frage gestellt werden. Gesellschaften sind also auf funktionierenden Normentransfer existentiell verwiesen.
Freud wies (1921) darauf hin, daß manche Gesellschaften und Gruppen nur zusammengehalten werden, weil alle Beteiligten dieselbe (gegenwärtige oder historische) Person introjizieren (Jesus von Nazaret, Hitler ...). Das Introjekt übernimmt eine gleichschaltende Überich-Funktion. Um das Introjekt über Generationen konstant zu halten, werden »Images« ausgebildet. Die Befehle eines solchen »Führers« werden als Befehle des Überich moralisch gut, der Ungehorsam gegen die Befehle gilt nicht nur als moralisch verwerflich, sondern führt zu Identitätskrisen. Ist man erfolglos, dann durch fremde Schuld – und das ist möglich, ohne das Ideal-Selbst zu gefährden.
Offensichtlich war auch die frühe Psychoanalyse keineswegs »asozial«. Dennoch bedurfte es mancher Bemühungen, sie soweit zu entwickeln, daß sie nicht nur zu sozial-relevanten (etwa politischen) Aussagen legitimiert war, sondern auch sinnvolle interdisziplinäre Gespräche mit den anderen Handlungswissenschaften möglich und fruchtbar wurden.
Hierher gehören die Bemühungen von Geza Róheim, Wilhelm Reich, Erich Fromm, Herbert Marcuse, Erik Erikson, Alfred Lorenzer, Horst Eberhard Richter. Sie alle haben, wenn auch oft auf verschiedenen, einander zuwiderlaufenden Wegen, die sozialen Ansätze der psychoanalytischen Theorie weitergeführt.
Offensichtlich reicht es nicht, darauf zu verweisen, daß sich im Überich die Eltern mit ihren Geboten und Verboten, mit ihren Fähigkeiten und Mängeln, mit ihren Charaktereigenschaften und Neurosen über Interna-

lisierungsprozesse reproduzieren. Die Eltern sind immer auch Geschöpfe und Agenten der sie umgebenden sozialen Wirklichkeit. In der Edukation produzieren sie ein neues Sozialwesen. Dieser Akt der Produktion, ist, wie jeder produktive Akt, weitgehend bestimmt von den sozialen (politischen, ökonomischen, kulturellen) Bedingungen, unter denen er stattfindet. Je nach Ansatz wird der eine Psychoanalytiker mehr den einen oder anderen dieser sozialen Aspekte betonen.

Um die Spannung Marxismus – Psychoanalyse in einem sinnvollen Gespräch aufzuheben, hat vor allem A. Lorenzer versucht, den Aspekt der ökonomischen Produktion in der Erziehung herauszuarbeiten und für die Entfaltung der psychoanalytischen Theorie fruchtbar zu machen. Ganz zweifellos: Die Eltern sind *auch* (und vielleicht vor allem) Produkte und Agenten des Produktionssystems, d. h. jenes System, das für die Produktion (und Reproduktion) des gesellschaftlichen Lebens verantwortlich ist. Dazu gehören vor allem die Produktion von Gütern (Waren und Dienstleistungen), die in unserer Gesellschaft paradigmatischen Charakter für alle Formen der Produktion erhalten und übernommen haben. Alle gesellschaftlichen, ökonomischen, politischen und sozialen Prozesse haben das eine große Ziel: die Produktion von Gütern sicherzustellen und zu stabilisieren. Das muß vielleicht nicht so sein. Heute aber ist das so. Die Sicherung von Arbeitsplätzen, Geldwertstabilität, Produktivität der Volkswirtschaft, ausgeglichene Außenbilanzen ... sind zu den vornehmsten gesellschaftlichen Zielen geworden, die nicht nur den Staat immer intensiver und nachhaltiger beschäftigen.

Die Psychoanalyse ist ein »kritisch-lebensgeschichtliches Verfahren, das hermeneutisch durch die Analyse der Bedeutung hindurch zu den konkret hergestellten Interaktionsformen (als den Resultaten eines praktisch-dialektischen Prozesses) vordringen muß« (Lorenzer 1973, 126). Die Psychoanalyse versucht, in einem dialektischen Produktionsprozeß die Kommunikationsfähigkeit des Patienten wiederherzustellen. Die Quelle seiner Leiden sind letztlich jene gesellschaftlichen Widersprüche, die sich im Charakter und Verhalten der Eltern manifestieren, darstellen und widerspiegeln. Sie werden in der Überich-Bildung internalisiert und führen hier zu leidenserzeugenden Aktivitäten des Überich. Diese Behauptung steht in keinem Widerspruch zur Vermutung Freuds, nach der die Quelle alles (neurotischen) Leidens im Ödipus-Komplex (also in den Problemen der Ablösung von den Eltern durch Internalisation der Elternrepräsentationen) liege.

Gegenstand der Psychoanalyse sind die durch die gesellschaftlichen Verhältnisse bestimmte Interaktionsformen. Insofern diese Interaktionsformen pathogen sind, ist es notwendig, in der Heilung der Psyche auch ein Stück Gesellschaft zu therapieren.

Der Grund aller gesellschaftlichen Widersprüche sind die Spannungen zwischen den Produktionsverhältnissen (das sind die konkreten Verhältnisse, die Menschen bei der Produktion ihres gesellschaftlichen Lebens miteinander eingehen – die Rechts-, Eigentums-, Herrschaftsverhältnisse, die die Bedingungen festlegen, unter denen ein Mensch Zugang zur Nutzung gesellschaftlicher Produktion und zur Bestimmung der Einsätze gesellschaftlicher Produktivkräfte erhält oder von ihnen ausgeschlossen wird) und den Produktivkräften (Naturkräfte, Maschinen, Naturwissenschaften, Verkehrs- und Kommunikationsstrukturen, Arbeitskräfte). Dieser Widerspruch zwischen Produktionsverhältnissen und Produktivkräften führt zu einer Serie von Erscheinungen, die hoch pathogen sind:

- die soziale Bewertung von Menschen geschieht im Vergleich ihrer Leistungen,
- wertvoller ist der Mensch, der sich in Konkurrenzsituationen durchsetzt,
- wünschenswerter sind Charaktereigenschaften, die die Konkurrenz suchen, als die, die sie meiden (wie Zärtlichkeit, Freundlichkeit, Empathiefähigkeit),
- besser ist es, ein »gesundes Streben« nach eigenem Nutzen zu realisieren, als den Nutzen der Gesellschaft oder den anderer im Auge zu haben,
- besser ist es zu kämpfen als zu spielen,
- besser ist es, nach außen zu expandieren (etwa die Bereiche des Beherrschten auszudehnen) als nach innen (etwa in der Entfaltung der musischen, emotionellen, sozialen Begabungen).

Egoismus, Leistung, Durchsetzungsfähigkeit, Ehrgeiz, Strebsamkeit, Kampfbereitschaft ... alles das sind Fähigkeiten, die ein ökonomisch optimal funktionierendes Wesen in dieser konkreten Ökonomie benötigt. Sie werden ihm deshalb in der Überich-Bildung vermittelt. Geschieht das nicht, müssen Schule und Beruf für die positive Besetzung dieser Eigenschaften sorgen. Hier handelt es sich um eine kompensatorische Erziehung, in der die Versäumnisse des Elternhauses sekundär und »leider« meist weniger effizient behoben werden. Es kommt darauf an, daß die Eltern brauchbare und ökonomisch verwertbare Kinder heranziehen. Die psychoanalytische Praxis steht dann nicht selten vor den Trümmern solcher Formen sozialen Mordens menschlicher Psyche. Sie möchte Eltern helfen, nicht nützliche, sondern glückliche Mitglieder dieser Gesellschaft zu bilden. Das aber ist nur möglich, wenn sie sich selbst radikal umstellen, denn Erziehung findet nicht an erster Stelle durch das Tun der Eltern statt, sondern durch das Sein. Eltern müssen also alle Folgen des ökonomischen Basiswiderspruchs für sich aufgehoben haben, müssen

ein anderes Sein aufgebaut haben, wenn sie Kinder im Sinne der Psychoanalyse optimal aufziehen wollen. Die Ausbildung von Idealen und deren verbale Weitergabe ist da eher unerheblich und unwirksam.
A. Lorenzer schreibt:

Aus dieser Kennzeichnung ergibt sich keine »Rivalität« von psychoanalytischem Ansatz und Gesellschaftskritik. Auch eine – in gesellschaftskritischer Perspektive – aus dem psychoanalytischen Ansatz entfaltete »kritische Theorie des Subjekts« usurpiert in keiner Weise eine ihr nicht zukommende Funktion; vielmehr fügt sich die Kritik des Subjekts einer auf Totalität gesellschaftlicher Verhältnisse bezogene Kritik ein. (1973, 146 f)

Lorenzer betont jedoch nicht nur die gesellschaftliche Vermittlung des Überich:

Begriffen in der Differenz der Interaktionsformen wird in der Konstruktion der subjektiven Struktur nicht nur das Ich als gesellschaftlich vermittelt erfaßt, sondern wird auch der Trieb, wird das Es als Produkt einer praktischen Synthese in der Auseinandersetzung des Menschen mit der inneren wie äußeren Natur klargestellt. (1976, 302)

Das Es wird dabei nicht aus dem Kontext der Natur gelöst und die Natur nicht als ungesellschaftlich-ungeschichtlicher Motor des Lebens angesehen. Lorenzer verweist darauf, daß schon die allerersten Reaktionen der Mutter auf das Kind (selbst schon die vorgeburtlichen) eingebettet sind in die gesellschaftliche Praxis, die die Mutter, selbst wenn sie es nicht will, ohne daß es ihr bewußt wird, repräsentiert. Schon die allerersten motorisch-sensorischen Schaltungen im Organismus des Kindes werden durch die Reaktionen der Mutter mitbestimmt und sind somit gesellschaftlich determiniert. Die frühen Reiz-Reaktions-Komplexe (als Vorläufer jeder Interaktion), die die Mutter und das Kind miteinander verbinden, sind die Grundlage für die Entstehung und die inhaltliche Ausprägung des Es wie des Ich. (1976, 260)

5. Das Selbst und einige Erziehungsprobleme

Das Kapitel über das Ich schloß mit einigen Überlegungen zum Selbst. Es erscheint durchaus angemessen, auch das Kapitel »Überich« mit einer Reflexion über das Selbst zu enden. Unsere Frage lautet, welche Deformationen erleidet das Selbst unter dem Einfluß der Erziehung? Deformationen, die kaum mehr ausgelöscht werden können, weil in der Ausbildung des Überich die deformierenden Instanzen (zumeist die Eltern) internalisiert werden und so – auch nach deren Tod – eine unbefragte Instanz im psychischen Leben des Betroffenen bleiben.
Erziehung ist nun kein Problem des Kindes, sondern realisiert ein Bedürfnis der Erwachsenen und ihrer Welt. So ist es verständlich, daß jedes

Kind den ausdrücklich erzieherischen Eingriffen durch Erwachsene (Eltern, Lehrer) Widerstand entgegensetzt, weil es mehr oder weniger bewußt ahnt, daß hier etwas geschieht, das gegen seine elementaren Bedürfnisse gerichtet ist. Es gilt als ein Hauptziel der Erziehung, die Alice Miller die »schwarze« nennt, diesen Widerstand zu brechen. Herauskommen soll ein gehorsames Kind, das auch in einer Diktatur leben kann, ohne zu leiden (1983, 59), weil es gelernt hat, das Leiden abzuwehren, als es unter der Diktatur seiner Erzieher lebte. Das Kind *muß* lernen, seinen Haß, seine Verachtung und Wut, seine Überzeugung, es sei ein gleichberechtigter Mensch, zu verdrängen, um leben zu können. Ziel der Erziehung ist es, zu verhindern, daß sich ein Kind jemals an das ihm zugefügte Unrecht erinnert. Es soll nicht wissen, daß es überhaupt etwas anderes geben kann. Das Kind muß zum Selbstschutz eine Theorie entwickeln,

> in der alles »Böse«, Schuldhaft-Ungerechte der kindlichen Phantasie zugeschrieben wurde und die Eltern nur als Projektionsscheiben dieser Phantasie erschienen. – Daß die Eltern ihrerseits sexuelle und aggressive Phantasien auf ihr Kind nicht nur projizieren, sondern auch an ihm befriedigen können, weil sie Macht besitzen, wurde aus dieser Theorie begreiflicherweise ausgespart. (Miller 1983, 79)

Es ist einfachhin undenkbar, daß Kinder unter dem Einfluß einer solchen Erziehung einen Homos persönlicher Bedürfnisse und Gefühle entwikkeln können. Sie leben zeitlebens die Emotionen ihrer Eltern nach – Emotionen also aus zweiter Hand. Und sie sind dem dankbar, der es mit Emotionen beliefert (Fernsehen, Schlager, Kino, Romane ...). Die ersten und ursprünglichen reaktiven Emotionen, wie Haß gegen die Eltern oder eine hemmungslose Wut gegen ihre Maßnahmen, müssen gegen die eigene Person gerichtet werden, um hier gesellschaftlich erlaubte Wege der Entladung zu finden (Krieg führen, Zigaretten rauchen, Schnaps trinken, schnell Auto fahren ...).
So ist es verständlich, daß viele Menschen die Frage nach ihrer Kindheit beantworten: »Ich habe eine glückliche Kindheit gehabt.« Und nur die Verhaltenheit der Antwort oder das Zögern in der Antwort oder die floskelhafte Modulation, in der sie gegeben wird, lassen darauf schließen, daß die Kindheit (gemeint ist die reale, nicht die repräsentierte) zutiefst unglücklich war. Doch darf man sich das Unglück nicht zugestehen, denn das wäre eine Anklage der Eltern – an jene Instanz also gerichtet, der man doch »alles« verdankt. Kinder zu zwingen, in der Hölle auch noch dankbar zu sein, das ist die wahre Kunst der »schwarzen Pädagogik«.
Nicht selten erleben wir in der psychoanalytischen Praxis, daß Menschen, deren unbewußter (weil abgewehrter) Haß gegen die Eltern sich artikulieren darf, wie befreit aufatmen. Sie müssen sich zuerst von einem vielleicht göttlich sanktioniertem Gebot befreien: »Du darfst deine El-

tern nicht hassen« – oder von dem des Überich: »Seine Eltern haßt man nicht«. Daß es dennoch alle Menschen tun und daß dieser Haß, wiewohl abgewehrt, in keiner Weise zugrunde gegangen ist, sondern im Ubw sein fatales Spiel treibt, gilt es bewußt zu machen, um die ersten Schritte einer Therapie gehen zu können. Auch die klassische analytische Theorie weiß etwas von dem elementaren Elternhaß, der *auch* die Ablösung von den Eltern im fünften Lebensjahr begleiten kann (und in aller Regel begleitet). Er wird internalisiert und zu einem Institut gemacht. Dieser Haß darf sich in der Erwachsenenwelt nur zeigen, wenn es gesellschaftlich erlaubt ist, ihn zu zeigen. So darf man heute in der Bundesrepublik Terroristen, Nazis, Kommunisten, Sozialisten, Anarchisten, Chaoten ... ungestraft hassen – ja man darf bereit sein zu töten, wenn der Staat es (in einem Krieg vielleicht) erlaubt.

Ein Kind darf also nicht auf Kränkungen, Demütigungen, Gewalttaten ... adäquat reagieren, will es nicht die Liebe und den Schutz der Eltern, die es zum Leben braucht, verlieren. Jene Erlebnisse können nicht in die Persönlichkeit integriert werden, die Gefühle bleiben unterdrückt, und das Bedürfnis, sie zu artikulieren, bleibt ungestillt, ohne Hoffnung auf Erfüllung.

Es ist diese Hoffnungslosigkeit, die unbewußten Traumata je mit den dazugehörigen Gefühlen artikulieren zu können, die die meisten Menschen in schwere seelische Not bringt. Nicht im realen Geschehen, sondern in der Notwendigkeit der Verdrängung liegt bekanntlich der Ursprung der Neurose. (Miller 1983, 21)

Offensichtlich kann ein Kind sehr vieles – auch Peinigungen – psychisch gesund überstehen, wenn nicht gleichzeitig von ihm verlangt wird, zu glauben, diese Peinigungen seien gut für es, und es habe den Eltern dafür dankbar zu sein. *Jede* Erziehung ist also erniedrigend, in der sich ein Kind nicht gegen seine Erzieher wehren kann. Ist diese Unfähigkeit zur Wehr bloß in der phyischen Überlegenheit begründet, mag kindliche Ohnmacht ohne Schaden überstanden werden. Ist sie aber in der Verpflichtung zur Dankbarkeit oder in der Angst, Zuwendung und Schutz zu verlieren, begründet, ist ein pathologischer Ausgang abzusehen.

Die Überzeugung, daß alles Recht auf seiten der Eltern und jede – bewußte oder unbewußte – Grausamkeit Ausdruck ihrer Liebe sei, bleibt so tief im Menschen verwurzelt, weil sie in Verinnerlichungen der ersten Lebensmonate, also in der Zeit vor der Trennung vom Objekt, gründet. (Miller 1983, 19)

Die erzieherischen Grausamkeiten der Eltern gehen also, insofern sie vor der Unterscheidung zwischen Selbst- und Objektrepräsentanzen liegen, über Inkorporation notwendig ungebrochen in die Selbststruktur ein.

Wann werden die Eltern denn erzieherisch tätig? Vor allem und am intensivsten, wenn das Verhalten des Kindes nicht ihren Emotionen und Bedürfnissen, ihren Vorstellungen und Erwartungen entspricht, beson-

ders aber, wenn die eigenen Abwehrmechanismen bedroht werden – wenn also im Verhalten des Kindes etwas auftaucht, was an die eigenen Lebenserfahrungen erinnert, die abgewehrt werden mußten.
A. Miller spricht davon, daß das Produkt der Erziehung der Aufbau eines »falschen Selbst« sei. Was das Wort »falsches Selbst« bedeutet, ist schwer zu erklären. Und das mag einer der Gründe sein, warum die Vertreter der klassischen Analyse die Schriften Millers ablehnen. »Falsches Selbst« kann heißen:

- In die Selbst-Gründung gehen Elemente ein, die der Triebnatur des Kindes zuwider sind, auch da, wo ihre Äußerungen gesellschaftlich tolerabel sind.
- Die Selbstrepräsentanzen bilden eine inkonsistente Menge, so daß einander widersprechende Merkmale zusammengefügt werden.
- Die Auswahl der zur Selbstbildung zugelassenen Repräsentanzen entspricht nicht den eigenen Bedürfnissen (und anderen Triebabkömmlingen), sondern der anderer Menschen (vor allem der Eltern).

Der Begriff des »falschen Selbst« scheint von D. W. Winnicott (1974) in die Sprache der psychoanalytischen Theorie eingeführt worden zu sein. Er ist der Ansicht, daß das Selbst sich unter günstigen Bedingungen entfalten und unter ungünstigen zu einem falschen Selbst verkümmern könne. Es setzt offenbar (und das ist der Streitpunkt) voraus, daß es selbst einen richtigen Plan von sich selbst, das Potential des wahren Selbst, in sich berge. Konsequent muß er das Selbst als zentrale, in der Anlage potentielle Struktur verstehen. Die Existenz eines »wahren Selbst« setzt die Existenz von etwas voraus, das in diesem oder jedem Menschen als ihm wesensmäßig und wesensbestimmend angelegt ist und wesensgemäß reifen kann. (Vgl. R. Fetscher, 1982, 632)
Miller versteht unter »falschem Selbst« eine Persönlichkeit, die in Anpassung an die elterlichen Bedürfnisse entstanden ist. In einer solchen Als-ob-Persönlichkeit kann sich das »wahre Selbst« nicht entwickeln oder differenzieren, weil es nicht gelebt werden kann. Es bleibt im Zustand der Nicht-Kommunikation, ist also als exkommuniziert ausgeschlossen von allen Interaktionen des jungen Menschen. Die Folge ist ein Gefühl der Leere, der Sinnlosigkeit, der Heimatlosigkeit, denn nicht das eigene, das »wahre Selbst«, wird im Erleben gefüllt, sondern nur das uneigentliche, das »falsche«, das fremde.
Es ist eine gut bestätigte Annahme, daß die erste Selbstwahrnehmung eines Säuglings geschieht, wenn er, der kleine einmalige hilflose Mensch, sich im Verhalten, in den Augen der Mutter spiegelt. Die Mutter spiegelt jedoch nicht das unverstellte Bild des Kindes zurück und verstärkt so seine Merkmale, objektiviert sie, macht sie erkenntlich und begreiflich, sondern spiegelt ihre Repräsentanz des Kindes zurück. Und in dieser Re-

präsentanz sind auch alle ihre Ängste, Pläne, Wünsche, Hoffnungen ... enthalten. Sie besetzt das Kind narzißtisch. Es ist ein Teil von ihr. So kommt es dann, daß die Liebe, die sie ihm schenkt, nicht die Gefühle und Bedürfnisse des Kindes widerspiegelt, sondern die eigenen beim Ansehen des Kindes.

Das Kind inkorporiert nun keineswegs nur die gezeigten bewußten, sondern auch die unbewußten und inkonsistenten Anteile des Selbst der Mutter, die sie ihm zurückspiegelt. Also werden auch die verdrängten Erfahrungen der Mutter erheblich. Sie kann dem Kind nur eigentliche Empathie schenken, insoweit sie sich von ihrer eigenen Kindheit befreit hat. Sie muß unempathisch (das heißt, nicht die wirklichen Gefühle und Bedürfnisse des Kindes wahrnehmend) sein, wenn sie durch die Verleugnung des eigenen kindlichen Schicksals unsichtbare Ketten trägt, die sie noch sehr aktuell an diese meist nicht erfreulichen Erfahrungen binden.

Es kommt also darauf an, daß die Mutter nicht allzuviel von ihrer Selbstlibido auf das Kind abfließen läßt. Das Kind ist vor allem narzißtisch (und nicht mit Objektlibido) besetzt, wenn es nicht als Zentrum seiner eigenen Aktivitäten erlebt wird, sondern fremde Wünsche, Emotionen und Bedürfnisse in es projiziert werden. Es ist vergleichsweise leicht festzustellen, ob ein Kind objektlibidinös besetzt ist (wie es sein sollte). Dann nämlich, wenn die Mutter nicht enttäuscht ist, wenn das Kind anderes tut, als sie erwartet, spricht einiges für eine erwünschte Besetzung.

Ein Erwachsener kann *seine* Gefühle und Bedürfnisse nur wahrnehmen, wenn er ein ihm zugewandtes, empathisches Selbstobjekt internalisierte. »Selbstobjekt« meint jene Bezugsperson, in der sich ein Kind ab dem 3. Lebensmonat spiegelt, um in diesem Spiegel herauszufinden, wer es ist. Zugleich muß das Selbstobjekt auch das Kind loben, bewundern, ermuntern, um die Vorläufer der Selbstrepräsentanzen libidinös besetzen zu können. Inkorporiert ein Kind ein Selbstobjekt, das das Bild des Kindes nur gebrochen widerspiegelt und das seine eigenen Bedürfnisse und Emotionen wiedergibt, das also unfähig zur Empathie ist, wird es sich zeitlebens nur von fremden Emotionen und Bedürfnissen her verstehen, wird ein »falsches Selbst« aufbauen. Depressive Grundtönungen und das Gefühl der Leere des eigenen Selbst sind der Preis für die Kontrolle, die nur von den Eltern erwünschte Gefühle und Bedürfnisse verstärkt und widerspiegelt, die andern aber absorbiert.

Vor allem werden die eigenen zu Konflikten führenden Emotionen nicht erlebt. Es kommt damit nur zu einer sehr beschränkten Abgrenzung gegen andere Menschen. Wie unvollständig die Trennung von den Eltern ist, die sich in ungehemmter Internalisation das Kind mit seinen Bedürfnissen und Gefühlen einverleibten, so unvollkommen wird auch die Abgrenzung gegen Partner, Gruppen, Ideologien ... später aber auch gegenüber den eigenen Kindern sein. So schließt sich denn der schicksalhafte Kreis: Eltern, die nie zu ihrem eigenen Selbst gefunden haben, können auch nicht einem Kind dazu helfen, sein eigenes Selbst (sein »wahres Selbst«) zu finden.

Sie vermitteln allenfalls ein Gefühl der »Grandiosität«. Fällt dieses aber einmal aus (es ist auch nicht ein Gefühl des Kindes, sondern ein von den Eltern fälschlich widergespiegeltes), dann gähnt eine Leere, die von allen möglichen Symptomen gefüllt werden kann. Wie die Kinder, die sie einst waren, sind sie unfähig, die Schmerzen, die ihnen der Verlust des eigenen Selbst bereitet, wahrzunehmen. Sie kennen allenfalls das Gefühl, nie richtig gelebt zu haben, niemals herausgefunden zu haben, wer sie eigentlich seien. Solche Schmerzen kann man oft nur überleben, wenn man sich immer weiter in die Aktivitäten des »falschen Selbst« flüchtet.

Dabei ist die Trauer, das eigene Selbst auf dem Altar der elterlichen Bedürfnisse geopfert zu haben, durchaus unbewußt vorhanden. Sie manifestiert sich – institutionalisiert – in einer Tönung von unendlicher Traurigkeit, die über dem Leben lagert als unaufgebbares Schicksal.

Unaufgebbar? Nein! Es ist durchaus möglich, daß diese Trauer real wird. Es ist möglich, daß ein Mensch lernt, über sein verlorenes Selbst unter Tränen zu trauern. Es ist möglich, daß ein Mensch lernt, seine Eltern für das, was sie ihm antaten, zu hassen und die Radikalität dieses Hasses zu erfahren. Die sinnvolle Verarbeitung dieses Hasses ist übrigens die Grundlage für erwachsene (nicht ambivalente) Elternliebe. Erst wenn ich meine eigene Kindheit ernstnehme, kann ich lernen zu erkennen, daß sie die Hölle war – und daß sie es nicht hätte sein müssen. Vermutlich werde ich niemals das eigene Selbst wiederfinden, es bleibt eingekerkert im Gefängnis des falschen, des fremden. Doch kann ich lernen, mit dem Verlust zu leben – und kann den Teufelskreis sprengen, der mich nötigt, in der Unfähigkeit zu wirklicher (wirksamer) Empathie, mein Schicksal an andere Menschen weiterzugeben. Ich werden dann in der Lage sein, Toleranz für die Gefühle meines Kindes, Sensibilität für seine Bedürfnisse in der authentischen Wahrnehmung meiner eigenen zu leben.

Und so nennt A. Miller als die Grundeinsicht aller Erziehung, daß sie nie aus erzieherischen Überlegungen erfolgen sollte. Nie sollten sie es sein, die der Freiheit des Kindes Grenzen setzen. Es sollte vielmehr die eigene Freiheit sein, an der die Freiheit des Kindes endet (1983, b, 120). Sie nennt verschiedentlich die Grundlage aller »weißen Erziehung«: »Wenn es den Eltern gelingen würde, ihrem eigenen Kind den gleichen Respekt entgegenzubringen, den sie immer schon ihren eigenen Eltern entgegengebracht haben, dann würde das Kind alle seine Fähigkeiten im besten Sinn entwickeln können«. (1983 b, 158, 317)

Gegen diese Gedanken von A. Miller ist verschiedentlich heftig polemisiert worden. Zwei Einwände seien hier aufgegriffen:

1) Miller fordert eine extrem antiautoritäre Erziehung. Die aber ist in der Praxis gescheitert. Daß die »antiautoritäre Erziehung« der 60er und 70er Jahre gescheitert ist, sei unbestritten. Unbestritten sei auch, daß wir Menschen über einen psychosozialen Mechanismus verfügen, der es uns nahelegt, unsere soziale Beziehungen hierarchisch zu ordnen, wenn eine größere Personenzahl beisammen ist. Es ist richtig: Wenn ein Kind nirgendwo Autorität spürt, setzt es die eigene an die erste Stelle und beginnt, die Eltern zu beherrschen. Das aber ist genauso schlecht wie die autoritative Herrschaft der Eltern über ein Kind. Es kommt vielmehr darauf an, eine Atmosphäre der Gleichberechtigung (»Jedem nach seinen Vermögen«) zu schaffen, in der das Kind seine Bedürfnisse und Emotionen ungehemmt darstellen darf, solange sie nicht die legitimen Freiheitsansprüche anderer Menschen beschränken.

2) Miller scheint ein zu pessimistisches Bild von der Kindheit der vielen zu zeichnen. Offenbar projiziert sie ihrer eigenen Probleme mit der eigenen Kindheit ins Außen. Das letzte ist vermutlich richtig. Nur ist damit nicht schon gesagt, daß sie der Sache nach unrecht hat. Tatsächlich ergeben nicht nur die therapeutischen Analysen, sondern auch die Lehranalysen (der zukünftigen Analytiker, also von Menschen, die zwar sensibel sind, doch nicht ausgesprochen neurotisch), daß nahezu jede Kindheit unglücklich war. Das geht sogar soweit, daß eine tiefenpsychologische Richtung (A. Adler) die frühen Verletzungen des Selbst zur Grundlage ihrer Theorie und Praxis gemacht hat. Sollte man nicht den Optimismus der A. Miller bewundern, der dieses Schicksal der Kindheiten für im Prinzip überwindbar hält?

6. Das Ideal-Selbst

Das Selbst ist bestimmt durch Vorstellungsbilder im psychischen Wahrnehmungsraum. Es ist identisch mit der geordneten Menge der Selbstrepräsentanzen, die in einer nicht näher bestimmten Weise mit den Objektrepräsentanzen interagieren (etwa durch wechselseitige Bestimmungen, durch die Möglichkeit des Austauschs von Besetzungen, durch Kontrasterfahrungen ...). Das Ich dagegen nimmt nur das Selbst und die Objekte, nicht aber sich selbst wahr. Nun hat jeder Mensch Idealvorstellungen von sich selbst. Wie das (konventionelle) Gewissen ihm sagt, was er zu tun und zu lassen hat, und das oft in sehr unreifer Weise, sagen ihm diese Idealvorstellungen, welche Eigenschaften man haben müsse oder solle, um ein rechter Mensch zu sein. Offensichtlich entspricht die Realität einer Persönlichkeit selten diesen Idealvorstellungen. Wie auch immer ein

Mensch seine Möglichkeiten realisiert, er wird hinter dem Ideal zurückbleiben. Vor den Ansprüchen des Ideals ist jedes Menschenleben klein, vernachlässigbar und unerheblich. Die Erkenntnis, sein Ideal nicht erfüllen zu können, ist eine wichtige Einsicht der adoleszenten Krise. Wird diese Krise nicht aufgelöst durch die Akzeptanz dieses Sachverhalts und der Einsicht, daß Ideal und optimale mögliche Realität nicht zusammenfallen, sondern allenfalls nur beschränkte Idealvorstellungen von der Realität der konkreten Person eingeholt werden können, bleibt dieser Bereich unaufgearbeitet. Es kommt zu mehr oder weniger heftigen Mitt- und Endlebenskrisen, in denen ein Mensch das Defizit seiner Realität vor den Ansprüchen des Ideals heftig erlebt und der Meinung ist, er habe sein Leben bislang umsonst gelebt, für Nichtigkeiten vergeudet.
Unsere Frage ist nun, ob sich diese Menge an Idealen dem Ich oder dem Selbst zuordnet. Muß man von »Ich-Ideal« oder von »Ideal-Selbst« sprechen? Das Ich-Ideal wäre als eine Funktion des urteilenden und gelegentlich gar verurteilenden Überich zu verstehen. Es enthält als Parallelbildung zum Gewissen diesem vergleichbare Imperative, die jedoch nicht das Tun, sondern das Sein betreffen. Es ist, wie auch das Gewissen, keineswegs an Realität orientiert, sondern kommt durch Internalisierung von Elternverhalten und -vorstellungen zusammen. Insofern scheint es angebracht, von Ich-Ideal zu sprechen.
Andererseits sind auch in das Selbst nicht nur Repräsentanzen eingelagert, die realen Persönlichkeitsmerkmalen entsprechen, sondern ebenfalls eine Fülle von irgendwelchen Idealen, die durch die Internalisation von Ideale setzenden Elternwünschen, Ideologien, Religionen, Rollenvorstellungen, gesellschaftlichen Überzeugungen ... zustande kamen. Von diesen Idealen versteht sich eine Person her, denn für das Selbst ist es nicht möglich, zu entscheiden, ob eine Eigenschaft real besessen wird oder nicht. Erst das Ich hat sich mit den Konsequenzen dieser Entsprechungen oder Nicht-Entsprechungen herumzuschagen, weil reine, nicht von der Realität der Persönlichkeit gedeckte Idealvorstellungen zu Verhaltensweisen führen können, die erhebliche Unlust bereiten.
Gehören nun solche Idealvorstellungen zum Überich oder zum Selbst? Ich neige dazu, sie dem Selbst zuzuschreiben. Das Überich beschränkt seine Funktionen auf die des Gewissens. Es rät, urteilt, verurteilt, straft gar mitunter oder fordert doch Strafen ein. Diese Dynamik ist dem Komplex der Idealvorstellungen fremd. Er ist an sich eher passiv und kann nur durch die vermittelnde Tätigkeit des Ich oder des Überich praktisch werden.
In der Regel werden die Idealvorstellungen mittelbar an das Gewissen gekoppelt praktisch werden. Versagen vor dem Anspruch der Idealvorstellungen kann ganz ähnlich mit ASSM geahndet werden wie das Versagen

vor dem des Gewissens. So scheint es naheliegen anzunehmen, daß sich das Ideal-Selbst über das Überich Zugang zum Ich verschafft. In der gleichen Weise wie das Überich das Ich zwingen kann, sich gegen die Realität orientiert einzurichten, kann es versuchen, Verhalten so zu organisieren, als ob die Ideale Realitäten im Merkmalsbereich der Persönlichkeit entsprächen.
Ich entscheide mich also für den Terminus »Ideal-Selbst«. Das Ich-Ideal ist dessen Widerhall im Überich. Dieses wird zum Organ, die bloß-idealen Inhalte des Selbst in Realität durchzusetzen.
Diese Entscheidung ist alles andere als akademisch. Sie ist von erheblicher Bedeutung, wenn es um die Bewahrung der Selbst-Struktur und die Kompensation ihrer Defekte geht. Denn defekt kann auch ein Selbst sein, daß an sich durchaus in der Lage wäre, eine fruchtbare Grenze zwischen Selbstwelt und Objektwelt zu garantieren, wenn es nur immer von Realität in Frage gestellt wird, da es mit ihr unverträgliche Idealaspekte beinhaltet. Die Anforderung des Ich zu möglicher Realitätsanpassung kann vom Selbst vor unlösbare Probleme gestellt werden.
Auf der anderen Seite kann ein gut an Realität orientiertes Selbst auch bei relativer Ich-Schwäche zu einem auch von Ich-Ansprüchen her gesehen optimalen Verhalten führen.

7. Angst

Der Begriff »Angst« wurde 1894 von Freud in die Psychologie eingeführt. Seitdem ist er zentraler Begriff der psychoanalytischen Theorie und die von ihm bezeichnete Sache ein zentrales Phänomen der psychoanalytischen Praxis geblieben. Angst bezeichnet einen »Affektzustand, also eine Vereinigung von bestimmten Empfindungen der Unlust-Reihe mit den ihnen entsprechenden Abfuhrinervationen und deren Wahrnehmung« (XV, 87). Diese Definition Freuds versucht sich an einen relativ einfachen, weil von allen Menschen wahrgenommenen Sachverhalt begrifflich heranzutasten. Ich denke, man sollte auf eine exakte Definition verzichten, denn Angst ist eine psychische Elementaremotion, die ein jeder Mensch kennt und die, weil elementar, sich gegen jede begriffliche Fassung sträubt. Die Definition hätte, ganz gegen ihre Funktion, Bekannteres durch Unbekannteres zu erklären.
Man kann in der theoretischen Bewältigung des Angstphänomens durch Freud geeignet drei Phasen unterscheiden, die alle ihre Berechtigung haben, insofern sie bis ins Heute gelegentlich vertreten werden.

1. Die erste Theorie der Angst

1894 verstand Freud Angst als Ergebnis biologischer Prozesse. Sie sei eine Folge des ursprünglich in der Geburt erlebten Angstaffekts. Das Kind erfahre Angst, weil es sich in einem neuen Milieu als total hilflos und nach einer totalen Geborgenheit als radikal entborgen erfahre. Das hier sehr existentiell Wahrgenommene stelle sich wieder ein, sobald ein Mensch Hilflosigkeit oder Verlassenheit wahrnehme, mag die Wahrnehmung real oder phantasiert sein.

In der Neurose trete Angst auf als eine Folge von Störungen in der Abfuhr sexueller Spannungen, wobei sich Libido staue, die unmittelbar in Angst gewandelt werde. Es handele sich dabei um eine Regression auf die Geburtssituation wegen der unwillkommenen sexuellen Vorstellungen. (I, 67)

Die Geburtstrauma-Theorie wurde von nicht wenigen Psychoanalytikern wieder aufgegriffen. So ist O. Rank (1924) der Meinung, die Trennung in der Geburt werde zur ersten großen Angst vor dem Leben. Jede Angst sei Trennungsangst, in der sich letztlich die große Trennung in der Geburt widerspiegele. Die Personwerdung des Menschen vollziehe sich im immer wieder wiederholten Erleben und Überwinden solcher Ängste.

Auch E. Fromm ordnet die Angst der sozialen Isolation (der »negativen Freiheit«) zu.

C. G. Jung interessiert sich eher am Rande für das Thema »Angst«. Die wenigen Passagen, die er ihr widmet, lassen vermuten, daß er sie als eine Reaktion auf die Erfahrung eines Menschen verstehe, sein Leben werde von undurchschaubaren und unbeeinflußbaren Mächten (den anonymen Kräften des kollektiven Unbewußten) beherrscht – eine Empfindung, wie sie das Neugeborene gehabt haben mag. Angst scheint auch ihm immer Verlustangst zu sein, die Angst letztlich, die Macht über Funktionen des Ich zu verlieren.

2. Die zweite Theorie der Angst

Ab 1900 vertritt Freud die Ansicht, daß die Angst ein libidinöser Impuls sei, »der vom Unbewußten ausgeht und vom Vorbewußten gehemmt wird« (II, 343). Jede Form der Angst – auch die im Traum – geht aus dem Prozeß der *Verdrängung* der Libido hervor (VII, 87). Der quantitative Faktor des Objekts kann sein:

- der Trieb wird so unterdrückt, daß nichts mehr von ihm auffindbar ist oder
- er erscheint als Affekt irgendeiner Art oder
- er wird in Angst *gewandelt.* (X, 255 f)

In dieser Theorie ist also die Angst der Lust entgegen. Das Vermeiden von Unlust beherrscht die Vorgänge im Es, des Vermeiden der Angst in ähnlicher Weise die des Ich. Der Libidostau, der zu nachfolgender Abwehr und zur Angst als Abwehrfolge führt, kann durch äußere Hindernisse zustande kommen (die äußere Situation macht Triebabfuhr unmöglich), aber auch durch innere (etwa unbewußte Konflikte oder Hemmungen im sexuellen Bereich).

Diese Transformationstheorie kann nicht zureichend erklären, wie es zur Umwandlung von Lust in Unlust, von gestauter Libido in Angst kommt. Auch machte sie nicht deutlich, welche Faktoren Verwandlung ermöglichen oder begünstigen. So entwickelte Freud nach 1926 eine differenzierte Angsttheorie, die in sein Strukturmodell der menschlichen Psyche einbezogen wurde. An der These, daß sich Libido in Angst verwandele (über Zwischenschaltung abwehrender Prozesse), hält er nicht mehr fest. Angst wird zur Ichfunktion. Affekte (darunter auch die Angst) entstehen nicht mehr durch Triebstau und dienen nicht mehr als Sicherheitsventile, um den Triebdruck zu reduzieren, sondern haben an erster Stelle Signalfunktion. Freud schreibt:

> Das Ich ist die eigentliche Angststätte ... Die Angst ist ein Affektzustand, der natürlich nur vom Ich verspürt werden kann. Das Es kann nicht Angst haben wie das Ich, es ist keine Organisation, kann Gefahrensituationen nicht beurteilen. Dagegen ist es ein überaus häufiges Vorkommnis, daß sich im Es Vorgänge vorbereiten oder vollziehen, die dem Ich Anlaß zur Angstentwicklung geben. (XIV, 171)

Ich gehe im folgenden von einem etwas abweichenden Konzept aus, das die zweite und dritte Position Freuds miteinander verbindet.

Allen Emotionen und Bedürfnissen liegt eine realisierte oder frustrierte Triebdynamik im Es zugrunde. Wie diese Dynamik erfahren wird, ist von entscheidender Bedeutung für die Übersetzung der elementaren Es-Impulse in Emotionen, deren Heimat das Ich ist. Ich vermute nun, daß der Unlustbereich schon zu Anfang differenziert ist in Aggressionsvorläufer und Angstvorläufer. Wer einmal ein Kind mit seinen Unlustreaktionen gesehen hat, wird kaum die Analogien zu Angst und zu aggressivem Verhalten (Wut etwa) verkennen.

Diese Angstvorläufer werde ich *Urangst* nennen. Obschon es sich eigentlich um eine voremotionale Unlustreaktion handelt, stellt sie doch Muster vor, nach denen sich später Ängste entwickeln können. Es spricht sogar manches dafür, daß der Umgang mit der Urangst maßgeblich für alles Umgehen mit Angst ist und zugleich auch – in gewisser Rahmensetzung – die Situation festlegen, die später Angst auslösen werden. Wie Angst später gelebt und beherrscht wird, was später Angst macht und was nicht, das hängt im wesentlichen davon ab, wie in der Widerspiegelungsphase die Mutter auf die Urangst des Kindes reagiert hat.

3. Die drei Typen der Angst

Seit 1926 lehrt Freud, daß nur das Ich Angst produzieren und verspüren könne und daß die drei Instanzen, zwischen deren Ansprüchen das (reife) Ich zu vermitteln suche, auch die drei Typen der Angst bestimmen. Er ist der Ansicht, daß sich

> die drei Hauptarten der Angst, die Realangst, die neurotische und die Gewissensangst, sich ... zwanglos auf die drei Abhängigkeiten des Ichs von der Außenwelt, vom Es und vom Überich beziehen lassen. (XV, 92)

A. Freud unterscheidet – in Hinsicht auf die Neurosenbildung – ebenso diese Angstformen. Sie geht dabei von der Überich-Angst aus (1980, 43). Wir haben schon dargestellt, daß die Störungen des Überich stets in den Störungen der Überich-Bildung begründet sind. Hier wollen wir einmal davon absehen.

(a) Die Überich-Angst

Ihr begegnen wir vor allem in allen Neurosen Erwachsener. Sie kommt zustande, wenn ein Triebwunsch bewußt wurde und die Zustimmung des Ich erfuhr, doch das Überich (Gewissen) widerspricht. Das Ich fügt sich dieser übergeordneten Instanz und kämpft gegen die Regungen aus dem Es. Würde sich das Es durchsetzen (mit Hilfe des Ich), käme es zu einem erheblichen Konflikt zwischen Ich und Überich (der an ASSM manifest wird). Das Ich des Neurotikers mit reifem Ich lernt also aus und mit Gewissensangst, den Trieb und seine Ansprüche und Abkömmlinge zu fürchten.

Das Überich sorgt dafür, daß Es und Ich nicht in Frieden leben können, auch dann, wenn die Umwelt mit einer Triebabfuhr einverstanden wäre. Es verpönt die Sexualität und behauptet die Aggressivität als asozial – zumindest in unserer Gesellschaftsordnung. So fordert es denn Sexualentsagung und Aggressionsbeschränkung – und das in einem Maß, das der psychischen Gesundheit eines Menschens verhängnisvoll werden kann. Es knechtet tyrannisch das Ich und zwingt es in seinen Dienst. Damit wird das Ich triebfeindlich und genußunfähig.

Um ein solches tyrannisches Überich zu vermeiden, wäre es notwendig, daß ein Kind eine Elternrepräsentanz introjiziert, die triebfreundlich ist und menschliche Schwächen akzeptiert. Auch sollte ein Kind seine Sexualität und Aggressivität so frei als möglich (d. h. so frei als es die soziale Umwelt eben zuläßt und so frei, daß die legitimen Ansprüche der Eltern berücksichtigt werden) darstellen können. Die freie Darstellung von sozialen und narzißtischen Bedürfnissen ist in unserer Gesellschaft nicht verboten – muß also hier nicht eigens gefordert werden.

Theoretisch gesehen müßte ein so erzogener Mensch genußfähig (angstfrei, unneurotisch und mit sich in Frieden) sein, wenn es nicht andere Angsttypen gäbe (außer der Angst vor dem strafenden Gewissen), die das Es knebeln könnten über das Maß des Notwendigen hinaus.

(b) Die Realangst

In der Neurose von Menschen mit unreifem Ich bemerken wir oft, daß sie sich gegen aggressive und/oder sexuelle Triebmanifestationen wehren, um nicht mit der sozialen Umwelt in Konflikt zu geraten. Bei der Neurose von Kindern (sie haben »normal« ein unreifes Ich) sind das die Eltern, bei Erwachsenen mit unreifem Ich sind das die Ängste vor der Bestrafung durch die Außenwelt – die Realängste.

Ein Kind steht vor der Introjektion der Elternrepräsentanzen im ständigen Konflikt mit verbietenden Eltern, die es durch die Triebunterdrükkung zur Sozialfähigkeit erziehen wollen. Das Kind wehrt sich bald gegen seine aggressiven und sexuellen Wünsche, um nicht mit den Verboten der Eltern in Konflikt zu geraten. Sie stehen hier also anstelle des Überich. Der Trieb wird jetzt als gefährlich erlebt, weil seine Befriedigung von Personen bestraft wird, die gleichzeitig vom Kind geliebt werden müssen, weil sie das physische, psychische und soziale Leben durch Zuwendung und Schutz erst ermöglichen. Die Angst vor Zuwendungs- und/oder Schutzverlust besorgt eben das, was die Gewissensangst bei Neurosen des reifen Ich leistet. Bei Neurosen, die in Erlebnissen des fünften Lebensjahres gründen, ist häufig auch eine Verletzungsangst (besonders im Genitalbereich) leitend für die Abwehr von aggressiven und sexuellen Triebansprüchen.

Offensichtlich hat das Kind (oder der Mensch mit schwacher Ich-Regulation) sehr viel mehr Realangst, als notwendig oder auch nur nützlich wäre. Die Strafen, die es fürchtet, kommen in unserer Kultur nur selten vor (wie etwa die Verletzung des Genitals). Doch lassen ungekonnte Erziehungsversuche mancher Eltern (etwa durch Liebesentzug, durch Bestrafungen, die dem Kind Angst machen) dunkle Ahnungen und Befürchtungen der genannten Art aufkommen. Der Zusammenhang zwischen mancher Erziehung und archaischen Strafängsten scheint nicht gebrochen zu sein.

(c) Die Angst vor dem Es

Das Ich ist nur triebfreundlich, solange es sich noch wenig vom Es differenziert. Sobald es sich vom Lustprinzip entfernt und zum Agenten des Realitätsprinzips wird, ist es »triebfremdes Gebiet« (A. Freud). So kommt es zu einem tiefen Mißtrauen des Ich gegen Triebansprüche. Daß dieses Mißtrauen seltener erlebt wird, mag darin gründen, daß der Kampf des Ich gegen die Ansprüche der Umwelt und das Überich oft sehr viel drastischer erfahren wird. Die systemimmanente Spannung zwischen Es und Ich kann sich dann zur Angst steigern, wenn das Ich

- zu schwach ist, um sich gegen die Ansprüche des Es zu wehren, wenn es droht, von ihnen überspült zu werden,
- sich von der Sicherung durch das Überich verlassen fühlt, weil das Überich hier keine Verbote auferlegt hat oder selbst zerfällt (oder wie nach manchen Theorien: »zertrümmert wird«).

Die Angst des Ich vor der Triebstärke ist also durchaus vergleichbar der Angst vor der sozialen Umwelt oder dem Überich. Es fürchtet, funktionslos und damit in seiner Organisation zerstört zu werden.

Auch diese Angst veranlaßt das Ich, Abwehrmaßnahmen gegen das Es und seine Ansprüche in Bewegung zu setzen.

Solche Es-Ängste sind empirisch immer dann zu erheben, wenn das einmal oft mühsam hergestellte Gleichgewicht, zwischen den psychischen und sozialen Instanzen durch eine sich mehrende Triebstärke gestört wird – etwa in der Pubertät oder während der Mittlebenskrise oder zu Beginn eines psychotischen Schubs.

A. Freud (1980, 48) ergänzte diesen klassischen Katalog der Ängste noch durch eine weitere Angstform. Sie gründet in dem Motiv des reifen Ich nach Synthese. Das erwachsene Ich kann seine koordinierende Funktion nur ausführen, wenn es in sich konsistent ist. Diese Konsistenz aber kann gefährdet werden, wenn das Es der Grund für einander widerstrebende Bedürfnisse (oder andere Triebabkömmlinge) ist. So kann das Es gleichzeitig zu Homosexualität wie Heterosexualität, gleichzeitig zur Aktivität und Passivität drängen (vgl. F. Alexander, 1934, 33 ff). Solche ambivalenten Forderungen können der Konsistenz und damit die Funktionstüchtigkeit des Ich gefährden und bereiten deshalb Angst (genauer: es produziert und erlebt deshalb Angst).

Was A. Freud für das Ich ausführt, scheint auch für das Selbst zu gelten. Wird es in seinem Bestand, in seiner Konsistenz oder in seinen Grenzen bedroht, reagiert das Ich mit Angst, ja mit Existenzangst. Diese Ängste abzuwehren, ist eine wichtige Funktion vor allem der kranken Psyche.

4. Unbewußte Angst?

Wenn Angst eine Ich-Leistung ist, steht zu vermuten, daß sie prinzipiell bewußt ist. Dennoch kann es günstig sein, den Begriff der unbewußten Angst einzuführen (vgl. St. Mentzos, 1982, 35). Menschen, die an unbewußter Angst leiden, verhalten sich genau so, als ob sie Angst hätten, ohne diese jedoch wahrzunehmen. Gelingt es, einem Menschen diese Angst bewußtzumachen oder (was noch häufiger der Fall ist) seine unbewußte

Angst, die sich mit manifester Angst anderer Art maskiert, begreiflich zu machen, ist ein notwendiger Schritt in der Therapie getan.
Angst und das Vermeiden von Angst in Abwehrprozessen können sehr verschieden aufeinander bezogen werden. Entscheidet man sich gegen Freud dafür anzunehmen, daß die Angst Grund für die Mobilisierung aller Abwehrstrategien ist, wird man kaum umhin können, solche unbewußten Ängste anzunehmen, denn die wenigsten Menschen werden durch bewußte Ängste dazu gebracht, Triebabkömmlinge (Emotionen, Bedürfnisse, Wünsche, Phantasien ...) abzuwehren.
In Situationen, in denen eine überraschende Verunsicherung auftritt, können solche unbewußte Ängste durchaus erlebt werden – die Abwehr wird durch die ungewohnte Situation geschwächt. Angst wird bewußt. Dieses für manche Formen psychischer Störungen erhellende Konzept von Angst geht wieder zurück auf die zweite Freudsche Angsttheorie, nach der Angst als Widerspieler der Lust letztlich im Es (also in den Bereichen, in denen das Abgewehrte nistet) begründet ist und spielt.

5. Angstbereitende Situationen

Wir unterscheiden geeignet zwischen zwei verschiedenen Situationen, in denen Angst entstehen kann:

- traumatische Situationen und
- Gefahrensituationen.

(a) Traumatische Situationen

Traumatisch ist eine Situation, in der die Psyche durch eine Fülle von Reizungen, die sie nicht mehr verarbeiten kann, überwältigt zu werden droht. Die Reize sind derartig nach Zahl und Inhalt, daß ihre Verarbeitung die Psyche überfordert – sie droht überspült zu werden.
Traumatische Situationen sind vor allem in der Kindheit häufig. Da die Reizverarbeitung eine Ich-Funktion ist und bei Kindern das Ich noch recht unreif funktioniert, sind sie nur begrenzt zu einer sinnvollen Reizverarbeitung fähig. Die Grenze der Reizüberflutung ist schnell erreicht. Die daraus entstehende Angst des Ich vor Überwältigung und nachfolgender Funktionsuntüchtigkeit wird meist sehr drängend erlebt. Das gilt vermutlich auch für das Geburtsereignis, in dem die Fülle der neuen Eindrücke überwältigend und das Ich noch gar nicht ausgeprägt ist.
Erst wenn das Ich gelernt hat, in sekundärprozeßlicher Reaktion die Verarbeitung der Unlustabwehr (solche Überflutungen durch zu viele, nicht verarbeitbare Reize machen Unlust) herauszuzögern, kann es zu einer sinnvollen Bewältigung von Situationen kommen, in der eine Vielzahl verschiedener Reize, die verschiedene Reaktionen nahelegen, verarbeitet

werden kann. Überwiegen bei einem Menschen jedoch primärprozeßliche Abläufe, steht zu erwarten, daß seine Ängste bei Überforderung des Ich schneller einsetzen. Sie werden als Panik erlebt und beschrieben. Die meisten Menschen reagieren panisch, wenn sie überraschend mit einer Situation konfrontiert werden, die eine Mehrzahl von Reaktionen einfordert – etwa ein Kinobrand.

Es ist wichtig, nicht zu übersehen, daß Menschen keineswegs nur durch Sinneseindrücke so überflutet werden können, daß das Ich mit panischer Angst reagiert. In den meisten Fällen handelt es sich um endogene (aus dem Innen der Psyche kommenden) Reize, deren Heimat das Es ist. Es gibt psychoanalytische Theorien, nach denen beim Menschen (im Gegensatz zu Tieren) auch die Angst bei Überflutung durch äußere Eindrücke und Anforderungen auf Überbeanspruchungen durch Es-Impulse zurückgeführt wird. Die Angstreaktion folge also niemals auf Eindrücke, sondern stets auf besetzte Repräsentanzen innerer und äußerer Gegenstände. Diese Frage sei hier nicht entschieden.

Die Angst bei Überflutung durch endogene Anforderungen des Es (also die Triebangst oder Es-Angst) meint – wie gesagt – eine Triebabwehr aus Angst vor der Triebstärke (etwa in der Pubertät die Angst vor sexueller Triebstärke). Doch werden solche Ängste nicht *wegen* einer Reizüberflutung ausgebildet, sondern *vor* einer solchen (es handelt sich also um Signalängste).

Doch nicht nur das Es kann mit seinen Ansprüchen das Ich und seine Koordinierungsfähigkeit überfordern, sondern auch das Überich. Es kann mit einer Fülle von Geboten und Verboten in einer bestimmten Situation zu einer Ich-Lähmung führen, in der das Ich ohnmächtig mit Angst reagiert. Auch hier produziert das Ich Angst, weil eine inadäquate Reaktion nicht ausgeschlossen ist, diese Reaktion aber den psychischen, physischen und sozialen Bestand des Individuums gefährden könnte. Und solche Gefährdungen aus gleich welchen Ursachen und Quellen, seien sie bewußt oder unbewußt, machen Angst.

(b) Gefahrensituationen

Gefahrensituationen sind Situationen, in denen das Individuum das Aufkommen einer traumatischen Situation in der Phantasie (oder im Bereich der Repräsentanzen allgemein) vorwegnimmt und auf sie – noch ehe sie traumatisch werden – mit Angst reagiert, um das Traumatisch-werden tunlichst zu vermeiden. Solche Ängste nannte Freud *Signalängste.*

Signalängste tauchen schon in der frühen Kindheit auf. Zuerst erfährt ein Kind die (vorübergehende) Abwesenheit der Mutter angstvoll, da sie unbedingt notwendig ist, um die Befriedigung der libidinösen und aggressiven Triebe zu gewährleisten. Diese Triebe werden schon sehr früh – vermutlich wenige Wochen nach der Geburt – personalisiert, sind also auf eine bestimmte Person bezogen, die dann nicht austauschbar ist. Die vorübergehende Abwesenheit der Mutter macht also eine unmittelbare Befriedigung der kindlichen Bedürfnisse (der sozialen, der narzißtischen, der aggressiven und der erotischen – neben vielen physiologischen, die prinzipiell auch von anderen Personen befriedigt werden können, wenn sie nur oberflächlich und nicht in Bindung an die psychischen Bedürfnisse personalisiert wurden) unmöglich. Das Kind muß warten, obschon es in seiner primärprozeßlichen Organisation kein sinnvolles Verhältnis zum Warten hat. So kommt es zu einer Häufung von Triebansprüchen. Vor allem setzt die Frustration, die durch das Warten erzeugt wird, aggressives Potential frei, das durch wutanaloges oder auch depressionsanaloges Verhalten dargestellt wird.

Um solche traumatische Situationen zu vermeiden, entwickelt das Kind Signalängste, die es schon dann erfassen, wenn sich die Mutter auch nur anschickt wegzugehen, oder die zu befriedigenden Bedürfnisse nicht wahrgenommen werden. Die kindlichen Reaktionen auf diese Angst (Brüllen etwa) dienen der Veränderung der Umwelt (also etwa des Verhaltens der Mutter – sie soll zum Bleiben bewegt werden).

Übrigens sind die Erfahrungen traumatischer Situationen für das Kind wichtig. Es ist wahrscheinlich, daß sie den Grund für die Entwicklung des Denkens legen. Das Ich versucht herauszufinden, wie trotzdem eine Triebbefriedigung möglich ist – und beginnt zu denken (besser etwas zu tun, aus dem sich später das Denken entwickeln kann).

Signalängste spielen nicht nur – wie alle bewußten Ängste – im Ich, sondern werden auch vom Ich erzeugt. Sie haben (gleichsam als Vorläufer des rationalen Denkens) die rationale Funktion, traumatische Situationen zu meiden oder zu mindern.

Man kann darüber streiten, ob Signalängste stets Realängste sind. Vermutlich ist eine solche Identifikation problematisch, da der Grund der Signalangst kein reales Ereignis, sondern die Vorstellung eines realen Ereignisses ist. Auch ist zu bedenken, ob der Grund solcher Ängste nicht überhaupt innerpsychisch auszumachen ist. Es wären also keine realen Ereignisse, deren Erwartung Angst auslöst, sondern die Repräsentanzen solcher realer Ereignisse.

Zu den Signalängsten gehören auch die Gewissens- und die Todesangst. Die *Gewissensangst* ist die Strafangst bei einer Übertretung, die zu ASSM führt. Das Gewissen kann durch eine Außeninstanz, die durch Projektion des Gewissens und seiner Funktionen zustande gekommen sein mag – wie etwa »Gott« –, vertreten werden. Es kann die Angst sein, dieser Strafe nicht gewachsen zu sein.

Die *Todesangst* kann auch als Überich-Angst interpretiert werden. Es wäre dann die Angst, vom Ich und dem Überich (samt seinen Repräsentanten: Freunden, Vorsehung, Gott) verlassen zu werden und ganz hilflos seinem Es ausgeliefert zu sein, so daß das psychische System zerfällt. Man kann sie aber auch als Trennungsangst beschreiben – die Angst, in einer traumatischen Situation ohne gleichen von Forderungen überschwemmt zu werden, *alles* zu verlassen, jede Form von Eigentum, materielles, soziales intellektuelles ... So sterben Menschen, die gelernt haben, sich nicht von ihrem Haben her (und mag es noch so her sein, wie etwa Erfolg-Haben oder eine Religion-Haben) zu definieren oder eine solche Definition in einem langen Abschied hinter sich gelassen haben, meist zufriedener.

Besonders groß scheint die Todesangst bei jenen Menschen zu sein, die ihre narzißtischen Bedürfnisse in den Mittelpunkt ihres Lebensinteresses stellten. Wenn sie den Tod erfahren, werden ihre narzißtischen Grenzenlosigkeitsvorstellungen durch unaufarbeitbare und nicht-akzeptable Erfahrungen der Grenze in Frage gestellt.

Die *Isolationsangst* ist ebenfalls eine Signalangst, die mit der Todesangst sehr verwandt sein kann. Insofern ein von Sozialkontakten weitgehend isolierter Mensch nicht mehr die Möglichkeit hat, die Funktionen von Ich und Überich an der sozialen Außenwelt zu prüfen und sie so zu stabilisieren, kommt es nicht selten zur Gefahr einer Überschwemmung mit aggressiven oder erotischen Impulsen derart, daß das Ich nicht mehr kontrollierend tätig werden kann.

Freud unterscheidet zwischen Angst und Furcht – die Furcht ordnet er der Realangst (als Signal) zu. Diese Unterscheidung hat sich allgemein durchgesetzt, ist aber nicht ganz unproblematisch, wie wir bei der Darstellung der Bedeutung der Realangst für infantile Neurosen gesehen haben.

Die eigentliche Furcht wird in unserer Kulturwelt immer anlaßloser. Wir Menschen haben immer weniger Anlaß, uns vor lebensbedrohenden Eingriffen in unsere Existenz von außen zu fürchten. Die Natur steht uns nicht mehr feindlich gegenüber. Ihre Gefahren scheinen gebannt. Sie ist eher schutzbedürftig geworden. Ein enges Netz von Normen sichert zudem ein Sozialverhalten, das es uns erlaubt, uns nicht vor Menschen fürchten zu müssen. In dieser Situation erscheint ein beunruhigendes Phänomen, die »frei flottierende Angst« (R. Bilz) – und das nicht nur bei Neurotikern, sondern bei vielen auch normalen Menschen. Wo wir keine Furcht mehr haben dürfen, machen wir uns Angst, indem wir uns Pseudoobjekte unserer Furcht konstruieren und damit unseren Ängsten ein Gesicht geben.

Daß es sich dabei nicht um genuine Furcht, sondern um maskierte Angst handelt, ist an zwei Erscheinungen sicher zu erheben:

- Die Betroffenen reagieren nicht furchtadäquat auf ihre Pseudo-Furchtobjekte, d. h. sie machen keine ernsthaften Anstrengungen, zu fliehen, anzugreifen oder sich zu verteidigen.
- Die Gegenstände der Pseudofurcht wechseln häufig.

Nicht selten ist auch zu beobachten, daß Gründe von Furcht internalisiert und institutionalisiert werden. Es kommt zu angstmachenden Objekten, zu denen keine adäquate Entsprechung in der Umwelt existiert. Es scheint so zu sein, daß Menschen nur dann psychisch optimal leben, wenn ihnen ihre Umwelt (die kosmische und soziale) eine zureichende Menge von realen Gefahren vorgibt, für deren Bewältigung ein Programm vorhanden ist oder doch entwickelt werden kann. Vermutlich können wir auf die Dauer nur so verhindern, daß angstmachende Objekte (mit meist aggressiver Besetzung) in das psychische System eingebaut und damit verewigt werden.

Angst produziert Unlust. Nach dem Lustprinzip versuchen Menschen Unlust zu meiden. Es steht also zu erwarten, daß sie eine Menge von Strategien ausgebildet haben, um mit ihren Ängsten fertigzuwerden. Diese Strategien sind ausgesprochene Ich-Leistungen. Wir nennen sie »Abwehr«.

6. Die Angst als Grund psychischer Störungen

Wie kommt es, daß Angst die eine durchaus lebenerhaltende Funktion haben kann, also ein sinnvolles Reaktionsmuster ist, sinnlos wird, wenn sie inadäquat ausgelöst wird oder zu inadäquaten Reaktionen führt? Es ist eine der wichtigen Erkenntnisse der Psychoanalyse, daß auch scheinbar grundlose Angstzustände angemessene Reaktionen auf eine – allerdings – unbewußte Gefahr sind. Grundlose Angstzustände, die beim Kind »normal« sind, signalisieren beim Erwachsenen eine Regression auf kindliche Muster und sind also ein Rückfall von einem höher organisierten Modus der Furcht auf den primitiven der Angst.

St. Mentzos begründet diese (keineswegs von allen Analytikern angenommene) These so (1982, 31 ff):

1) Bei Kindern beobachten wir überwältigende Angstausbrüche – vor allem dann, wenn Triebansprüche nicht befriedigt oder auf andere Weise nicht bewältigt werden können. Das schwache Ich ist noch nicht in der Lage, die Quelle der Frustration sicher auszumachen. Es kann daher noch nicht auf die Quelle reif mit Furcht reagieren – mit dem Ziel, sie zu verstopfen oder sonstwie unwirksam zu machen.

2) Auch bei gesunden Erwachsenen können solche panikartigen Zustände auftreten, wenn plötzlich einsetzende Katastrophen (oder auch die Vorstellung davon) nicht mehr vom Ich bewältigt werden können. Wir

Menschen haben für das Produkt $0 \times \infty$ (die Gefährniswahrscheinlichkeit liegt bei Null, die Gefährnisgröße bei ∞) kein angeborenes oder – wegen der Seltenheit solcher Ereignisse – erworbenes Programm.
3) Im Trinkerdelirium oder bei anderen hirnorganischen Vergiftungen (etwa durch die Einnahme von LSD) werden diffuse, grundlose, kaum kontrollierbare Ängste erlebt. Psychologisch kann man diese Angst so erklären, daß die innere Wahrnehmung des fortschreitenden psychischen Zerfalls und des drohenden Zusammenbruchs der Ich-Funktionen eine durchaus adäquate Angstreaktion freisetzen.

Diese drei Arten von »normaler« diffuser Angst sind von den Typen neurotisch-diffuser Angst abzusetzen. Hier geht es darum, daß die Verdrängung dazu führt, daß aus der konkreten sinnhaften Furcht eine diffuse, sinnlose Angst entsteht. Die Furchtreaktion verliert durch Verdrängung ihren konkreten Inhalt und wandelt sich – über Regression – zu einer diffusen Angstreaktion.

Die Verdrängung wird durch die Unerträglichkeit eines befürchteten psychischen Zustandes in Gang gesetzt. Dadurch wird ihr der konkrete Inhalt entzogen. Die Angst ist der Preis für das Verdrängen höchst unlustvoller befürchteter psychischer Zustände.

Dieser neurotische Zustand diffuser Angst ist schwer erträglich. Der Patient steht vor dem Dilemma unerträglicher psychischer Zustände (etwa von ASSM, Trauer, Unsicherheit ...) oder unerträglicher diffuser Ängste. Ist das Ich zureichend stark und reif, kann es zu einer Kompromißbildung kommen. Der Patient entwickelt eine Phobie (etwa eine Angst vor großen Plätzen, engen Räumen, vor bestimmten Tieren ...). Damit erfährt die diffuse Angst eine Objektivierung – sie erhält ein bestimmtes Objekt. Die Angst vor dem einen wird auf ein anderes Objekt verschoben und so zur Angst vor der anderen Situation.

Es gilt heute als ausgemachte Tatsache, daß solche phobischen Ängste andere unthematische diffuse Ängste maskieren und ersetzen, so daß der Patient mit seinen Ängsten leben kann. Sie haben einen Namen, ein Objekt und haben damit den Charakter der Furcht erhalten, deren Quellen man mit einigen Beschränkungen der Lebensqualität ausweichen kann. Der Patient ist *relativ* angstfrei.

Auch psychotische Wahnbildungen könnten eventuell nach einem ähnlichen Muster gedeutet werden. Auch hier scheint die Verwandlung einer diffusen Gefährdung in eine konkrete im Mittelpunkt der Symptombildung (durch Kompromiß) zu stehen. Damit wird die Angst im Prinzip beherrschbar, wenngleich die psychotischen Patienten durch ihre ungewöhnliche Wahl von Angstquellen und Angstobjekten als auch gelegentlich durch ihre ungewöhnliche Weise auffallen, mit ihrer Pseudo-Furcht fertigzuwerden.

Für diese Deutung spricht, daß viele Psychotiker vor dem akuten Ausbruch der Psychose ausgesprochen ängstlich wirken. Sobald sich aber konkrete Wahnideen bilden, beruhigen sie sich wieder. Sie wissen nun, wovor sie Angst haben. Doch der Preis, den sie zahlen, ist höher als der der Phobiker: Bei ihnen leidet die Realitätsprüfung – die Realität wird verzerrt und entstellt wahrgenommen. Der Phobiker weiß, daß seine Furcht unberechtigt ist, der Wahnkranke ist der Überzeugung, seine Furcht sei berechtigt.
Mentzos (1982, 35) vermutet, daß viele furchterregende Märchen von Kindern gern gehört (erlebt) werden, weil sie so Gelegenheit finden, ihre diffusen Ängste konkret zu machen und geeignete Strategien beherrschen lernen, mit ihnen fertigzuwerden (etwa die Gegenwart Erwachsener).
Nicht jede verdrängte Angst beruht auf der Verdrängung kindlicher oder aus früheren Bedingungen und Verhältnissen entstandener Angstquellen. *Alle* Menschen verdrängen Angstquellen (etwa die Gewißheit des eigenen Todes). Die Furcht vor dem Nichts (oder einem Leben in ewiger Hölle) kann nicht durch Verharmlosung oder durch die Erklärung, sie sei unvernünftig, überwunden werden, sondern nur durch Akzeptieren. Hier liegt eine wichtige Aufgabe der Seelsorge, in die die Psychoanalyse nicht hineinreden kann und will.
Neurosen sind also zu verstehen als mißlungene oder fehlgeleitete Versuche des Ich, Angst zu vermeiden. Im Verlauf einer neurotischen Erkrankung erleben wir eine charakteristische Verstärkung bestehender Ängste. Ein akuter, nicht zu lösender Konflikt führt zu einer Regression und damit zu einer Reaktivierung jener Emotionen, die für ein Kind typisch sind, vor allem aber seiner diffusen Ängste (wenn sie nicht überhaupt aufgrund einer ungenügenden Entwicklung des Ich bis ins Heute aktuell geblieben sind).
Es ist also verständlich, daß Menschen, die jedes Maß an Angst als unerträglich wahrnehmen, besonders gefährdet sind, neurotisch zu erkranken. Das Ich ist dann in besonderer Weise aufgerufen, alle möglichen inneren und äußeren Gefahren, die Angstquellen sein können, zu vermeiden. Die Angstvermeidung ist ebenso wie die Schuldgefühl-, Schamgefühl- oder Minderwertigkeitsgefühl-Vermeidung um nahezu jeden Preis eine Einstellung, die mit großer Wahrscheinlichkeit zu neurotischen (oder auch zu psychotischen) Symptomen führt. Sie erzwingt vom Ich einen übermäßigen Einsatz von Abwehrstrategien.
Es kommt darauf an, mit einem gewissen Maß von ASSM leben zu können. Wir müssen begreifen, daß ASSM Bedingungen sind, unter denen allein *menschliches* Leben möglich ist. Der Versuch, sie um jeden Preis zu meiden, kann nur scheinbar glücklich enden. Er führt in aller Regel in

eine wenig ausgebildete Humanität, eine Verringerung des Humanen. Ist es ein wichtiges Lebensziel, glücklich zu sein, kann Glück nicht bedeuten, ASSM zu meiden und zu mindern, sondern in der Fähigkeit zu wachsen, sie zu ertragen, wohl wissend, daß sie zum Menschsein dazugehören.

Ein narzißtisch organisiertes Lebenskonzept wird das nicht einsehen und akzeptieren können. ASSM sind notwendige und unvermeidliche Folgen unserer Grenzhaftigkeit. Diese sollten wir akzeptieren, nicht aber gegen sie anrennen und uns im Anrennen psychisch tief verwunden, weil solches Anrennen sinnlos ist. Wir müssen unser Leben so arrangieren, daß wir erfahren, daß Konflikte auch in unserem Leben eine positive Funktion haben, nämlich die, das psychische Gleichgewicht realitätsdicht wiederherzustellen. Nur wenige Konflikte werden dann pathogen sein, nur wenige werden in ihren Lösungsanforderungen unsere Möglichkeiten übersteigen.

8. *Abwehr und Abwehrmechanismen*

»Abwehr« bezeichnet die Methoden, die dem Ich zur Verfügung stehen, ASSM zu meiden. Das Ich kann alle seine Möglichkeiten einsetzen, um alles, was Gefahrensituationen oder Situationen, in denen ASSM als Reaktion zu erwarten stehen, schafft oder schaffen könnte, abzuwehren. Die Gefahrenquellen können im Es, im Überich, im sozialen Außen liegen. Die Vorstellung solcher Situationen macht Angst (das Ich schafft Angst als Gefahrensignal). Das Es liefert dem Ich – nach Neutralisierung zumeist – Energien, um gegen solche Situationen Widerstand zu leisten, sich gegen sie zu wehren, sie abzuwehren.

Welche Strategien stehen nun dem Ich zur Verfügung, um seinem Auftrag und seiner Funktion, unter bestimmten Umständen Lust zu optimieren und Unlust zu meiden, nachzukommen? Das Ich kann *alle* Funktionen, zu denen es fähig ist, (Denken, Wollen, Wahrnehmen ...) in den Dienst der Abwehr stellen. In der Praxis sieht das denn so aus:

- Wahrnehmungen werden selektiert. Unlust bereitende oder die narzißtische Homöostase gefährdende Wahrnehmungen (also vor allem solche, die zu ASSM führen können) werden von der Erkenntnis (das meint Wahrnehmungen, die bewußt werden oder doch bewußtseinsfähig sind) ausgeschlossen.
- Änderung von Aufmerksamkeit und Interesse. Beide werden nur solchen Inhalten zugewandt, die die narzißtische Homöostase sichern.

Für alles, was sie gefährden könnte, besteht Desinteresse. Die Aufmerksamkeit wird zurückgenommen – und das nicht selten soweit, daß man an Konzentrationsschwäche denken könnte.

- Es werden andere Impulse aus dem Es, aus dem Überich, aus der sozialen Umwelt gefördert, so daß die bedrohlichen weniger Bedeutung haben – vielleicht gar unerheblich werden.

Nicht selten werden aktive Abwehrvorgänge chronisch. Es ist nicht mehr möglich, ihr Auftauchen und Verschwinden mit dem Auftauchen und Verschwinden bedrohlicher Situationen und den gegen sie gerichteten Abwehrprozessen des Ich in Zusammenhang zu bringen. Sie haben sich von diesen Situationen abgelöst und sind erstarrt. W. Reich (1933) spricht von »Charakterpanzerungen«. Symptome solcher Rückstände ehemaliger Abwehrprozesse sind:

- körperliche Haltungen (Steifheit, Starre ...),
- Eigenheiten des Wesens (hochmütiges, arrogantes, zynisches Benehmen),
- Eigenheiten der Mimik (stereotypes Lächeln ...)

A. Freud ist der Auffassung, daß sie sehr schwer zu analysieren sind, und rät, sich ihnen nur dann zuzuwenden, wenn »überhaupt kein lebendiger Kampf zwischen Ich, Trieb und Affekt mehr zu finden ist«. (1980, 28 f)

(a) Was wird abgewehrt?

Abgewehrt werden alle Vorstellungen, Gefühle, Phantasien, Bedürfnisse, Regungen (also Triebabkömmlinge), alle von außen kommenden Anregungen, Einsichten, Erkenntnisse, Anforderungen, alle Gebote und Verbote des Überich, die dem Ich unverträglich, unerträglich oder unannehmbar sind. Es werden also abgewehrt alle

- Triebanregungen, die zu einem Konflikt mit der Realität führen können, wenn mit dieser Gefährdung die Gefährdung der eigenen psychischen, sozialen oder physischen Existenz gegeben sein könnte,
- Triebanregungen, die das Ich zu überspülen drohen und zum Zusammenbruch dessen dynamischer Organisation führen könnten,
- Triebabkömmlinge, die das moralische Gefühl oder die Selbstachtung tief verletzen würden (etwa der Wunsch nach hemmungslosem Egoismus, nach hemmungsloser Rache, nach hemmungsloser Sexualität ...),
- einer von zwei unvereinbaren Impulsen (etwa Haß und Liebe, Hetero- und Homosexualität, Freude und Trauer ...),
- Vorstellungen, die den bislang das Ich sichernden und stabilisierenden Vorstellungen widersprechen (wenn also etwa eine Selbstrepräsentanz in Frage gestellt wird oder ein Vorurteil, eine religiöse oder politische Überzeugung ...),

- ohnmächtige oder nur mangelhaft befriedigte Regungen (aus der enttäuschten Einsicht, daß sie doch nicht realisiert werden können).

Alles das macht Unlust und wird also abgewehrt.

(b) Wer wehrt ab?

Jene Instanz wehrt ab, die von dem Abzuwehrenden peinlich, unlustbetont, unannehmbar, unerträglich ... berührt wird. Die abgewehrten Vorstellungen sind alle von der Art, wie *man* sie nicht gerne erleben möchte, wie *man* sie am liebsten vergäße (I, 268 f). Insofern das Ich die Funktion hat, das psychische Gleichgewicht herzustellen und zu erhalten, und massive Unlust dieses Gleichgewicht gefährden kann, ist es das Ich, das abwehrt. Sehr oft aber wird es tätig im Auftrag des »Man«, des Überich, vor allem, wenn es um die Abwehr von Triebabkömmlingen geht.

(c) Warum wird abgewehrt?

Der Grund der Abwehr ist sicherlich, den einmal gewonnenen Kompromiß zu sichern. Es ist sicherlich die Stabilisierung der narzißtischen Homöostase. Dazu ist es nötig, den Unlust bereitenden Impuls zurückzuweisen. Der hinter ihm stehende oder mit ihm verbundene Affekt soll unbewußt gemacht werden. Das Ubw ist der Hort der meisten unserer Motive. Die Abwehr hat das Ziel, ein Motiv möglichen Verhaltens unbewußt zu machen, weil es mit unserem Lebensarrangement unvereinbar ist. »Was ich nicht weiß, macht mich nicht heiß« ist die Devise aller Abwehr. Es macht also unmittelbar auch keine Unlust. Das bedeutet jedoch nicht, daß es nicht mehr wirksam wäre. Im Gegenteil, es kann sehr viel wirksamer werden, wenn es aus dem Ubw unser Verhalten bestimmt. Jetzt nämlich ist es nicht mehr der Ich-Kontrolle (auch insofern sie als Agent des Überich tätig wird) unterworfen. Damit dies nicht geschieht, muß das Ich mit einer Gegenbesetzung nachhelfen, die es erheblich schwächen kann.

Abwehrmechanismen sind Automatismen der Abwehr. Wir alle verwenden die meisten von ihnen. Wird jedoch das süße Gift der Abwehrmechanismen zu häufig genossen, führt es zu psychischen Erkrankungen, sie werden disfunktional. Die Abwehrmechanismen haben zunächst die Aufgabe, für die psychische Stabilität zu sorgen. Ihr Einsatz wirkt psychisch entlastend. Da jedoch der Konflikt, der das Abgewehrte hervorrief, nicht gelöst, sondern nur verdeckt wurde und im Ubw weiterlebt, da auch die abgewehrten Inhalte und Emotionen, Bedürfnisse, Wünsche, Phantasien ... nicht verschwunden sind, sondern weiter aktiv bleiben, muß das Ich immer differenziertere Abwehrmaßnahmen erfinden, um die Abwehr aufrechtzuerhalten. Dieser Prozeß ist schon alleine deshalb disfunktional, weil er die bewußte Lösung des Konflikts verhindert. Ab

einem bestimmten Niveau wird also die Verwendung von Abwehrmechanismen pathogen und pathologisch.
Sie haben ursprünglich den Sinn, dem Ich zur Konfliktlösung Zeit zu geben, einen neuen Kompromiß auszuhandeln, das Selbstbild zu ändern. Das ist etwa der Fall in Zeiten normativer Krisen (Pubertät, Adoleszenz, Mittlebenskrise, schwerer Körperverletzung, Partner- oder Berufsverlust ...). Sie sind also wichtige Schutz- und Bewältigungshilfen. Pathologisch wird ein solcher Mechanismus erst, wenn er folgende Bedingungen erfüllt (Mentzos 1982, 61):

- Es kommt zu einer erheblichen Einschränkung der Ich-Funktionen und damit zur Beschränkung der Möglichkeit von Selbstverwirklichung.
- Er tritt zwangsläufig auf.
- Er ist ausgesprochen rigide und *zwingt* das Ich, ihn einzusetzen.
- Er leistet der Bewußtmachung erheblichen Widerstand.

Es wäre also falsch, Abwehrmechanismen an sich als pathologisch zu deuten. Es gibt keine Kompromißbildung, kein Lebensarrangement, das nicht ganz wesentlich durch sie ermöglicht worden wäre. Nicht selten besorgen sie eine indirekte, symbolische, versteckte, kompensierende Wiederherstellung eines »normalen« psychischen Gleichgewichts.

(d) Die Abwehr von Überich-Anordnungen

Wennschon die Abwehr von Triebimpulsen oft im Mittelpunkt psychoanalytischen Interesses steht, ist doch auch die Abwehr von Überich-Impulsen keineswegs selten. Menschen wehren sich mehr oder minder erfolgreich gegen die Gebote und Verbote ihres konventionellen Gewissens, und das durchaus auch so, daß sie dessen Anordnungen abwehrend zum Verschwinden bringen. Das kann das soweit gehen, daß das Gewissen (in mehr oder weniger großen Bereichen) zum Schweigen gebracht wird. Die innere Stimme verstummt.
Auch diese Überich-Abwehr kann lebenserhaltende Folgen haben – vor allem, wenn die lebensfeindlichen Imperative eines rigiden oder tyrannischen Überich zum Schweigen gebracht werden. Ebenso kann das Ich auch mehr oder minder erfolgreich die Überich-Abkömmlinge (wie ASSM) abwehren und so aus dem Bewußtsein aussperren. Gerade diese Abwehr kann lebensnotwendig und lebenserhaltend sein. Wichtig ist zu erkennen, daß hier keineswegs der Es-Impuls, der vom Überich verboten ist, abgewehrt wird, sondern der diesem entgegenstehende Überich-Impuls, so daß der Es-Impuls sich ungestört von Überich-Tyrannei darstellen kann – nur reguliert durch das Ich, das jetzt nicht mehr als Agent des Überich tätig ist, sondern aus eigener Autorität handelt. Die reicht in aller Regel durchaus dazu, Verhalten zu vermeiden, das primär oder se-

kundär (etwa durch die Mißbilligung der sozialen Umwelt) Unlust-Folgen hat.
Wo bleiben nun solche abgewehrten Überich-Impulse? Sie bleiben in aller Regel erhalten und werden unbewußt. Sicherlich kann sich das Überich für solche Mißachtung seiner absoluten Befehlsgewalt rächen. Es tut das, indem es sich gelegentlich und auf anderen Gebieten besonders rigoros durchzusetzen versucht. Auch kann es vorkommen, da die Abwehr meist nur unvollständig gelingt, daß die Strafen des Überich, ASSM, nicht bewußt werden, dennoch aber ihr übles Spiel spielen und so erheblich dazu beitragen, eine psychische Situation zu schaffen, in der Menschen zu neurotischen Formen der Kompromißbildung neigen.
Es kann dabei auch zu einer Verarmung des Überich kommen, so daß das Überich in Situationen, in denen sein Rat dringend erwünscht wäre, den Mund hält. Endlich ist es möglich, daß eine Modifikation des Überich eingeleitet wird.
Solche Modifikationen gehen meist zurück auf partiell neue Selbst-Bildungen. Selbstrepräsentanzen werden gegen andere ausgetauscht. Die Grenze von Selbst und Nicht-Selbst wird neu gezogen und bestimmt. Daß solche radikalen Neuorientierungen in der Kompromißbildung zu nicht unerheblichen Krisen führen oder Krisenfolgen sind, ist unmittelbar einsichtig. Weniger kritisch verläuft dagegen einen Neuorientierung des Überich, die durch Neu- oder Umbesetzungen erfolgt. Die Vorstellungen, durch die sich das Selbst definiert, bleiben bewahrt, erhalten jedoch eine neue, andere Gewichtung. Manche werden zentral, andere unwichtig und stehen nicht mehr an erster Stelle. Es ist durchaus möglich, daß sich ein Mensch etwa

- mit neuen, anderen Idealen identifiziert (etwa vom Christentum zum Marxismus konvertiert),
- aber auch daß er bestehende Identifikationen neu gewichtet (etwa von einem schlechten zu einem guten Christen wird).

Solche Ersetzungen und Umlagerungen sind in normativen Krisen nicht selten. Gerade in Pubertät und Mittlebenskrise können wir oft beobachten, daß Menschen sich neu definieren. Ob es sich dabei um einen Austausch von Selbstrepräsentanzen handelt oder um neue und andere Besetzungen schon vorhandener Repräsentanzen, ist nicht immer leicht auszumachen.
Die Abwehr von *Überich-Impulsen* schwächt das Ich mitunter stärker als die von Es-Impulsen. Das mag daran liegen, daß die Inhalte des Überich bewußt oder meist doch bewußtseinsfähig sind und deshalb schon einigen Aufwand verlangen, bis sie abgewehrt sind. Diese energieverzehrende Form der Abwehr ist nicht selten pathogen, es sei denn, es käme zu ei-

ner Neuorientierung des Überich, die einen einmaligen, wenn auch nicht selten außerordentlich aufwendigen Einsatz erfordert. Es kann aber die oft mißlingende Abwehr (ASSM als Strafen des Überich bleiben im Schatten des Halbbewußten erhalten) zu einer Quelle neurotischer Fehlorientierungen werden.

Nicht wenige Menschen, denen eine Triebbefreiung wider ein tyrannisches Überich gelungen ist, werden ihres Sieges nicht recht froh. Die unbewußten ASSM sorgen dafür, daß – wenn es schon nicht zur Symptombildung kommt – sich doch ein Hauch von Melancholie über ihr Leben legt. Sie können sich nicht mehr freuen, sie können nicht mehr recht genießen, sie neigen dazu, zunächst einmal die negativen Seiten und Möglichkeiten zu sehen. Solche Einstellungen müssen nicht schon neurotisch sein – sie führen jedoch nicht selten zur Symptombildung, weil die Psyche versucht, in inadäquater Weise mit ihnen fertigzuwerden.

Menschen, die noch offene Schuldgefühle bei sich wahrnehmen und dagegen sinnvolle Strategien entwickeln, haben in aller Regel eine bessere Chance, psychisch gesund zu überleben, als Menschen, denen Emanzipation von der Tyrannis des Überich dadurch gelang, daß sie die Imperative abwehrten, deren Nicht-Beachtung ihnen Schuldgefühle eingebracht hätte.

Nicht selten kommt es bei der Abwehr von Überich-Aktivitäten zur Ausbildung von *Lebenslügen.* Das Ich weiß, daß seine Abwehr im institutionalisierten Ungehorsam gegen das Überich funktioniert. Um die Berechtigung der Abwehr sicherzustellen, greift es zur Rationalisierung. Während der tatsächliche Grund der Abwehr die Hoffnung auf Lustgewinn und Unlustvermeidung ist (indem das Es größere Realisationsmöglichkeiten erhält), versucht das Ich, rationale und scheinbar »ehrenwerte« Gründe für seine Abwehraktivitäten anzuführen. Es argumentiert:

- Alle anderen Menschen handeln auch so.
- Der Überich-Gehorsam widerspricht der Vernunft.
- Man lebt nur einmal – und will etwas vom Leben haben.
- Selbst die Religion erlaubt dieses Verhalten.
- Ich habe ein Recht auf Glück – wie alle anderen Menschen.
- Das Überich ist etwas für unmündige Kinder, die noch nicht entscheiden können, was gut und böse ist.
- Die Befehle des Überich sind bloß konventionell. Sie sind bestimmt durch sozio-kulturelle oder sozio-ökonomische Vorgaben. Sie stehen im Dienst der herrschenden Klasse.

Alle diese Einwände bestehen tatsächlich zu Recht. Nur sind sie nicht die tatsächlichen Gründe für die Abwehr von Überich-Impulsen. Da die Abwehr so leicht rational begründet werden kann, nimmt es nicht wunder, daß sie oft schwer zu erkennen und in der Therapie schwer aufzulösen ist. Die Zerstörung solcher Lebenslügen hat mit aller Vorsicht zu erfolgen. Sie muß Hand in Hand gehen mit der Akzeptanz der eigenen Geschichte, die zur Ausbildung eines tyrannischen Überich geführt hat. Dessen Strukturen und tyrannische Machenschaften gilt es zunächst zu erkennen und in einiger Trauer zu entmachten, ehe man mit rationalen Gründen eine Neuorganisation des Überich versucht.

Daß es eine, wenn auch krisengeschüttelte, so doch normale und ohne Fremdhilfe ablaufende Neuorganisation des Überich geben kann, wurde schon berichtet. Hier liegt die Chance der Lebenskrisen – und ihre positive Funktion.

Es seien nun einige wichtige Abwehrmechanismen aufgezählt. Sie spielen in der psychoanalytischen Theorie und Praxis eine erhebliche Rolle. Ja, man kann versuchen, die gesamte Theorie der Psychoanalyse von diesen Ich-Leistungen her zu verstehen (vgl. Schlegel 1972, 84-163).

Gelegentlich stellt sich Abwehr in eher institutionalisierten Mustern dar. Diese Muster können sehr verschieden organisiert sein. Nach der Art ihrer Organisation unterscheiden wir:

a) Innerpsychische Abwehrmuster (die Abwehrmechanismen, die in der klassischen analytischen Theorie eine zentrale Rolle spielen).

b) Psychosomatische Abwehrmuster, denen gemeinsam ist, daß die störenden Erfahrungen nach Inhalt und emotionaler Besetzung *total* verleugnet werden und an ihrer Stelle über den Mechanismus der Resomatisierung körperliche Symptome erscheinen. Solche psychosomatischen Erkrankungen treten vor allem dann auf, wenn ein definitives Lebenskonzept, das bislang stabil war und die psychischen und sozialen Abläufe zufriedenstellend regelte, aus äußeren Gründen plötzlich zusammenbricht. Solche Ereignisse können Partner- oder Berufsverlust sein.

c) Systemische Abwehrmuster, bei denen ein Mensch sich mit einem sozialen System so arrangiert, daß es ihn psychisch stabilisiert. Riten, Mythen und Religionen, aber auch politische oder ökonomische Aktivitäten können einen Menschen sein psychisches Elend, den Eindruck seiner Unerheblichkeit vergessen lassen, wenn er sich mit ihnen einläßt. Die Mängel des psychischen Systems werden durch Elemente des sozialen Systems ausgeglichen, wenn ein Mensch sich in eine systemische Einheit mit einem sozialen System begibt.

d) Interaktionelle Abwehrmuster sind »interaktional organisierte Formen der Abwehr, bei denen reale Verhaltensweisen, Eigenschaften, Handlungen und Reaktionen des einen Partners die neurotische Konfliktabwehr oder die neurotische kompromißhafte Befriedigung von Bedürfnissen des anderen Partners ermöglichen, fördern und stabilisieren. Oft ist der Vorgang reziprok, so daß nun auch die Abwehr des ersten Partners durch den zweiten befestigt wird.« (Mentzos 1977, 21)

Im folgenden sollen zwei Abwehrmuster ausführlicher dargestellt werden, das innerpsychische und das interaktionelle. Obschon auch bei innerpsychischen Abwehrmustern (den Abwehrmechanismen) durchaus andere Personen mit in den Abwehrvorgang einbezogen werden (etwa in der Projektion), verändern diese doch nicht primär das interaktionelle Verhalten des Abwehrenden, weil von der Abwehr die psychische Repräsentanz (als das Objekt) betroffen wird und nicht die reale Entsprechung dieser Repräsentanz. Reale Personen werden hier nicht in ihrem realen Verhalten so verändert, daß sie in die Abwehrorganisation einbezogen werden können. Das aber ist bei den Mustern interaktioneller Abwehr der Fall.
Im folgenden sei als Paradigma aller Abwehrmaßnahmen die Triebabwehr gewählt. Entsprechendes gilt auch für die Abwehr von Überich-Imperativen oder von Anforderungen der Außenwelt, die zum Aufbau von Objekten führen, von denen Forderungen ausgehen, die der Abwehr anheimfallen müssen, damit es nicht zu einer erheblichen psychischen Destabilisierung kommt.

Ich beginne mit der Darstellung der wichtigsten Abwehrmechanismen. Hier ist besonders erheblich die Verdrängung. Sie ist so zentral, daß manche psychoanalytische Theorien alle Abwehrmechanismen auf Verdrängung beziehen.

1. Verdrängung und Unterdrückung

Für Freud war die Verdrängung lange Zeit nahezu identisch mit Abwehr überhaupt. Erst vergleichsweise spät entwickelt er die Theorie anderer Abwehrmechanismen. »Verdrängung« bezeichnet jenen Abwehrmechanismus, der keine anderen unmittelbaren Folgen hat, als daß das Abgewehrte als nicht-bewußtseinsfähig vergessen wird. Die Tatsache der Verdrängung ist vergleichsweise leicht auszumachen: Es entsteht eine Erinnerungslücke (wenn nicht das mit dem Verdrängten assoziativ Zusammenhängende gleich mit verdrängt wurde) oder ein Mangel an Reaktion in der Konfrontation mit dem Ereignis, das zur Produktion eines Triebanspruches führte, der verdrängt wurde. Nicht selten werden auch spätere ähnliche Ereignisse nahezu reaktionsfrei oder doch mit auffällig verminderter Reaktion erlebt. Die Verdrängung kann so zu einer Verödung des Ich, seiner Erlebnis- und Reaktionsfähigkeit führen. Das Ich verliert die Herrschaft über ein Stück des emotionalen Lebens und der emotionalen Erfahrung. Die Auslöser von solchen, normalerweise emotionale Reaktionen und Erfahrungen provozierenden Abläufen werden emotionslos oder emotionsarm wahrgenommen.

Alle Verdrängung geschieht unbewußt. Unbewußt ist also sowohl die Tatsache der Verdrängung als auch das Verdrängte. Das letzte geht ein in den Schatz des Ubw. Freud ist der Ansicht, daß wir uns den Mechanismus der Verdrängung nur zugänglich machen können, wenn wir von den Folgen und Erfolgen der Verdrängung ausgehen und auf sie zurückschließen (X, 256). Da Verdrängungen aber im allgemeinen wahrnehmbare Spuren hinterlassen, ist das oft nicht ganz schwer.
Die Verdrängung hat die Aufgabe, Impulsen des Es und dessen Abkömmlinge (Wünsche, Bedürfnisse, Emotionen, Phantasien, Vorstellungen, Erinnerungen ...) den Weg ins Bewußtwerden zu versperren. Sie alle existieren im Bewußtsein des Betreffenden nicht – ja sind subjektiv niemals vorhanden gewesen oder geschehen. Es darf uns also nicht wundern, wenn Menschen bereit sind zu beeiden, daß Verdrängtes niemals passiert sei. Es ist für sie so.
Man kann wohl davon ausgehen, daß alles Vergessene, insofern es nicht bewußtseinsfähig ist (also nicht zufällig oder nach einigen Mühen wieder erinnert werden kann), verdrängt wurde. Da die meisten Erinnerungen der Kindheit nicht bewußtseinsfähig sind, können wir annehmen, daß sie in der Hauptsache verdrängt wurden.
Da der verdrängte Inhalt zusammen mit seiner Besetzung verdrängt wird, bleibt diese ihm zunächst erhalten. Es kommt so zu einem bleibenden Gegensatz von Ich und Es. Das Ich muß in diesem Kampf *ständig* Energie aufwenden, um die Verdrängung aufrechtzuerhalten. So begegnen wir also einem weiteren Anzeichen der Verdrängung: Haben Menschen sehr vieles mit starken Besetzungen verdrängt, muß das Ich eine Menge von Energie für die Gegenbesetzung aufwenden, um den Zustand der Verdrängung aufrechtzuerhalten. Es kommt zu einer energetischen Erschöpfung oder doch Verarmung des Ich. Die Ich-Leistungen (wie Denken, Entscheiden, Wollen, Erkennen, Interesse ...) scheinen deutlich reduziert. Das gilt vor allem auch für jene Ich-Leistungen, die unmittelbar dem Es verpflichtet sind (Emotionen und Bedürfnisse, Phantasien und Erinnerungen). Solche Menschen wirken oft antriebsarm und phantasielos.
Das Gleichgewicht zwischen Besetzung und Gegenbesetzung ist ausgesprochen labil. Wird die Gegenbesetzung schwach (etwa im Schlaf oder wenn das Ich andersweitig sehr gefordert ist – etwa in einer Examensvorbereitung), drängt das Verdrängte wieder ins Bewußtsein. Wichtige Situationen, in denen die Gegenbesetzung gemindert ist, sind:

- der Schlaf,
- Intoxikationen durch Alkohol, Rauschmittel ...
- Entneutralisierung der psychischen Energie, die dann nicht mehr dem Ich zur Verfügung steht,
- Überforderung des Ich in seinen elementaren Funktionen.

Doch nicht nur durch die absolute Minderung der Gegenbesetzung kann es zu einer Aufhebung der Verdrängung kommen, sondern auch durch eine relative. Diese ist zu beobachten, wenn die Besetzung (bei gleichbleibender Gegenbesetzung) zunimmt. Wichtige Situationen, in denen die Besetzung verstärkt wird, mögen sein:

- Libidinöse oder aggressive Energien vermehren sich aufgrund der psychischen Entwicklung (etwa in der Pubertät oder der Mittlebenskrise).
- Ein Mangel an Triebbefriedigung führt zu einem Stau der Libido oder Aggressionsenergie.
- Die äußeren Reize werden vermehrt (etwa in Situationen, die aggressive oder sexuelle Reaktionen nahelegen).

So gehört es zur normalen Entwicklung, daß während der Pubertät die kindlichen Verdrängungen der Sexualität gelockert werden, weil sich, entwicklungsbedingt, die Triebstärke allgemein vergrößert. So kann es zur Ausbildung einer bewußten und normalen Sexualität (aber auch Aggressivität) kommen. Die Reife der Sexualität und Aggressivität setzt in der Regel ihr Entlassen aus der kindlichen Verdrängung voraus. Geschieht das nicht oder nur sehr spät, begegnen wir nicht selten Menschen, deren Sexualität oder Aggressivität nur unzureichend entwickelt (also etwas unreif) ist. Auch die Ich-Entfaltung ist in der Pubertät und in allen späteren Phasen weitgehend davon abhängig, daß die kindliche Verdrängung mancher Triebabkömmlinge weitgehend aufgehoben wird.

Die Verdrängung muß unter dem Anspruch verstärkter Triebansprüche versagen, wenn es zu einer gesunden Triebentwicklung und – verbunden damit – zu einer gesunden Ich-Entwicklung kommen soll. Nicht wenige Menschen, denen es auch während der Pubertät gelingt, Sexualität zu verdrängen (etwa unter dem Einfluß einer sexualfeindlichen Umgebung), verkrüppeln sexuell und entwickeln niemals eine reife und reiche Sexualität.

Versagt die Verdrängung, muß das nicht unbedingt heißen, daß jetzt die Triebabkömmlinge (bzw. die Es-Impulse) freien Zugang zum Bewußtsein hätten und somit der regulierten Unterstützung des Ich sicher sein könnten. Das Ich, vor allem wenn es schwach ausgebildet ist oder durch starke Überich-Repressionen oder durch starke Eindrücke aus der Umwelt unterstützt wird, kann auch auf den nahen Durchbruch mit übergroßer Angst reagieren. Daß es mit Angst und Unsicherheit, mit Desorientierung und Sinnunsicherheit reagiert, ist normal. Reagiert es aber so heftig, daß es nicht zu einer Aufgabe der Verdrängung kommt, entstehen so erhebliche ASSM, daß das Ich versucht, mit verstärkten Methoden die Verdrängung aufrechtzuerhalten oder sie durch andere Abwehrmechanismen (etwa die der Projektion oder Verleugnung) zu ersetzen oder zu ergänzen.

Bei nicht wenigen Menschen, die ihre Pubertät so durchlaufen haben, kann man im Erwachsenenalter geknebelte und unreife Sexualität entdecken. Vor allem kommt es nicht – und das ist eine wichtige Aufgabe der Pubertät, die zu ihrer Erfüllung allerdings eine Reduzierung der kindlichen Verdrängung erfordert – zu einer Verschmelzung der sexuellen Partialtriebe. Das sind sexuelle Triebe, die für das Kind einzeln erheblich sind, wie orale oder anale Sexualität oder Schau- und Zeigesexualität, oder masochistisch-sadistische Sexualität ... Nicht wenige dieser Menschen können mit ihrer Sexualität bis ins Alter nichts Rechtes anfangen. Sie integrieren sie nicht in ihre Persönlichkeit – will heißen: das Selbst kennt keine sexuell gefärbten und bestimmten Selbstrepräsentanzen.

Theoretisch ist eine *erfolgreiche* Verdrängung möglich, bei der die Besetzung der verdrängten Repräsentation verschwindet, weil sie auf ein anderes Objekt umgeleitet wurde. In der Praxis ist mir jedoch kein einziger Fall bekannt, bei dem es zu einem völligen Abzug der Besetzung des Verdrängten gekommen wäre.

In der klinischen und therapeutischen Praxis begegnen wir nicht selten Menschen, deren Fähigkeit zu verdrängen erheblich eingeschränkt ist. Entweder ist das Ich zu schwach oder der Trieb zu stark. Hier können wir erfahren, wie schwer es sich ohne Verdrängung leben läßt.

Was aber geschieht mit dem Verdrängten? Wie schon erwähnt, wird es – funktionell vom Ich getrennt – im Es integriert. Die Anteile des Verdrängten, die wie alle Es-Abkömmlinge einmal Ich-Anteile waren, werden zusammen mit ihrer Besetzung ins Ubw abgedrängt. Über die problematischen und möglichen pathogenen Folgen solcher Verdrängungen wurde schon gesprochen. Es muß dann *eine* Aufgabe der Therapie sein, die Verdrängung rückgängig zu machen. Wenn die Analyse die unbewußten Ich-Tätigkeiten (wie die Abwehrmechanismen) aufdeckt und bewußtmacht und so partiell außer Kraft setzt, schwächt sie das Ich und fördert den Krankheitsverlauf. Diese Förderung bei

- Ich-Schwächung durch die Vermeidung von Abwehr und
- Ich-Stärkung durch Vermeidung von Gegenbesetzungen

ist ein wichtiger therapeutischer Schritt, selbst wenn erst durch ihn eine Neurose zur vollen Blüte kommt. Nicht umsonst sprechen wir in der analytischen Theorie von Übertragungsneurosen, von Neurosen also, die erst im analytischen Prozeß zur vollen Reife kommen – und so optimal therapierbar werden, nachdem sie ihr unmaskiertes Gesicht gezeigt haben.

Man kann zwischen dem Urverdrängten, das sind kindliche aggressive oder Sexualerlebnisse mit oder ohne traumatischem Charakter, unterscheiden und den Verdrängungen späterer Jahre. Diese Unterscheidung scheint jedoch nicht sonderlich fruchtbar zu sein. Allenfalls legt die psychoanalytische Praxis insofern eine solche Unterscheidung nahe, als das Urverdrängte sehr viel schwerer bewußtseinfähig gemacht werden kann. Es ist oft bis zum Ende der Analyse nur aus den Reaktionen (Aussparungen, Verödungen, Entleerungen des Ich) des Patienten zu erschließen. Ein besonderes und klassisches Phänomen, das auf eine Verdrängung schließen läßt, ist der *Wiederholungszwang*, die Tendenz zum Agieren unbewußter Motive und Impulse, wobei durch das Agieren keinerlei Lust vermehrt oder Unlust vermindert wird. Solches Verhalten, das nicht durch das Lustprinzip erklärt werden kann, begegnet uns auch in Träumen (Angstträume lassen sich nicht durch Unlustvermeidung erklären) und Symptomen (diese lassen unlustvolle traumatische Situationen fortbestehen). Freud meint: Statt sich zu erinnern, wiederholt oder agiert der Patient

alles, was sich aus den Quellen des Verdrängten bereits in seinem offenkundigen Wesen durchgesetzt hat, seine Hemmungen und unbrauchbaren Einstellungen, seine pathologischen Charakterzüge. (X, 131)

So ist es erklärlich, daß manche Menschen überall, wo sie sind, Situationen reproduzieren, die von ihnen mit Unlust erfahren werden (etwa destruktive, nicht auflösbare Konflikte).

Der Widerstand gegen das Erinnern kann nur vom Ich ausgehen und nicht vom Verdrängten selbst, das doch mit einigem Aufwand vom Ich in der Verdrängung gehalten werden muß. Da aber das Verdrängte weiterlebt und durch unbewußte Motive zum Handeln nötigt, das Verhalten bestimmt, kommt es zu solchen eigentümlichen und scheinbar sinnlosen Wiederholungen. Freud schreibt:

Das Verdrängte ist nun »vogelfrei« ausgeschlossen aus der großen Organisation des Ich, nur den Gesetzen unterworfen, die im Bereich des Unbewußten herrschen. Ändert sich nun die Gefahrensituation, so daß das Ich kein Motiv zur Abwehr einer neuerlichen, der verdrängten analogen Triebregung hat, so werden die Folgen der Ich-Einschränkung manifest. Der neuerliche Triebablauf vollzieht sich unter dem Einfluß des Automatismus, – ich zöge vor zu sagen: des Wiederholungszwanges – er wandelt dieselben Wege wie das früher Verdrängte, als ob die überwundene Gefahrensituation noch bestünde. Das fixierende Moment an der Verdrängung ist also der Wiederholungszwang des unbewußten Es, der normalerweise nur durch die frei bewegliche Funktion des Ichs aufgehoben wird. (XIV, 185)

Außer den oben erwähnten, ist also der Zwang, sinnlos bestimmtes Verhalten zu wiederholen, ein offensichtliches Indiz für Verdrängung. Es hat jedoch nicht den hohen Grad der Allgemeinheit wie jene genannten Erscheinungen. Die Wiederholung von einmal gefährlichem und dann ungefährlichem Verhalten, das, weil jetzt als ungefährlich vom Ich (als Agenten des Überich etwa) nicht mehr blockiert und abgewehrt, ist kein

sinnvolles Verfahren mehr, Konflikte zu lösen, denn der Konflikt ist nicht mehr zuhanden (oft nicht einmal mehr vorhanden).
Es kann jedoch auch zu einem Wiederholungszwang im Verdrängen kommen. Nachdem das Ich »gelernt« hat, daß es günstiger ist, unliebsame oder peinliche Ereignisse oder Vorstellungen ... abzuwehren, weil nur so Konflikte vermieden werden können, kann es *alle* unliebsamen oder peinlichen Ereignisse (wie etwa Kritik oder sexuelle Vorstellungen ...) abwehren, obschon es durchaus in der Lage wäre, die *jetzt* entstandenen Konflikte zu lösen. Das Ich kann also im Verdrängen zu einem rechten Gewohnheitstier werden.
Neben der unbewußten Verdrängung spielt die bewußte *Unterdrückung* eine wichtige Rolle. Die Unterdrückung eines Triebabkömmlings (also eines Wunsches, eines Bedürfnisses, eines Gefühls, einer Phantasie) geschieht so, das man bewußt und absichtlich den emotionalen Anteil einer Vorstellung ..., also ASSM, herunterspielt, um den sachlichen und gegenständlichen Anteil unerheblich zu machen. *Unterdrückung* meint also die Bemühung, etwas zu vergessen, ein Sich-etwas-aus-dem-Sinn-Schlagen. Auch so kann etwas aus der Organisation des Ich ausgeschlossen sein. Freud schreibt:

> Die Erkrankten erinnern sich ... mit aller wünschenswerten Bestimmtheit ihrer Bemühungen zur Abwehr, ihrer Absicht, das Ding ›fortzuschieben‹, nicht daran zu denken, es zu unterdrücken. (I, 61f)

2. Reaktionsbildung und Heuchelei

Auch die Reaktionsbildung geschieht unbewußt. Der so Abwehrende ist sich in keiner Weise bewußt, was er tut und was an psychischen Prozessen in ihm mit welchem Ergebnis abläuft.
Man kann verschiedene Formen der Reaktionsbildung voneinander unterscheiden:

(a) Die selektive Reaktionsbildung
Selektiv nennt man eine Reaktionsbildung, bei der von zwei ambivalenten Triebabkömmlingen (vor allem Emotionen oder Bedürfnisse) der eine durch Überbetonung den andere unbewußt macht. Solche Ambivalenzen bestehen etwa zwischen:
- Liebe und Haß
- Todeswunsch und Fürsorge
- Lust an Chaos und Lust an Ordnung
- Grausamkeit und Zärtlichkeit
- Grausamkeit und Sanftmut
- Gerechtigkeit und Ungerechtigkeit

Das Ich erträgt meist solche Ambivalenzen nicht (vor allem das unreife kann sie nicht ertragen und verstehen) und löst sein Problem durch Reaktionsbildung. So neigen etwa hysterische Mütter dazu, ihren Haß gegenüber ihren Kindern nicht zuzulassen und durch übertriebene Zuneigung, Sorge und Zärtlichkeit reaktiv ihre Kinder zu verwöhnen. Auch das unreife Ich der meisten Kinder erlaubt ihnen nicht, ihre Haßgefühle gegenüber ihren Eltern zuzulassen. Sie reagieren dann mit übergroßer Liebe und Sorge.
A. Freud macht auf die asketische Haltung nicht weniger Jugendlicher aufmerksam, die sich nicht nur jeden Genuß versagen, sondern gelegentlich auch harte Entbehrungen (Hunger, Kälte ...) auf sich nehmen, sich sogar ein Lachen verbieten. Es handelt sich dabei um Reaktionsbildungen auf sexuelle Impulse und die eigene Triebhaftigkeit, die reaktiv durch übermäßige Disziplin abgewehrt wird. Gelegentliche Triebexzesse machen deutlich, daß es sich dabei nicht um eine wirkliche asketische Grundeinstellung handelt, sondern um Abwehr. (1980, 119–123)
Diese gelegentlichen Rückfälle sind nicht ganz untypisch für Reaktionsbildungen. Freud erinnert an »die hysterischen Delirien der Nonnen im Mittelalter«, die aus schweren Gotteslästerungen und ungezügelter Erotik bestanden. (I, 14)

(b) Die kompensatorische Reaktionsbildung
Von kompensatorischer Reaktionsbildung wollen wir sprechen, wenn anstelle des Abgewehrten gegenteilige Gefühle oder Regungen die Szene beherrschen. So kann bestehender Haß reaktiv-kompensatorisch in überströmende Zärtlichkeit umgewandelt und so abgewehrt werden. Solche Reaktionsbildungen sind zumeist an ihrer Überbetontheit und Zwangshaftigkeit leicht zu erkennen. Die Affenliebe mancher Mütter mag hierher gehören. Jedes Infragestellen ihrer »Liebe« wird heftig abgewehrt, und für diese Liebe werden völlig inadäquate Opfer gebracht. Vermutlich sind alle *Fanatismen* auf solche Reaktionsbildungen zurückzuführen.

- Ein fanatischer Gegner der Vivisektion bei Tieren kann seine eigene Grausamkeit abwehren.
- Ein fanatischer Verächter und Hasser aller Homosexualität wird mit Sicherheit seine eigene Homosexualität reaktiv abwehren.
- Ein fanatischer Anhänger der Frauenemanzipation wird seine tiefe Überzeugung abwehren, Frauen seien minderwertig.
- Ein fanatischer Verfechter der Todesstrafe wird seine eigenen Tötungsgelüste reaktiv abwehren ...
- Ein fanatischer Vertreter einer Religion wird seinen eigenen Unglauben reaktiv abwehren ...

(c) Die fixierte Reaktionsbildung

Bei der fixierten Reaktionsbildung ändern sich Es und Ich des Betroffenen bleibend. Es bilden sich Charaktermerkmale aus. Eine Tendenz zum Übermaß und zum zwanghaften Handeln sind solchen Charakteren augenfällig eigen. So können folgende Charaktereigenschaften reaktiv erworben werden:

- Mitleid anstelle ehemals vorhandener Grausamkeit,
- Scham anstelle ehemaliger Zeigelust,
- Sauberkeit und Ordnungsliebe anstelle ehemaliger koprophiler Neigungen,
- Egoismus anstelle früherer Philanthropie,
- Herrschsucht anstelle früherer Demut und Bescheidenheit,
- Glaube anstelle früheren Unglaubens ...

Alle diese Charaktermerkmale sind sozial wünschenswert. Doch Zwanghaftigkeit und Übersteigerung erweisen sie als Reaktionsbildungen (und nicht etwa als Tugenden).

Keineswegs alle Charakterzüge können als Reaktionsbildungen verstanden werden. Manche sind auch als unmittelbare und nicht durch Abwehr gebrochene Fortführungen kindlicher Eigenschaften zu deuten. So

- der übersteigerte Ehrgeiz vieler ehemaliger Bettnässer,
- die übertriebene Sparsamkeit vieler ehemaliger Analerotiker.

Wichtig sind für die Charakterbildung die verschiedenen Arten von Internalisierungen. Wennschon nicht selten Identifikationen mit Personen oder Idealen in Reaktionsbildungen gründen, werden viele Charaktermerkmale über Identifikationen ohne Reaktionsbildung erworben (so bildet sich die Männlichkeit eines Jungen oft über Identifikationen mit dem Vater aus).

(d) Die Heuchelei

Die Heuchelei kann als das bewußte Pendant zur Reaktionsbildung verstanden werden. Das »Ich will so tun als ob ...« hat häufig nach außen die gleichen Folgen wie die Reaktionen. Es handelt sich dabei um eine verbreitete und mitunter auch erfolgreiche Form sozialer Anpassung. Da die Psychoanalyse Verhalten von Menschen nicht moralisch wertet, erscheint ihr die Heuchelei als eine von vielen an sich gleichrangigen Methoden, die narzißtische Homöostase zu sichern. Da sie gelegentlich die Kompromißbildung über Symptome überflüssig macht, wäre sie eher zu befürworten. Sie ist auf die Dauer jedoch nur hilfreich, wenn sie institutionalisiert würde. Das aber führt dazu, daß ein Mensch sich in ständiger Verstellung verhält – was einen ganz erheblichen energetischen Aufwand des Ich erfordert – und damit eine mittelbare Ich-Schwächung.

3. Die Verleugnung und das Tagträumen

Die Unlustvermeidung durch direkte Gegenwehr, reale Flucht oder ein Sich-Verstecken vor Außenweltansprüchen und -gefährdungen der Homöostase ist für die Charakterbildung eines Menschen von erheblicher Bedeutung. Die dabei gemachten Erfahrungen sind keineswegs immer pathogen. Dagegen entwickeln wir Menschen noch eine andere Strategie, um mit den Unbilden und Bedrohungen, die die Umwelt bereit hält, unser psychisches Gleichgewicht zu gefährden, fertigzuwerden.

Der hier darzustellende Abwehrmechanismus ist eigentlich nur im kindlichen psychischen Leben »normal« – hier aber von erheblicher Bedeutung, da das Kind noch nicht über zureichend wirkungsvolle Strategien verfügt, reale Situationen aktiv so zu verändern, daß sie keine Angstquelle mehr darstellen.

Im Gegensatz zur Verdrängung und zur Reaktionsbildung betrifft die Verleugnung die äußere Realität. Sie setzt kein ausgeprägtes Ich voraus, das mit seiner Pflicht zur Realitätsanpassung des Verhaltens zu anderen Abwehrmechanismen greifen wird als denen der Verleugnung – immer vorausgesetzt, es ist stark genug und reif.

Man unterscheidet zumeist mit A. Freud (1980, 65–73) die verleugnende Abwehr

- mittels einer wunscherfüllenden oder angstmindernden Phantasie (sie übernimmt beim unreifen Ich die Rolle der Reaktionsbildung) und
- mittels verbalen und tätigen Verhaltens (sie übernimmt beim unreifen Ich die Rolle der Verdrängung).

(a) Die Verleugnung mittels der Phantasie

Die Phantasie gestaltet die Realität um zu eigenem Gebrauch. Sie wird wunschgemäß eingerichtet und ermöglicht so ihre Anerkennung. Kinder bauen Phantasiewelten auf, in denen sie sich wohlfühlen, in denen sie eine für sie akzeptable Rolle spielen, in denen alles das, was Angst macht, beherrschbar erscheint. Kinder hören Dinge, die niemand gesagt hat, oder sie bilden das Gehörte so lange um, bis es ihnen in ihr durch Verleugnung aufgebautes Weltkonzept paßt.

Die Verleugnung erlaubt es ihnen, unliebsame Realitäten nicht zur Kenntnis zu nehmen. Den Rest solcher Verleugnungen erleben wir bei Erwachsenen noch im projektiven und selektiven Zuhören. Der Hörer nimmt nur das wahr, was in sein Konzept paßt, was er erwartet (seien es lustvoll oder unlustvoll besetzte Erwartungen). Er mischt unter das Gehörte seine eigenen Vorstellungen, Kenntnisse, Erwartungen, Hoffnungen, Bedürfnisse, Emotionen ... mit ein. Diese Form der Realitätsverleugnung bei Erwachsenen ist vermutlich eine der wenigen, die tolerabel erscheinen, zumindest solange sie nicht die Kommunikation erheblich stören.

Irgendwann – vermutlich im frühen Schulkinderalter – verliert das Ich die Möglichkeit, sich mit Phantasien über größere Mengen realer Unlust hinwegzusetzen. Die Fähigkeit des Ich, Realität zu leugnen, und die Aufgabe des Ich, Realität zu erkennen, zu prüfen und Verhalten an sie anzupassen, stehen im Widerstreit. Normalerweise vermindert sich im genannten Alter die Fähigkeit, die erste Aufgabe wahrzunehmen, zugunsten der zweiten. Kommt es zu spät zu diesem Wechsel der Ich-Funktionen, bleiben Charakterverzerrungen die Regel. Finden wir die Abwehr durch Verleugnung in der Phantasie noch bei Erwachsenen, bedeutet das oft den Weg in die Psychose. Die Möglichkeit, Lust ausschließlich aus Phantasien zu ziehen, ist ein Merkmal vieler Wahnkrankheiten. Wenn das Ich die Funktion der Realitätsprüfung (ganz oder teilweise) aufgibt, trennt es sich von Realität ab. Es kann gar aufhören, Reize, die Unlust bereiten, überhaupt zu registrieren. Die Phantasiebefriedigung verliert im erwachsenen Leben seine Harmlosigkeit (vgl. A. Freud 1980, 64 f).

(b) Die Verleugnung in Wort und Handlung

Das kindliche Ich kann bei intakter Realitätsprüfung das an der Realität verleugnen, was ihm Angst macht. Das geschieht nicht nur in der Phantasie, sondern – vor allem im Spiel – durch Verhalten und Handlungen. Vor allem das Rollenspiel des Kindes ist nicht selten Ergebnis von Realitätsverleugnung. Es baut sich – Realität verleugnend – eine andere Welt, eine Spielwelt auf, in der es Rollen spielt: Die Rollen von großen und bedeutenden Menschen seines Lebens: Vater und Mutter, der Arzt, die Tante, die Schwester ... werden im Rollenspiel nachgeahmt und so entängstigt. Das Kind ist durchaus so ins Spiel eingebunden, daß es sich für den hält, den es spielt.

Die meisten Erwachsenen helfen den Kindern bei ihrer Verleugnungsabwehr. Sie spielen mit, sagen dem Kind, wie groß es schon ist, wie tapfer und stark und daß es schon eine richtige kleine Mutter sei ...

Auch viele Geschenke regen die kreative Phantasie der Kinder an und helfen ihnen, eine Gegenwelt zu bauen (Puppen, Eisenbahn, Autos ...). Das Mit-Tun der Erwachsenen sollte jedoch bestimmte Grenzen beachten: Kinder müssen schnell aus der Spielwelt in die reale Welt wechseln können.

Wer eben noch Pferd oder Elefant war und wiehernd oder trompetend auf allen vieren gegangen ist, muß im Stande sein, im nächsten Augenblick verhältnismäßig still und gesittet bei Tisch zu sitzen. Der Löwenbändiger muß sich wieder irgendeinem Kindermädchen unterwerfen können, der Abenteuerer oder Pirat es sich gefallen lassen, ins Bett geschickt zu werden, gerade wenn in der Welt der Erwachsenen das Interessanteste beginnt. (A. Freud 1980, 67 f)

Offensichtlich sind die Grenzen zwischen normaler und pathologischer Verleugnung leicht zu erkennen: Wenn die Phantasietätigkeit endet Spiel zu sein und zum Automatismus wird, der sich gegen andersgeartete Ansprüche der Realität zwangshaft durchsetzt, ist die Grenze zum Pathologischen hin überschritten.
Ganz Entsprechendes gilt auch für das Spiel (vor allem das an realitätsfremde Rollen) gebundene. So kann der Vater Eisenbahner spielen oder der Soldat Manöver. Nur müssen sie wissen, daß sie in einer Welt leben, die nicht die reale ist. Sonst wird Verhalten zwangshaft. Es handelt sich dabei zwar nicht um eine Zwangsneurose, weil der Konflikt äußerlich bleibt (der Konfliktpartner ist die Realität), aber um ein neurotisches Muster allemal. Das zwangshafte Verhalten dient dazu, unangenehme Eindrücke der Außenwelt nicht wahrnehmen zu müssen (zu können). Eine Verleugnung von Realität ist also prinzipiell nur dann tolerabel (ob beim spielenden Kind oder spielenden Erwachsenen), wenn sie neben der Realitätsprüfung des Ich nebenherläuft, ohne diese ernsthaft zu stören. Es ist bei der Erziehung der Kinder darauf zu achten, daß ein Kind schnell und leicht wieder zur Realitätswahrnehmung aus der Verleugnung zurückkehren kann.
Realitätsverleugnung finden wir bei Erwachsenen nicht selten, wenn ihre narzißtische Homöostase durch Einflüsse der Realität in Frage gestellt wird. Sie kann in Frage gestellt werden durch

- heftige Kritik,
- Angriffe gegen eigene Vorurteile,
- Angriffe gegen die verschiedenen Formen des Besitzes.

Ich konnte selbst bei hochkarätigen Politikern nicht selten beobachten, daß sie Fakten, die ihren Vorurteilen widersprechen, einfach als nicht existent behaupteten. Ich konnte nicht selten beobachten, daß Studenten in der Examensvorbereitung wesentliche Inhalte des ihnen Mitgeteilten nicht wahrgenommen haben und daß sie sich in eine Phantasiewelt flüchteten. In solchen Situationen kommt es darauf an, welche Ich-Funktion siegt, die abwehrende (verleugnende) oder die realitätsprüfende. Gewinnt die Phantasie prinzipiell und institutionalisiert, kommt es zu einer Wahnerkrankung (einer Wunschpsychose), in der man Dinge erlebt, die man sich wünscht: Man weiß sich geliebt, geachtet, von freundlichen Menschen umgeben ...
Der Abwehrmechanismus der Vermeidung wird in aller Regel nur eingesetzt, wenn der unlustbereitende Außenwelteindruck unvermeidlich ist. In aller Regel kann das größere Kind und der Erwachsene diesem Umwelteindruck entgehen, ihn vermeiden.

(c) Die Vermeidung als Ich-Einschränkung

Nicht selten steht es dem Ich frei, ob es es darauf ankommen lassen will, einer unangenehmen Außenweltsituation zu begegnen. In nicht wenigen Fällen kann es vor ihr fliehen, sie vermeiden. Solche Vermeidung ist ein ganz elementarer Ich-Vollzug, den das Ich immer dann einsetzt, wenn ihm Flucht oder Verstecken als die optimalen Problemlösungsmethoden einfallen.

Die Vermeidung kann jedoch zu einer Einschränkung des Ichs führen, wenn sie soweit geht, daß ein Mensch prinzipiell Situationen vermeidet (in Sport, Spiel, Arbeit), in denen er sich nicht völlig sicher weiß. Statt sich dem Wettbewerb oder auch Konkurrenzsituationen auszusetzen, wie sie bei Sport und Spiel die Regel sind, schaut er zu. Er wagt auch selten die Wiederholung eines mißlungenen Versuchs. Dem Ich werden hier Situationen entzogen, in denen es in anderer Weise Unlust hätte vermeiden können als eben durch »Vermeidung«.

Wir sprechen von einer *echten* Vermeidung, wenn sie nicht abhängig ist von bestimmten sich ändernden psychischen oder sozialen Situationen. So könnte etwa die Arbeitsfähigkeit durch einen Wechsel der Arbeitsbedingungen (etwa Schulwechsel bei Kindern, Spielszenen, in denen ein Schämen nicht nötig ist) bei einer echten Vermeidung nicht wiederhergestellt werden. Der neurotisch Gehemmte wehrt sich gegen die Durchsetzung einer verpönten Triebhandlung. Er will, daß in dieser Situation psychischer Gefahr keine Unlust entbunden wird. Er weicht etwa seinem Angsttier (Hund, Maus, Spinne ...) aus, um sich gegen die Emotionen zu schützen, die die Begegnung zur Folge hätten. Er vermeidet es, eine Straße zu begehen, um nicht Menschen zu begegnen, die ihm weh tun könnten ...

Hinter jeder neurotisch gehemmten Handlung steht ein Triebwunsch. Die Hartnäckigkeit, mit der das Es eben diesen Triebwunsch durchsetzen möchte, führt dazu, den Hemmungsvorgang zu institutionalisieren – zu einer psychischen Einrichtung zu machen –, führt zum neurotischen Symptom.

Aber erst, wenn das Ich starr geworden ist, wird es sich zwangshaft an *eine* Fluchtmethode binden. Es kommt zu einem Rückzug des Ich aus vielen, vielleicht fruchtbaren Positionen. Hier wird deutlich, daß das Ich meist so organisiert ist, daß ihm Unlustvermeidung wichtiger ist als Lustgewinn.

3. Die Isolierung

»Isolation« bezeichnet eine Form von Abwehr, in der

- Affekte in einer typischen Weise verdrängt werden oder
- besetzte Inhalte von anderen abgeschnitten werden.

a) In der *Affektisolierung* geschieht eine Trennung eines Inhalts von seiner Besetzung, einer Vorstellung von der sie begleitenden Emotion. Es kann dann meist der vergleichsweise unerheblich gewordene Inhalt erinnert werden, nicht aber die ihn begleitende Besetzung oder Emotion. Man kann auch von »Affektverdrängung« sprechen. Diese Form der Isolation, bei der die Inhalte und Themen der Triebabkömmlinge erhalten bleiben, nicht aber deren Besetzung, ist die weitaus häufigste. Aus ihr besteht der »schizoide Grundmechanismus«.

Es gibt nicht wenige Menschen, die solche Abwehrmechanismen bevorzugen. Die *Abspaltung von Emotionen,* die ursprünglich an wenig erfreuliche Ereignisse gebunden waren, macht das Leben mit diesen Ereignissen möglich. Zudem werden sie nicht (wie bei der Verdrängung) ganz aus dem Bereich der Ich-Orientierung entlassen – scheinen also die Ich-Funktionen wesentlich weniger zu affizieren als die normale Verdrängung. Das kann sein – aber es muß nicht sein. Es kommt hier nämlich zum Aufbau zweier Welten: Einer Welt mit besetzten Repräsentationen und einer mit unbesetzten (isolierten) Repräsentationen. Das Leben in einer solchen gedoppelten Welt ist der psychischen Gesundheit nicht unbedingt zuträglich.

Am Ende eines solchen Prozesses können Menschen stehen, die in sich selbst kaum mehr Emotionen wahrnehmen. Sie karikieren die Tugend des »Gleichmuts« in einer für ihre Mitwelt oft störenden Weise.

b) In der *Inhaltsisolation* geschieht die Trennung eines Inhalts vom anderen. Solche Inhalte können Gedankeninhalte sein, aber auch Vorstellungs- oder Phantasieinhalte. Isolation geschieht jetzt durch Zerreißen von Bindungen, von assoziativen oder logischen, von kausalen oder bedingenden. Die pathogenen Erlebnisse werden aus dem Kontext anderer Erlebnisse herausgenommen und können mit ihnen keine Bindung mehr eingehen. Dieses Abketten aus dem Assoziationszusammenhang führt dazu, daß die Erinnerung an die pathogene Situation nicht unversehens auftauchen kann, weil sie nicht assoziativ an andere Vorstellungen geknüpft ist.

Erfahrbar wird eine solche Inhaltsisolierung, wenn sie als Vorstellung nach einer Pause – also nach Abriß assoziativer Kettungen – auftaucht. In der Isolation schützt sich das Symptom »gegen die es auflösende Wirkung des bewußten Denkens«. (VII, 462)

Den beiden Formen der Isolation begegnen wir gehäuft bei Menschen, deren psychisches Leben von Zwängen beherrscht wird. A. Freud weist darauf hin, daß der zwangsneurotische Patient nicht schweigt, aber er zerreißt die Zusammenhänge zwischen seinen Einfällen. Isoliert er Affekt und Vorstellung, erscheinen uns seine Assoziationen ebensowenig sinnvoll wie seine zwangsneurotischen Handlungen.

4. Das Ungeschehen-machen

Das Ungeschehen-machen ist eine Abwehrmaßnahme des Ich, um einen vorgestellten, vermeintlichen, durch sexuelle oder aggressive Wünsche verursachten Schaden zu beheben. Wie für alle Abwehrmechanismen gilt auch für diesen strenges Bewußtseinsverbot. Nur die soziale Umwelt kann wahrnehmen, wie hier ein Mensch versucht, in rituellen oder anderen inadäquaten Handlungen irgend etwas ihm selbst Unbekanntes zu sühnen, wiedergutzumachen – ungeschehen sein zu lassen. So kann es etwa sein, daß eine Mutter gegen ihren Säugling aggressive Gedanken hegt. Aufgrund entsprechender Überich-Verbote exekutiert das Ich die Abwehr des aggressiven Gedankens, indem es ihn ungeschehen macht. Dabei verwendet es in der Regel irgendwelche magischen Techniken. Diese können bei unserer Mutter etwa darin bestehen, daß sie ihrem Kind drei Küßchen gibt.
In der Praxis ist das durch diesen Abwehrmechanismus Abgewehrte nicht leicht zu entdecken, weil der Es-Impuls schon getarnt wurde, ehe er bewußt werden konnte. So ist es möglich, daß eine Person sich täglich mehr als 30mal die Hände wäscht, ohne daß der abgewehrte Triebabkömmling, der durch das Ritual ungeschehen gemacht werden soll, erkennbar ist. Das Ritual mag vielleicht Masturbationswünsche ungeschehen sein lassen.
Diese Abwehrform, die wir gehäuft beim Zwangskranken finden können, mag vielleicht ihren Grund in jenem Alter haben, in den Kinder noch der Überzeugung sind, durch magische Muster die Welt verändern (etwa Leid abwenden) zu können. In den meisten Fällen ist ein magisch bestimmtes Verhältnis zur Realität zu beobachten (magisches Kultverstehen, Glaube an Astrologie oder an Spiritismus ...).
Die bisher angeführten Abwehrmechanismen schaffen eine Lücke im Ich. Die abgewehrte Vorstellung fällt aus. Bei den folgenden Formen der Abwehr bleibt das Abgewehrte erhalten: Es verschwindet zwar, taucht aber unter einer anderen Erscheinung wieder auf. Freud sagt, es habe einen Ersatz, einen Ausdruck, einen Stellvertreter gefunden.

5. Die Projektion

Der Mechanismus der Projektion wird verwandt, wenn das Ich (unbewußt) aus seinem Innen einen Triebabkömmling oder ein nicht-akzeptables Element der Selbstdefinition (eine Selbstrepräsentanz) nach Außen transportiert und ihm einen neuen Träger, einen anderen Menschen aussucht. Der andere hat dann die Eigenschaft, die ich mir nicht zugestehe, obschon ich sie habe. Die abgewehrten Triebabkömmlinge oder Selbstrepräsentanzen werden zu solchen anderer Menschen, die sie in aller Regel – und dann nur zufällig – nicht so besitzen. Nicht ich habe diesen Wunsch geäußert, sondern du. Nicht ich habe das getan oder gewollt, sondern er. Nicht ich habe diese Eigenschaft, sondern der Nachbar ... Sehr oft projiziert werden:

- Nicht zugelassene Charaktereigenschaften (wie Homosexualität, Neid, Hadersucht, Abhängigkeit von Drogen, Eifersucht).
- Behauptungen, Aussagen, Feststellungen, die nun nicht mehr passen.
- Eigene Versäumnisse (Verspätungen, Vergessen, Reinigen ...)
- Vergehen und Verbrechen.
- Untaten, die es selbst beging oder gerne begehen möchte, schreibt der Tat oder der Absicht nach, ein Volk dem anderen zu.
- Abneigungen gegen Menschen, die sich »anders« verhalten, sind wohl stets Abneigungen gegen »den anderen« in sich selbst.

Auch manche Träume können als Projektionen verstanden werden. Träumen liegen nach analytischer Theorie oft infantile Wünsche zugrunde. Sie werden abgewehrt, und das in doppelter Weise: Zunächst wird der Wunsch durch einen anderen ersetzt, dann wird einer anderen Person dieser Wunsch zugesprochen. Man kann davon ausgehen, daß alle Traumgestalten von uns produziert werden. Ihre Charaktereigenschaften haben sie also nicht aus sich, sondern von uns – projektiv – erhalten.

Auch den Dämonenglauben früherer Zeit deutet Freud als Projektion. Die widerwärtigen Eigenschaften und Handlungen von Dämonen sind nichts anderes als Projektionen eines Menschen, der sie auf diese Weise loswird (oder doch loszuwerden versucht). Man kann vermuten, daß das Gottesbild eines Menschen, weil ja von ihm nach seinem Bild und Gleichnis geschaffen, eine Fülle von Projektionen enthält. So machen sich viele Menschen ein Bild von Gott, der allmächtig, allgütig, allwissend, alliebend ... kurzum ein Übernarzißt ist. Auf diese Weise wehren sie die eigenen entsprechenden Wünsche ab, indem sie sie Gott zusprechen. Gott hat sie – und sie sind sie los. Das ist ein sehr wünschenswerter Vorgang, weil die narzißtische Struktur auf diese Weise von phantastischen Eigenschaften befreit und eine sinnvolle Realitätsanpassung möglich wird.

Zudem bringt jenes Gottesbild noch einen sekundären narzißtischen Gewinn: Insofern ich diesen Gott beeinflussen kann (durch magische Rituale, wie es manche Formen des Bittgebets oder des Sakramentverständnisses realisieren), habe ich Teil an seinen Vollkommenheiten, sie stehen mir partiell zur Verfügung – die Allmacht, das Allwissen, die Alliebe ... Über diese Strategie der Projektion zum einen und des Mechanismus der Partizipation andererseits kann man optimal Narzißmus retten, ohne mit der Realität ernstlich in Konflikt zu geraten.

In der frühen Kindheit sind Projektionen wichtige Hilfen bei der Findung von Ich und Selbst. Ein Kind mit einem unreifen Ich weist selbstverständlich seine Emotionen der Umwelt zu. Damit können sie von den Eltern wieder zurückgespiegelt werden. Nur über diesen Umweg lernt ein Kind langsam verstehen, daß es eigene Emotionen hat – ein sehr wichtiger Schritt auf dem Weg zur psychischen Selbst-Findung. Je unschärfer diese Projektion ist, je unpräziser und veränderter sie zurückgespiegelt wird, um so mehr wird ein Mensch seine eigenen Emotionen, projiziert, bei anderen Menschen erleben.

Gerade Ich-schwache Menschen neigen zu allen Arten von Projektionen. Gerade die Ich-Unschärfe läßt die Projektion über eine niedere Schwelle laufen. Solche Menschen sind mitunter darauf angewiesen, an fremden Emotionen zu schmarotzen – nicht weil sie keine eigenen hätten, aber sie haben sie projiziert und damit fortgegeben.

Ist die Neigung zu projizieren auch im Erwachsenenleben noch erheblich, hat es die Umwelt oft nicht leicht. Diese Menschen projizieren alle möglichen Es-Abkömmlinge auf andere Menschen und lieben oder hassen sie bei ihnen. Sie ahnen nicht, daß sie in einer Art extravertiertem Narzißmus nur sich selbst lieben oder hassen.

Undurchschaute Projektionen können eine Beziehung schwer erschüttern. Der Vorwurf der Unwahrheit spielt oft dabei eine erhebliche Rolle. Der von der Projektion Betroffene weiß nicht, was ihm geschieht, wenn ihm Gefühle, Bedürfnisse, Worte, Meinungen, Absichten ... unterstellt werden, die er beim besten Willen niemals in sich entdeckte.

Projektionen werden erst dann vermeidbar, wenn ein Kind eine klare Unterscheidung zwischen Selbst- und Objektrepräsentanzen getroffen hat. Es wird dann nicht Besetzungen von Selbstrepräsentanzen verschieben – immer vorausgesetzt, die Grenze zwischen Ich und Nicht-Ich wurde zutreffend gezogen.

Bleibt der Mechanismus der Projektion auch nach der Pubertät als erheblich erhalten, kommt es in der Regel zu gestörter Realitätswahrnehmung. Die Fähigkeit des Ich, Realität zu prüfen, erscheint gemindert, da eine Fülle von Eigenem der Realität eingegeben wird und sie deshalb nicht so erscheint wie sie an sich ist. So ist es verständlich, daß nur ein Ich, das seine Realitätsbindung gelockert hat, bevorzugt über Projektionen abwehren wird.

So gilt denn verständlicherweise die Bevorzugung der Projektion bei den Abwehrmaßnahmen des Ich als Zeichen für Schizoidie.

6. Verschiebung

In der Verschiebung wird ein psychischer Inhalt durch einen anderen ersetzt (I, 537). Die Ersatzvorstellung ist einerseits mit der abgewehrten assoziativ verbunden, andererseits aber so weit von ihr entfernt, daß sie der Abwehr durch Verdrängung entgeht – also zugelassen werden kann (X, 281).

Verschiebungen führen nicht selten zu phobischen oder zwangsneurotischen Symptomen. Daß bei phobischen Ängsten die reale psychische angstmachende Situation zunächst in eine diffuse Angst führt, die dann ein phantastisches Gesicht erhält, wurde schon ausgeführt. Ängste vor offenen Plätzen, vor engen Räumen, vor Kleintieren, vor Höhen ... gehören hierher.

Es sollen einige Beispiele angeführt werden, die, von Freud erwähnt, zu anderen Symptomen führten:

- Ein junges Mädchen wird von den Vorstellungen belästigt, sie habe Geld gestohlen. Es kommt zu diesen Vorstellungen, weil sie schuldbesetzte Vorstellungen über eigene Masturbation ersetzen. (I, 69, 347)
- Ein Mädchen überrascht die Mutter beim Geschlechtsverkehr mit ihrem Geliebten. Die mit Scham und Angst besetzte Vorstellung wurde in eine Vorstellung verschoben, die sich in Haß und Ekel gegenüber den Hausangestellten zeigte. (I, 347)
- Ein Patient verschiebt die Ambivalenz in den Gefühlen zu seiner Geliebten, indem er einen Stein von der Straße entfernt, den ihr Wagen benutzen soll, und ihn dann – als er das Unsinnige seiner Handlung einsieht – wieder zurücklegt. (VII, 412)
- Die Erinnerung eines Mannes an seine verstorbene Großmutter wird verschoben auf die Vorstellung eines Tisches, auf dem Eis steht. (I, 535)
- Ein Mann erinnert sich, daß er einem jungen Mädchen mit einem gelben Kleid Blumen entreißt. Es stellt sich heraus, daß die Vorstellung eine andere verdeckt: Die Erinnerung an ein Mädchen mit einem gelben Kleid, das er einmal heiraten wollte. (I, 540–547)

Die Deutung aller diese Verschiebungen ist einfach:

- Das junge Mädchen verliert seine Schuldgefühle.
- Das junge Mädchen kann bei seiner Mutter bleiben und sie weiterhin achten.
- Diese »Verschiebung auf ein Kleinstes« erlaubt es, die Ambivalenz nicht erfahren zu müssen.
- Die Erschütterung über den Tod der Großmutter wird überwunden.
- Die enttäuschten Deflorationsphantasien des jungen Mannes werden durch eine Deckerinnerung verschoben.

Solche *Deckerinnerungen* spielen bei vielen Verschiebungen eine erhebliche Rolle. Meist betreffen sie frühkindliche Vorstellungen und Erlebnis-

se. Es kann in bestimmten aufdeckenden Phasen der Analyse wichtig werden, diese Verschiebungen rückgängig zu machen. Das ist nicht immer leicht, da sich die Verschiebungen oft kaum von gewöhnlichen Vorstellungen und Erinnerungen unterscheiden.
Keineswegs immer führen Verschiebungen zur Ausbildung von phobischen oder zwangsneurotischen Symptomen, obschon diesen stets auch Verschiebungen zugrunde liegen.

7. Die Wendung gegen das Selbst

Jetzt wendet das Ich einen Es-Impuls ab, der auf einen anderen Menschen gerichtet ist (einen aggressiven oder erotischen) und wendet ihn auf oder gegen sich selbst. Hier handelt es sich um einen der Projektion entgegengesetzten Vorgang. Der Abwehrende introjiziert sich ein Objekt (das Introjekt) und tut so alles, was er dem Introjekt antut, sich selber an. Freud erläutert diese Abwehr am Sadismus oder auch dem Voyeurtum. Hier sind sexuelle (beziehungsweise sexuell-aggressive) Partialtriebe genuin nach außen gerichtet. Sie zielen auf eine Objektrepräsentanz. Wird dieser Objektrepräsentanz jedoch Libido entzogen und diese Libido einer Selbstrepräsentanz gegeben, dann wird aus Sadismus – Masochismus und aus Voyeurismus – Exhibitionismus.
Kann eine aggressive Strebung (oder auch eine erotische) nicht abgeführt werden, weil der genuine Triebpartner nicht zur Verfügung steht, oder weil ein starker Überich-Impuls oder ein erhebliches soziales Verbot dieses untersagt, wird ein Mensch die ursprünglich sozial konzipierte Aggressivität in Autoaggressivität, die ursprünglich soziale Erotik in Autoerotik wenden. Symptome dieser Wendung gegen sich selbst können etwa sein:

- autoaggressiv: Depression, Zwangsneurose, Selbstbestrafung
- autoerotisch: Narzißmus, Auto- oder Homosexualität.

8. Die Regression

Regressiv ist ein Verhalten, in dem ein Mensch zu einer niederen Stufe seiner psychischen Entwicklung zurückkehrt (XI, 355). Sie wird als Abwehr eingesetzt, wenn ein jetziger Zustand oder ein vorgestellter zukünftiger mit ASSM besetzt ist. Vor allem aber, wenn die eigene Entwicklung Angst macht. Auf einer früheren Entwicklungs- und Darstellungsstufe der Es-Abkömmlinge ist dann wieder eine stabile Kompromißbildung möglich.
In schweren pathologischen Fällen wird die Es-Regression von einer Ich-Regression begleitet. Das Ich hat jetzt nur die Anpassungsfunktionen ei-

ner früheren Triebdarstellung zu übernehmen. Seine Funktionen sind also denen früherer ähnlich. So kann es kommen, daß sich auch das Ich zu einem früheren Zustand zurückentwickelt.
Diese Ich-Regressionen sind besonders gefährlich, weil ein Mensch dabei eine Fülle von Konfliktfähigkeit verlieren kann. Eine reife und altersgerechte Weise der Konfliktbewältigung wird kaum mehr möglich sein. Das kann sekundär erhebliche psychische und soziale Beeinträchtigungen zur Folge haben. Pathogen wird eine Regression immer dann werden, wenn das, worauf regrediert wird, seinerseits abgewehrt (meist verdrängt) wurde.
Einige Beispiele mögen solche Regressionen darstellen:

- Ein Kind von drei Jahren erhält ein Geschwisterchen. Nicht selten fällt es in seinem ganzen Verhalten auf ältere Muster zurück. Es lutscht wieder am Daumen, es näßt nachts ein, verhält sich auch sprachlich und sozial infantil (manchmal ahmt es gar sein neugeborenes Geschwister nach).
- Manche alte Frauen fallen – wegen sexueller Frustration – auf die Trotzphase (eine anal-sadistische Kindheitsperiode) zurück. Sie werden zänkisch, rechthaberisch, kleinlich ... (VIII, 450)
- Nicht wenige Studenten fallen kurz vor Studienabschluß auf pubertäre Muster zurück. Offenbar fürchten sie sich (oft unbewußt) vor dem Erwachsenwerden. Sie wählen alle Strategien, um den Studienabschluß herauszuzögern, etwa ein Examensversagen oder ein weiteres Studium. Aggressive und sexuelle Praktiken der Pubertät werden bevorzugt, das Sozialverhalten ähnelt dem der Pubertät und erscheint ausgesprochen »unausgeglichen«.

In allen diesen Fällen wählt das Ich bei drohender Überforderung die Regression auf einen Zustand, den es einmal beherrschte. Es kommt nicht zu einer Anpassung an die neue psychische und soziale Situation. Diese Anpassung wird tunlichst vermieden – ein durchaus konfliktträchtiges Verhalten.
Von der Regression zu unterscheiden ist die *Fixierung* einer bestimmten psychischen Entwicklungsphase. Im Gegensatz zur Regression werden hier höhere Stufen der Entwicklung gar nicht erst erreicht, sondern die niedrigeren Formen bleiben erhalten. Die Fixierung ist eine primäre Entwicklungshemmung, ein Stillstand in der Entwicklung.
Freud verbindet Regression und Fixierung miteinander, wenn er annimmt, daß die Regression eine Art latenter Fixierung sei. Es haftet dem Betroffenen noch etwas von seinen früheren Entwicklungsphasen an, selbst wenn es schon lange überwunden zu sein scheint. Es bedarf nur eines geringfügigen Anlasses (einer Versagung in der Gegenwart etwa), um auf eine frühere Stufe zu regredieren.

Menschen, die sich »weigern erwachsen zu werden«, fixieren die Muster ihrer eigenen Adoleszenz. Da unsere Gesellschaft solche Regressionen bis in die 40er eher positiv beantwortet (»jungenhaftes Verhalten« – »ein großer Junge«) und etwas von der erotischen Attraktivität eines Adoleszenten erhalten bleiben kann, sind solche Fixierungen nicht ganz selten. Sie sind auch nicht pathologisch zu werten. Fixierungen sind nur dann krankhaft, wenn Muster beibehalten werden, die von der sozialen Umwelt nicht (auch nicht in ihren Folgen) akzeptiert werden (können) oder einmal zu Verhaltensmustern führen werden, die nicht akzeptabel sind. Wenn in der Fähigkeit des Ich, Werturteile zu bilden oder mit eigenen oder fremden Emotionen sinnvoll umzugehen, frühe Entwicklungsstadien fixiert werden, spricht man gelegentlich von »Psychopathie« (im engeren Sinn des Wortes). »Psychopathen« wirken also in den Bereichen des Werturteilens und des Umgehens mit fremden Emotionen ausgesprochen unreif.

9. Die Konversion

In der Konversion werden psychische Zustände und Befindlichkeiten ins Körperliche gewendet. ASSM führen, obschon sie unerträglich zu sein scheinen, nicht zu psychischen Symptomen, sondern zu somatischen. Die Beobachtung und Behandlung von somatischen Symptomen ohne Organbefunde, wie sie typisch für Konversionshysterien sind, stand am Anfang der Psychoanalyse. Wir werden über sie noch im Zusammenhang mit der pathologischen Konversion zu handeln haben.

10. Die Identifikation

Die Identifikation ist ein zentraler Vorgang in der Selbstfindung eines Menschen. Sie ermöglicht den Ausbau der psychischen Struktur des Selbst. Sie kann jedoch auch wie unreifere Formen der Internalisation als Abwehr eingesetzt werden. Die früheste Form der Identifikation ist die mit einer anderen Person. In der Vorpupertät entwickelt sich die Fähigkeit zur Identifikation mit einer Gruppe, einer Klasse, einer Gesellschaft. In der Adoleszenz steht oft die Identifikation mit einem Ideensystem (religiös, weltanschaulich) im Mittelpunkt. Mängel in diesen Identifikationsprozessen führen zur »kompensatorischen Identifikation«, in der ein Mensch sich mit irgendeinem (materiellen, geistigen, ideellen, sozialen ...) Besitz identifiziert. In der Theorie der Abwehrmechanismen spielen vor allem Identifikationen mit Personen eine erhebliche Rolle, obschon in der psychoanalytischen Praxis kompensatorische Identifika-

tionen eher häufiger zu sein scheinen. In der Identifikation richtet ein Mensch ein Objekt im eigenen Ich auf (XV, 69). Man kann sich mit einer Person identifizieren, mit einem geliebten Menschen (auch wenn er schon längst gestorben ist, oder wenn er uns gekränkt oder verlassen hat). Aber auch mit einer verachteten Person oder einer solchen, die wir aggressiv besetzen, können wir uns identifizieren. Gelegentlich beobachtet man auch *Gegenidentifikationen.* Hier erfolgt die Identifikation mit einem imaginierten Gegenbild der Person. So kann sich ein Sohn mit seinem Vater gegenidentifizieren, wenn er alle Anlagen, die auch sein Vater hat, vernachlässigt und die, die er nicht hat, entfaltet.
Freud erklärte folgende Erscheinungen über Identifikation:

- Massenverführung (als Identifikation mit einem Führer) (XIII, 73–161),
- Trauer und Melancholie (als Identifikation mit einem verlorenen Objekt) (X, 428–466),
- Homosexualität (als Identifikation mit einem dem eigenen ähnlichen Körper) (X, 195–207; XIII, 205 f),
- die Bildung des Überich (als Introjektion der eigenen Eltern mit ihren Verhaltensregeln und Geboten).

Die Identifizierung eines Kindes mit anderen Kindern führt zum Gemeinschaftsgefühl (nach Freud sind alle Sozialgefühle über Identifikationen zustande gekommen). In solchen kindlichen Gemeinschaften gibt es Rivalitäten und Neid. Gelingt eine optimale Identifikation mit der Gemeinschaft, kommt es zu Ausbildung von Gerechtigkeitsgefühl, das nach Freud aus einer Umwandlung und Ersetzung der Eifersucht durch ein Massengefühl (XIII, 133) zustande kommt. Sozialgefühle entstehen also durch Identifikationen in der Kindheit.
Auch bei Erwachsenen können aggressive Gefühle durch Identifikationen in erotische gewandelt werden oder Rivalisierungsbeziehungen in Solidarität. Die »altruistische Abtretung« ist eine häufig zu beobachtende Form der Abwehr, die entweder durch Projektion oder durch Identifikation erklärt werden kann.
Es kann geschehen, daß Menschen von Gefühlen aus zweiter Hand leben. Vor allem junge Menschen, die durch die Gefühlswelt, der erotischen wie aggressiven, Gleichaltriger (bzw. deren Erzählungen) ihre eigene Erotik und Aggressivität emotional erfahren, sind nicht selten. Ebensowenig ältere Menschen, die sich identifizierend (freuend und leidend) in die Erlebnisse ihrer Kinder einfühlen (IX, 22).
Solche Identifikationen können durchaus normal sein; pathogen oder pathologisch werden sie, wenn es Menschen unmöglich gemacht wird, ein Leben aus erster Hand zu leben. Sie wählen den Abwehrmechanismus

der Identifikation, weil das Leben des eigenen Lebens zu gefährlich, zu unheimlich, zu gewagt erscheint. Ihr eigenes Ich ist nicht stark genug, um mit den Gefährnissen eines ursprünglich gelebten Lebens fertigzuwerden. So partizipiert es an den schon von einem fremden Ich verarbeiteten und moderierten Erlebnissen anderer Menschen – indem es Identifikation (oder auch deren unreife Vorformen der Inkorporation oder Introjektion) veranlaßt.
Besonders interessant und aufschlußreich für alle Abwehr über den Mechanismus der Identifikation ist die *Identifizierung mit dem Aggressor*, in der ein Unlust-Erlebnis oder eine mögliche gefährliche Situation schon abgewehrt wird, ehe sie entsteht. Wir kennen alle die Abwehrstrategie, uns selbst zu tadeln, um zu verhindern, daß uns andere das gleiche sagen. Wir identifizieren uns mit unserem Angreifer und machen daher entweder seinen Angriff überflüssig oder doch erträglich.
A. Freud hat diesen Abwehrmechanismus ausführlich abgehandelt (1980, 85–94).
Die Identifizierung als Abwehr verwandt, ist ein recht komplexer Vorgang. Einmal dient sie zum Aufbau des Überich und damit zur Bewältigung des Trieblebens (hilft also, wie bei der Verdrängung, dem Ich in seinem Kampf mit den Trieben). Das andere Mal hilft sie beim Umgang mit angsterregenden Objekten der Umwelt (wie beim Abwehrmechanismus der Leugnung). Bei der Identifikation mit dem Angreifer handelt es sich um letztere Strategie: Das schwache oder unreife Ich versucht, sich in das gefürchtete Objekt zu verwandeln, um die Angst vor ihm zu verlieren (Kinder werden Ärzte, Richter, Lehrer, Russen, Räuber ...). Kinder und sehr ursprüngliche Menschen wählen dazu oft magische Hilfsmittel, um die Identifikation zu erreichen. Mit der Darstellung des Verhaltens des Bedrohers verwandelt sich ein Mensch selbst in den Bedroher. Passivität wird in Aktivität gewandelt.
Die Identifizierung mit dem Angreifer ist in der normalen kindlichen Entwicklung nicht selten eine Vorstufe der Überich-Bildung. Insofern die verinnerlichte Kritik noch andere Menschen und nicht das eigene Verhalten betrifft, ist das Überich noch nicht entstanden. Aber nicht nur das fremde Verhalten wird nach den Maßstäben des Elternverhaltens be- und verurteilt, sondern auch das eigene. Dazu aber ist es auf der frühen Entwicklungsstufe nötig, es zu projizieren. Ein solches Ich ist intolerant gegen andere, um später als Überich streng gegen sich zu sein.
Es ist nicht eben selten, daß Menschen diese Phase der Entwicklung des Überich fixieren und die Verinnerlichung, die zur eigentlichen Überich-Bildung nötig wäre, nicht leisten (können). Ein solches Vor-Überich benimmt sich gegenüber der Außenwelt ausgesprochen schonungslos.
Die Verbindung von Introjektion und Projektion, die wir bei der Identi-

fizierung mit dem Aggressor beobachten, ist nur so lange normal, als das Ich sich seiner bedient, um mit seinen Angst-Objekten fertigzuwerden. Sie wird pathologisch, wenn sie auf den Bereich erotischer Beziehungen übertragen wird. Ein Ehepartner etwa, der seine eigenen Impulse zur Untreue auf den anderen projiziert und ihm dann wegen seiner Treulosigkeit Vorhaltungen macht, introjiziert die Vorwürfe seines Partners, dem er die Untreue unterstellt, und projiziert Elemente des eigenen Es. Seine Absicht ist nicht mehr der Schutz gegen einen äußeren Angreifer, der ASSM vermitteln könnte, sondern der Schutz gegen die Erschütterung der libidinösen Besetzung des Partners durch Störungen von innen. Entsprechend wandelt sich auch das Resultat der Abwehr: Statt einer aggressiven Haltung gegenüber den ehemaligen Angreifern in der Außenwelt, die in der Identifikation mit ihnen durchaus, wenn auch abgewehrt, erhalten bleibt, erwirbt ein solcher Patient eine nahezu zwanghafte Fixierung an den Partner, die sich als projizierte Eifersucht darstellt. In dieser Situation hat sich die Abwehr von ihrer lebenserhaltenden in eine Destruktion produzierende verwandelt.
Wird diese Projektion (die Identifikation mit dem Angreifer) zur Abwehr homosexueller Liebeswünsche verwendet, kommt noch ein weiterer Abwehrmechanismus ins Spiel: die Verkehrung ins Gegenteil. Liebe wird in Haß verkehrt – und diese Verkehrung führt zusammen mit den getrennten Weisen der Projektion und Introjektion zum Aufbau paranoider Wahngebilde. Das Ich verhält sich nicht mehr willkürlich in der Auswahl der Menschen, auf die sich Projektion, Introjektion und Verkehrung richten. Das mag einer der Gründe sein, warum homoerotische Beziehungen gefährdet erscheinen und sich nur selten als so stabil erweisen wie heterosexuelle.
In der therapeutischen Praxis sind Identifikationen mit dem Aggressor vergleichsweise einfach auszumachen (wennschon keineswegs immer leicht rückgängig zu machen). Das Ausleben und Abreagieren der Aggression gegen den Aggressor, mit dem sich der Betroffene identifizierte, bleibt eigentümlich lahm und erfolglos. Schimpfen und andere Formen der Aggressionsabfuhr entlasten kaum oder gar nicht.
Nicht wenige politische Ereignisse lassen sich als »Identifikation mit dem Aggressor« interpretieren. So etwa die Identifikation großer Teile des deutschen Bürgertums mit Hitler oder die Identifikation vieler Deutscher nach dem Zusammenbruch mit den Amerikanern (oder anderen Besatzern). Es wäre falsch anzunehmen, aus einer solchen Identifikation könnte jemals Freundschaft werden. Aber auch Schimpfen hilft nicht viel.

11. Intellektualisierung, Affektualisierung und Rationalisierung

Diese mitunter bis zu Mechanismen verfestigten und ausgebildeten Abwehrstrategien sind uns allen geläufig.

Intellektualisierung meint die Tendenz, Emotionales in formaler, affektloser Art zu behandeln, um sich so vor affektiven Überschwemmungen zu schützen. Intellektualisierungen finden wir häufig bei Menschen, bei denen die emotionale Ausdrucksfähigkeit begrenzt ist. Sie schämen sich ihrer Gefühle, haben Angst, man könnte sie ausbeuten, halten Emotionen für Störgrößen in einer rational organisierten Welt ... Es gilt jedoch zu erkennen, daß sich hinter dieser Abwehr mitunter starke Affekte verbergen.

Wird die Intellektualisierung institutionalisiert, beschäftigen sich Menschen vorwiegend mit Erkenntnisinhalten, die ihnen ihre Wahrnehmung vermittelt, um so die der Emotionalität vermeiden zu können. Nicht wenige »Intellektuelle« neigen zur Intellektualisierung.

Affektualisierung ist das Gegenstück zu Intellektualisierung. Hier werden Emotionen übermäßig stark dargestellt oder primär rationale Inhalte mit Emotionen belegt – oft hin bis zur Dramatisierung. Die erkenntnismäßige Einsicht, die als bedrohlich empfunden wird, weil sie ASSM vermitteln könnte, soll abgewehrt werden. Gelegentlich werden auch Emotionen durch Gegenemotionen abgewehrt, vor allem wenn sie als bedrohlich oder beschämend gefürchtet werden. So kann ein Mann seine Gerührtheit durch forsches aggressives Reden abzuwehren versuchen.

Rationalisierung ist die vermutlich verbreitetste Form der Abwehr. Hier werden Verhaltensweisen sekundär gerechtfertigt durch die Angabe von Scheinmotiven, die niemals das Verhalten ernsthaft bestimmt haben. Ein wesentlicher Grund für solche Rationalisierungen ist die (eigentümliche) Meinung, daß es einem Menschen anstehe, nur aus rationalen oder ethisch hochstehenden Motiven zu handeln. Das ist um so befremdlicher, als inzwischen bekannt ist, daß mehr als 90% unseres Verhaltens unbewußt oder doch vorwiegend unbewußt oder vorbewußt motiviert sind – und wir uns nur sehr selten so verhielten, weil wir es wollten. Aber nicht nur ein verschobenes Bild vom Menschen kann Ursache dieser Abwehr sein, sondern auch die Vermeidung von ASSM. Ein Verhalten, das vom Überich mit einem dieser unlustbereitenden Emotionen bestraft wird, wird so lange gedeutet, bis es als vernünftig akzeptiert werden *muß*, obschon es nichts anderes war als die Realisierung eines Triebabkömmlings oder eines äußeren Zwanges. Es läßt sich eben sehr viel leichter leben mit der Illusion von Freiheit als mit der Freiheit von Abwehrtaktiken.

12. Sublimation

Die Sublimation ist nur selten ein Abwehrvorgang, da sie zumeist auf eine bewußte Tätigkeit des Ich zurückgeht. Eine ganz gewöhnliche Funktion des Ich, die optimale Triebbefriedigung unter konkreten psychischen und sozialen Umständen zu sichern, wird hier in etwas ungewohnter Form realisiert. Ist die Triebbefriedigung auf genuine Weise nicht möglich, sucht das Ich eine entsprechende Ersatzbefriedigung aus, die zwei Bedingungen erfüllt:

- sie verschafft einen möglichst großen unmittelbaren Lustgewinn und
- sichert einen möglichst großen Lustgewinn durch soziale Anerkennung.

Gelingt die Sublimation, werden zugleich mit den ursprünglichen Triebabkömmlingen auch die konkreten Ich-Aktivitäten unbewußt, vergessen. Sehr oft kommt es bei der Sublimierung zur Neutralisierung von Triebenergie, d. h. dem Ich wird vermehrt Energie zur Verfügung gestellt. Freud war der Meinung, daß der zur Sublimierung führende bewußte Triebverzicht eine Voraussetzung sei, um kulturelles und kreatives Leben zu sichern. Diese Vermutung ist jedoch von vielen Analytikern zurückgewiesen worden (etwa von C. G. Jung), da viele Menschen kulturelle Bedürfnisse entwickeln, ohne daß Sublimierungen nachzuweisen wären.

Sublimation bedeutet keinen Verschluß des »Triebausgangs« (also keinen eigentlichen Triebverzicht), sondern die Forcierung eines anderen Triebausgangs als des gewöhnlichen. Der gewöhnliche ist der, den man als Kind als üblich erfahren hat.

Im Bereich der erotischen Triebe kennen wir folgende Sublimationsweisen: Zärtlichkeit – Hilfsbereitschaft – Altruismus – Kreativität.

Im Bereich der aggressiven Triebe etwa folgende: Gegneraggressivität (statt vernichten wollender Feindaggressivität) – Aggressivität, die sich auf das Lösen von Problemen richtet – Herrschenwollen – Konkurrenzbereitschaft – Ehrgeiz.

Nur selten gelingt es einem Menschen, wesentliche Triebansprüche in *beiden* Bereichen (also dem aggressiven wie dem erotischen) zu sublimieren. Kommt es zu einer realen von der sozialen Umwelt und dem Überich gebilligten Chance, die ursprüngliche Form der Triebbefriedigung zu wählen, wird zumeist die Sublimation rückgängig gemacht – wir sprechen von *Entsublimierung.* Eine dauerhafte Sublimierung gelingt zumeist nur, wenn die Erreichung des ursprünglichen Triebziels als minderwertig oder als verboten vom Überich verworfen oder gar mit ASSM geahndet wird. Die vergleichsweise große Leichtigkeit, mit der Entsublimierungen vor sich gehen, zeigt, daß Sublimation dem Ich wenig Energie abverlangt (ja sie ihm als neutralisierte oft genug noch zuführt). So ist Ich-Schwäche kein Grund für die Unfähigkeit zu sublimieren und eine Ich-Schwächung kein Grund zur Entsublimierung. Die Entsublimierung kann jedoch für den Betroffenen als auch für seine Umwelt überraschend und vielleicht befremdlich sein. Entsublimierungen sind vor allem dann häufig, wenn es zu einer Veränderung des Lebenskonzepts kommt, wenn also neue Kompromißformen gesucht und gefertigt werden.

Es sollen nun einige *interaktionelle* Abwehrtechniken aufgezählt werden. Sie arbeiten nicht mit einer Veränderung der Objektrepräsentanzen nach Inhalt oder Besetzung. Sie sind also keine rein innerpsychischen Prozesse. Hier werden vielmehr reale Personen so gewählt, daß sie eine Abwehrfunktion übernehmen, oder aber sie werden dazu gebracht (etwa durch Rollenzuweisung), sie zu übernehmen.

Man muß sehr wohl unterscheiden, ob ein Mensch aufgrund innerpsychischer Projektion der Ansicht ist, man wolle ihm Böses, oder ob er durch die Organisation seiner Interaktionen Menschen

- aussucht, die ihm Böses wollen, oder
- dahin bringt, ihm Böses zu wollen.

Er hat damit die Verfolgung erhalten, die er benötigt, um sein psychisches System (allerdings auf einem neurotischen Niveau) zu stabilisieren (Vgl. Mentzos 1977, 24). Man soll sich allerdings darüber im klaren sein, daß die beiden Abwehrmuster in aller Regel miteinander verbunden werden, denn die reale Objektvorlage und das psychische Objekt sind nicht ganz ohne Beziehungen zueinander, wenn man einmal von psychotischen Realitätsablösungen absieht. So ist durchaus zu erwarten, daß die klassischen Abwehrmechanismen bei der Entwicklung interaktioneller Abwehrformen stets mitbeteiligt sind.

Die interaktionelle Abwehr leistet ganz dasselbe wie die innerpsychische, doch mit anderen Mitteln. Bei beiden ist das Ich organisierende Instanz, doch handelt es sich bei den innerpsychischen Abwehrvorgängen um abgewandelte Ich-Funktionen, bei interaktionellen um abgewandelte Interaktionsmuster. (Vgl. Mentzos 1977, 25 u. 73)

Warum ein Mensch einmal eine innerpsychische, das andere Mal eine interaktionelle Abwehrform bevorzugt, ist uns unbekannt. Vermutlich dürften die interaktionellen Abwehrmuster jedoch zu erheblichen Verstellungen von Realität führen und deshalb eher pathologisch zu interpretieren sein, wenn auch die Pathologie vordergründig nicht die Psyche der an einer Interaktion beteiligten Personen betrifft (diese stabilisieren sich gegenseitig), sondern die Beziehung selbst. Gemeinsam ist den interaktionellen und den innerpsychischen Abwehrmustern, daß sie nicht nur die Funktion haben, Unlust nachhaltig abzuweisen, sondern auch

einen Kompromiß zu bilden erlauben, der eine, wenn auch regressive, so doch wirksame Entspannung und Befriedigung erlaubt. Eben diese zu erreichen, ist das Ziel aller Kompromißbildungen. Und in alle Kompromißbildungen sind Abwehrmuster – oft verschiedener Art – eingegangen.
Es sollen nun zwei solcher interaktioneller Abwehrstrategien aufgezeigt werden.

13. Kollusionsbildung

»Kollusion« bezeichnet ein »von den Partnern in heimlichen, meist unbewußten Übereinkommen miteinander inszeniertes Zusammenspiel, in dem sie versuchen, miteinander und aneinander ihre neurotischen Störungen zu bewältigen oder zumindest auszuagieren, andernteils ihre Abwehr zu potenzieren. Die Partner bilden dabei einen meist unbewußt gehaltenen Konsensus über die Regeln und Rollen dieses Zusammenspiels ...« (J. Willi, 1972). Solchen Kollusionen kann man überall da begegnen, wo Menschen polarisierte Rollen unter sich so verteilen, daß parallele neurotische Störungen leidfrei neutralisiert werden. Zu solchen Kollusionen kommt es häufig (ja vermutlich überwiegend):

- in ehelichen Partnerschaften,
- in Verbindungen des Typs: Helfer – Hilfsbedürftiger, wie W. Schmidbauer (1977) überzeugend dargelegt hat,
- in Verbindungen des Typs: Vorgesetzter – Untergebener ...,

kurzum überall da, wo Menschen stabile Paarverbindungen eingehen. Man kann sich bei dem Vorwiegen von Kollusionen bei Paarbindungen fragen, ob nicht gerade die Kollusionsbildung das die Beziehung stabilisierende Moment ist.
Die meisten dieser Kollusionen haben eine komplementäre Beziehungsstruktur, d. h. die psychischen Defizite der Partner ergänzen sich, so daß der eine die Mängel des anderen ausgleicht.
Es gibt jedoch auch Kollusionen mit symmetrischer Beziehungsstruktur. Sie kommen in der Regel dadurch zustande, daß vielfache asymmetrische Teilkollusionen bilanziert, eine symmetrische Gesamtkollusion ergeben. Je mehr die Beziehung institutionalisiert ist und auf je längere Dauer sie angelegt ist, je mehr verschiedene Interaktionsmuster in ihr also institutionalisiert wurden, um so mehr steht dieses Muster einer symmetrischen Gesamtkollusion zu erwarten. Das gilt besonders für den Fall der Ehe. Ein Beispiel mag das erläutern (vgl. Mentzos 1977, 37):
Sie ist schwach – ängstlich – schutzbedürftig.
Er ist stark, autonom, kann Schutz bieten.

Sie ist sexuell überlegen (aktiver und attraktiver).
Er ist auf ihr Wohlwollen angewiesen.
Für die therapeutische Behandlung von Partnerkonflikten ist die Auflösung der symmetrischen Gesamtkollusion in unsymmetrische Einzelkollusionen wichtig. Sie müssen einzeln aufgearbeitet werden.
Solche Kollusionen müssen nicht immer zum Schlechten ausgehen.

- Es gibt Kollusionen, die sich immer weiter von der sie umgebenden Realität abschotten oder eine zunehmend größere Menge von Außenfeinden produzieren. Jeder Konflikt wird in der Partnerschaft so gelöst, daß die Lösungen immer teurer bezahlt werden müssen. Das Leiden, das sie produzieren, wird nach einiger Zeit größer als das, das sie vermeiden.
- Es gibt Kollusionen, bei denen über lange Zeit ein stationäres, wenn auch labiles Gleichgewicht aufrechterhalten werden kann. In solchen Kollusionen sind meist die Rollenzuweisungen vollständig und umfassend geregelt und Rituale für die Konfliktbewältigung ausgehandelt worden.
- Es gibt Kollusionen, in denen es zu einer größeren Anpassung an Realität kommt und im Laufe der Zeit reifere Abwehrstrategien verwandt werden.

14. Sozialbindungen zur Abwehr von Triebkonflikten und narzißtischen Konflikten

Sicherlich dienen die meisten Kollusionen auch der Abwehr eines dieser hier genannten Konflikttypen, doch haben sie einen relativen Eigenstand, der einmal aus ihrer Verbreitung und zum anderen aus ihrer Stabilität zu erklären ist. Die hier zu erwähnenden interaktionalen Abwehrmuster sind meist sehr viel weniger stabil.
Zunächst einmal gilt es zu unterscheiden (vgl. Mentzos, 1977, 63–70):

- Interaktionelle Abwehrmuster, die bevorzugt zur Abwehr von Konflikten oder Konfliktfolgen eingesetzt werden, die aus objektbezogenen libidinösen oder aggressiven Trieben und deren Abkömmlingen hervorgehen. Der Konfliktpartner ist also die besetzte Repräsentation.
- Interaktionelle Abwehrmuster, die bevorzugt zur Abwehr narzißtischer Konflikte dienen, die aus selbstbezogenen libidinösen oder aggressiven Besetzungen des Selbst hervorgehen. Der Konfliktpartner ist also das gekränkte oder anderswie beeinträchtigte Selbst. Selbstbeeinträchtigungen sollen kompensiert oder ein drohender Zerfall der Einheit der Selbstrepräsentationen oder eine Schwächung oder Verwischung der Ichgrenzen soll abgewendet werden.

Ein Beispiel mag diese Differenz erläutern:

- Eltern können ihrem Kind, motiviert durch einen eigenen, nicht gelösten Konflikt, die Rolle eines Ersatzes für den anderen Partner zuweisen.
- Eltern können aber auch, motiviert durch Mängel im Ich oder Selbst, dem Kind die Rolle eines Ersatzes für ihr eigenes Selbst zuweisen.

Im ersten Fall dominieren Übertragungsmechanismen, im zweiten narzißtische Objektrelationen (»narzißtische Übertragungen«, H. Kohut).

(a) Interaktionelle Abwehr bei Triebkonflikten
Hier ist vor allem die Abwehr erheblich, die einen anderen Menschen in die Rolle eines *Partnerersatzes* hineindrängt. Der andere wird unbewußt genötigt, stellvertretend die Rolle des früheren enttäuschenden Partners zu übernehmen. Er soll die Enttäuschung beheben, die die andere Partnerbeziehung hinterlassen hat. So können also etwa die ursprünglich den Eltern geltenden, aber frustrierten Impulse auf ein Kind übertragen werden.
Solche Übertragung aus früheren traumatischen Erfahrungen führt zu späterer interaktioneller Abwehr, die den Zweck hat, die traumatische Erfahrung zu beheben. Das ist in aller Regel nicht möglich, da die Interaktionsmuster, in denen die Enttäuschung erlebt wurde, nicht reproduzierbar sind.

(b) Interaktionelle Abwehr bei narzißtischen Konflikten
Die interaktionelle Abwehr hat jetzt die Funktion,

- das Selbstwertgefühl zu sichern und/oder
- Defekte oder Gefährdungen des Selbstwertgefühls zu kompensieren.

Solche Defekte oder Gefährdungen betreffen die Ich-Grenze und die Selbstkonsistenz. H. E. Richter stellt hier vier Muster vor, die Menschen herzustellen versuchen, um diese Ziele zu erreichen:

- Die Produktion eines Abbildes. Menschen versuchen, einen anderen Menschen so zu verändern, daß er gleichsam ihr getreues Abbild, ihr psychischer Zwilling wird. Dieser hat die Aufgabe, die eigene Psyche zu stabilisieren. Um eine Kopie seiner selbst zu produzieren, begnügt sich der Abwehrende nicht mit Übertragungsphantasien, sondern macht dem Partner reale Interaktionsangebote, mit denen er nur dann etwas anfangen kann, wenn er die Zwillingsrolle übernimmt. Entweder paßt er sich dieser (unbewußten) Erwartung an und kann dann auf die Interaktionsangebote seines Partners sinnvoll reagieren oder aber die Beziehung wird zerbrechen. Je stärker sie positiv besetzt ist, je größer die Trennungsängste sind, um so mehr wird sich der Partner bemühen, den Erwartungen des anderen gerechtzuwerden.

- Die Produktion eines idealen Selbst. Menschen versuchen, andere über Interaktionsangebote zu dem zu machen, der sie nach der Vorlage ihres Ideal-Selbst gern sein wollen, aber nicht sein können. Der andere wird benutzt, um die Enttäuschung, das eigene Ideal-Selbst nicht erreicht zu haben, abzuwehren. Man versucht, seine Idealisierung an anderen oder einem anderen zu verwirklichen. Nicht selten verwechseln manche Eltern solche Versuche mit Erziehung.
- Die Produktion des negativen Selbst. Sie hat den Zweck, einen anderen Menschen dazu zu bringen, die eigenen Schattenseiten zu übernehmen. Solche Menschen können nur mit ihren eigenen negativen Fähigkeiten oder Mängeln fertigwerden, indem sie ihre Interaktionen so einrichten, daß andere Menschen sie übernehmen, oder indem sie Gemeinschaft suchen mit Menschen, die diese Schattenseiten schon besitzen. So ist es möglich, die eigene Schwäche, Ohnmacht, Passivität, die eigenen Charakterfehler zu verleugnen und die eigene Größe und charakterliche Qualität zu vestärken. Vermutlich ist jedem Menschen das Bemühen eigen, einem dem eigenen komplementären Selbst zu begegnen. In der interaktionellen Abwehr, die sich dieses Musters bedient, sollen aber irreale Selbstkonzepte gesichert und stabilisiert werden.
- Die Produktion von Bundesgenossen. Hier wird ebenfalls durch gezielte Interaktionsangebote versucht, einen Menschen als Bundesgenossen zu gewinnen. Nun ist ein solcher Versuch in der Regel sehr normal. Es wird aber zur interaktionellen Abwehr, wenn versucht wird, ein irreales Selbst zu stabilisieren. Der Bundesgenosse kann die Aufgabe haben, die eigenen sozialen Defekte zu kompensieren, sie so unauffällig zu machen und eine Unlustquelle zu verstopfen.

9. Narzißmus

Der Narzißmus ist eine zwischen Autoerotismus und Alloerotismus liegende libidinöse Einstellung.

1. Der Autoerotismus oder die Phase der primären Liebe
Gleich nach der Geburt nimmt sich ein Kind als in besonderer Weise mit der Mutter verbunden wahr. Hat es einmal die Schrecken der Geburt überwunden, dürfte bei ungebrochener Mutterbeziehung das Kind Harmonie, Spannungsfreiheit, ungefährdete Sicherheit und Geborgenheit erfahren. Wohldefinierte Objekte der Nicht-Ich-Welt gibt es nicht. Die Welt hat keine Grenzen. Die Welt, die im wesentlichen aus der Mutter-Kind-Einheit besteht, wird vermutlich als grenzenlos ausgedehnte Sub-

stanz erlebt. In dieser Beziehung ist ein großes Maß an Liebe verborgen, in der man nur inadäquat die der Mutter zum Kind und die des Kindes zur Mutter unterscheiden kann – beide bilden eine Einheit (die der Urliebe).

Die Entwicklung der Erotik muß der Tatsache Rechnung tragen, daß ihr noch kein eigentliches Objekt entgegensteht. Es gibt also noch kein eigentliches Sexualobjekt. Dieses ist vielmehr die Mutterbrust (V, 123). In der Phase des Autoerotismus drängt jeder erregte Partialtrieb, jede erregte Zone unabhängig von den anderen nach Befriedigung, da das Kind seinen Körper noch nicht als Einheit wahrnimmt. Es entstehen die verschiedensten sexuellen Partialtriebe, die noch nicht durch irgendein Bewußtsein vom Selbst verbunden sind.

Für E. Balint ist das Schicksal der primären Liebe das Schicksal des Menschen. Werden die Bedürfnisse und die Formen des Weltbildes dieses Lebensabschnitts nicht realisiert, entstehe eine massive Disposition für psychotische Erkrankungen. Mißlingt die realitätsgerechte Trennung in Selbst- und Objektrepräsentanzen, stehe eine Erkrankung vom Borderline-Typ zu erwarten.

2. Der primäre Narzißmus

Der harmonische primäre Zustand wird bald in Frage gestellt. Das Kind erfährt erste Unlust, erlebt Dinge, die nicht zu seinem Körper gehören. Aus der als diffus und unabgrenzbar erscheinenden Umwelt werden allmählich einzelne Gegenstände wahrgenommen – zunächst als Quelle von Unlust. Die Objektrepräsentanzen speichern alles, was Unlust bereitet, die Selbstrepräsentanzen alles, was Lust bereitet. Es ist offensichtlich, daß große Anteile der Mutter in dieser Periode einer ersten Selbst-Bildung noch zum Selbst gehören. Die Mutter-Kind-Dyade ist noch nicht zerbrochen,.

Die Erfahrung einer solchen Anders-Welt bedeutet zunächst eine Riesenenttäuschung, die zu Ausbrüchen von Wut, Angst und der Erfahrung von der Hilflosigkeit führen kann. In dieser Phase entwickelt sich der primäre Narzißmus. Das Kind erkennt ein einziges libidinös besetztes Objekt an, und das ist das eigene Selbst. Dieses Objekt ist eines: der eigene Körper. Während im Autoerotismus die Sexualität noch konfus bleibt, orientiert sie sich im Narzißmus auf den eigenen Körper als einer Einheit.

Wie alle starken Besetzungen bleibt diese libidinöse Besetzung des eigenen Körpers zeitlebens erhalten. So sind masturbatorische Handlungen oft Ausdruck dieser narzißtischen Restbesetzung, sie sind jedenfalls selten als autoerotische Akte zu beschreiben.

Nach Freud besteht der primäre Narzißmus darin, daß

das in der Entwicklung begriffene Individuum, welches seine autoerotisch arbeitenden Sexualtriebe zu einer Einheit zusammenfaßt, um ein Liebesobjekt zu gewinnen, seinen eigenen Körper zum Liebesobjekt nimmt, ehe es von diesem zur Objektwahl einer fremden Person übergeht ... Der weitere Weg führt zur Wahl eines Objekts mit ähnlichen Genitalien, also über die homosexuelle Objektwahl, zur Heterosexualität. (VIII, 296)

Die Urverunsicherung, die einen Menschen dazu bringt, zwischen Ich- und Nicht-Ich, zwischen Objekt und Selbst zu unterscheiden, führt zu immer deutlicheren Abgrenzungen, die alle das Ziel haben, die Urverunsicherung zurückzudrängen und beherrschbar zu machen. Gelingt Ich- und Selbst-Bildung nur unzureichend, bleiben Reste der Urverunsicherung erhalten.
Zeitlebens bleibt die Aufgabe gestellt, das Gleichgewicht zwischen Selbstwelt und Objektwelt so aufrechtzuerhalten, daß die Selbstwelt nicht bedroht wird. Es gilt die narzißtische Homöostase zu sichern.

3. Narzißtische Objektbeziehungen

Es gibt vermutlich zwei Gründe, die einen Menschen dazu bringen können, ein Objekt libidinös zu besetzen:

- Es stillt seine Bedürfnisse (wie die Mutter) oder es schützt sein Leben (wie der Vater). Freud sprach von der »Objektwahl vom Typ der Anlehnung«.
- Es ist ihm ähnlich (wie es ist, wie es war, wie es sein möchte, weil es einmal Teil des eigenen Selbst war). Solche Objekte werden nicht geschätzt als das, was sie sind, sondern aufgrund dessen, was sie vom eigenen haben. Freud spricht hier vom »narzißtischen Typ der Objektwahl«. Diese Objekte werden *Selbst-Objekte* genannt.

Narzißtische Objektbesetzungen sind häufig, in Freundschaft und Kameradschaft spielen sie eine wichtige Rolle. Der Kollege des eigenen Betriebs, das Mitglied der eigenen Verbindung, der Student des eigenen Fachs, der Kollege des eigenen Berufs sind sicher auch – narzißtisch – besetzt. Diese Besetzung kann durchaus zur Lustbefriedigung führen.
Das Lustprinzip hat also zwei Möglichkeiten, sich zu realisieren:

- durch die Aufrechterhaltung des triebenergetischen Gleichgewichts (durch Energieabfuhr, wenn diese das Gleichgewicht gefährdet) und durch die
- die Aufrechterhaltung des affektiven Gleichgewichts (mit der narzißtischen Befriedigung durch Aufrechterhalten der Homöostase).

Die Befriedigung, die uns der Umgang mit narzißtischen Objekten liefert, ist ebenfalls wichtig für die Aufrechterhaltung unserer eigenen narzißtischen Homöostase. Unkomplizierter Kontakt wird möglich, in dem beide sich bestätigen und Aggressionen nicht vorkommen.

Offensichtlich ist das Bild vom anderen nicht an der Realität bestätigt, sondern eine Projektion eigener narzißtischer Besetzungen. Hält die so begonnene Beziehung längere Zeit durch, ohne sich auf ein anderes Fundament zu stellen, wird sich der Partner sehr bald als eingeengt und als eigene Person in Frage gestellt erfahren. Er fühlt sich verkannt. Narzißtische Objektbeziehungen sind also oft stark, aber wenig widerstandsfähig und selten langdauernd-eng. Es ist meist eine Frage der Zeit, wann die Verbindung reißt. Der Partner fühlt sich »unterdrückt und versklavt« (H. Kohut) und versucht auszubrechen. Dabei wird das narzißtische Subjekt immer empfindsamer. Es verringert nicht selten die Zahl seiner Bezugspersonen und stilisiert damit sein narzißtisches Objekt immer weiter hoch. Der Partner wird mit Phantasien besetzt, die etwas Über-/Un-Persönliches haben. Sie geraten in die Nähe frühkindlicher Eltern, erhalten deren Nimbus und Erlebnisqualität. Zugleich werden sie mit Inhalten verbunden, die aus dem eigenen grandiosen Selbst stammen – und das nicht selten so, daß sich dieses grandiose Selbst immer weiter entleert. Versagt sich ein »narzißtisches Objekt« den an es gestellten Ansprüchen – und welcher Mensch könnte denen schon auf die Dauer genügen? –, kann es zu einem Zusammenbruch des narzißtischen Subjekts kommen. Eine narzißtische Objektbeziehung wird als großartig, einmalig, sicher, rauschartig erlebt. Es wird das Hochgefühl des Kleinkindes reproduziert, als es sich selbst noch mit sich und seinen Eltern in Einklang wußte. »Das gute Kennzeichen der Überschätzung ... beherrscht ... diese Gefühlsbeziehung.« (X, 157)
Sicherlich gibt es auch negative narzißtische Besetzungen von Selbst und Objekt. Es dürfte dabei zu Erfahrungen des Unheimlichen, Bedrohlichen, Übermächtigen kommen. Ob und unter welchen Umständen eine positive narzißtische Besetzung von Selbst und/oder Objekt in eine negative umschlagen kann, ist meines Wissens noch nicht recht untersucht. Reaktionen auf narzißtische Kränkungen, die uns in extremem, nicht zu stillendem Haß oder zerstörerischem Gerechtigkeitsfanatismus (Michael Kohlhaas) begegnen, dürften ein Vorgeschmack solchen Umschlags sein.

Von besonderem Interesse für die Psychoanalyse ist die *narzißtische Objektwahl.* Hier ist vor allem die »Objektwahl nach dem Anlehnungstypus« (heute spricht man meist von »anaklytischen Typen der Objektwahl«) zu nennen. Es handelt sich dabei um eine Form der Verliebtheit, bei der die eigene Person ganz in den Hintergrund tritt und zumeist die Bedeutung der Sexualität in der Beziehung überschätzt wird. Freud vermutet, daß eine solche analytische Objektwahl zustande kommt, wenn ein Mensch seinen eigenen Körper übermäßig libidinös besetzt hat und diese Besetzung auf einen anderen Menschen verschiebt. Wir haben es hier mit einem Spezialfall der narzißtischen Objektbeziehung zu tun.

In diesen Formen der Regression auf einen oralen Narzißmus leidet der Partner – wie schon gesagt –, weil er sich in den Projektionen und Verschiebungen nicht wiedererkennen kann. Er wird nicht geliebt als der, der er ist, sondern als ein narzißtisches Idealbild des anderen.

Nicht die Eltern sind in diesen Fällen der Objektwahl Vorbild, sondern der Liebende selbst. Das ist offensichtlich gegeben bei allen Formen eigentlicher Homoerotik, die aber eine reifere Form der narzißtischen Objektbesetzung darstellt, da sie in aller Regel schon genital-erotisch organisiert ist – und nicht diffus-sexuell wie im Bereich der klassischen analytischen Objektwahl.

Narzißtisch nennen wir auch eine Objektwahl, in der ein Mensch stark libidinös besetzt wird, der zum körperlichen oder intellektuellen Ideal des Betroffenen (also seinem Ideal-Selbst) weitgehend entspricht. Auch hier müssen reife von unreifen Formen unterschieden werden. Handelt es sich um das ideale Körperselbst (wie etwa in manchen Formen der Homosexualität), wird ein unreifes Selbst-Ideal narzißtisch gesucht. Handelt es sich jedoch um künstlerische, kreative, intellektuelle, handwerkliche ... Aspekte des Ideal-Selbst, wird ein schon reifes Ideal-Selbst im anderen narzißtisch gesucht.

Vor allem sehr zärtliche und übermäßig liebevolle Eltern realisieren oft eine narzißtische Form der Objektlibido. Sie lieben sich in ihren Kindern selbst. Sie lieben in ihnen vor allem ihr Ideal-Selbst, das sie in den Kindern verwirklichen wollen. Versagt sich ein Kind solcher Verwirklichung, kann es zu bedenklichen Beziehungskrisen zwischen Kind und Eltern kommen. Versagt sich ein Kind diesen Projektionen nicht, wird es wahrscheinlich ein Selbst gegen seine eigentlichen Bedürfnisse, ein »falsches Selbst« also, aufbauen.

Eine weitere Form narzißtischer Objektbeziehung wird nach Freud realisiert, wenn es zu einer Liebe kommt, die eher dem Typus gilt als einem konkreten Menschen. In solchen Fällen suchen Menschen nicht ein Lieben, sondern ein Geliebt-werden. Das Geliebt-werden ohne zu lieben oder ohne lieben zu müssen, wird vor allem dann erheblich, wenn jemand als Partner den »typischen Mann« oder die »typische Frau« sucht und wählt. Narzißtisch sind solche Formen der Objektwahl, weil sie eine Liebe suchen, die die Eigenliebe bestätigt und verstärkt – ohne sich selbst durch Fremdliebe demütigen und gefährden zu müssen.

Doch selbst Partnerbeziehungen, in denen die Objektbeziehungen so aufgenommen werden, daß das geliebte Objekt den Erfahrungen (also den Repräsentanzen) eines Elternteils entspricht, sind nicht selten narzißtisch. Eltern sind auch Selbstobjekte und können es zeitlebens bleiben. Solche narzißtischen Formen der Objektwahl sind wohl häufig.

Gelegentlich begegnen wir Bindungen, die schnell und problemlos gelöst werden können, in denen sich ein Partner völlig den Eigenschaften, Erwartungen und Interessen des anderen anpaßt. H. Deutsch spricht hier von »Als-ob-Persönlichkeiten«. Menschen leben ein Leben aus zweiter Hand. Daß es sich hierbei nicht nur um die Kompensation eines defekten Selbst handelt (das würde die Flüchtigkeit solcher Beziehungen nicht erklären), sondern auch um eine massive Darstellung einer narzißtischen Objektwahl, wird offensichtlich, wenn man bedenkt, wie austauschbar der Partner ist. Das liebende Ich ist ganz in sich eingebunden. Es bedarf nur eines gelegentlichen Spiegelns, das in völliger Anschmiegung an den anderen sich selbst zu entdecken hofft.

Recht fruchtbar scheint mir die Unterscheidung zwischen oknophilem und philobatischem Charakter zu sein, um zwei Haupttypen der narzißtischen Weise, Objektbeziehungen aufzunehmen, zu charakterisieren. Da diese Weisen weitgehend das interaktionelle Verhalten von Menschen prägen – und das oft für die Dauer ihres Lebens –, kann man sehr wohl von »Charakter« sprechen. Es ist das auch nicht ein bloßes Charaktermerkmal, sondern eine basale Bestimmung der Persönlichkeit, durch die alle Charaktermerkmale bestimmt und beeinflußt werden.

In beiden Fällen handelt es sich um charakterprägende Reaktionen auf frühkindliche Versagungen.

Der *oknophile Charakter* (»Oral-narzißtische Charakter«) wird ausgebildet aufgrund sehr früher Versagungen, vor allem in der Phase der ersten Liebe. Er nimmt narzißtische Objektbeziehungen auf, wirkt ausgesprochen anklammernd, weil er ohne Objekte, die er narzißtisch besetzt, nicht leben kann. Der *philobatische Charakter* (»Anal-narzißtischer Charakter«) benötigt keine festen Bindungen (ja er flieht und vermeidet sie). Er ist sich selbst – in der Reproduktion des primären Narzißmus – genug. Andere Menschen benötigt er nur als Quellen von Lob, Achtung, Anerkennung. Sein Leben wird bestimmt durch eine gehörige Portion von Urmißtrauen, jedoch nicht in die eigene Person, sondern in andere Menschen und Situationen, die zunächst einmal als feindlich, keineswegs aber als vertrauenswürdig erscheinen.

4. Narzißtische Phantasien

H. Argelander versuchte herauszufinden, welche Phantasieinhalte mit der kindlichen narzißtischen Repräsentanzenwelt verbunden werden. Da sie weitgehend nicht erinnert werden kann, muß man versuchen, sie zu erschließen (etwa aus der Art der Abwehrvorgänge und deren Resul-

taten, aus späteren Phantasien und anderen Triebabkömmlingen, aus dem Verhalten Kranker).
Argelander (1971) nimmt an, daß die primärnarzißtischen Phantasien um kosmische Themen kreisen oder Beziehungen zu den vier Elementen betreffen. Nicht wenige Menschen entwickeln in Zuständen der Ohnmacht die Phantasie, sich ins Kosmische zu flüchten oder sich von Wasser oder Luft tragen zu lassen.
Narzißtische Phantasien haben also die Tendenz, das Selbst durch dessen Vergrößerung aufzulösen. Sie streben kosmische Weite an. Sie wollen so die unmittelbare Verbindung mit dem Kosmos wieder herstellen. Es handelt sich um Verschmelzungsphantasien, die vermutlich den Zustand reproduzieren, den ein Kind im Zustand der ersten Liebe besaß.
Beim Erwachsenen zeigen sich deutliche Spuren dieser Phantasien, wenn ein Mensch sich von seinen romantischen Einstellungen leiten läßt und etwa

- nach dem Sinn der Welt zu suchen beginnt,
- nach der Erfahrung von Grenzenlosigkeit strebt.

Die Grenzen von Realität und Phantasie verschwinden mit den Grenzen von Selbst und Objekt. So ist es verständlich, daß sich »Romantiker« für alles interessieren, was mystisch oder geheimnisvoll, was unbestimmt und unerklärlich, was diffus und unabgrenzbar ist.

5. Narzißtische Kränkungen

Menschen können mit zerbrochenem Selbstgefühl nicht leben. Dieses Selbstgefühl wird in der narzißtischen Kränkung (etwa durch Mißerfolg und Kritik) in Frage gestellt. Man kann drei Reaktionsmuster unterscheiden:

(a) Die reife Reaktion

Reif reagiert im Fall einer narzißtischen Kränkung, wer

- überprüft, was an der Kränkung real eigenverschuldet ist und das dann als eigen akzeptiert,
- sein Ideal-Selbst darauf überprüft, was an ihm der persönlichen Realität entspricht und was nicht und eventuell die Anforderungen an sich reduziert,
- die Kränkung zunächst einmal inhaltlich objektiviert und auf ihren tatsächlichen Kern zurückführt.

(b) Die unreife Reaktion

Ist die Kränkung schwer oder ein Mensch narzißtisch gestört, werden diese Methoden, die Kränkung aufzuarbeiten, von einer Woge des Verletztseins hinweggespült.

Es bleibt dann kaum ein anderer Weg, als jene Strategien zu reaktivieren, die sich früher einmal bewährt haben. Es müssen also frühe Abwehrmechanismen praktisch werden. Hierzu gehören:

- Verleugnung der schmerzlichen Realität,
- Idealisierung der eigenen Person,
- Isolierung, Verdrängung, Reaktionsbildung.

Oft kommt es auch zu einer kompensatorischen Entwicklung von Größenphantasien. Besonders beliebt zur Verleugnung des eigenen Versagens hinter den Ansprüchen des Ideal-Selbst ist der Aufbau von narzißtischen Objektbeziehungen. Die narzißtisch besetzten Objekte sollen helfen, den eigenen Defekt auszugleichen. So werden sich

- Examensversager an Examenserfolgreiche,
- Berufsversager an Berufserfolgreiche,
- Introvertierte an Extravertierte ...

klammern, um so ihre labilisierte narzißtische Homöostase zu stabilisieren. In der narzißtischen Objektbeziehung sind Selbst und Objekt nur unscharf voneinander getrennt. In solchen Reaktionen wird die regressive Lockerung des Realitätsbezuges deutlich. Sie muß jedoch aufrechterhalten werden, solange der narzißtische Defekt nicht anders aufgearbeitet wird, oder die idealisierten Einstellungen abgebaut werden.

(c) die pathologische Reaktion

Es steht zu erwarten, daß die pathologische Reaktion auf eine narzißtische Kränkung die Regression noch weiterführt. Es kann dazu kommen, daß sich Selbst- und Objektrepräsentanzen weiter fragmentieren oder ihre Abgrenzung aufgehoben wird. Es kommt zu hypochondrischen Zuständen oder Erscheinungen von Depersonalisation. Es gibt auch Versuche, die Selbst-Identität zu retten, indem man auf seine Identität als Individuum verzichtet. Das entspräche einer Regression auf den autoerotischen Primärzustand. Ihm kommen manche Schizophrenien nahe oder der Suizid.

6. Sekundärer Narzißmus

»Sekundärer Narzißmus« liegt vor, wenn

- das Selbst überbesetzt ist und die Objekte der Außenwelt unterbesetzt sind (»analer Narzißmus«) oder
- die Beziehungen zu diesen Objekten unreif bleiben (»oraler Narzißmus«).

Die meisten Psychoanalytiker vertreten die Meinung, daß die Objektlibido ein Abkömmling der narzißtischen Libido sei. Wenn das Objekt aus irgendeinem Grund wieder aufgegeben werden muß (etwa wegen eines realen oder eingebildeten Verlustes oder eines Überich-Gebots), kehre die Objektlibido wieder zu ihrer ursprünglichen narzißtischen Ursprungsform zurück und könne sich dann allenfalls in einer narzißtischen Objektbeziehung wieder realisieren (wenn sie nicht gleich beim Selbst bleibe).

Sekundärer Narzißmus durch Regression auf die Stufe des Primären ist vor allem dann nicht selten, wenn die frühkindlichen Überzeugungen der ersten Liebe oder des ersten Narzißmus gegen erhebliche Widerstände verteidigt werden mußten oder schon vorzeitig von der erziehenden Umwelt gebrochen wurden. Werden beide Formen der primären psychischen Organisation in den Werdeformen der Psyche nicht optimal verwirklicht, bleibt die Sehnsucht nach diesen Formen überdurchschnittlich stark – und das impliziert die Tendenz zur Ausbildung eines sekundären Narzißmus.

Weil alle erheblichen Besetzungen – vor allem die der frühen Kindheit – zeitlebens nie ganz aufgelöst werden – wenn sie optimal gelebt und verwirklicht wurden, noch am ehesten –, so ist der Rückweg in den Narzißmus für alle Menschen eine Versuchung, besonders aber für die früh Geschädigten. Die frühkindlichen Überzeugungen von der eigenen Grenzenlosigkeit und der elementaren Harmonie und Einsheit mit der Welt (im oralen Narzißmus) oder die Überzeugungen von der eigenen Macht und Größe, der eigenen Bedeutung und Fähigkeit (im analen Narzißmus) werden durch die konkreten Lebensumstände stets bitter enttäuscht. Es kommt darauf an, wie ein Mensch mit diesen Enttäuschungen fertigwird. Werden sie nur abgewehrt (Art der Verdrängung etwa), bleiben sie latent im Ubw erhalten und können jederzeit, wenn die Abwehrtechniken in Krisen- und Konfliktsituationen versagen, reaktiviert werden.

Das menschliche Selbstbewußtsein weiß aus sich nichts über eigene Grenzen, weiß nichts davon, daß das Selbst einmal im Tod enden muß, daß es nicht unbegrenzt lieben und geliebt werden kann, daß es nicht allmächtig, sondern ohnmächtig, daß es nicht allwissend, sondern dumm ... ist. Das elementare Wissen um sich selbst (im Selbstbewußtsein) wird zu Beginn der Selbstwerdung ausgebildet und schleppt diese Unreife zeit seiner Existenz mit sich. So ist denn auch das Selbstbewußtsein keineswegs eine Instanz, die die narzißtischen Neigungen eines Menschen korrigieren könnte – im Gegenteil. Es neigt eher dazu, sie zu stützen.

Für nicht wenige Menschen wird die Religion zur narzißtischen Abwehrstrategie. Die eigenen Grenzenlosigkeitsvorstellungen (gründend in denen des eigenen Selbstbewußtseins) werden nach außen verschoben und zu einem Gottesbild zusammengesetzt. So kann in der Gottesliebe ein Großteil der libidinösen Besetzung des Selbst durch Verschiebung erhalten bleiben – und das in einer wenig pathogenen Art.

10. Übertragung und Gegenübertragung

Übertragung und Gegenübertragung sind spezielle Formen der Objektbeziehungen, die zunächst im Verlauf von Analysen genauer beobachtet worden sind. Bald aber erkannte man, daß sie die Beziehungen zwischen Menschen allgemein regulieren und determinieren.
In der Übertragung wird Vergessenes wiederholt, ohne daß es dadurch bewußt wird. Es werden unbewußt frühere Einstellungen und Interaktionsmuster reproduziert, ohne daß man sich bewußt wäre, daß es sich hierbei nicht um originelle, kreative Begegnungen, sondern um Reproduktionen von Mustern aus der eigenen Kindheit handelt. Die dem anderen Menschen entgegengebrachten Triebabkömmlinge (Wünsche, Bedürfnisse, Gefühle, Phantasien, Gedanken ...) stammen aus der Kindheit. Sie werden wiederholt. Einst galten sie zu den wichtigen Personen der Kindheit – jetzt gelten sie zu den wichtigen Personen der Gegenwart (sei die Wichtigkeit nun real oder phantasiert).
Auch die entscheidenden Konflikte der Kindheit, die zu ASSM, zu Abwehrmaßnahmen und Kompromißbildungen führten, werden wiederholt und bestimmen auch die neue wichtige Beziehung. Die unbewußten Triebansprüche und die bewußten Triebabkömmlinge, wie sie in die frühkindlichen Interaktionsmuster eingebaut wurden, machen sich in jeder Interaktion bemerkbar, besonders aber in den stark besetzten. Übertragung ereignet sich also immer und überall – besonders dicht aber, wenn Beziehungen als erheblich erlebt werden (wie Partnerbeziehungen, Freundschaftsbeziehungen, Vorgesetztenbeziehungen ...).
Wir Menschen haben in den Interaktionen mit den uns wichtigen Menschen unserer Kindheit bestimmte Muster erworben, die uns so prägten, daß wir sie für selbstverständlich halten. Sie machen das, was wir »Charakter« nennen. Die Art, Interaktionen anzubieten und auf Interaktionsangebote einzugehen, aggressive oder erotische, war damals in konkreten sozialen Situationen der Kindheit meist sinnvoll. Es ist aber nicht ausgemacht, ob sie auch heute noch sinnvoll sind, vor allem wenn die primären Bezugspersonen der Kindheit nicht die standardisierten Muster der Gesellschaft reproduzierten.
In früher Kindheit bildeten wir also Muster (Freud spricht von Klischees) aus, die auch unsere späteres Verhalten bestimmen.
Wurden nun in diesen frühen Interaktionen bestimmte erotische oder aggressive Bedürfnisse nicht befriedigt, werden sie sich zu libidinösen oder aggressiven Einstellungen wandeln, die jeder neu auftretenden Person entgegengebracht werden. Diese Muster, die durch Frustration kindlicher Erwartungen entstanden, also nicht zum Charakter, nicht zu den beherrschten Interaktionen zugelassen worden sind, sind für das soziale

Verhalten von Menschen sehr bestimmend. Oft liegt hier der Grund für undurchschaubare Konflikte. Die unbewußten Erwartungseinstellungen, die wir anderen Menschen gegenüber einbringen, sind von erheblicher Bedeutung für unser Gesamtverhalten. Vor allem sie sind es, die zu von uns nicht erwarteten Reaktionen der Mitwelt führen. So kann etwa ein Mensch zu oknophilen Interaktionsmustern neigen, ohne es zu wissen oder auch nur wissen zu können (die Gründe sind nicht bewußtseinsfähig) – und dennoch wird sein anklammerndes Verhalten als lästig empfunden. Bei Übertragung (und Gegenübertragung) handelt es sich also um Einstellungen der Triebabkömmlinge, die unter Wiederholungszwang stehen – d. h. sie geschehen, ohne daß es zu Lustgewinn oder Unlust-Vermeidung kommt. Der Wiederholungszwang, der in der Übertragung erheblich wird, stellt eine Form der Erinnerung an Abgewehrtes dar, der sich der Betroffene nicht entziehen kann. In der Übertragung wiederholt der Interagierende zwangsweise vergessene Vergangenheit. Es werden durchaus auch Interaktionsmuster wiederholt, die auf Triebregungen zurückgehen, die niemals zum Bewußtsein zugelassen wurden. Diese Muster machen jede Interaktion in gewisser Hinsicht zum Vabanque-Spiel – vor allem die Interaktionen mit psychisch Kranken.
In der praktischen Analyse macht sich der Therapeut diesen Wiederholungszwang zunutze. Die therapeutische Übertragung erlaubt es dem Patienten, diese alten Interaktionsmuster ungehindert durchzuspielen und so seine gemeine Neurose durch eine Übertragungsneurose (also eine Neurose, deren Symptome [pathologische Interaktionen] sich auf das Feld der therapeutischen Übertragung konzentrieren) zu ersetzen, die dann oft durch die therapeutische Arbeit geheilt werden kann.

(a) Übertragungswiderstand

Eine analytische Behandlung hat das Ziel, die zu ihren infantilen Objekten zurückgezogene und hier festgehaltene Libido aufzusuchen, und sie, freigesetzt, der gesunden Gegenwart dienstbar zu machen. Dieser Versuch muß auf den Widerstand des Ich stoßen, das mit erheblichem Aufwand über Gegenbesetzungen die bedrohlichen Vorstellungen vom Bewußtsein fernhält. Es hat einen Kompromiß organisiert und dieser Kompromiß wird durch das Rückgängigmachen von Abwehrstrategien in Frage gestellt. Nicht das Ubw wehrt sich also gegen die Bewußtmachung – im Gegenteil. Es wird nur durch den auf ihm lastenden Druck der Gegenbesetzung davon abgehalten, seine Inhalte ins Bewußtsein zu bringen. Der Widerstand des Ich steht unter dem Anspruch des Lustprinzips, denn die Aufgabe der Abwehr bedeutet, daß etwas, das Unlust macht, zu Bewußtsein kommt, oder etwas bewußt wird, das Unlust (etwa ASSM) provoziert.

Nur die Wiederholungszwänge in der Übertragung können das Lustprinzip überlisten, können das Ich dazu bringen, etwas zu tun, was ihm an sich ganz fernliegt: Unlust zuzulassen. Der Therapeut muß also das Ich gleichsam auf seine Seite ziehen. Das geschieht vor allem durch die Übertragung (bzw. die Zulassung der Übertragung).

(b) Positive Übertragung

Die *Entstellung* des Übertragungsmaterials ist die stärkste Waffe, die dem der Therapie Widerstand leistenden Ich zur Verfügung steht. Solche Entstellungen erlauben nicht selten eine Beurteilung der Stärke des Widerstands. Besonders häufig sind Entstellungen im Bereich der libidinösen Besetzungen, die der Patient auf den Therapeuten verschiebt.

Die *bewußten* erotischen (etwa zärtlichen) Gefühle stehen einem Menschen für die Herstellung einer positiven Besetzung einer Beziehung zur Verfügung. Viele Menschen beherrschen die Technik, diese Besetzungen zielgerecht und sinnvoll beim Aufbau sozialer Beziehungen einzusetzen. Sehr viel schwerer ist dagegen das Umgehen mit *unbewußten* erotischen Besetzungen, die stets auf jene Quellen zurückgehen, die zur Besetzung der infantilen Sexualobjekte dienten. Freud schreibt:

> Die unbewußten Regungen wollen nicht erinnert werden ..., sondern sie streben danach, sich zu reproduzieren, entsprechend der Zeitlosigkeit und der Halluzinationsfähigkeit des Unbewußten ... [Der Betroffene] will seine Leidenschaften agieren, ohne auf die reale Situation Rücksicht zu nehmen. (VIII, 374)

Statt darüber zu sprechen (was die Aufgabe der Abwehr bedeuten würde), versuchen viele Menschen ihre unbewußten Triebbesetzungen in Aktionen umzusetzen. Sie beginnen zu *agieren.* Das Agieren ist die Folge des Widerstandes gegen die Aufhebung der Abwehr. Da dieses erotische (oder auch aggressive) Agieren nicht nur sehr unangenehm werden kann, sondern auch für die Therapie ungünstig ist, muß der Therapeut, aber auch jeder andere, der diesem Phänomen des Agierens bei Menschen begegnet, die ihre unbewußten Belastungen durch Handeln darstellen möchten, die Regungen in der Vorstellungswelt zu halten und sie hier bewußtzumachen versuchen.

Agieren ist uns allen eine bekannte Tatsache: Menschen wollen stets etwas anderes, haben stets neue Probleme, ändern ständig ihr Lebenskonzept ... In allen diesen Fällen ist damit zu rechnen, daß der Betreffende versucht, die bedrohte Abwehr aufrechtzuerhalten.

Die Abwehr kann nicht nur durch eine Therapie bedroht werden, sondern auch durch eine nahende Erkrankung oder ein Überhandnehmen der Triebansprüche oder eine Schwächung des Ich. In jedem Fall ist »Agieren« eine Form des Verhaltens, die der Aufmerksamkeit der Um-

welt nicht entgehen sollte. Auch außerhalb einer Therapie benötigen diese Menschen Hilfe.
Die positive Übertragung kann zur *Übertragungsliebe* werden, die in bewußten Gefühlen oder unbewußten Triebansprüchen wurzeln kann. Es kommt zu eigentümlichen Phasen der Verliebtheit, die nicht nur durch das häufige Beisammen erklärt werden können. Diese Verliebtheit ist nicht selten eine Abwehrreaktion. In der Therapie taucht sie auf, wenn neue wichtige Inhalte der Ubw-Aktivitäten, denen sich das Ich etwa schämt, bekannt werden können. Außerhalb der Analyse sollen solche Erscheinungen eine scheinbar oder tatsächlich bedrohte Beziehung retten. Diese Übertragungsliebe zeigt sich deutlich als von reifer Liebe unterschieden, insoweit sie die infantilen Muster der Liebe (etwa die des Einverleibens) reproduziert.
Es ist falsch, solche Übertragungsliebe nicht zuzulassen. Jedoch setzt sie mitunter einige Charakterstärke beim Partner voraus – und vor allem die Einsicht, daß es sich hier um Abwehrstrategien und Widerstandsphänomene handelt.

(c) Negative Übertragung

Auch negative Reaktionen eines Menchens auf den anderen sind weitgehend erklärlich durch Triebabkömmlinge und Abwehrstrategien der Kindheit. Bei der negativen Übertragung handelt es sich um eine Darstellung der kindlichen Aggressivität. Feindselige Gefühle stellen sich ein, wie Haß, Zorn, Langeweile, Überdruß, das Gefühl, ausgebeutet zu werden ... Sie sind immer dann akzeptabel, wenn sie die Folge einer ambivalenten Besetzung sind, d. h. wenn sie zusammen mit erotischen Besetzungen auftreten. Eine entmischte bloß aggressive Besetzung dürfte den Aufbau einer sozialen Beziehung unmöglich machen. Es gilt, solche bloß aggressiven Bindungen zu erkennen und auf den Versuch zu verzichten, eine soziale Beziehung herzustellen.
In der Therapie sind die aggressiven Besetzungen des Therapeuten ebenso ertragreich wie die libidinösen, wenn der Analytiker es gelernt hat, sinnvoll auf sie zu reagieren (was nicht häufig der Fall ist – viele Analytiker sprechen dann von »schlechten Patienten«).

(d) Die therapeutische Abstinenz

Es gilt, sich in Übertragungssituationen stets der Tatsache bewußt zu bleiben, daß hier nicht genuine Gefühle und Bedürfnisse, Wünsche und Phantasien dargestellt werden, sondern solche (oft verdrängte, die dann genuin erscheinen) der Kindheit. Es ist daher notwendig, diese Bedürfnisse nicht zu erfüllen – vor allem die, die am heftigsten geäußert werden. Das gilt vor allem auch für die erotischen Bedürfnisse. Aber auch die ag-

gressiven Bedürfnisse und Wünsche sollten nicht befriedigt oder erwidert werden. Angefordert ist eine therapeutische Distanz (und das nicht nur in therapeutischen, sondern in allen anderen Lebenssituationen auch).
Das Leben in der Übertragung ist nur ein Reflex der Vergangenheit in der Gegenwart (XVII, 104 f). Das gilt es auch zu beachten, wenn ein Mensch beginnt zu agieren, statt sich zu erinnern.
Vor allem in einer therapeutischen Situation kommt es darauf an, sich ausschließlich von der Absicht leiten zu lassen, dem anderen Menschen zu helfen, seine Konflikte und deren Ursachen zu erkennen und zu verstehen. Man muß sich darüber klar sein, daß der andere Mensch Hilfe erwartet und nicht das Eingehen einer persönlich befriedigenden Beziehung, wenngleich dieser Eindruck das generelle Anliegen überlagern sollte. Das bedeutet auch, daß der Therapeut unter allen Umständen verhindern muß, zum Patienten eine andere Beziehung aufzunehmen als die therapeutische. Er sollte ihn also nicht privat besuchen oder dem gleichen Club angehören. Es ist ein guter Brauch in Deutschland, daß sich die Partner einer therapeutischen Beziehung mit »Sie« anreden.

(e) Gegenübertragung
Da eine Interaktion immer zwischen wenigstens zwei Personen stattfindet, gilt alles das im vorhergehenden Gesagte für beide Partner. Das heißt, daß die Reaktion auf Übertragungsvorgänge ebenso universell ist wie die Übertragung selbst. Auch diese Reaktionen sind gekennzeichnet von infantilen Triebkonflikten, die sich in ihnen reproduzieren. Da diese Reproduktion unbedingt in einer therapeutischen Situation durchschaut werden muß, damit der Therapeut dem Patienten keine Interaktionsgebote macht, die vor allem dazu dienen, seine eigenen Probleme zu lösen, oder auf die Interaktionsgebote des Patienten einzugehen, um seine eigenen Fragen zu beantworten, muß der Therapeut um seine eigenen infantilen Konflikte, vor allem um die nicht gelösten, sehr genau informiert sein. Es ist deshalb notwendig, daß sich ein Analytiker selbst einer gründlichen Analyse unterzog (der Lehranalyse), damit er nicht seine Probleme mit denen seiner Patienten zu einer untherapierbaren Einheit vermischt.
Man muß schon über das Funktionieren der eigenen Triebe und die Organisation der eigenen Abwehr sehr genau Bescheid wissen, um nicht die eigenen Triebabkömmlinge (Gefühle, Bedürfnisse, Wünsche) unkontrolliert in Interaktionen eingehen oder die Äußerungen des Patienten der eigenen Abwehr anheimfallen zu lassen.
Nicht wenige Menschen sind über ihre eigene erotische oder aggressive Betroffenheit irritiert, die sie im Umgang mit Menschen erfahren, die sie

zum Übertragungsobjekt gewählt haben. Es kann dazu kommen, daß sie die Übertragung unterdrücken oder zu übersehen versuchen. Manche Menschen geraten auch in Panik, wenn sie sich als Opfer heftiger Übertragungen wiederfinden. Freud meint dazu:

> Den Kranken wegzuschicken, sobald sich die Unannehmlichkeiten seiner Übertragungsneurose herstellen, ist nicht sinnreich und außerdem Feigheit; es wäre ungefähr so, als ob man Geister beschworen hätte und dann davongerannt wäre, sobald sie erscheinen. (XIV, 259)

Gerade die therapeutische Abstinenz, die durch die Gegenübertragung wie auch immer erotisch oder aggressiv gefährdet werden kann, nötigt den Partner, seine Wiederholungen in Erinnerungen zu verwandeln. Sie ist also für jede rational organisierte Beziehung von höchstem Nutzen.

(f) Fehlen der Übertragung

Besonders heftig können die Übertragungen bei narzißtisch gestörten Menschen sein. Es kommt dann zu einer narzißtischen Objektbeziehung. Da solche Objektbeziehungen in aller Regel nicht mit einer sinnvollen Gegenübertragung beantwortet werden können (es kommt zu andauernder Angst, zu Überdruß, zum Gefühl der Überforderung), sind narzißtische Störungen (vor allem die des oknophilen Bereichs) nur schwer therapierbar.

Das gleiche gilt für narzißtisch gestörte Menschen vom philobatischen Typ. Sie sind nur sehr beschränkt fähig, enge soziale Bindungen einzugehen, die wichtig genug erscheinen, den Mechanismus der Übertragung in Gang zu setzen. Kommt es jedoch zu einer positiven Übertragung, sind solche Fälle durchaus therapierbar, denn im Hintergrund einer philobatischen Charakterbildung steht immer auch eine unstillbare, wenn auch oft unbewußte Sehnsucht nach einer engen menschlichen Beziehung.

Freud ist der Meinung, daß bei Schizophrenen sich die abgezogene Libido kein neues Objekt suche, sondern ins Ich zurückkehre und so ein primitiver objektloser Zustand wiederhergestellt werde. Hier scheine die Aufnahme einer fruchtbaren therapeutischen Beziehung kaum möglich zu sein (X, 295).

Es gibt jedoch im angelsächsischen Raum einige positive Versuche, auch Schizophrenien analytisch zu therapieren, wenn es erst einmal gelingt, irgendwo das Gemäuer, hinter das sich der Kranke verschanzt hat, zu öffnen. Denn bei kaum einem anderen Menschen ist die Sehnsucht größer nach menschlichem Kontakt wie bei einem Schizophrenen. Aber bei kaum einer anderen Gruppe von Patienten verhindert die Gegenübertragung (die meist Angst oder Unsicherheit produziert) ein sinnvolles Umgehen mit dem Kranken.

11. Traumanalyse

Die psychoanalytische Theorie ist vor allem durch ihre Traumdeutung bekannt geworden, so daß nicht wenige Menschen zuerst an Träume denken, wenn sie »Psychoanalyse« hören. Das ist noch nicht einmal ganz falsch. Freud war der Meinung, daß Träume uns den sichersten Weg ins Ubw weisen.

Da die Traumbildung ein Paradigma für alle anderen Formen der Kompromißbildung, den glückenden wie den mißglückenden, sein kann, wollen wir sie hier etwas ausführen.

1. Die Traumstruktur

Der Traum hat die Funktion, den Schlaf zu schützen. Deshalb muß er eine Fülle von sinnlichen, physischen und psychischen Reizen und Anregungen verarbeiten. Wir wissen, daß der Traum für eine gesunde Psyche notwendig ist. Entzieht man Menschen längere Zeit den Schlaf oder weckt sie zu Beginn von Traumphasen regelmäßig auf, beginnen sie zu halluzinieren. Offenbar ist Träumen so etwas wie ein Ausscheiden von Stoffwechselprodukten unserer Psyche.

Nun sind Träume – wie wir seit Freud wissen – nicht ganz einfach strukturierte Abläufe. Die Psyche ist hochaktiv, wenn sie Träume produziert. Ihre Aktivität nannte Freud »Traumarbeit«. Die Rolle dieser »Arbeit« soll folgendes Schema verdeutlichen:

______________________	erzählter Traum	
Abwehrtätigkeit		
______________________	erlebter Traum	
sekundäre Verarbeitung	}	Traumarbeit
Darstellbarmachen	}	
Verdichtung – Verschiebung Traumzensur	}	
______________________	latenter Traum	

Der vom Träumenden wahrgenommene manifeste (erlebte) Traum ist das Ergebnis von verschiedenen Verarbeitungsweisen, die der latente Traum erfährt, also jenes Traumgeschehen, das das eigentliche »Stoffwechselprodukt der Psyche« darstellt. Dieses muß auf mannigfaltige

Weise verändert und gefiltert werden, damit es vom Ich zum Bewußtsein zugelassen werden kann.
Jeder Traum ist die verkleidete Erfüllung eines verdrängten Wunsches (II, 166), bestimmte Freud das Wesen des Traums. Diese Bestimmung – so befremdlich sie auf den ersten Blick scheinen mag – hat sich für die analytische Praxis als ausgesprochen fruchtbar erwiesen.

2. Der manifeste Traum

Der manifeste Inhalt der Träume der späteren Kindheit und des Erwachsenenalters scheint nur selten etwas mit Wunscherfüllung zu tun zu haben. Er besteht keineswegs selten aus traurigen oder gar erschreckenden Bildern. Wir werden sehen, daß nur in der frühen Kindheit (vor der Ausbildung der ersten Vorläufer des Überich im vierten Lebensjahr) Träume unzensiert und unverzerrt Wünsche wiedergeben, wunscherfüllende Phantasien sind.
Da der Traum in seinem (latenten) Ursprung im Es gründet und somit in Analogie zu einem Triebabkömmling behandelt werden darf, kann er nur den Zweck haben, Lust zu mehren bzw. Unlust zu meiden – d. h. Wünsche zu erfüllen. Der manifeste Trauminhalt umfaßt alles an Bildern, Abläufen, akustischen Eindrücken, Emotionen ..., an die sich der Träumer nach dem Erwachen erinnert. Dieses Material, wie verwirrt, unzusammenhängend, bedeutungslos, von ambivalenten Gefühlen begleitet es auch immer sein mag, steht in einem prinzipiell auszumachenden Zusammenhang mit an infantile Erlebnisse anknüpfenden Phantasien, die in verhüllter Form wieder auftauchen. Die manifesten Träume sind Kompromißbildungen zwischen solchen Phantasien (oder anderen Triebabkömmlingen) und den Verboten und Geboten des Überich, als deren Vollstrecker sich das Ich betätigt.
Im Prinzip ist Träumen eine besondere Form des Denkens, die unter den Bedingungen des Schlafzustandes geschieht (II, 510A). Es wird durch eine hochkomplizierte geistige Tätigkeit produziert (II, 127). Der Traum des älteren Kindes oder des Erwachsenen ist also eine Ich-Leistung. Das Ich versucht, die Forderungen des Überich so mit den schlafstörenden psychischen, somatischen, sensorischen Reizen in Einklang zu bringen, daß eine möglichst große Lusterfüllung dabei herauskommt. Es sucht, oft unter mißlichen Umständen, die mögliche Befriedigung der Es-Wünsche in Form einer halluzinatorischen Wunscherfüllung (XV, 19).
Traumerreger sind neben zerebralen autonomen Prozessen alle möglichen Inhalte, von denen die Psyche des Schlafenden affiziert wird. Diese Affektion geschieht durch äußere oder innere Wahrnehmungen. Äußere Wahrnehmungen können sein: Geräusche, Berührungen, aber auch

Schmerz, Hunger, Durst, sexuelle Reize. Diese somatischen Reizquellen sind in der Regel Traumauslöser. Innere Wahrnehmungen betreffen vor allem »Tagesreste«, Affekte, soziale Bedürfnisse ...
Tagesreste sind affektbesetzte Denkvorgänge des Traumtages, die der allgemeinen Triebminderung durch den Schlaf entgangen sind (Nagera 1977, 264). Freud ist der Meinung, daß in den meisten Träumen ein Erinnerungsrest oder eine Anspielung an eine Begebenheit des Traumtages eine notwendige Rolle spielt. Diese im Vbw gespeicherten Reste werden der Verwerfung durch unbewußte Aktivitäten entzogen (II, 568).

Der Traum beschäftigt sich niemals mit Dingen, die uns nicht auch bei Tag zu beschäftigen würdig sind, und Kleinigkeiten, die uns bei Tag nicht anfechten, vermögen es auch nicht, uns in den Schlaf zu verfolgen. (II, 669 f)

Es handelt sich also bei diesen Tagesresten nicht um Bagatellerlebnisse, sondern um Erfahrungen, die wichtig genug sind, noch einmal aufgenommen und verarbeitet zu werden, da uns der Tag aus irgendwelchen Gründen dazu nicht die Möglichkeit gab.
Aber auch Affekte spielen im Traum als psychische Anreger eine erhebliche Rolle. Sie werden vom Wachen ins Träumen vergleichsweise unverstellt übernommen. Jedoch ist der Traum meist affektärmer als das psychische Material, aus dessen Verarbeitung er hervorging. Die Affekte erscheinen also, im Dienst der Erhaltung oder der Gewährung von Schlaf, im Traum quantitativ gemindert. Daß es auch eine Affektminderung gibt, die durch die Traumzensur besorgt wird, ist unbestritten.
Typisch für viele Träume ist, daß ihre Vorstellungsinhalte nicht mit solch heftigen Affekten verbunden sind, wie wir sie bei realen Erlebnissen erwarten würden. Angst, Trauer, Freude ... scheinen gemindert. Zum anderen tauchen in Verbindung mit Traummaterial Affekte auf, die im Wachzustand nicht vorkommen. Freud hält diese beiden Erscheinungen für ein sicheres Merkmal, daß der »eigentliche« Traum sich offenbar von dem manifesten unterscheidet. Die Traumarbeit verschiebt und ersetzt Trauminhalte, während die Besetzungen an der gleichen Stelle bleiben und daher mitunter merkwürdig unangebracht oder inadäquat zu sein scheinen (II, 463).
Das Material, aus dem sich der erlebte Traum zusammensetzt, stammt in irgendeiner Weise vom real Erlebten. Dieses wird, wenn auch mitunter verstellt und phantastisch neu komponiert, im Traum erinnert. Da im Traum die Zensur unseres Ich, die nur Erträgliches und für Lustgewinn oder Unlustvermeidung Relevantes zum Bewußtsein zuläßt, geschwächt ist, steht dem Traum eine gewaltige Masse an Erinnerungen zur Verfügung. Dabei scheint das scheinbar Unwesentliche bevorzugt zu werden. Aber auch Erinnerungen der frühen Kindheit, die im Wachzustand seit langem vergessen sind, können im Traum reaktiviert werden. Traum-

erinnerungen scheinen mitunter an einer Stelle einer real erlebten Szene plötzlich abzubrechen. Eine scheinbar nicht dazu passende Szene folgt. Hier wird offensichtlich, daß der Traum Szenen auswählt, um etwas anderes, gleichsam Darunterliegendes, darzustellen, das am besten und geeignetsten durch verschiedene, an sich inkonsistente Szenen dargestellt wird. Die Logik des Ubw kann in ihrer Spiegelung im Bewußten zur Unlogik werden.

3. Der latente Traum

Latent sind nach Freud alle Trauminhalte, die nicht im Traum bewußt erlebt, sondern nur durch die analytische Deutung aufgedeckt werden können. Der latente Traum enthält eine Fülle an vbw- und ubw-Material. Da das Vbw und Ubw aktiv verarbeitende und produktive psychische Strukturen sind, müssen wir damit rechnen, daß sie nicht nur Erfahrungen der Kindheit oder des Vortages speichern, sondern auch gestalten.

Im latenten Traum spielen die *latenten Traumgedanken* eine wichtige Rolle. Wie schon gesagt, ist Träumen eine denkende Tätigkeit unter den Bedingungen des Schlafs. Ähnlich wie beim Wachen unser Denken von vorbewußten Gedanken begleitet wird, die dieses bewußte Denken kommentieren, ergänzen, vervollständigen (eine Arbeit, die uns alltäglich als erheblich begegnet, wenn wir im Sprechdenken, also während des denkenden Sprechens, schon unsere weiteren Ausführungen planen, ohne daß uns die geplanten Inhalte schon zur Verfügung stünden), so begleiten den manifesten Traum unsere latenten Traumgedanken (etwa die vorbewußten Tagesreste). Bei passender Gelegenheit werden sie aktiviert und in den manifesten Traum eingeschoben.

Doch sind diese latenten Traumgedanken nicht der eigentliche Motor des Träumens. Der sind vielmehr die schon erwähnten unbewußten Wünsche, die *latenten Traumwünsche.* Es handelt sich dabei um Strebungen des Es (dynamisch unbewußte Wünsche), die von der Zensur (einer Abwehrfunktion des Ich) daran gehindert werden, im Wachleben ins Vorbewußte oder gar ins Bewußte zu gelangen. Ein einziger Traum kann sehr viele und sehr verschiedene – auch miteinander unvereinbare – Wünsche verbinden. Freud vermutet, daß die meisten dieser Wünsche sexueller Art seien und aus unserer frühesten Lebensperiode stammen, wo sie, weil frustriert, sich nicht erledigt haben.

> Nach dieser Auffassung ließe sich der Traum auch beschreiben als der durch Übertragung auf Rezentes veränderte Ersatz der infantilen Szene. Die Infantilszene kann ihre Erneuerung nicht durchsetzen; sie muß sich mit der Wiederkehr als Traum begnügen. (II, 552)

Auch die latenten Traumgedanken (die neben den latenten Traumwünschen und den Traumquellen die Komponenten ergeben, aus denen sich ein Traum zusammensetzt) müssen sich – um der Einheit des Traums willen – in den Dienst der latenten Traumwünsche stellen. Aus der großen Vielzahl vorbewußter Gedanken, die zur Verfügung stehen, wenn immer wir denkend tätig sind, werden die ausgewählt, die mit den Traumwünschen in Verbindung stehen. So haben die latenten Traumgedanken die Aufgabe, den verdrängten Traumwunsch denkbar zu machen, ganz ähnlich wie beim Wachdenken die zahlreichen vorbewußten Gedanken sich in den Dienst der Konsistenz einer Redefolge stellen können. In assoziativer Knüpfung werden aus den vorbewußten Materialien die Gedanken ausgewählt, die eine gewisse (assoziative) Kettung der manifesten Gedanken gestatten. Hier setzt die Funktion der Traumarbeit an.

Die Traumarbeit steht unter dem Zwang, alle gleichzeitig vorhandenen Traumanregungen zu einer Einheit zu verarbeiten ... Der Traum erscheint somit als Reaktion auf alles, was in der schlafenden Psyche gleichzeitig als aktuell vorhanden ist. Soweit wir also das Traummaterial bisher analysiert haben, erkannten wir es als eine Sammlung von psychischen Resten, Erinnerungsspuren, denen wir (wegen der Bevorzugung des rezenten und des infantilen Materials) einen psychologisch derzeit unbestimmbaren Charakter von Aktualität zusprechen müßten ... (II, 233).

4. Die Traumarbeit

Die Traumarbeit ist jene psychische Tätigkeit, die den latenten Trauminhalt in den manifesten verwandelt. Diese Traumarbeit geschieht in

- der Traumzensur,
- der Verdichtung des Traummaterials,
- der Verschiebung der Besetzungen des Materials und
- der Veränderung des Materials in Bildern und Szenen, die das Material darstellbar (träumbar) machen.

Diese Traumarbeit ist an Präzision, Korrektheit und Logik jener Arbeit vergleichbar, mit der wir die latenten Gedanken aus dem Vbw ins Bewußtsein bringen und zu einer sinnvollen Abfolge von Gedanken verarbeiten. Dennoch ist die Traumarbeit von dieser Denkarbeit völlig verschieden. Sie bedenkt, rechnet, urteilt nicht, sondern sie beschränkt sich darauf, umzuformen (II, 511).
Die Traumarbeit produziert einen Kompromiß zwischen den latenten Traumwünschen und den Verbotsforderungen des Überich, so daß eine optimale Lustbefriedigung (oder Unlustvermeidung) zustande kommt. Ein wichtiges Instrument der Traumarbeit ist die Regression. Es werden

Strategien gewählt, die für primitive psychische Zustände charakteristisch sind. Dabei werden Gedanken in vorwiegend visuelle Bilder verwandelt.

Wortvorstellungen werden auf die ihnen entsprechenden Sachvorstellungen zurückgeführt, im Ganzen so, als ob eine Rücksicht auf Darstellbarkeit den Prozeß beherrschen würde. (X, 418)

Die Traumarbeit ist beendet, wenn die regressiv verwandelten und an einen latenten Wunsch angebundenen und in der Anbindung umgeformten Traumgedanken als sinnliche Wahrnehmung bewußtseinsfähig geworden sind. Dann werden sie noch einer sekundären Bearbeitung unterworfen: Lücken werden gefüllt, Widersprüche geglättet, so daß etwas Zusammenhängendes entstehen kann (die Traumszene).
Begegnen uns in Träumen Urteile, logisches Schließen, Unterhaltungen, Diskussionen, handelt es sich um Fragmente (meist von Tagesresten), die schon in den latenten Traumgedanken vorhanden waren. Sie werden nicht durch die Traumarbeit produziert. Es ist gelegentlich sogar zu vermuten, daß es sich um spätere Hinzufügungen zum Traum handelt, die den Traum ergänzen, um ihn erzählbar zu machen.

(a) Die Traumzensur

Die Traumzensur hat die Aufgabe, die Äußerungen jener Traumwünsche zu kontrollieren, die ins Bewußtsein drängen und durch ihre Eigenheit, vom Überich verboten zu sein und damit im Fall ihrer Bewußtwerdung ASSM zu erzeugen, den Schläfer wecken könnten. Alles, was verwerflich, anstößig in ethischer, ästhetischer, sozialer ... Hinsicht erscheint, Dinge, an die man nicht zu denken wagt oder nur mit Abscheu denkt, werden von der Traumzensur nicht zum Bewußtsein zugelassen (XI, 142). Im Schlaf wird zwar die Kraft und Effizienz dieser Zensurinstanz gelockert, da die unbewußten Wünsche nicht mehr zu Aktionen führen, sondern nur noch zu Phantasien oder Halluzinationen, was sie ungefährlicher macht, doch bleibt sie noch als erheblich erhalten.

Der Schlafwunsch versucht alle vom Ich ausgeschickten Besetzungen einzuziehen und einen absoluten Narzißmus herzustellen. Das kann nur teilweise gelingen, denn das Verdrängte ... folgt dem Schlafwunsch nicht. Es muß also auch ein Teil der Gegenbesetzungen aufrechterhalten werden und die Zensur zwischen Ubw und Vbw, wenngleich nicht in voller Stärke, verbleiben. Soweit die Herrschaft des Ich reicht, sind alle Systeme (Ubw, Vbw, Bw) von Besetzungen entleert. Je stärker die ubw Triebbesetzungen sind, desto labiler ist der Schlaf. (X, 416)

Die Traumzensur steht also im Dienste des Schlafes. Sie hat die Aufgabe, ihn zu schützen. Das geschieht auf eine doppelte Weise:

- Sie unterdrückt die verbotenen Äußerungen von Triebwünschen.
- Sie verhindert die Entstehung von unerwünschten Affekten.

Traumentstellung und Affekthemmung sind also die wichtigsten Funktionen der Zensur. Die Arbeit der Zensur besteht darin, daß sie diesen den Zugang zum Vbw versperrt. Die Traumarbeit selbst besorgt Affekthemmung und Traumentstellung.
Träume sind also Ergebnisse von Kompromißbildungen. Nur wenn die Traumarbeit die unbewußten Wünsche zureichend verkleiden kann, wird ihre Produktion zum Bewußtsein, zum manifesten Traum zugelassen.
Freud verweist darauf, daß Träume ganz analog zu neurotischen Symptomen aufgebaut sind. Sie seien eine Kompromißbildung »zwischen dem Anspruch einer verdrängten Triebregung und dem Widerstand einer zensurierenden Macht im Ich« (XVI, 71).
Die Wirkungen der Zensur sind mitunter leicht wahrzunehmen (ähnlich wie bei einer zensurierten Zeitung). Es tauchen Lücken auf, die Berichterstattung des manifesten Traums wird schwach, unbestimmt und zweifelhaft. Es kommt zu Anspielungen, Abschwächungen, Annäherungen (XI, 140). In der analytischen Traumdeutung macht sich die Arbeit der Zensur an Widerständen gegen Deutungen bemerkbar.

(b) Die Traumentstellung

Die Traumarbeit entstellt eine Vorstellung, damit unbewußtes oder vorbewußtes Material Zugang zum Bewußtsein erlangen kann. Sie macht, daß uns Träume fremdartig und unverständlich erscheinen.

> Das Studium der Traumarbeit lehrt uns an einem ausgezeichneten Beispiel, wie unbewußtes Material aus dem Es, ursprüngliches und verdrängtes, sich dem Ich aufdrängt, vorbewußt wird und durch das Sträuben des Ichs jene Veränderungen erfährt, die wir als die Traumentstellung kennen. (XVII, 88)

In der Entstellung treffen zwei Aspekte zusammen (vgl. Nagera, 1980, 290):

- Sie ist Folge der Überführung der Traumgedanken in eine andere, als archaisch zu bezeichnende Ausdrucksweise, die – infolge der Regression im Traum – von Primärprozessen beherrscht wird.
- Sie ist das Resultat der einschränkenden und kritischen Wirkungen der an den unbewußten Wünschen und deren Abkömmlingen geübten Zensur.

Ist das verbietende Überich noch wenig oder gar nicht ausgeprägt (wie bei kleinen Kindern), ist die Entstellung gering. Kinderträume sind oft einfache und unverhüllte Wunschvorstellungen.

(c) Die Verdichtung des Traummaterials

Primärprozeßlich kommt es in Träumen zu Verdichtungen, d. h. durch Ablösung ihrer ursprünglichen Besetzung und deren Konzentration auf eine Vorstellung werden Teile der ursprünglichen Vorstellungen mit der Besetzung auf die jetzt »überbesetzte« Vorstellung transportiert. Hinter einem psychischen Inhalt (Vorstellung, Bild) verbergen sich viele andere. Sie sind mit ihm zu einer Einheit verschmolzen. So kommt es denn, daß der manifeste Traum sehr viel weniger Inhalt hat als der latente. Ja, er ist oft nur eine erhebliche Abkürzung des latenten. Die Verdichtung verwendet folgende Verfahren:

- eine Reihe von Elementen mit geringer oder fehlender Besetzung werden ausgelassen,
- manche Komplexe des latenten Traums werden nur durch eine sehr kurze Szene, oft nur durch einen Traumfetzen dargestellt,
- latente Elemente, die sich sehr ähneln, werden ökonomisch zu einer Einheit verschmolzen.

Die Richtung der Verdichtung wird zum einen durch die zur Verfügung stehenden latenten Traumgedanken bestimmt, zum anderen durch die Möglichkeit, sie visuell darzustellen (ob das Gedächtnis entsprechende Bilder bereit hält).
Die Verdichtung führt zu Mischbildern im manifesten Traum, zu Einheiten, die Züge von allen möglichen verschiedenen im Gedächtnis gespeicherten Ereignissen und Personen annehmen können. Name, Züge, Bekleidung, Gebärden ... können verschiedenen Menschen entlehnt sein und hier neu komponiert werden.

(d) Die Verschiebung der Besetzung des Traummaterials
In der Verschiebung wird eine Besetzung von einem Objekt auf ein anderes verschoben, der Betrag der Besetzung wird an eine andere Repräsentation abgegeben. Nun handelt es sich im Traum nicht um eigentliche Repräsentanzen und Objekte. Die Verschiebung erfolgt vielmehr – wie auch die Verdichtung – schon im Ubw. Sie geschieht um so leichter, als im Ubw die Verschiebung der Besetzungsintensitäten Ausdruck der Dynamik des Ubw ist.
Diese Besetzungsverschiebung im Ubw hat zur Folge, daß

- ein Element nicht nur durch eine Repräsentation vertreten wird, sondern u. U. durch eine andere, sehr weit entfernte,
- die Besetzung und damit die psychische Bedeutung von einem sehr wichtigen auf ein sehr unwichtiges Element verlagert wird.

Beides kann dazu führen, daß ein Traum sehr fremdartig wirkt. Der Traum verwendet nicht selten Anspielungen, deren assoziative Bindung mit dem ursprünglich besetzten Inhalt kaum reproduziert werden kann. Die Verschiebungsvorgänge sind oft nur durch die mögliche Darstellbarkeit begrenzt.

Die Verschiebung erfolgt in der Regel nach der Richtung, daß ein farbloser und abstrakter Ausdruck des Traumgedankens durch einen bildlichen und konkreten ausgetauscht wird, damit er darstellungsfähig wird. (II, 345)

(e) Das Darstellbarmachen der Traumgedanken

Die Traumgedanken müssen so verändert werden, daß sie sinnlich (meist optisch) dargestellt werden können. Während Verschiebung und Verdichtung die Beziehungen zwischen den latenten Trauminhalten eher entstellen und den Trauminhalt eher deformieren, richtet die Darstellbarkeit den entstellten latenten Trauminhalt so her, daß er Bildform annehmen kann. Die Trauminhalte müssen in eine neue »sprachliche« Form gegossen werden. Dazu ist es nötig, sie noch einmal zu verändern, und zwar so, daß nur eine Darstellung möglich wird und das »eingeklemmte Denken« sich in Szenen befreien kann. (II, 349)

Eines der wichtigsten Hilfsmittel der Darstellbarkeit ist die Verwendung von *archaischen Symbolen* im Traum. Die Verwendung solcher Symbole entspricht der allgemeinen Regression im Traum.

Gerade die Verwendung solcher Symbole erlaubt Verdichtungen, denn sie können eine Mehrzahl von Bedeutungen haben. Die Symbole entsprechen kindlichen Sachvorstellungen. Eine frühe Form der Traumdeutung hat sich vor allem mit der Deutung solcher Symbole beschäftigt. Auch Freud erkannte, daß in der eine bildliche Darstellung ermöglichenden Traumarbeit vor allem sexuelle Symbole eine große Rolle spielen.

Die analytische Traumdeutung hat jedoch nicht mit der Entzifferung solcher Symbole zu tun. Diese ist nur ein gelegentlich notwendiges Hilfs- und Hinweismittel über die konkrete Leistung der Traumarbeit. Vielmehr geschieht die Traumanalyse so, daß der Patient aufgefordert wird, seine Einfälle zu den Träumen frei assoziierend zu erzählen. Dabei können sich Vorstellungen als zentral herausstellen. Daraus lassen sich Schlüsse auf frühe Kompromißbildungen ziehen. Es handelt sich dabei vor allem um Prozesse der frühen Kindheit, die ihre unauslöschlichen Spuren im Ubw hinterlassen haben und das Funktionieren des Ubw bis ins Heute bestimmen. Die Traumdeutung ist ein Weg, Freud sagt, *der* Weg zum Umbewußten. (II, 613)

Die Bedeutung der Traumsymbole können wir teilweise aus Mythen und Märchen, aus Schwänken und Witzen, aus Sitten und Gebräuchen erheben. Da diese Symbole nicht der Zensur unterliegen, sind sie doch sehr allgemein und allgemein akzeptiert, werden sie besonders gern in der Traumarbeit verwendet, um die Traumgedanken darstellbar zu machen. Die Symbole erscheinen als solche nicht besetzt zu sein, obschon sie zur (angeborenen) Ausstattung des Ubw gehören. Ihre Bedeutung wird in der freien Assoziation selten aufgedeckt.

Erotische und aggressive Wünsche werden durch die Symbolisierung so verharmlost, daß sie, sexuell oder friedfertig geworden, unverstellt in den bewußten Traum übernommen werden können. Die Symbolisierung erfolgt unbewußt. In der Eigendeutung durch den Träumenden wird das Symbol für real gehalten.
Die Sprache der Symbole kennt keine Grammatik, im Extremfall besteht sie nur aus Infinitiven. Selbst Aktiv und Passiv werden durch das gleiche Symbol dargestellt.

5. Die sekundäre Bearbeitung des Traums

Freud hat gelegentlich die sekundäre Traumbearbeitung der Traumarbeit zugerechnet. Doch scheint es angemessener zu sein, sie als eigenes Traumgeschehen zu behandeln. Diese sekundäre Arbeit ist ein *automatischer* Prozeß, in dem aus einzelnen Szenen und szenischen Fetzen ein Ganzes, ungefähr Zusammenpassendes hergestellt wird.
Um seine Funktion als Denkinhalt zu erfüllen, muß ein Traum irgendwie verständlich sein. Freud ist der Meinung, daß diese Tätigkeit

> sich gegen den vorliegenden Trauminhalt so benimmt, wie unsere normale psychische Tätigkeit überhaupt gegen einen beliebigen ihr dargebotenen Wahrnehmungsinhalt. Sie erfaßt ihn unter Verwendung gewisser Erwartungsvorstellungen, ordnet ihn schon bei der Wahrnehmung unter der Voraussetzung seiner Verständlichkeit, läuft dabei Gefahr, ihn zu verfälschen, und verfällt in der Tat, wenn er sich an nicht Bekanntes anreihen läßt, zunächst in die seltsamsten Mißverständnisse. Es ist bekannt, daß wir nicht imstande sind, eine Reihe von fremdartigen Zeichen anzusehen oder ein Gefolge von unbekannten Worten anzuhören, ohne zunächst deren Wahrnehmung nach der Rücksicht auf Verständlichkeit nach der Anlehnung an etwas Bekanntes zu verfälschen. Träume, welche diese Bearbeitung von seiten einer dem wachen Denken völlig analogen psychischen Tätigkeit erfahren haben, kann man gut komponierte heißen. (II, 679 f)

Ich habe diesen Text ausführlich zitiert, weil er zeigt, daß Freud in seine Traumdeutung einen Gedanken einführt, den die Wissenschaftstheorie erst um die Mitte der 70er Jahre wirklich ernstnahm, den Gedanken nämlich, daß wir alles nur unter Hinsicht einer möglichen Erklärung erkennen und daß somit, weil alle Erklärung weitgehender Willkür und dem Geschmack eines sozio-kulturellen Systems unterworfen ist, alle Erkenntnis wesentlich subjektiv ist. Das, was wir für den Traum als selbstverständlich halten, gilt auch für das nicht-träumende Denken. Die Fragmente unserer Wahrnehmung werden nur wahrgenommen in Hinsicht auf eine mögliche Ordnung. Und diese Ordnung wird dann über das Wahrgenommene hergestellt.
Das meint »sekundäre Bearbeitung«. Offenbar ist der Begriff nicht nur

auf das träumende, sondern auch auf das wachende Wahrnehmen anzuwenden.
Unser Wachdenken und die Erfahrungen, die wir dabei gemacht haben, zwingen vermutlich unserem Traumdenken ihre Regeln auf.

6. Das Erinnern von Träumen

Aus unserer eigenen Erfahrung wissen wir, daß nur ein Teil unserer Träume erinnert werden kann. Manche Menschen erinnern sich über lange Jahre keines einzigen Traums. In der Regel werden die meisten Träume bald wieder vergessen.
Damit ein Traum erinnert werden kann, muß er wieder einmal eine Zensur passieren, die des Wach-Bewußtseins. Diese ist oft nicht ganz so großzügig wie die des Schlaf-Bewußtseins und wehrt deshalb eine Menge von Träumen ab. Sie werden verdrängt.
Aber selbst erinnerte Träume werden nicht selten noch einmal durch die Abwehrmechanismen des Ich weitgehend neu bearbeitet und inhaltlich erheblich verändert. Das gilt vor allem für jene Träume, deren Inhalte stark besetzt waren.
Vergessen und nachträgliche Bearbeitung von Träumen sind Widerstandsleistungen. Seltener richten sie sich auf das Träumen überhaupt, meist auf den Inhalt der Träume oder deren Besetzung. Freud ist der Meinung, daß die Zensur des Wach-Bewußtseins schon die Traumarbeit selbst beeinflussen könne.
Daß Träume meist nur sehr verändert erinnert werden, läßt sich leicht aufweisen, wenn man sich denselben Traum mehrmals erzählen läßt. Leicht wird zu bemerken sein, daß sich der Traum mit jeder Erzählung ändert. Neues wird nacherinnert oder kommt über Abwehr hinzu, anderes wird vergessen oder spielt eine untergeordnete Rolle. Diese Tatsache zeigt, wie wichtig es ist, in der analytischen Arbeit den Traum in seiner *gegenwärtigen* Form ernstzunehmen und ihn zum Gegenstand freien Assoziierens zu machen. Die Rekonstruktion des ursprünglichen Traums ist nur in seltenen Fällen wichtig.

7. Unlust bereitende Träume

Wenn Träume die Aufgabe haben, unbewußte Wünsche zu erfüllen – also Lust zu gewinnen und Unlust zu vermeiden, ist nicht erklärlich, daß manche Träume mit heftigen ASSM verbunden sind. Angstträume (Alpträume) sind die am lebhaftesten erinnerten Träume. Sie gerade erfüllen anscheinend keine Wünsche. Freud hat schon früh darauf verwiesen, daß solche Träume zustande kommen, wenn die Abwehrmaßnahmen des Ich nicht greifen und verbotene Vorstellungen sich Zugang zum Bewußtsein zu verschaffen drohen. Damit käme es zu Reaktionen von ASSM. In solchen Situationen reagiert das Ich mit Angst. Die Angst des Ich, es könne außer Funktion gesetzt werden, ist also nicht nur typisch für Wachzustände. Diese Überflutungsangst bringt das Ich dazu, den Schläfer den Traum abbrechen zu lassen. Er erwacht. Da diese Träume von schnellem Erwachen gefolgt sind, sind sie meist gut erinnerlich.

Neben Angstträumen spielen Schuldträume eine unlustvermittelnde Rolle. Der unbewußte Wunsch nach Selbstbestrafung zum Zweck der Entsühnung ist im Straftraum erfüllt, insofern fallen diese Träume keineswegs aus der Rolle. Die Traumstrafe kann u. U. für eine Realstrafe stehen. In diesen Träumen nimmt das Ich die Verurteilung durch das Überich vorweg. Es gibt auch Strafträume, in denen eine Strafe für einen latenten Traumwunsch vollzogen wird. Diese Strafträume dürften verbreitet sein.

Die einzige Ausnahme von seiner Definition des Traumzwecks sah Freud in den Träumen bei traumatischen Neurosen gegeben. Ein Mensch, der an einer traumatischen Neurose leidet, etwa weil er einmal von Erdmassen verschüttet worden ist, reproduziert die traumatische Szene im Traum. Das macht alles andere als Lust. Die Träume von Unfallneurotikern laufen oft in Angst aus. Hier handelt es sich offenbar um eine Ausnahme vom Lustprinzip ähnlich der, der wir beim Wiederholungszwang begegnet sind.

Freud versucht auch für diese Träume seine Theorie von der Wunscherfüllung durchzuhalten (XV, 30 f). In Träumen von Unfallneurotikern versagt der Traum in der Erfüllung seiner Funktion. Ähnlich wie beim normalen Angsttraum führt das zum Erwachen, das vom Ich eingefordert wird, weil es ihm als einzige Abwehrstrategie noch zur Verfügung steht.

2. Teil

Das Werden der menschlichen Psyche

Bislang haben wir die psychoanalytische Theorie unter ihren dynamischen, ökonomischen und topischen Gesichtspunkten dargestellt. Es bleibt ein weiterer Gesichtspunkt abzuhandeln, der für die Lebenspraxis von erheblicher Bedeutung ist: der genetische. Wie kommt es zur Ausbildung bestimmter Strukturen, ihrer Inhalte und Muster, die machen, daß dieser Mensch dieser ist und in seinem Verhalten mit keinem anderen identisch?

Ich werde versuchen, die Frage so zu beantworten, daß zugleich ein Einblick in die analytische Entwicklungspsychologie gegeben werden kann. Sie hat seit Jahrzehnten besonderes Interesse gefunden. Gerade in der psychischen Bildung eines jungen Menschen begegnen wir Abläufen, die den meisten Erwachsenen fremd sind, die aber zur optimalen psychischen Bildung ebenso erheblich sind wie zum Verständnis von Verhalten.

Die psychoanalytische Theorie über die Bildung der menschlichen Psyche ist der Ansicht, daß frühe Eindrücke die menschliche Psyche besonders intensiv prägen – und je früher sie liegen, um so intensiver.

Wir alle wissen aus unserer Eigenerfahrung, daß wir in bestimmten Phasen unseres Lebens für bestimmte Eindrücke besonders empfänglich waren – etwa während der Pubertät für sexuelle. Es gibt gute Gründe anzunehmen, daß in bestimmten Phasen der psychischen Entwicklung eine erhöhte Sensibilität für bestimmte Wahrnehmungen (oder auch deren Ausbleiben) besteht. Diese Sensibilität zeigt an, daß eine erhöhte Wahrnehmungsbereitschaft für bestimmte Eindrücke vorhanden ist. Die erhöhte Wahrnehmungsbereitschaft läßt sich am ehesten durch psychische Bedürfnisse erklären, die in diesen Phasen entweder befriedigt werden (und das ist das Ziel der erhöhten Wahrnehmungsbereitschaft) oder nicht. Jedenfalls sind die Ergebnisse der erhöhten Wahrnehmungsbereitschaft (also die konkreten Wahrnehmungen oder ihr Unterbleiben) offensichtlich von bleibender Wirkung. Anders wäre es schwer zu erklären, warum die erhöhte Wahrnehmungsbereitschaft mit Phasen der psychischen Entwicklung zusammenfällt. Diese Entwicklung verläuft offensichtlich nur dann optimal, wenn die Wahrnehmungsbereitschaft zu entsprechenden Wahrnehmungen geführt hat.

Obschon auch in späteren Lebensabschnitten erhöhte Sensibilisierungen für spezifische Wahrnehmungen bemerkbar sind, sind doch die des Kindes- und Jugendalters von besonderem Interesse, da die in diesen Phasen gemachten entsprechenden Wahrnehmungen den Charakter eines Menschen besonders intensiv prägen: sein Umgehen mit sich selbst, mit seiner Umwelt, seinen Mitmenschen. Je früher eine solche Charakterprägung erfolgt, je schwerer ist sie zu ändern.

In diesem Teil sollen folgende Phasen behandelt werden:

- Das erste Lebensjahr (orale Phase, die Phase der psychischen Geburt)
- Das zweite und dritte Lebensjahr (die anale Phase, die Phase des Herausfindens: »Wer bin ich?«)
- Das vierte und fünfte Lebensjahr (die genitale Phase, die Phase des Herausfindens: »Was kann ich?«)
- Die Pubertät
- Die Adoleszenz

Dabei ist darauf zu achten, daß alle Altersangaben statistischen Durchschnitten entsprechen. Das psychische Alter eines Menschen kann von diesem Durchschnitt erheblich abweichen. Der mögliche Fehler wächst mit den Jahren.

Die frühe Psychoanalyse mußte ihre Entwicklungspsychologie weitgehend aus den Krankengeschichten psychisch gestörter Menschen rekonstruieren. Sie verfuhr dabei so, daß sie die Ereignisse der Kindheit erhob (sowohl aus den Erinnerungen des Patienten als auch aus den Erzählungen seiner Angehörigen). Dabei stellte es sich heraus, daß bestimmte Störungen in der Erlebniswelt der Kindheit immer wieder bestimmten Störungen im Verhalten des Erwachsenen zugeordnet werden konnten. Die moderne psychoanalytische Entwicklungstheorie stützt sich auch auf unmittelbare Kindbeobachtungen und verfolgt den Lebensweg der beobachteten Kinder. Auf diese Weise kommt eine Fülle empirisch wohlgesicherten Materials zustande.

1. Das erste Lebensjahr

Das neugeborene Kind ist ein sehr hilfloses Geschöpf. Es kann sich selbst nicht erhalten und ist, da nur mit sehr wenigen instinktoiden Verhaltensmustern ausgestattet, darauf angewiesen, Verhalten von anderen Menschen zu lernen. Biologisch und psychologisch gesehen ist ein Menschenkind eine Frühgeburt, noch ganz unreif und in existentieller Weise auf fremde Hilfe angewiesen. Vor allem aber *weiß* ein Kind in den ersten Lebensmonaten kaum, daß es überhaupt existiert. Es nimmt sich nicht als Gesondertes vor dem kosmischen Hintergrund wahr. Es bildet mit der Umwelt eine kosmische Einheit.

Mit der Geburt beherrscht das Kind eine einzige mehr oder minder koordinierte sinn- und zielgerichtete Bewegung – die des Suchens der mütterlichen Brust und des Saugens, wenn es sie gefunden hat. Diese Fähigkeit trifft auf die mehr oder minder koordinierte Fähigkeit der Mutter, es zu nähren und willkommen zu heißen.

Es entsteht das, was Balint die »primäre Liebe« und Freud »Autoerotismus« nannte. Die Einheit der Welt wird libidinös besetzt. Diese Einheit der Welt stellt sich vor allem dar und realisiert sich in der Einheit mit der mütterlichen Brust. Der Säugling lebt und liebt durch seinen Mund, und die Mutter liebt ihn mit ihren Brüsten und mit all den Teilen ihres Körpers, die dem Kind deren Verlangen übermitteln, seine Wünsche zu erfüllen, seine Bedürfnisse zu befriedigen.

Das Verhalten der Mutter hängt in dieser Zeit von wenigstens sechs Faktoren ab:

- ihrer Individualgeschichte, die in einen sozio-kulturellen Kontext gebunden ist, die sie psychisch und sozial zur Frau werden ließ,
- den unbewußten Einstellungen, die sie während ihrer Schwangerschaft dem Kind gegenüber entwickelte,
- den Erfahrungen während der Geburt,
- den Reaktionen ihrer Umwelt auf ihre Schwangerschaft und das Neugeborene,
- den Einstellungen ihrer Umwelt zum Stillen und zur Kinderpflege,
- den Reaktionen ihres Kindes auf sie.

Das Kind liebt sie mit einer einverleibenden Hinwendung. Diese verdichtet sich im Stillen. Wegen der zentralen Bedeutung der Wahrnehmung durch den Mund des Kindes nennt die psychoanalytische Theorie diese erste Phase des kindlichen Erlebens die *»orale Phase«*.

Das Wort darf nicht mißverstanden werden, als wenn das Kind keine anderen Bedürfnisse hätte oder als ob diese vernachlässigbar wären. So hat das Kind etwa das Bedürfnis:

- Nach einem angenehmen Hautgefühl (es will trockengelegt werden und nicht frieren). Dieses positive Hautgefühl ist wichtig für die Ausbildung des libidinös besetzten Körper-Selbst.
- Nach sozialen Kontakten (es will angelächelt werden und will, daß man es anspricht). Diese Sozialkontakte (etwa der Blickkontakt der Mutter während des Stillens) dürften wichtig sein für die Ausbildung des sozialen Selbst, also jener Selbstrepräsentanzen, die den Sozialcharakter bestimmen.
- Nach großflächigem Hautkontakt (es will von der unbedeckten Haut der Mutter möglichst großflächig berührt werden). Das geschieht im notwendigen Minimum während des Stillens. Mütter, die nicht stillen (können oder wollen), werden versuchen, dem Kind anderswie großflächigen Hautkontakt anzubieten. Dieser Kontakt ist wichtig für die Entwicklung der Sexualität des Kindes.

Alle diese Bedürfnisse und ihre Befriedigung sind wichtig. Werden sie nicht erfüllt, reagiert das Kind mit Unmutsäußerungen, weil seine kosmische Harmonie gestört erscheint und als gestört erlebt wird. Dennoch

sind diese Bedürfnisse nicht in gleicher Weise psychisch erheblich wie das durch befriedigendes Saugen gestillte.
Wenn wir hier von »Bedürfnissen« sprechen, ist das analog zu verstehen. Es handelt sich nicht um eigentliche Bedürfnisse, sondern um Triebimpulse, da Bedürfnisbildung schon eine deutliche Unterscheidung zwischen Selbst und dem Weltteil voraussetzt, der für die Befriedigung zuständig ist. Im Zustand der kosmischen Einheit kennt das Kind noch kein Gegenüber, hat also noch keine Bedürfnisse, sondern nur das Urverlangen, daß diese Einheit in Harmonie erhalten bleibt. Jede Störung der Harmonie macht erhebliche Unlust. Und diese Unlust ist es, aus der einmal die eigentlichen Bedürfnisse hervorgehen werden. Wie diese elementare Unlust behoben wird, ist maßgeblich für die Ausbildung und das Erkennen von Bedürfnissen – und für das Umgehen mit ihnen.
Die kindlichen Harmonieerfahrungen kristallisieren sich in positiven Hautgefühlen, in positiven sozialen und erotischen Kontakten. Aus dieser werden später einmal die elementaren Bedürfnisse hervorgehen. Diese elementaren Bedürfnisse sind weitgehend charakterbildend.
Im ersten Jahr ist das Kind hochsensibilisiert für alle Mundwahrnehmungen. Sein Mund ist das »Tor zur Welt«. Ist es erst einmal ein paar Monate alt, wird es alles in den Mund stecken, was ihm begegnet, um so zu erfahren, was es eigentlich ist. Der Mund ist zugleich Quelle der erotischen Lust – er ist libidinös besetzt. Diese Besetzung bleibt, da sie meist sehr stark ist – vor allem bei gestillten Kindern –, zeitlebens in Resten erhalten. Das Küssen zeugt noch von dieser frühen Besetzung.
Die Interaktionen des Kindes mit seiner sozialen und kosmischen Umwelt sind vergleichsweise eingerichtet. Das Kind nimmt auf und an – es gibt (bewußt und gewollt) nur wenig. So kann man auch von einem »inkorporierendem Stadium« sprechen. Das Kind ist in dieser Phase der empfangenden Interaktionen ausgesprochen verletzlich. Jedes anhaltende Versagen im Angebot zu empfangen kann zu schweren psychischen und sozialen Störungen führen.

1. Der Zustand der primären Liebe

Diese erste postnatale Phase in der Entwicklung des Kindes, die Freud von einer frühen Autoerotik bestimmt sein läßt, in die wegen der noch fehlenden Unterscheidung von Selbst und Nicht-Selbst die ganze Welt einbezogen ist, dauert etwa vier bis sechs Monate. Das Kind entwickelt ein kosmisch-archaisches Selbstgefühl, das keine Grenzen kennt, wohl aber vermutlich einen Kern: die werdende Psyche des Kindes. Die kosmische Selbstwahrnehmung bildet den Bezugsrahmen, in den hinein sich später das Ich und das Selbst einbilden können. Die kosmische Identität wird zentriert auf die Psyche des Kindes, indem die Mutter, in ihren auf das Kind bezogenen Bedürfnissen, Emotionen, Wünschen, Handlungen, Unterlassungen ... ihr Bild vom Kind auf das Kind selbst zurückspiegelt. Der Kern der kindlichen Psyche entsteht also gleichsam im Brennpunkt dieses Spiegels. Es kommt darauf an, daß sich möglichst viele angeborene Fähigkeiten des Kindes in diesem Brennpunkt sammeln können.

Diese Spiegelung geschieht vermutlich nicht primär und zunächst über visuelle Wahrnehmung, sondern über den Berührungs- und Geruchskontakt mit der Mutter. So absolut individuell wie dieses erste Zurückspiegeln des Kindbildes durch die Mutter ist, so absolut individuell wird auch die Psyche des Kindes gebildet. Es ist die spezifische Weise des Kindes zu existieren, und zwar als dieses Kind dieser Mutter.

Diese Spiegelarbeit der Mutter kann aus verschiedenen Gründen unteroptimal ausfallen. Zunächst einmal kann die Mutter vor der Geburt das Kind eher aggressiv als libidinös besetzt haben. Diese vorgeburtliche Besetzung läßt sich – wie alle intensiven Besetzungen – nicht einfach auslöschen. Sie bestimmt auch das Verhalten der Mutter nach der Geburt.

G. Rottmann veröffentlichte 1973 umfangreiches Material zu diesem Thema. Heute kann als sicher gelten, daß Kinder durch unangemessenes Verhalten während der Schwangerschaft psychisch verwundet werden können. Sicher besteht eine signifikante Korrelation zwischen den vorgeburtlichen Einstellungen der Mutter zu den Reaktionsformen des Neugeborenen. Zudem reagieren Mütter, die ihr Kind vorgeburtlich aggressiv besetzen, in normalen nachgeburtlichen Streßsituationen bevorzugt mit psychosomatischer Desintegration. Sie spiegeln so dem Kind ein verzerrtes und pathogenes Bild seiner selbst wider.

Zudem bildet ein Kind, wie G. Ammon überzeugend darlegt (1974, 93), schon in der vorgeburtlichen Phase seines Lebens einen Ich-Kern. Diese Ich-Kern-Bildung hängt ab von den Ich-Zuständen der Mutter, ihren Emotionen und den sie begleitenden vegetativen Abläufen, die sich über den hormonalen Apparat dem Kind mitteilen. Vermutlich kann es zu strukturellen Defekten in der Bildung des unbewußten Ich-Kerns kommen, die nicht mehr behoben werden können. Vor allem die »Pariser Schule« der Psychosomatik betont die Bedeutung dieser vorgeburtlichen Traumen. Durch sie entziehen sich bestimmte Bereiche des Ich-Kerns der weiteren Entfaltung. Sie werden nicht von der realen Welt stimuliert, da sie nicht mit der realen Welt korrespondieren. So kann es dazu kommen, daß bestimmte Sektoren des späteren Ich im embryonalen Zustand verbleiben und eine psychosomatische Regression bewirken. (S. Stephanos, 1973)

Es steht keine optimale Spiegelungsarbeit der Mutter zu erwarten, wenn

sie nicht zu einer guten Selbst-Bildung gefunden hat. Sie wird sich dem Kind nur mangelhaft zuwenden. Die Kommunikation ist einseitig, die Mutter versteht nicht ihr Kind, sondern jene Bedürfnisse und Emotionen, die, seit ihrer eigenen Kindheit unbefriedigt, jetzt in das Kind gespiegelt werden. Solche Mütter antworten bevorzugt auf die physischen Bedürfnisäußerungen des Kindes, nicht aber adäquat auf die sozialen und psychischen.
Durch eine kontraproduktive Spiegelung erhält das Kind einen falschen Eindruck von Welt – sie sei bedrohlich und frustrierend. Und das Kind erhält einen falschen Eindruck von sich selbst – es ist psychisch desintegriert. Später wird ein solches Kind zeitlebens versuchen, das Defizit dieser ersten Monate durch die Entwicklung von Symptomen auszugleichen.

2. Der Zustand des primären Narzißmus

Die zweite nachgeburtliche Phase, in der der Zustand des primären Narzißmus erreicht wird, endet in den ersten Monaten des zweiten Lebensjahres. In dieser zweiten Phase erfolgt die für die Entwicklung narzißtischer Beziehungen notwendige Unterscheidung von Selbst und Objekten, von Selbstwelt und Objektwelt. Jetzt übernimmt die Mutter nicht mehr nur Spiegelungsfunktionen (neben den erwähnten Funktionen der Bedürfnisbefriedigung), sondern personale. Die funktionale Symbiose, die noch ein Austauschen der Mutter gegen eine andere Person mit gleichen oder ähnlichen Mustern der kindlichen Bedürfnisbefriedigung ohne besonderen Schaden für das Kind erlaubt hätte, wird durch eine personale Symbiose ersetzt, in der die Mutter nur noch unter erheblicher Gefährdung der gesunden kindlichen Entwicklung (der körperlichen wie der seelischen) ersetzt werden kann.
Wenn hier von »Mutter« gesprochen wird, ist die Bezugsperson gemeint, mit der das Kind die personale Symbiose eingeht. Es kann das auch der Vater oder eine dritte Person sein, wenn nur die Identität der Person (und deren Verhalten) sichergestellt ist. Dabei kommt der natürlichen Mutter ein nicht unerheblicher Vorteil zu: Vorgeburtlich wurde das Kind nicht nur auf ihre Herztöne, sondern auch auf ihre Reaktionsweisen geprägt. So ist aufweisbar, daß sich Kinder im statistischen Durchschnitt schneller beruhigen – auch in der Phase der funktionellen Symbiose –, wenn ihnen die natürliche Mutter Körperkontakt anbietet. Das Kind findet schneller und sicherer zum Gefühl des völligen Geborgenseins zurück, das die ersten Erfahrungen im mütterlichen Uterus begleitete.
In dieser Phase erhält die Mutter für das Kind eine räumliche und zeitli-

che Identität. Sie ist die Voraussetzung für die Selbst-Bildung des Kindes. Es muß sich von dem am stärksten libidinös besetzten Weltteil unterschieden erfahren, um sich selbst zu entdecken und sein Selbst zu finden. Das Kind beginnt, da es sich zunächst als körperlich von der Mutter unterschieden wahrnimmt, mit der Ausbildung des *Körper-Selbst.*

Das Kind unterscheidet zwischen seinem Körper und den Körpern der Umwelt. Die Wahrnehmung einer eigenen körperlichen Existenz strukturiert den Kosmos in Selbstwelt und Objektwelt, die miteinander in enger und konstituierender Beziehung stehen, so daß die eine nicht ohne die andere sein kann.

Die Nähe der Mutter hat nicht nur die Funktion, dem Kind mitzuteilen, daß seine Bedürfnisse unbedingt befriedigt werden und so ein *Urvertrauen* in diese neue, von ihm unterschiedene Umwelt aufzubauen, sondern auch die Aufgabe, dem Kind die eigenen Körpergrenzen in der Berührung mit ihrem eigenen Körper erfahrbar zu machen – und das libidinös besetzt und nicht von Verlustängsten begleitet.

Diese frühe Besetzung des eigenen Körpers und seiner Grenzen bzw. der Körperrepräsentanzen mit Libido ist entscheidend für das weitere Verhältnis zum eigenen Körper. Es ist für die psychische und somatische Entwicklung und Gesundheit von großer Bedeutung, daß der eigene Körper »Spaß macht«, daß sein Funktionieren Freude bereitet, daß das Ich-habe-einen-Körper eine libidinös besetzte Aussage und Erfahrung wird und bleibt.

Das Kind wird um so deutlicher die Grenze seines Selbst gegenüber der Welt der Objekte erfahren, je erfahrungsfähiger die Mutter gegenüber den Bedürfnissen des Kindes ist, je mehr sie in der Lage ist, die präverbale Sprache des Kindes zu verstehen und zu beantworten. Dieses Ziehen einer scharfen, eindeutigen, kräftigen, aber flexiblen Grenze zwischen Selbstwelt und Objektwelt in der libidinös besetzten Unterscheidung zwischen dem eigenen Selbst und dem Nicht-Selbst (dem Du) der Mutter, ist von entscheidender Bedeutung für die weitere Entwicklung der Selbstrepräsentanzen des Kindes. Obwohl zu Anfang nicht mehr als der eigene Körper repräsentiert wird, muß doch die Grenze zwischen Selbst-Körper und Nicht-Selbst-Körper deutlich erfahren und internalisiert werden – und das lustbetont.

Der Kontakt zwischen Mutter und Kind wird wesentlich bestimmt durch das, was E. Jakobson (1954) die »affektive Organsprache« nannte. Es handelt sich dabei um die frühe Körpersprache des Kindes. Sie teilt der Umwelt Lust und Unlust des Kindes mit. Je nachdem, wie die Mitwelt – vor allem die Mutter – auf diese Äußerungen eingeht, entstehen aus Triebimpulsen Gefühle und Bedürfnisse (also Triebabkömmlinge im Ich). Emotionen und Bedürfnisse entwickeln sich also in der Kommuni-

kation über die affektive Organsprache. Sie besorgt die erste Differenzierung und Strukturierung der Objektwelt – und in deren Widerschein auch der Selbstwelt.
In der zweiten Hälfte des ersten Lebensjahres gibt diese affektive Organsprache die noch wenig differenzierten Emotionen und Bedürfnisse des Kindes wieder. Die Kommunikation in dieser Organsprache entscheidet über das weitere Schicksal dieser Bedürfnisse und Emotionen. Sie ist von zentraler Bedeutung für die Ich-Bildung. Die ersten Ich-Leistungen sind Bedürfnisäußerungen und emotionale Äußerungen, die beide den Zweck haben, zwischen den Möglichkeiten der Umwelt und den Impulsen des Es möglichst lustgewinnend zu vermitteln. Wie also Emotionen und Bedürfnisse ausgeprägt werden, ist für die Ich-Bildung von erheblicher, wenn nicht gar zentraler Bedeutung.
Nur wenn die frühe Körpersprache als Sprache akzeptiert und verstanden wird, kann ein Kind versuchen, die kommunikativen Aspekte seiner sozialen Möglichkeiten zu entfalten. Nur dann wird es zu einer guten Übereinstimmung zwischen den Botschaften des Körpers und denen des Geistes (in den Symbolsprachen) kommen. Durch beide drückt sich in etwa gleicher Weise beim Erwachsenen Psyche aus.
Das Körper-Selbst des Kindes darf nicht nur als Repräsentanz eines physiologischen Apparats verstanden werden. Es bringt vielmehr auch die lustbetonte Einheit des eigenen Körpers zum Ausdruck, das einmalige Erleben des eigenen Körpers, das von Mensch zu Mensch verschieden ist. In dieser Repräsentanz verdichten und objektivieren sich alle eigenen Körperwahrnehmungen, aber auch die, die von der Mutter erlebt werden (über Inkorporation).
Bleibt die Körperrepräsentanz unvollständig oder kann das Kind die mütterlichen Bilder nicht inkorporieren, etwa weil sie ambivalent sind oder aggressiv besetzt, entsteht ein strukturelles Defizit an der Grenze zwischen Selbst- und Objektwelt. Dieser strukturelle Mangel ist noch erheblicher, wenn die stabile Mutter fehlte oder die Mutter das Kind vernachlässigte oder überversorgte. Vernachlässigung wie Überversorgung verhindern, daß das Kind seine Grenzen gegenüber dem Mutter-Selbst eindeutig und flexibel zugleich definieren kann. Schwache Selbst-Grenzen werden durch Überflutung aus der Objektwelt ständig bedroht. Es entsteht eine Grundhaltung von Angst (vor Überflutung). Diese Angst kann zu einer Auflösung aller Grenzziehungen führen, um es dem Betroffenen zu ermöglichen, in die kosmische Geborgenheit der Urliebe zurückzuflüchten. Das Selbst ist zumindest in ständiger Gefahr der Desintegration. Die Kommunikation nach außen wird damit nahezu unmöglich – zumindest aber stark eingeschränkt. Die zahlreichen Projektionen des nur unscharf gegen die Objektwelt abgegrenzten Selbst werden zu ei-

ner verstellenden Form des Verstehens führen, die den Kommunikationspartner verzweifeln läßt. Das Selbst fließt ständig unkontrolliert in die Objektwelt ein.
Die Bedrohung durch bestimmte Inhalte der Objektwelt an den Stellen, an denen die Selbstgrenze schwach ist, führen in der Regel dazu, daß diese Bereiche der Objektwelt, unerfahrbar gemacht, abgespalten werden. Die Verleugnung eines mehr oder minder großen Anteiles der Realität der Objekte führt dazu, daß die diesen Objektbereichen entsprechenden Strukturen im Selbst entleert werden. Es entsteht ein »Loch im Selbst« (Ammon 1974, 96). Dieser strukturelle narzißtische Defekt im Aufbau der Selbstgrenze läßt bestimmte Erfahrungsbereiche ausfallen oder führt zu einer diffusen Abhängigkeit von undifferenzierbaren Objekten, die als bedrohlich und zerstörerisch erlebt werden. Sie müssen abgespalten und so unschädlich gemacht werden. Da das Selbst aber, trotz des Loches, irgendwie abgegrenzt werden muß, um sich nicht ständig in die Welt der Objekte zu entleeren und zu verlieren, kommt es sekundär zu einem symbiotischen Kleben an undifferenzierte Objekte. Diese narzißtisch besetzten Objekte sind zugleich mit einer archaischen Angst besetzt, von ihnen verschlungen und vernichtet zu werden.
Eine Umwelt, die dem Kind eine konstruktive und libidinöse Abgrenzung des Selbst verweigert, führt zu autonomen Reaktionen dieses Kindes auf diese Umwelt, die nicht selten als psychosomatische Erkrankungen symptomatisch werden.

3. Die beginnende Ich-Bildung

Das Ich hat die Funktion, zwischen den Ansprüchen des Es und der Außenwelt so zu vermitteln, so daß ein Optimum an Triebbefriedigung oder doch ein Optimum an Unlustvermeidung zustande kommt. Die Ich-Funktionen setzen voraus, daß die Spannung zwischen Es und Umwelt deutlich erlebt wird. Dieses Erleben setzt seinerseits voraus, daß die Trennung in Selbst- und Objektrepräsentanzen erfolgte. Die Art und Intensität der Ich-Bildung wird weitgehend von der Art der Grenzziehungen zwischen der Selbstwelt und der Objektwelt abhängen.
In den ersten Monaten seines Lebens reagiert das Kind mit Panik, wenn seine »Bedürfnisse« nicht befriedigt werden oder die Befriedigungsquelle nicht jederzeit zur Verfügung steht. Seine Fähigkeit, die Befriedigung seiner Bedürfnisse ohne tiefe Unlustempfindung aufzuschieben, ist identisch Null. Man kann sich fragen, ob es sinnvoll ist, einen Säugling schon in den ersten fünf Monaten etwa durch regelmäßige Stillzeiten disziplinieren zu wollen. Aus psychoanalytischer Sicht ist in den ersten fünf bis

sechs Monaten auf solche Maßnahmen zu verzichten, es sei denn, das Bedürfnis seiner Umwelt verlange zwingend eine solche Disziplin. Zwar sind die Körperfunktionen in diesem Alter in gewissem Umfang zu disziplinieren (d. h. die somatischen Bedürfnisse können an bestimmte Auslöser gebunden werden), nicht aber die Psyche. Diese leidet.

Der unvermeidlichen Frustrationen sind genug. Können sie verarbeitet werden, erhalten sie eine positive Funktion. Sie fördern die Entwicklung der zweiten oralen Phae, weil sie Differenzierungen erleichtern und das vermittelnde Ich zu entwickeln erlauben. Solange die Triebbefriedigung keine Probleme aufwirft, besteht keine Notwendigkeit, eine zwischen Es und Umwelt vermittelnde Instanz aufzubauen. Wirft sie aber Probleme auf – und das wird deutlich nach der Trennung von Selbst- und Objektwelt erfahren –, wird die Ich-Bildung notwendig, um mit diesen Erfahrungen sinnvoll umgehen zu können. Die Ich-Bildung gestattet es dem Kind, auch ungewohnte Erscheinungen der Umwelt psychisch zu meistern.

Ab dem achten Lebensmonat unterscheidet ein Kind sicher und schnell *optisch* (und nicht durch die Verschiedenheit in der Wahrnehmung von Funktionen, die seiner Bedürfnisbefriedigung dienen) eindeutig zwischen seiner Mutter und unbekannten Personen. Das Kind kann die Vielzahl der Eindrücke, die ihm andere Menschen vermitteln und die teils durchaus ungewiß oder bedrohlich sein mögen, oft noch nicht sinnvoll verarbeiten. So ängstigt es der Anblick fremder Gesichter. Diese Angst schwindet, wenn es gelernt hat, daß in aller Regel auch von Fremden nur Freundlichkeit und eine etwas tollpatschige Hilfsbereitschaft zu erwarten sind.

Für die Ich-Bildung scheint wichtig zu sein, daß in der zweiten oralen Phase mit der libidinösen Besetzung des ganzen Körpers und der damit verbundenen Verlagerung der erogenen Zonen vom Mund auf die ganze Körperoberfläche das Ich den ganzen Körper in seine regulierenden Funktionen einbegreift und die Bedürfnisse des Ganzen in der konkreten Umwelt optimal zu befriedigen hilft. Kommt es nicht zu einer den ganzen Körper einschließenden Selbstrepräsentanz, wird auch das Ich verkümmern und ganz ähnliche Löcher haben wie das Selbst. Sind die Grenzen des Selbst unscharf, bleiben auch die Aktionen des Ich eigentümlich verschwommen und unklar.

Wesentlich für die Ich-Bildung (auch der späteren Jahre) ist der Wechsel zwischen Annäherung und Distanzierung. In den Distanzierungsphasen kommt es zur Internalisation (hier des Bildes, das sich die Mutter vom Kind macht, das sie durch ihre Interaktionsangebote wie auch mit den Weisen, auf die kindlichen Interaktionsangebote einzugehen, dem Kind verdeutlicht). Die Annäherungsphasen dienen der Konsolidierung

einerseits und dem Aufbau von Objektbesetzungen andererseits, die dann später internalisiert werden können. Die Ich-Bildung ist die erste aufgrund von Distanzerfahrungen gebildete psychische Institution. Sie ermöglicht es, Distanzerfahrungen auszuhalten und, aufgrund der gewonnenen Distanz neue Begegnung und Nähe aufzubauen.
Die Erfahrung, daß nicht alle »Bedürfnisse« unmittelbar (primärprozeßlich) befriedigt werden und nicht allen »emotionalen Ansprachen« sofort adäquat entsprochen wird, führt zu heftigen Ablösereaktionen von der Mutter, zugleich aber differenziert sich die kosmische Einheit und erlaubt die Kristallisation eines Selbst. Das Nicht-Selbst wird allmählich unter der Führung des Ich, das weiterhin die Selbstbildung reguliert und nach Maßgabe seiner Funktionen begleitet, zu einer Objektvorlage, aus der über Besetzungen konkrete Objekte herausgebildet werden können. Der »kosmische Urbrei« differenziert sich zur Objektwelt.
Die Internalisationsprozesse, die für die Selbst-Bildung notwendig sind, werden vom Ich begleitet und veranlaßt. Die erste große Internalisation, die Einverleibung der Mutter und ihres Verhaltens dem Kind gegenüber, wird vermutlich von jenem Ur-Ich veranlaßt, über das die kindliche Psyche von Geburt an verfügt. Die Mutter wird nicht zum eigentlichen Objekt, sondern zum narzißtischen Selbstobjekt.
Die optimale Ich-Bildung des Kindes wird – wie auch die Selbstfindung – erheblich gestört, wenn die Mutter dem Kind Verhaltensmuster anbietet, die es nicht verstehen, nicht inkorporieren kann, weil sie, internalisiert, wegen ihrer aggressiven Besetzung, die libidinöse Besetzung von Selbst und Ich zerstören würden. Vor allem in der Phase der Ich-Bildung muß das Kind die persönliche Vertrauenswürdigkeit der Mutter erfahren. Diese Erfahrung bleibt dem Kind versagt, wenn ihm die Mutter Interaktionen anbietet, die durch Doppelbindungen bestimmt sind.
»Doppelbindung« bezeichnet Erlebnismuster, die durch folgende Erfahrungen gekennzeichnet sind:

- die interagierende Person steht in einer lebenswichtigen Beziehung zum Kind,
- sie äußert in der Art des Interaktionsangebotes (meist unbewußt) *zwei* die Beziehung betreffende, einander entgegengesetzte Botschaften (etwa Liebe – Angst, Haß – Fürsorge, Mitleid – Zorn),
- mit der Doppeldeutigkeit kann sich der Bezogene des Angebots nicht auseinandersetzen, wenn er die Liebe der Bezugsperson nicht verlieren will.

Wie auch immer eine solche Botschaft verstanden wird, sie wird teilweise mißverstanden. Das hat zur Folge, daß die durch sie ausgelöste Interaktion unbefriedigend verlaufen muß. Das Kind mag sich noch so sehr mühen, es kann dem Interaktionsangebot nicht adäquat entsprechen, weil es noch nicht in der Lage ist, sinnvoll mit zwei gleichzeitigen und einander widersprechenden Botschaften umzugehen. Die Wahrnehmung des eigenen Unvermögens führt zu einer tiefen Enttäuschung. Das werdende Ich steht vor einem unlösbaren Problem. Es ist ihm unmöglich, Unlust zu vermeiden. Das werdende Selbst ist ebenfalls überfordert, denn es kann nicht zwei einander widersprechende Besetzungen inkorporieren, wenn es sich nicht selbst schon zu Beginn vernichten will.

4. Urvertrauen und Urverlust

Der Zustand der primären Liebe ist vermutlich bestimmt von einem grenzenlosen Vertrauen in die libidinös besetzte Welt, die noch eine ist. Die Situation des Urvertrauens ist der Ausgang.

Schon bald erfährt das Kind, daß dieses Urvertrauen enttäuscht wird. Es entwickelt instinktoide Muster, die Verlustängsten entsprechen. (Eigentliche Angst wird erst vom Ich produziert. Die hier erlebten Versagungen führen jedoch zu Es-Impulsen, die denen der Angst sehr ähnlich sind. Vielleicht könnte man, da der Mechanismus angeboren zu sein scheint, von Urangst sprechen, von einer Angst, die der vergleichbar ist, die auch ein Tier empfindet, wenn Umstände eintreten, die seine physische Existenz bedrohen.) Die Isolation von der Bezugsperson bedeutet für das Kind den psychischen, oft auch den physischen Tod. Ihn gilt es mit Handlungen gemäß diesen instinktoiden Mustern zu vermeiden.

Es kommt nun darauf an, daß ein Kind seine Urangst verlernt. Es verlernt sie nur, wenn zwei Bedingungen erfüllt sind:

- es muß sie erfahren (es darf nicht überbehütet werden),
- es muß ebenso erfahren, daß sie unberechtigt sind, daß also die Mutter immer wieder kommt (es darf also nicht vernachlässigt werden).

Gelingt dieses Verlernen der Urangst, wird sich das primäre Urvertrauen durchsetzen. Von der Urangst werden nur Reste übrig bleiben. Das Urvertrauen wird optimal zurückgewonnen, wenn das Kind in seinem Bemühen, sich an die Mutter und ihr Verhalten anzupassen, also möglichst Harmonie herzustellen, auf eine Mutter trifft, die sich in ihren Weisen des Dem-Kind-Widmens und des Die-Persönlichkeit-des-Kindes-Zurückspiegelns nicht neurotisch verhält. Nur dann kann das Kind unverstellt erkennen, wer es ist, ohne von den abgewehrten Ängsten seiner Mutter nur ein vielfach gebrochenes Bild von sich zu erhalten.

Das Urvertrauen wird auch nicht optimal wiedererweckt, wenn die Mutter nicht die »Bedürfnisse« des Kindes (und später auch seine ersten Emotionen) richtig interpretiert und ihnen entspricht. Daß nicht das Trinken oder das Trockengelegt-Werden die einzigen »Bedürfnisse« des Kindes sind, wurde schon erwähnt. Es gibt Eltern, die ein Kind »stillen«, indem sie versuchen, es zu beruhigen und von seinen Befriedigungswünschen abzubringen, indem sie ihm den Finger (oder noch ärger: den Schnuller) in den Mund stecken. Dieses Verfahren wird den differenzierten »Bedürfnissen« des Kindes nicht gerecht. Es ist partiell unterversorgt, verwahrlost. Das bedeutet, daß

- seine Urangst nicht optimal aufgelöst wird und sich erhebliche uns störende Reste erhalten, die sich mit einer hohen Angstdisposition im späteren Leben bemerkbar machen,
- bestimmte orale Bedürfnisse zeitlebens erhalten bleiben (und das nicht nur über die unauslöschlichen Spuren libidinöser Besetzung, sondern über den Mechanismus von Wiederholungszwängen).

Mit dem Durchbrechen der ersten Zähne keimt im Kind die Lust an aktiveren und zielgerichteteren Formen der inkorporierenden Hinwendung. Das Kind kann – außer dem Saugen – mit dem Mund noch anderes aktiv tun: beißen, abbeißen. Während in den ersten Monaten das Kind passiv empfangen wollte und allenfalls aktiv wurde, wenn es ungestillte elementare »Bedürfnisse« hatte, will es jetzt nicht nur gestillt, angelächelt, getragen, gewiegt, angesprochen ... werden. Es beginnt vielmehr mit einer aktiven Zuwendung zur Welt, die mit der Unterscheidung von Objekt- und Selbstwelt möglich wird. Sie wird vom werdenden Ich gesteuert und beschleunigt dessen Erstarken.
Die Augen nehmen nicht nur mehr passiv Dinge wahr, sondern beginnen sich nach Dingen umzusehen (vor allem nach der Mutter). Sie beginnen Objekte zu ergreifen, von anderen zu separieren, ihnen zu folgen.
Ebenso werden Geräusche aktiv wahrgenommen. Wichtige werden von unwichtigen unterschieden. Beide werden lokalisiert. Kopf und Oberkörper wenden sich aktiv Geräuschquellen zu. Oft beginnt das Kind auch mit gezielter Geräuschproduktion (es spielt etwa mit Rasseln).
Auch die Hände beginnen aktiv nach Dingen zu greifen. Das Kind klammert sich nicht nur an, um (sich) festzuhalten, sondern führt auch Gegenstände zum Mund, um sie zu prüfen: anzunehmen oder zu verwerfen.
Während dieser Zeit lernt das Kind den Interaktionsmodus des Nehmens und des Festhaltens von Gegenständen, während in der ersten oralen Phase vor allem der Modus des Empfangens geübt wurde. Ehe das Kind beginnt, sich auf dem »Thron seines Sitzkönigreiches« (Erikson) einzurichten, muß es zunächst die Fähigkeit vervollkommnen, alles, was erreichbar ist, zu packen, festzuhalten, anzuklammern und (symbolisch durch In-den-Mund-Stecken) zu inkorporieren.
In dieser Zeit geben viele Mütter die Einstellung unbedingter und ständiger Zuwendung auf. Oft wenden sie sich wieder den Beschäftigungen zu,

die sie mit der hohen Schwangerschaft aufgegeben hatten. Auch ziehen nahezu alle Mütter unwillkürlich die Brust weg, wenn sie das Kind während des Stillens beißt. Es kann jetzt – wie E. H. Erikson begründet vermutet – zu einer Erfahrung des *Urverlustes* kommen.
Wird solcher Urverlust sehr drastisch erlebt und nicht von der Mutter durch Zuwendung kompensiert, werden Zustände kindlicher Depression oder gar beginnende Melancholie als Grundstimmung beobachtet. Im günstigsten Fall entscheidet sich jetzt, wie das Kind mit Verlusten umgehen kann. Bleibt die Erfahrung des Urverlustes unkompensiert, steht zu erwarten, daß die Angst vor Verlusten und die Unfähigkeit, sie ohne Schaden zu verkraften, ein steter Begleiter dieses Menschen sein werden.
Während die Rekonstruktion des Urvertrauens in der ersten oralen Phase vor allem das Verhalten der versorgenden Mutter betrifft, weitete sich sein Geltungsbereich, der einmal universal war, auf die Fähigkeiten des eigenen Körpers aus – und zwar auf die »oralen Fertigkeiten« zu bewahren, festzuhalten, anzuklammern. Wird das Urvertrauen in der ersten oralen Phase nicht wiederhergestellt, kommt es zur Ausbildung von erheblichen Verlust- und Isolationsängsten. Dehnt es sich in der zweiten oralen Phase nicht auf den eigenen Körper aus, wird tiefes Mißtrauen in sich selbst das spätere Leben charakterisieren. Es kommt bevorzugt zum Auf- und Ausbau narzißtischer Objektbeziehungen, die den Zweck haben, das Defizit an Selbst-Vertrauen zu kompensieren. Das frustrierte Bedürfnis, sich erfolgreich anzuklammern und festzuhalten, wird institutionalisiert den weiteren Lebensweg bestimmen.

5. Die Oralität

Die Spuren der heftig besetzten Erfahrungen bleiben der Psyche erhalten als Oralität. Die Sehnsucht nach der Urvertrauen vermittelnden Urgeborgenheit der ersten Lebensmonate, der Verlust der Urgeborgenheit, die Erfahrung von Urängsten und des Urverlustes prägen das psychische Leben bis an sein Ende. Diese Erfahrungen sind nicht zu generalisieren, denn sie sind bei jedem Menschen andere. Die Differenz in der Oralität ist ein wesentliches Merkmal der grundsätzlichen Unverwechselbarkeit eines jeden Menschen. Sie macht ihn einmalig und in den von ihm beherrschten Formen der Interaktionen unersetzbar. Die Erfahrungen des ersten Lebensjahres prägen, kaum reversibel, den Charakter. Die Oralität ist die tragende Unterschicht der individuellen Psyche. Sie ist ein Überrest der ersten Lebensmonate, die in der Abhängigkeit von mächtigen Versorgern erlebt wurden.

Die Oralität wird offenbar in dem Wunsch eines Menschen, sich irgendwo festzuhalten (etwa in Heimat- oder Heimwehgefühlen), in der Produktion von Hoffnung und Hoffnungslosigkeit – an welche Auslöser sind beide gebunden, wie heftig werden sie erlebt?
Es gilt hier ein verbreitetes Mißverständnis auszuräumen, die Reste von Urangst, Urmißtrauen und Urverlust seien negativ zu werten und ein Mensch sei um so gesunder, als er mit diesen nichts mehr zu tun habe. Ein Mensch ohne Reste des Urmißtrauens wäre ebenso lebensuntüchtig wie ein Mensch ohne wiedergefundenes Urvertrauen. Dabei sollte jedoch der (positive) Aspekt des Vertrauens überwiegen. Das Überwiegen der positiven Aspekte der Kindheitsreste ist die Quelle der Vitalität, die einen Menschen befähigt, mit den Schwierigkeiten des Lebens fertigzuwerden, ohne unter ihnen zu zerbrechen.
Die Oralität eines Menschen ist bestimmt von der Art und Weise, wie sich seine Psyche in der ersten Spannung zwischen Annäherung und Distanzierung von wichtigen Bezugspersonen entfaltete. In der frühen oralen Phase entwickelt der Säugling deutliche »Selbstbedürfnisse« (als Vorläufer der Selbstrepräsentanzen). Wie auf diese distanzierenden »Selbstbedürfnisse« eingegangen wird, bestimmt weitgehend die Art und die Deutlichkeit der späteren Selbstrepräsentanzen – zunächst die des Körpers. Aber auch die Entfaltung des Ich nach Stärke und Konsistenz (Fehlen von Löchern) hängt weitgehend von diesen ersten Distanzerfahrungen ab. Das Ich hat in eben dieser Distanz seinen Ort, wenn es zwischen Es und Umwelt vermittelt.
Mit diesen Distanzierungserfahrungen sind heftige Einigungswünsche verbunden. Sie sind wohl stets entweder Reste der Sehnsucht nach dem einen harmonischen Urkosmos der primären Liebe, die in aller späteren Liebe wieder erfahrbar auftaucht, oder aber sie kommen über narzißtische Objektbeziehungen zustande, die mittelbar auf jene Urliebe zurückweisen.
Die Oralität, als Integration der Erfahrungen der oralen Phase in der Psyche, ist optimal ausgebildet, wenn sie eine optimale Kombination von Vertrauensfähigkeit (in sich, in andere Menschen und Situationen) mit Realitätssinn herstellt. Das kann kaum geschehen, wenn destruktiv-traumatische Erfahrungen (also solche, die nicht verkraftet werden konnten) in den ersten Lebensmonaten die Entwicklung der kindlichen Psyche beeinträchtigten. Orale Züge werden pathologisch, wenn

- die Erfahrungen von Urangst und Urverlust nicht optimal bewältigt werden,
- die Integration der oralen Erfahrungen in die Gesamtpersönlichkeit nicht gelingt,
- die Verhaltensmuster, die sich aufgrund der oralen Erfahrungen aus-

prägten, sich nicht mit den kulturellen Standards, die das Verhalten der Mitwelt normieren, vereinbaren läßt.

Es werden Merkmale ausgebildet, die wir dem oralen Charakter zurechnen, wenn diese Merkmale dominant sind.

6. Der orale Charakter

»Charakter« meint die Menge von Einstellungen und Dispositionen, die einen Menschen befähigen, in bestimmten sozialen Situationen mit bestimmten Interaktionsgeboten so oder anders umzugehen und seinerseits diese oder jene Interaktionsangebote zu machen. Wir leben heute in einer Zeit, in der nicht wenige Menschen kaum in der Lage sind, ihre Oralität in die bestehenden Standards einzufügen. So degeneriert bei nicht wenigen

- der Glaube an das eigene Glück zu einem unmäßigen Selbstvertrauen, das sich im gewagten Riskieren darstellt,
- das Glaubensbedürfnis und die Glaubensfähigkeit (als Ausdruck des wiedergewonnenen Urvertrauens) zu einer Irrationalität des Glaubens, wie sie sich in manchen religiösen oder faschistischen Sekten darstellt,
- die Fähigkeit, sich anzulehnen, zu infantilen Anklammerungsversuchen oder in die Ablehnung aller anlehnenden Bedürftigkeit,
- die Sehnsucht nach der Urheimat zu einem irrationalen Umhergetriebenwerden, verbunden mit der immer wieder enttäuschten Hoffnung, doch irgendwo seinen Ort zu finden ...

Das Urmißtrauen sucht, wenn es überwiegt, einen starken Führer, der Vertrauen einflößt. Vermag er das, wird die ihm entsprechende Repräsentanz nahezu kritiklos in die eigene Psyche eingebaut, in der durchaus berechtigten, obschon fatalen Erwartung, er werde sie stabilisieren und ihre Defizite kompensieren. Solche Introjekte finden sich wohl stets, wenn Menschen zu Gläubigen irgendeiner Führerpersönlichkeit werden. Kaum ein Mensch ist so verführbar wie jener mit dominantem Urmißtrauen, das doch eigentlich den Zweck haben sollte, Verführung auszuschließen.

Im engeren Sinne versteht man unter einem »oralen Charakter« einen Menschen, der mehrere Merkmale aus folgender Liste realisiert:

- Er besitzt eine pessimistische Grundstimmung, die gelegentlich euphorisch entarten kann.
- Er besitzt einen Hang, sich führen, helfen zu lassen, sich anzulehnen (passiv oraler Charakter), oder aber die Neigung, alles dies nicht zu wollen, sondern statt dessen zu führen, zu helfen, Anlehnung zu bieten (aktiv oraler Charakter). Im Falle der passiven Oralität wurde das

Kind meist generell vernachlässigt, in solcher aktiver Oralität kam es zu sektoraler Vernachlässigung.

- Er besitzt den Hang zu einem tiefen Mißtrauen in die eigenen Fähigkeiten (passiv oraler Charakter) oder aber überschätzt sie, verbunden mit einem Mißtrauen in das Verhalten anderer Menschen und Situationen (aktiv oraler Charakter).
- Er ist unfähig, mit Verlusten sinnvoll umzugehen (also meist unfähig zur Trauer), obschon er solche Verluste gelegentlich unbewußt provoziert.
- Er ist unfähig, das Nehmen und Festhalten sozial sinnvoll zu regulieren. Entweder hält er zu sehr fest oder zu wenig.
- Er ist unfähig, reife soziale Kontakte aufzubauen und durchzuhalten. Entweder produziert er narzißtische Objektbeziehungen (passiv oraler Charakter) oder aber er vermeint, für sich allein leben zu können (aktiv oraler Charakter).

Fixierung oder Regression auf die frühe orale Phase kann zu schizophrenen Psychosen führen. Fixierung oder Regression auf die späte orale Phase kann zu den sogenannten »frühen Störungen« führen. Dazu zählen psychosomatische Erkrankungen (Organneurosen), Süchte, Impulsneurosen (psychopathische Merkmale), Hypochondrie, manische und depressive Psychosen. Ihnen allen ist gemeinsam, daß sie schwer zu therapieren sind.

Daß bei oralen Charakteren auch die Sexualität mitbetroffen ist, kann als wichtiges Indiz dafür gelten, daß die kindliche Oralerotik durchaus sexuell zu interpretieren ist. Orale Charaktere sind meist unfähig, eine reife, an Erotik gebundene Sexualität zu praktizieren. Der häufige Grund für diese Unfähigkeit ist die mangelnde Integration der Sexualität in die Persönlichkeit. Orale Persönlichkeiten definieren sich entweder übermäßig stark oder übermäßig schwach von ihrer Sexualität her. Die oralen Versagungen führen offensichtlich zu solchen verdrängenden oder überkompensierenden Reaktionen. Die libidinösen Anteile des Triebbereichs erscheinen auffällig deformiert.

Nicht selten begünstigt diese Deformation Triebentmischungen. Verhalten, das von einer entmischten, nahezu chemisch reinen Aggressivität bestimmt ist, wird möglich.

Die Ablehnung der Psychoanalyse ist besonders heftig bei Menschen mit gestörter Sexualität. Sie kann von geradezu panischer Angst zeugen, wenn diese Störungen Ausdruck eines oral bestimmten Charakters sind. Solche Menschen wollen es nicht wahrhaben, daß schon die Erfahrungen des Kindes im ersten Lebensjahr von sexuellen Antrieben geprägt sind. Sie verteidigen für sich das Bild des »unschuldigen Kindes«, indem sie Sexualität eng an Schuld binden. Sie wollen die Vorstellungen von eigener

ehemaliger Unschuld um jeden Preis bewahren und wehren alles andere – auch wider bessere Argumente – heftig und irrational ab.
Gelegentlich trifft man auch auf Menschen, bei denen die anfängliche Angst vor der Psychoanalyse in eine eben so heftige Liebe umschlägt. Sie entdecken sie als Heilslehre, als Wegweiser in einem ansonsten unverständlichen Leben. Dieser Umschlag ist bei passiv oralen Charakteren nicht selten. Sie machen die Psychoanalyse zu einer Art »narzißtischen Partner«, zu dem sie eine Art von narzißtischen Objektbeziehungen aufnehmen.

2. *Das zweite und dritte Lebensjahr*

Die klassischen Autoren einer analytischen Entwicklungspsychologie lassen diese zweite Phase, die sie die anale nennen, meist um die Mitte des zweiten Lebensjahres beginnen. Da es uns jedoch nicht auf scharf abgegrenzte Altersbereiche ankommt, sondern auf die Entwicklung psychischer Merkmale aufgrund von somatischen Zuständen und Vermögen, ist die exakte Altersangabe nicht wichtig.
Die zweite Phase wird charakterisiert

- durch eine schnelle Zunahme der Reifung der Muskulatur,
- durch die Fähigkeit, wichtige Bedürfnisse und Emotionen zu verbalisieren, und
- durch die Fähigkeit, gezielt zwischen Festhalten und Loslassen, Geben und Nehmen zu wechseln.

Ihr unauffälliger Beginn liegt meist irgendwo in der ersten Hälfte des zweiten Lebensjahres versteckt.
Da die Entwicklung des Muskelsystems eine Koordinierung soweit zuläßt, daß auch der Stuhl willentlich entleert oder zurückgehalten werden kann, ist es nicht verwunderlich, wenn der junge Mensch, der sich ja im wesentlichen von seinem Körper her definiert, diese zu seiner Disposition stehende Körpertätigkeit besonders dann libidinös besetzt, wenn die Eltern dem analen Verhalten besondere Aufmerksamkeit schenken.
In primitiven Ackerbau-Kulturen ignorieren die Eltern das anale Verhalten ihres Kindes weitgehend. Eine anale Disziplinierung ist überflüssig. Hier kommt es nur sehr begrenzt zu libidinösen Besetzungen analer Tätigkeit. Zwei Motivationen sprechen für ein geregeltes Stuhl-Lassen:

- Zunächst kann das Beschmutzt-Sein gelegentlich als Unlust bereitend erfahren werden.
- Dann aber will das Kind möglichst die älteren Geschwister oder Erwachsenen nachahmen.

In den Industriekulturen Amerikas und Europas hat man – in Entsprechung maschineller Ideale – das Ideal eines mechanisch trainierten, fehlerfrei funktionierenden, immer sauberen und pünktlichen sowie geruchsfreien Körpers entwickelt. Zudem war man – aus welch magischen Gründen auch immer – der eigentümlichen Überzeugung, daß ein frühes und strenges Training unerläßlich sei, um in dieser industrialisierten Welt optimal zu funktionieren. So wird denn das Kind schon prophylaktisch, noch lange ehe das notwendig oder auch nur nützlich wäre, zu maschinenähnlichem Verhalten dressiert. (Erikson 1980, 109 f)

Die anale Phase, wie sie von der psychoanalytischen Theorie beschrieben und erfahren wird, ist ein Produkt unserer sozio-kulturellen Gewohnheiten. Weil die Erwachsenen dem Stuhl so erhebliche Bedeutung zumessen, nimmt auch das Kind ihn wichtig, wird er also stark besetzt. Mit ihm das Organ, dem das Kind seine Produktion zuschreibt, dem Anus. Daß es sich hierbei um eine starke libidinöse Besetzung handelt, kann man leicht nicht nur bei Kindern, sondern auch bei den meisten Erwachsenen ausmachen. Die anale Sexualität bleibt wegen der Spuren, die jede starke Besetzung hinterläßt, zeitlebens erhalten. Entweder wird sie ausdrücklich (in der Phantasie, im Wunsch oder in der Realität) praktiziert, oder aber sie läßt sich durch ihren totalen Ausschluß aus dem Bewußtsein als verdrängt erkennen. Im letzteren Fall kommt es bei der Vorstellung analer Sexualität meist zu deutlichen Ekelgefühlen, die die Tendenz des Ich erkennbar werden lassen, die Verdrängung aufrechtzuerhalten.

1. Der Kampf um die Autonomie

In dieser Phase seines psychischen Lebens versucht ein Kind herauszufinden, wer es denn eigentlich sei. Das Selbst bleibt nicht auf das Körperselbst beschränkt, sondern wird um psychische und soziale Aspekte erweitert. Diese psychischen und sozialen Aspekte (samt den dazugehörigen Repräsenzen) werden ausgebildet im Bemühen, die eigene Autonomie und deren Grenzen herauszufinden.

Die anale Aktivität eignet sich besonders dazu, auszuprobieren, was man gegen die Welt der anderen durchsetzen kann. Das Wechselspiel zwischen Zurückhalten und Ausscheiden erlaubt das Einüben von Gehorsam und Ungehorsam, einer spezifischen Form von Annäherung und Distanzierung. Beide müssen erlernt werden, wenn es zu einer guten Ausbildung von Autonomie kommen soll. Schon bald bleibt das Spiel von Gehorsam und Ungehorsam nicht mehr auf die anale Tätigkeit beschränkt, sondern umgreift immer mehr verschiedene kindliche Aktionen und Interaktionen, die brav getan und trotzig verweigert werden können.

Mit der analen Aktivität wird aber nicht nur die genauere Definition zwischen Ich und Du ermöglicht und vervollständigt, sondern auch ein erstes Gefühl von Mein und Nicht-Mein geweckt. Der Stuhl ist mein. Wer darf unter welchen Umständen darüber wie verfügen? Die Antwort auf diese Frage ist von erheblicher Bedeutung für das gesamte Eigentumsverhalten auch des Erwachsenen. Diese Antwort wird im Wechselspiel von Gehorsam und Ungehorsam gefunden. Die meisten Mütter wissen davon zu berichten, wie nachgiebig ein Kind dieser Entwicklungsstufe sein kann, »wenn es sich entschieden hat, daß es tun will, was es tun soll. Es ist aber unmöglich, ein zuverlässiges Rezept ausfindig zu machen, um es zu veranlassen, gerade das zu tun« (Erikson 1980, 110). Das Kind kann sich liebevoll anschmiegen und gleich danach versuchen, die Mutter rücksichtslos wegzustoßen. Es kann sich an Gegenstände (wie etwa sein Spielzeug) klammern und sich sehr gegen jedes Wegnehmen wehren. Unmittelbar darauf kann es den Gegenstand wegwerfen.
Festhalten und Wegwerfen können beide konstruktiv wie destruktiv gestaltet werden. Das Festhalten kann zu einem grausamen Zurückhalten, aber auch zum sorgenden Bewahren und Beschützen werden. Das Loslassen kann zu einem kalten Verwerfen, aber auch zu einem konstruktiven Herschenken werden. Alle diese Muster kann das Kind nur im Spiel von Gehorsam und Widergehorsam lernen. Wird es auf einem dieser Sektoren nachhaltig frustriert, wird diese Versagung es zeitlebens beschäftigen. Es wird ein wenig wünschenswertes Verhältnis zum konstruktiven oder destruktiven Behalten oder Gehenlassen entwickeln, das seine Interaktionen maßgeblich bestimmt.
Offensichtlich ist es jetzt von erheblicher Bedeutung, wie sich die Interaktionen zwischen Kind und seinen Eltern gestalten. Der Versuch, das Kind auf Reinlichkeit und andere Formen des Gehorchens zu dressieren, verhindert, daß das Kind seine Funktionen nach eigener Wahl und freiwillig reguliert. Was ist die Folge? Machtlos steht das Kind vor seiner eigenen analen Triebhaftigkeit. Machtlos nach außen, ist es schon in so frühen Jahren genötigt, seine eigene Triebhaftigkeit (das ist sein Wille auch zum Ungehorsam) durch Regression zu beheben. Es muß auf orale Entwicklungsstadien regredieren, etwa auf die Vorstellung narzißtischer Allmacht, um mit den beständigen Beleidigungen seiner Autonomiewünsche fertigzuwerden. Das kann sichtbar werden am erneuten Daumenlutschen, an einem fordernden oralen Verhalten. Es kann sich aber auch damit abfinden, daß diese Welt repressiv ist und daß es nur in ihr überleben kann, wenn es die eigenen Autonomiewünsche hintanstellt und sich an die Gehorsamsforderungen anpaßt. Es wird dann vermutlich zwangsneurotisch werden. Es kann endlich aber auch eine Autonomie vortäuschen lernen, die es selbst davon überzeugt sein läßt, es brauche

keines Menschen Hilfe und Begleitung. Es täuscht sich selbst (und später auch den anderen) eine Selbständigkeit vor, die es (ja kein Mensch) hat. Gelegentlich wirken solche Menschen »stark« auf ihre eigene Mitwelt. Es ist das die tragische Stärke, die sich aus repressiver Behandlung in der analen Phase entwickeln kann.
Offensichtlich sind also die Interaktionen, die die Erwachsenen in diesem Alter mit dem Kind praktizieren, dafür verantwortlich, wie sich die Verhältnisse zwischen

- liebendem guten Willen und hassender Selbst-Beharrung,
- Zusammenarbeit und Eigensinn (Eigenbrötelei),
- Sich-selbst-Ausdrücken oder Sich-selbst-Beschränken (etwa in Gefügigkeit)

entwickeln. Das Gefühl, über »Freiheit« zu verfügen, ist hier begründet und angelegt. Das Suchen nach Freiheit kann nur glücken, wenn zuvor das Urvertrauen zureichend stark angelegt wurde. Ist dies nicht der Fall, wird Freiheit entweder als Willkür mißverstanden oder aber als bedrohend erlebt.
Man kann diese Periode des Werdens der Psyche in drei Phasen unterteilen, die nach dem Schema: Sich-Entfernen – Sich-Annähern – Konsolidierung des Erreichten, gegliedert werden können.

(a) Das Sich-Entfernen
Der narzißtische Überschwang, den die neuerworbenen Fähigkeiten des Stehens und Gehens in den ersten Monaten des zweiten Lebensjahrs mit sich bringt, führt zu einem Experimentieren mit der Distanz zur Mutter. Es kommt zu einem Versuch, aktiver Umwelteroberung und -bewältigung. Diese stellt sich dar durch verschiedene Realisationen motorischer Expansion:

- dem willentlichen Sich-Fallenlassen,
- dem gezielten Etwas-Wegwerfen,
- dem gewollten Etwas-Festhalten,
- dem beabsichtigten Etwas-Hergeben.

Es kommt zur Entwicklung erster Selbständigkeitsgefühle. Die Welt der Mutter wird als verschieden von der eigenen erfahren. Der aktive Aufbau einer eigenen Objektwelt führt auch zu einer aktiven Einflußnahme auf die eigene Selbstwelt.

(b) Das Sich-Annähern
In der Mitte des zweiten Lebensjahres kommt es in einiger Entsprechung zur Entwicklung einer symbolischen Sprache, die ja stets Partnerbeziehungen voraussetzt, um aktualisiert zu werden, zu einer Wiederannähe-

rung an die Mutter als Kommunikationspartner. Die bislang geübte und beherrschte Sprache, die des sichtbaren und hörbaren emotionalen Ausdrucks, geht nicht unter, sondern wird mit der neu beherrschten Sprachform legiert. Die neue Sprachform vermittelt über das Was und das Wie des Gesprochenen emotionale und semantische Bedeutungen. Störungen in der Kommunikationsfähigkeit der kindlichen Ansprechpartner führen nicht selten zu einer zeitlebens anhaltenden Störung der Verbindung von sprachlichem Inhalt und sprachlichem Ausdruck. Es kommt zu einer Unfähigkeit, die emotionalen Besetzungen von Aussagen mitzuteilen, so daß sie allgemein verständlich sind.

Das Kind benötigt in diesem Alter die Mutter ganz besonders intensiv. Seine Emotionalität ist nicht selten geprägt von der Angst, den emotionalen und sprachlichen Kommunikationspartner zu verlieren. Es ist wichtig, daß ein Kind diese Angst als unberechtigt erkennt – sie gleichsam verlernt.

Die Wiederentdeckung der Mutter und die starke Abhängigkeit von ihrer Zuwendung führt zu einem Konflikt mit der gerade erst gewonnenen Autonomie. Dieser Konflikt kann nur dann sinnvoll gelöst werden, wenn es der Mutter gelingt, sowohl die Autonomiebedürfnisse des Kindes zu stützen und ihren Genuß zu erlauben, als auch dem Kind als sicherer Kommunikationspartner zur Verfügung zu stehen.

Dieser Konflikt führt das Kind in Krisen, denn es ist nahezu unmöglich, daß sich die Mitwelt schnell und sicher auf die schnell umspringenden kindlichen Autonomie- und Kommunikationsbedürfnisse einstellt. Es kommt zu schnellem und heftigem Umschlagen der Stimmung, zu unzufriedenem Nörgeln, zu enttäuschtem Sich-Zurückziehen, zur Unersättlichkeit im Üben von Kommunikation oder Autonomie, zu Wutanfällen.

Hier wird die stabilisierende Rolle des Vaters wichtig. Spätestens in diesem Alter benötigt ein Kind eine zweite Bezugsperson, die über ihre sichernde Anwesenheit die Loslösung von der Mutter nicht zu einem Ereignis macht, das notwendig im Asozialen endet, sondern eben beim Vater. Zudem erlaubt die Anwesenheit des Vaters dem Kind, in den Auseinandersetzungen mit der Mutter einen Hort an Sicherheit zu finden. Ab jetzt wird die »Triangulierung« – das Leben in einem Dreiecksverhältnis – für die psychische und soziale Entwicklung des Kindes wichtig, für etwa drei Jahre seines Lebens.

(c) Die Konsolidierung

Nach dem 24. Lebensmonat beginnt die Konsolidierung der im Spannungsfeld von Nähe und Distanz neu erworbenen Individualität. Die Abwesenheit der Mutter wird durch Introjektion erträglich gemacht.

Damit wird eine für die Bildung eines reifen Selbst wichtige zweite Stufe der Internalisierung erreicht.

Während das erste Lebensjahr weitgehend bestimmt ist vom Modus der Inkorporation, verringern sich zu Beginn des zweiten Lebensjahres inkorporierende Techniken vor allem dann, wenn die Mutter nicht mehr stillt. Die Abwesenheit der Mutter wird durch Ablenken oder Verleugnung erträglich gemacht. Jetzt aber erlaubt die neu erworbene Technik der Introjektion den Aufbau einer Objektkonstanz: Das Objekt wird auch dann als konstant erfahren, wenn es nicht aktuell zur Verfügung steht. Verbunden mit der Objektkonstanz läuft die Entwicklung der Selbstkonstanz und der Konstanz der Grenzen zwischen beiden.

In dieser Phase erlebt das Kind den Konflikt zwischen Gehorsam und Autonomie, zwischen Fremd- und Selbstbestimmung. In diesem Konflikt lernt es die Grenze zwischen Selbstwelt und Objektwelt deutlicher zu ziehen. Gelingt es nicht, diesen Konflikt sinnvoll durch eine klare Trennung von Selbstwelt und Objektwelt zu lösen, wird die Unschärfe der Grenzen der beiden Welten gegeneinander das ganze Leben belasten können. Sie manifestiert sich im Andauern des Konflikts zwischen Gehorsam und Autonomie. Es kommt, als Ausdruck dieses Konflikts, bei narzißtischer Selbstbesetzung zu einer aggressiven Besetzung der Autorität.

Ein zweites, das den Konflikt Autonomie – Gehorsam schwer lösbar macht, ist nicht selten ein ungeschicktes Verhalten der Eltern, die in der Enttäuschung über das scheinbar aufsässige Kind mit harten Methoden versuchen, die entstehende Autonomie zugunsten des Gehorsams zu brechen. Es kommt zu Einschüchterungen und Drohungen (vor allem werden Liebesverlust angedroht und Rücknahme sozialer Akzeptanz). Es kommt aber auch zu einer extensiven Bindung kindlicher autonomer Handlungen an ASSM, die solche Handlungen negativ erlebt werden lassen, und endlich dazu führt, sie einzustellen.

Kinder, die so mißerzogen werden, reagieren entweder

- aggressiv (mit Gereiztheit, Verbitterung, Rachewünschen) oder
- depressiv (mit totaler Anpassung, partieller Selbstaufgabe, latenter, nur vorübergehend auf das Ich zurückgenommener Aggression).

Wir alle kennen Menschen, die, angepaßt und aggressionsgehemmt, plötzlich aggressiv explodieren oder, wenn es die sozialen Umstände erlauben, ihre Aggressivität entsetzlich darstellen (A. Hitler, J. Bartsch ...)

Es gibt aber auch Eltern, die der überschießenden Initiative ihres Kindes nicht gewachsen sind und vor seinen Ansprüchen kapitulieren. Sie können ihr weder sinnvolle stabile Grenzen setzen noch die Autonomiebestrebungen sinnvoll unterstützen. Solche Kinder tyrannisieren die Familie, sind aber zugleich außerordentlich unglücklich. Die Umwelt bietet

ihnen nicht die Chance, eine sichere und dauerhafte Abgrenzung zwischen Selbstwelt und Objektwelt vorzunehmen, weil die Objektwelt keine stabilen Grenzen zeigt.
Es kommt also darauf an, daß dem Autonomiestreben des Kindes ein großer Spielraum gewährt wird und daß dieser Spielraum zugleich von festen und stabilen (und nicht immer wieder wechselnden) Grenzen beschränkt wird, die vor allem durch die legitimen Ansprüche der übrigen Familienmitglieder gezogen sind.
Die Erziehung zur Reinlichkeit hat hier nicht selten paradigmatische Bedeutung.

2. Analität: Scham und Zweifel

In der Phase der Begründung der eigenen Autonomie ist ein junger Mensch besonders verletzlich, wenn seine Autonomiebemühungen und die daraus hervorgehenden Handlungen oder Unterlassungen als töricht bloßgestellt werden. Er reagiert mit Scham (von der wir wissen, daß sie in nicht wenigen Familien als wichtiges Erziehungsmittel eingesetzt wird – sie ist eine Komponente in dem Komplex ASSM). Der sich Schämende ist der Meinung, er sei bloßgestellt worden, und nimmt an, daß alles auf ihn starrt, um seine Blamage zu beobachten. Er ist sichtbar und zugleich nicht bereit, sichtbar zu sein. In dieser Spannung liegt der Schamkonflikt.
Kinder zeigen, daß sie sich schämen, wenn sie versuchen, sich der Sichtbarkeit zu entziehen, wenn sie etwa den Kopf verbergen, fortlaufen (wünschen, in den Boden zu versinken), sich verstecken.
In manchen Kulturen geschieht die Erziehung fast ausschließlich über Schamgefühle, die, an bestimmte Verhaltensweisen gebunden, diese verhindern. Das »Gesicht-Verlieren« wird zu einer vom Ich kaum zu überwindenden existentiellen Bedrohung – vergleichbar der in unserem Kulturraum bevorzugten Bindung unerwünschter Handlungen an Schuldgefühle.
Beschämt-sein ist das Gefühl, klein oder nichts zu sein. Es entwickelt sich paradoxerweise, wenn das Kind gelernt hat, aufrecht zu stehen – zugleich aber auch seine relative Ohnmacht gegenüber den größeren und stärkeren Erwachsenen wahrnimmt. (Vgl. Erikson 1980, 112)
In unseren Kulturkreis führt das übermäßige Beschämen eines Kindes

- zu einer übermäßigen Sensibilität von schamauslösenden Ereignissen,
- zu einer Einstellung, die es ihm ermöglicht, möglichst unbemerkt durchzuschlüpfen, wenn es etwas angestellt hat, dem eigentlich Scham folgen sollte,
- zu einer ausgeprägten Schamlosigkeit als Abwehrreaktion. Weil das

Leben mit zu großer Scham nicht ertragen werden kann, findet im Bereich des Sich-Schämens eine psychische Verödung statt.

Es gibt bei Kindern (wie später auch bei Erwachsenen) eine Toleranzgrenze bei der Akzeptanz bestimmter Verhaltensmuster, Bedürfnisse oder Wünsche und Phantasien, einige als schlecht und schmutzig anzusehen und so dem Urteil derer zu folgen, die solche Etikettierungen verteilen. Wird die Toleranzgrenze überschritten, entwickelt sich ein Mensch mit einer erheblichen Schamappetenz (ein Mensch also, der sich unbewußt immer wieder in Situationen bringt, in denen er sich schämen muß) oder einer erhöhten Schamschwelle. In beiden Fällen versagt die Scham als sinnvolles und wichtiges Regulanz, das die Sozialfähigkeit eines Menschen mit sichern hilft.

Man kann den Zweifel als einen Partner der Scham betrachten. Während die Scham an die Einsicht gebunden ist, in einer wenig guten Situation exponiert zu sein, gilt der Zweifel der Einsicht, daß man Seiten habe, die man selbst nicht erkennen könne.

Erikson (1980, 113 f) erklärt das am Beispiel des »Hintern«. Die Rückseite mit dem Anus kann vom Kind nicht eingesehen werden, ist gelegentlich von fremdem Willen beherrscht und zugleich libidinös besetzt.

> Der »Hintern« ist der dunkle Kontinent des kleinen Wesens, ein Körpergebiet, das von denjenigen magisch beherrscht und wirksam angegriffen werden kann, die einem die Macht der Autonomie streitig machen und die die Produkte seiner Eingeweide als schlecht bezeichnen, die sich doch als ganz richtig angefühlt hatten, als man sie von sich gab. Dieses Urgefühl des Zweifels an allem, was man hinter sich gelassen hat, ist das Modell für den gewohnheitsmäßigen »zweiten Blick«, den man auf alles wirft, oder für andere, spätere, mehr verbale Formen des zwanghaften Zweifels. (Erikson 1980, 114)

Der Zweifel an allem, was hinterkommt, kann die Handlungen eines Menschen deformieren, kann seine reale Weltinterpretation gefährden, kann ihn zu ohnmächtiger Entscheidungslosigkeit verdammen. Daß die Autonomie im Zweifel einen (neben der Scham) erheblichen Feind hat, ist kaum zu bestreiten. Wie vieles Sinnvolles wird unterlassen, weil Menschen zweifeln, ob es recht ist, ob es das gewünschte Ergebnis haben wird, ob es von anderen akzeptiert wird. Diese Zweifel gründen sicherlich in der Erfahrung des kleinen Kindes, daß man nie wissen kann, wie die eigene produktive Tätigkeit des Stuhlgangs von anderen aufgenommen wird. Und hier handelt es sich nicht um irgendeine produktive Tätigkeit, sondern um die einzige, die ein Kind beherrscht, und zudem um eine, in der es etwas von sich selbst hergibt, etwas exkorporiert.

Viele Menschen, die an sich und ihren Fähigkeiten zweifeln, wurden von Eltern erzogen, die gegenüber den analen Aktivitäten ihres Kindes ein wechselndes Verhältnis hatten. Sie ließen dem Kind aufgrund dieser Tä-

tigkeiten Lohn und Strafe, Zuwendung und Abneigung, Lob und Tadel zukommen, ohne daß der kleine Mensch erkennen konnte, warum das im einzelnen so geschah.
Es kommt darauf an, daß Kindern das Gefühl von Würde (gegen die Scham) und das Gefühl von sicherer Unabhängigkeit (gegen den Zweifel) vermittelt wird. Das können Eltern nur, die gegenüber Scham und Zweifel selbst ein Verhältnis entwickelten, daß diese die eigene Autonomie nicht gefährden können. Wie sich in der oralen Phase das Vertrauen der Eltern weitergibt, so in der analen ihre Würde. Unabhängig von dem, was sie tun, wird das Kind erfahren, ob Vertrauen und Würde Bestandteil der Elternpersönlichkeit sind oder nicht. Durch noch so gute Techniken lassen sich Mängel bei beiden nicht kompensieren.

3. Der anale Charakter

Der anale Charakter wird oft als Zwangscharakter beschrieben. Nun ist ein gewisses Maß an Zwanghaftigkeit im Verhalten nicht schon pathologisch. Es gibt Menschen, die ihre Zwangsbestimmtheit in Berufen sinnvoll verwerten können, in denen Ordnung, Pünktlichkeit und Reinlichkeit überdurchschnittlich wichtig sind. Die Antwort auf die Frage, ob die Analität eines Menschen pathologisch ist oder nicht, wird sich orientieren müssen an der Antwort auf die Frage, ob er die Regeln, die sein Leben bestimmen, selbst beherrscht oder ob sie ihn beherrschen, ob er sich ihnen verweigern kann oder nicht. Der zwangshafte Typ ist in vielen Dingen seines Lebens überreguliert. Er ist geizig und peinlich genau, wenn es um

- Fragen der Zuneigung,
- Fragen der Pflichten und der Rechte,
- Fragen der Pünktlichkeit und der Zeiteinteilung,
- Fragen des Geldes und des Eigentumschutzes,
- Fragen, die seine Verdauung betreffen,

geht.
Vor allem bei sozial-sensiblen Kindern, Kindern also, die die Zu- und Abwendungsreaktionen ihrer Mitwelt auf ihr Verhalten sicher und differenziert wahrnehmen, kann sich diese zunächst soziale Sensibilität gegen sie selbst wenden und sie psychisch-sensibel (verletzbar) machen. Sie entwickeln dann nicht selten so etwas wie ein »frühreifes Gewissen«. Sie vermeiden ängstlich Verhaltensweisen, die mit Scham oder Zweifel verbunden sind oder sein können. Sie erproben ihre verschiedenen Möglichkeiten, Aufgaben (auch soziale) zu bewältigen, nicht im Spiel, sondern reproduzieren zwangshaft Verhalten, von dem sie wissen, daß es keine unangenehmen Folgen haben wird. Da solche Verhaltensmuster den

Strafmechanismus der Mitwelt lahmlegen und den Korrekturmechanismus weitgehend blockieren, kann das Kind lernen, über solches Verhalten, Macht über seine Eltern auszuüben. »Solch hohle Siege sind das infantile Modell für eine Zwangsneurose der Erwachsenen« (Erikson 1980, 113). Auch der Zwangsneurotiker versucht über seine zwangshaften Wiederholungen Macht auszuüben.
Menschen mit solch unreifem Gewissen behalten dieses nicht selten zeitlebens. Die Vermeidung von Scham und Zweifeln regiert ihre Motive. Solche Menschen neigen dazu, wenn sie sich nicht in einer Zwangsneurose stabilisieren, sich

- entweder immerwährend zu entschuldigen
- oder ihre Autonomie exzessiv zu praktizieren, um auch schon leichte Andeutungen von Scham und Zweifel übertönen zu können mit dem Lärm ihrer Aktivitäten.

Nur ein Mensch, der den Mut entwickelt, ein unabhängiges Individuum zu sein, das seine eigene Zukunft ohne erheblichen und bremsenden Zweifel wählen und lenken kann, wird als psychisch gesund angesehen werden können. Ein Mensch, der an alten Bindungen festhält, weil sie ihm psychische und soziale Sicherheit gewähren, obschon er dem psychischen Anspruch nach aus den Bindungen hinausgewachsen ist, entscheidet sich für den Zweifel und gegen die Autonomie.
Insofern die psychoanalytische Praxis es sich zum Ziel setzt, die Autonomie gegen ein frühreifes Gewissen und gegen Scham und Zweifel zu stärken, finden wir häufig als Erfolg der Therapie, daß Menschen sich ein neues Lebenskonzept aufbauen, das nicht selten mit einem Berufs- und Partnerwechsel verbunden ist. Die die Autonomie beeinträchtigenden Zwänge lassen nach, selbst dann, wenn sie mit so hehren Worten wie »Treue« maskiert wurden.

3. Das vierte und fünfte Lebensjahr

Die dritte Phase ist bestimmt durch eine Reihe somatischer und sozialer Fähigkeiten. Es gilt sie psychisch einzuholen und sie zu integrieren, zu konsolidieren, zu verstärken und zum eigentlichen Besitz zu machen.
a) Das Kind lernt, sich freier umherzubewegen. Es gibt sich selbst Ziele für seine Bewegung. Der Radius dieser Ziele wird vermutlich vom Kind als unbegrenzt wahrgenommen.
Das Gehen wird zu einer nicht mehr eigens zu wollenden Tätigkeit. Das Kind »tut« nicht mehr gehen, sondern es entdeckt, was man gehend alles

erreichen kann. Das Gehen ist also nicht mehr Selbstzweck, sondern wird zum Mittel zum Erreichen von Zielen. Die Beine sind nicht nur mehr ein Anhängsel, sondern werden in die Wahrnehmung der Körperteile einbezogen, mit denen man etwas aktiv unternehmen kann.
b) Das Kind vervollkommnet sein Sprachgefühl. Es lernt eine unbegrenzte Zahl von sprachlich vermittelten Inhalten zu verstehen und fragt ununterbrochen, um eine quantitativ unbegrenzte Menge von Wissen in sich aufzunehmen. Da es die Bedeutungen vieler Worte noch unvollkommen versteht, sind Mißverständnisse der Ausführungen Erwachsener nicht selten. Sie werden über mitunter phantastische Brücken geschlossen.
c) Sprache und Bewegung im Raum erlauben es dem Kind, sich eine Vielzahl von Rollen auszudenken, in denen es sich (d. h. die Realität und die Ideale seines Selbst) darstellt. Es kommt zu einer aktiven Überprüfung und Kontrolle der Selbstidentifikationen durch Rollenspiele. Obschon es gelegentlich selbst vor dem erschrickt, was es sich ausgedacht hat – vor allem wenn die erdachten Rollen die Liebe von Vater und Mutter zu schmälern drohen –, kommt es zunehmend mehr in die Lage, eine Unmenge von Rollen zu realisieren. Nahezu jeder Person seiner Umwelt (einschließlich der personalisierten Gegenstände wie etwa Puppen) kann das Kind in einer verblüffenden Vielzahl von Rollen entgegentreten.
Über solche Rollenspiele ist es geneigt, sich als ebenso groß und wichtig zu erkennen als es die Erwachsenen sind, ja es parallelisiert sich mit den Erwachsenen. Zugleich beginnt es Vergleiche zu ziehen zwischen Menschen und ihren Rollen. So vergleicht es

- Kinder und Erwachsene,
- Jungen und Mädchen (Männer und Frauen),
- brauchbare und unbrauchbare Menschen ...

Es scheint wichtig zu sein, daß es zu einer bestimmten Form der Rollennormierung kommt. Diese geschieht optimal in Gruppen Gleichaltriger (und nicht durch das sehr beschränkende Beispiel Erwachsener, die ein in seinen Rollen reduziertes Kind altklug erscheinen lassen). Es lernt Kameradschaft und Freundschaft als wichtige sozial-erotische Beziehungen kennen, Beziehungen, die es mit Beginn dieser Periode mit den Eltern noch nicht aufnehmen kann.
d) Die kindliche Sexualität zentriert sich auf die Genitalien. Die libidinöse Besetzung von Körperteilen geht vom Mund über den Anus zu Penis und Klitoris. Die Genitalien werden zur hauptsächlichen Quelle erotischer Spannungen und Befriedigungen. Aus diesem Grund nennt man diese Phase in der psychoanalytischen Literatur auch die *phallische Phase*

(im Gegensatz zur genitalen Phase, die während der Pubertät erreicht wird). Es kommt zu lustvollen Masturbationserfahrungen.
In dieser Zeit versucht es die Frage zu beantworten: »Was kann ich?«. Es ist die Phase der Initiative.

1. Der Kampf um die Initiative

Nachdem ein Kind herausgefunden hat, wer es ist (und also die ersten sozialen und psychischen Selbstrepräsentanzen ausgebildet und koordiniert hat), möchte es herausfinden, was es kann. Um das zu entdecken, setzt es alle neu erworbenen physischen und sozialen Fähigkeiten sein. Es will herausfinden, was es sich sozial und physisch, emotional und intellektuell leisten kann, wo seine Grenzen liegen. Kinder versuchen herauszufinden, was sie sich leisten können, ohne sich eine einzufangen, was sie tun können, ohne daß es mißlingt oder schmerzt, was sie fragen können, ohne daß sie die Antwort nicht mehr verstehen ... Immer geht es um das Herausfinden und mögliche Dehnen der eigenen Grenzen. Hier ist den Eltern ein gehöriges Maß an Geduld abverlangt, kommt es doch darauf an, daß diese Grenzen weit gezogen werden, so weit, wie das Kind sie, ohne mit fremden Grenzen und Grenzansprüchen zu kollidieren, ausfüllen kann. Dabei ist sorglichst auf die allmähliche Dehnung der Grenzen zu achten, ohne die Grenzziehung irgendwo je verschwimmen zu lassen.
Ein Mensch kann die Frage nach dem eigenen Können nur sinnvoll beantworten, wenn er sein Können auf möglichst vielen Gebieten bis zur Grenze seiner subjektiven Leistungsfähigkeit geübt und dabei auch die physischen, psychischen und sozialen Grenzen erfahren und akzeptiert hat.
Es gibt Menschen, die zeitlebens in einer Art von Grenzenlosigkeit leben, die sich prinzipiell alles zutrauen und sich ständig zu überfordern drohen. Es gibt aber auch Menschen, die zeitlebens gegen Grenzen anrennen, die sie als zu eng, zu beschränkend, ja als kränkend oder beleidigend empfinden. Sie können sich nur mit Grenzen abfinden, indem sie

- resignieren,
- eine Philosophie über die Grenzhaftigkeit des Menschseins aufbauen und so den Grenzen positive Seiten abgewinnen (besonders aber dem, was hinter den Grenzen liegt),
- sie religiös aufzuheben versuchen.

Die gesunde Entwicklung der Initiative ist die Voraussetzung für einen realitätsgerechten Ehrgeiz und die Fähigkeit, sein Leben zielstrebig zu organisieren.
Welches sind nun die Kriterien, die erkennen lassen, daß diese Phase der Initiative sich gut entwickelt? Erikson nennt folgende Merkmale (1980, 117):

a) Das Kind beginnt, mehr es selbst zu sein. Offensichtlich ist die Differenzierung zwischen Selbstwelt und Objektwelt weiter fortgeschritten. Das erlaubt es dem Kind, sein eigenes Verhalten zu zeigen und nicht mehr sein Verhalten aus Elementen des Erwachsenenverhaltens (durch Inkorporation oder Introjektion) zusammenzusetzen. Die Internalisierung geschieht also nicht nur personenorientiert. Das wird möglich, wenn das Kind in seinen Rollenspielen auch Verhaltensmuster darzustellen lernt, die »abstrakt« sind – wie z. B. Nächstenliebe, Treue, Freundschaft ... mit denen es sich dann identifiziert.
b) Es wird liebevoller und entspannter. Die Aufgabe herauszufinden – und das ist eine recht schwierige Aufgabe, vielleicht die schwerste, die ein Mensch überhaupt bewältigen kann –, wer es denn nun eigentlich sei, ist entscheidend erledigt. Die Vermeidung von Scham und Zweifel sind keine handlungsleitenden Motive, da beide nicht übermäßig die Initiative beengen.
c) Es wirkt vital. Diese Vitalität erlaubt es ihm, Fehlschläge ohne Scham zu vergessen und sich immer wieder neuen Gebieten zuzuwenden, wenn die alten sich (vorübergehend) als unergiebig erweisen. Es ist bereit, etwas zu riskieren, und lernt mit gefährlichen Situationen sinnvoll umzugehen. Seine Aktionen beginnen gelegentlich auf ein bestimmtes Ziel gerichtet zu sein, das zunächst in der Phantasie ausgemalt wird.
Erikson (1980, 118) beschreibt diese Aktivität als durch den Willen des Eindringens, der vor allem das Verhalten des Jungen bestimmt, geleitet:

- Er versucht, durch kraftvolles Sich-Fortbewegen in den Raum einzudringen.
- Er will in seiner Neugier in das Unbekannte eindringen.
- Er will mit seiner lauten und aggressiven Stimme in das Gehör anderer Menschen eindringen.
- Er will mit körperlichen Attacken in die Körpersphäre anderer Menschen eindringen.
- Er will – und das erschreckt ihn – mit seinem Glied in andere Menschen eindringen.

Diese sexuelle (phallische) Aktivität, verbunden mit einer genitalen Erregbarkeit, führt zu einer Fülle von verwirrenden und teils auch beängstigenden Phantasien. Oft werden sie nicht einmal in deutliche Bilder umgesetzt. Zu deutlichen Bildern kommt es vermutlich nur dann, wenn

- dem Jungen irgendwann einmal gedroht wurde, »es« abzuschneiden,
- er elterlichen Beischlaf beobachten konnte,
- er geschlechtliche Spiele in Kindergruppen (»Doktorspiele«) erlebte,
- er von Erwachsenen geschlechtlich mißbraucht wurde (durch gerichtetes Spiel am Genital etwa).

Diese thematischen Phantasien können, je nach ihrer Eigenart, die zukünftige Entwicklung beschleunigen oder verzögern, erleichtern oder erschweren, zur Entwicklung einer normalen oder pathologischen Sexualität beitragen. Sind die Phantasien unscharf und verschwommen, verfallen sie meist sehr bald der Verdrängung. Sonst führen sie zu bald eher angsterregenden, bald eher faszinierenden phantasierten Erlebnissen, deren Realitätsmangel aber oft erkannt werden kann. Die Folge kann ein ungestümes sexuelles Neugierverhalten sein.
Es ist also nicht ganz einfach zu entscheiden, ob es Kindern in ihrer psychischen Entwicklung nützlich ist, wenn sie den elterlichen, sehr liebevoll und nicht als bedrohlich interpretierbar geführten Beischlaf gesehen und gehört haben. Es kommt dann zu einer definierten Vorstellung von Organsexualität, die nicht den schweifenden Phantasien ausgeliefert ist. Solche Erfahrungen können aber auch – durch Projektion – das kindliche Schamgefühl verletzen. Vermutlich ist diese Frage nicht generell zu entscheiden. Es wird sehr viel von der psychischen Robustheit des Kindes abhängen. Im Zweifelsfall sollte man dem Kind solche Erfahrungen vorenthalten.
Neben dem Modus des Eindringens spielt der des Machens eine erhebliche Rolle bei der Entfaltung der vitalen Initiative. Gemeint ist ein »Sich-Heranmachen« (im Sinne des amerikanischen »to make«). Es realisiert sich

- in der Lust am Wettstreit,
- in der Freude an der Eroberung,
- in der Begeisterung, an einem Ziel festzuhalten.

Erikson (1980, 120) unterscheidet hier das Tun des Jungen von dem des Mädchens. Unter unseren sozio-kulturellen Bedingungen »tut« der Junge etwas durch direkten Angriff – Kopf voran. Das Mädchen aber »tut« etwas durch Einfangen, indem es etwas aggressiv an sich reißt, oder indem es sich anziehend und liebenswert macht. Vermutlich hängen diese beiden Weisen des »Tuns« ab von sexuellen Selbstrepräsentanzen bzw. stehen sie mit ihnen ihn konstituierender Wechselwirkung.

2. Der Ödipuskomplex

Die Rollenspiele einerseits und die Überzeugung, prinzipiell den Erwachsenen gleichberechtigt zu sein, andererseits treten in Verbindung mit der phallischen Sexualität. Das Objekt dieser Sexualität ist stets der am meisten geliebte Mensch. Das ist in aller Regel die Mutter. Aufgrund irgendwelcher dunklen Ahnungen hält das Kind die sexuelle Beziehung zur Mutter für verboten. Das Kind entwickelt aufgrund magischer Ängste, aber auch aus der Einsicht, daß ein sexuelles Tun mit der Mutter die Liebe der Eltern kosten könnte, das was Freud den Ödipuskomplex nannte.

In diesem Ödipuskomplex, dessen Inhalte wegen der sie begleitenden Angst *immer* verdrängt werden und deshalb von keinem Menschen erinnert werden können, sah Freud den Grund aller Psychoneurosen. Er begegnete ihm in allen Analysen, und nicht wenigen Analytikern geht es so bis zum heutigen Tag. Doch ist wahrscheinlich, daß die Gründe für die Ausprägung neurotischer (und erst recht psychotischer) Symptome oft (wenn auch nicht immer) deutlich früher liegen – und dann allerdings zu einer pathogenen Bewältigung der ödipalen Krise führen.

Das Faktum des Ödipuskomplexes ist kaum zu bestreiten. Es ist aus der unmittelbaren Beobachtung von Kindern erhebbar. So fällt jedem unbefangenen Beobachter auf, daß ein etwa fünfjähriges Kind in einer Phase seines Lebens,

- die Mutter für sich selbst haben will,
- den Vater als störend empfindet und froh ist, wenn er einmal nicht zu Hause ist,
- die Zärtlichkeiten des Vaters gegenüber der Mutter als unangenehm empfindet und mit Ärger, Zorn, Niedergeschlagenheit ... reagiert.

Das gilt zu Beginn der ödipalen Krise für alle Kinder. Insofern für sie die Mutter das am stärksten libidinös besetzte Objekt ist, wird sie zum Objekt genitaler Triebwünsche.

Voraussetzung für die ödipale Krise (von der man deshalb günstiger spricht als vom Ödipuskomplex, weil mit diesem Wort allerlei Schindluder im Schwange ist) ist die Ausstattung anderer Personen mit Bedürfnissen und Gefühlen.

Es kommt also zu einer wesentlichen Unterscheidung in der Objektwelt zwischen solchen Objekten, denen man realitätsgerecht Gefühle und Bedürfnisse zuschreiben kann (etwa über Projektionen), wie man sie selbst hat, und den Objekten, bei denen ein solches Zuschreiben zu enttäuschenden Interaktionsversuchen führt.

Diese *realitätsadaptierende Projektion* ist sehr wohl von der Projektion als Abwehrmechanismus zu unterscheiden, die den Zweck hat, einen Teil der Realität, weil ASSM vermittelnd, zum Verschwinden zu bringen. Das Gelingen dieser realitätsadaptierenden Projektion und die Weise und der Umfang, in dem sie verwirklicht wird, sind maßgebend für die Entwicklung eines »social feeling«. Hier kann es zu erheblichen Fehlern kommen, die durch die Abläufe während der ödipalen Krise in der Regel noch verstärkt werden:

- die Projektion wird totalisiert (dem anderen werden genau dieselben Emotionen und Bedürfnisse zugeschrieben, die ich habe) oder übersteigert,

- in die Projektion gehen mit erheblichen Anteilen Abwehrstrategien ein,
- der andere Mensch wird nicht personal besetzt (die Projektion mißlingt),
- Sachen und Tiere bleiben – wie in der magischen Projektion der frühen Kindheit – personal besetzt.

Wegen der realitätsadaptierenden Projektion kommt es zu neuen Typen von Objektbeziehungen, die keineswegs primär narzißtisch sein müssen. Eine davon ist die ödipale. Ödipal nennt man Objektbeziehungen, die dadurch bestimmt sind, daß die Repräsentanz eines Elternteils mit Inzestphantasien, die des anderen mit aggressiven Phantasien besetzt wird. Viele Menschen entwickeln hier die heftigsten Bedürfnisse und Emotionen ihres Lebens. Es steht zu erwarten, daß sie ihre Spuren in der Psyche hinterlassen, selbst wenn sie völlig und erfolgreich verdrängt wurden.

Die ödipale Dreiecksbeziehung ist typisch für spätere Dreiecksbeziehungen, in denen man in der Regel die Motivation durch die unbewußten ödipalen Besetzungen deutlich wiedererkennen oder doch rekonstruieren kann. Das Einbrechen in eine bestehende Partnerschaft ist das charakteristische Merkmal der ödipalen Krise. Wurden Inzest- und Mordgedanken nicht zureichend gut im Ubw versteckt oder läßt die Gegenbesetzung nach, kann eine Dreiecksbeziehung Emotionen freisetzen, die denen der ödipalen Krise analog sind.

Die ödipale Krise beginnt also für alle Kinder, ob Mädchen oder Jungen, gleich: Die Mutter (als vorwiegend libidinös besetzte Bezugsperson) wird in der Phantasie zum Sexualpartner.

In der zweiten Phase taucht bei allen Kindern ein Gefühl der Eifersucht auf. Das Kind will die Mutter nicht mit dem Vater oder mit Geschwistern teilen.

An diese Eifersuchtsphase schließt sich eine Phase an, bei denen das Verhalten von Jungen und Mädchen differiert. Wir wollen – weil wesentlich besser empirisch belegt – hier zunächst die ödipale Entwicklung des Jungen weiterverfolgen.

Der Vater ist nicht nur Rivale, sondern wird zugleich auch zum Vorbild. Offenbar ist es nötig, um die Liebe der Mutter zu erwerben, so zu werden wie der Vater. Das Kind ist der Überzeugung, wenn es wäre wie der Vater, würde es die Liebe der Mutter erzwingen können.

Die Wünsche nach der Liebe der Mutter sind nun eindeutig genital-sexuell. So kommt es bei der Zuwendung der Mutter oft zu Erektionen. Hat das Kind schon elterlichen Verkehr gesehen, sind seine Wünsche oft koitaler Art.

Gelegentlich offen äußert der Junge den Wunsch, der Vater solle ver-

schwinden. Durchaus nicht selten sind offene Todeswünsche: »Ich wollte, du wärest tot.«
Dieser Todeswunsch (oder doch der Wunsch nach Verschwinden) führt zu verschiedenen Konflikten:

- Er ist verbunden mit der Angst vor Vergeltung, Rache oder Strafe durch *beide* Eltern (also auch der sexuell besetzte Elternteil wird zur Angstquelle).
- Der abgelehnte Elternteil ist ambivalent besetzt (Rivale und Vorbild).

Die Angst vor der Strafe konkretisiert sich bei den meisten Kindern als Verletzungsangst, die das Genitale betreffen soll (als dem Ursprung alles störenden Unheils in den Augen der Eltern). Aus analytischen Erfahrungen, mancherlei Mythen (vieler Völker) und gelegentlichen Träumen wissen wir, daß diese Verletzungsangst vom Jungen erlebt wird als Angst, man würde ihm sein Glied nehmen (»Kastrationsangst«). Da das Glied in der 3. Phase unter den somatischen Selbstrepräsentanzen eine, wenn nicht die zentrale Rolle spielt und somit das Selbst weitgehend von ihm und seiner Erfahrung her bestimmt ist, ist die Kastrationsangst eine existentielle Angst (die übrigens normal bis in die Pubertät währt). Es ist die Angst, sich selbst zu verlieren.
Die Verlustangst der ödipalen Krise steigert die libidinöse Besetzung des eigenen Gliedes. Das vermehrt die Verlustangst und so weiter ... Die Eifersucht und die Rivalität gegen den Vater ist aber ein nutzloser Versuch, den Vater zu verdrängen. Der ödipale Kampf führt notwendig zu einer vernichtenden Niederlage. Manche Jungen verlieren sich jetzt in Größenphantasien: Sie meinen, sie seien ein Riese oder ein Tiger, doch in ihren Träumen rennen sie um ihr Leben. Die Angst, das Glied zu verlieren, manifestiert sich in solchen Angstträumen, die nahezu alle Eltern bei ihren Fünfjährigen beobachten können.
Die Kastrationsangst erhält bald eine neue Dimension. Die Kastration wird nicht mehr vom Vater gesucht, weil er einen Rivalen beseitigen will, sondern sie entsteht aus dem Gefühl der Schuld. Kastration, das sei die einzige adäquate Sühne für die verbotenen Phantasien und Wünsche. Aus diesem wirren Komplex von Angst und Schuld wird sich das Gewissen bilden.
Die Enttäuschung über das Verhalten der Mutter hat folgende Konsequenzen:
1) Gegen die Mutter richtet sich ein eifersüchtiger Zorn. Da die Mutter nicht nur den intimen körperlichen Kontakt vermeidet, sondern in der ungetrübten Liebe zum Vater jeden Ausschließlichkeitsanspruch abwehrt, ist sie nicht der Liebe wert. Im Gegenteil, sie wird zum Gegenstand des Zornes, des Hasses gar. Verschmähte Liebe aktiviert schon

beim Jungen deren Antagonisten und zeigt, daß von Anfang an die Mutter ambivalent besetzt war.
2) Es kommt zu gelegentlichen (und anfangs sehr scheuen) Hinwendungen zum Vater. Er ist nicht nur mehr Vorbild, sondern auch Komplize. Vielleicht ist es möglich, ihn dazu zu bringen, die Verschmäherin der kindlichen Liebe zu beseitigen, oder sich von ihr zu trennen.
Diese Erscheinungen machen den *inversen Ödipuskomplex* aus. Die psychoanalytische Trivialliteratur vernachlässigt ihn, obwohl Freud verschiedentlich nachdrücklich betonte, daß er mit dem »normalen« erst den gesamten Komplex ausmache und daß man, ohne ihn zu berücksichtigen, nicht verstehen könne, was er eigentlich besagt und bewirkt. Freud empfiehlt allen Therapeuten bei der Behandlung von Neurosen gerade den inversen Anteilen des Ödipuskomplexes besondere Aufmerksamkeit zu schenken.
Für die Entwicklung des Ödipuskomplexes beim Mädchen wird die Erfahrung erheblich, daß sie der Mutter nicht Mann sein könne, weil sie keinen Penis besitze. Es kann dann je nach der Art der Aufarbeitung dieser ödipal erheblichen Entdeckung (die inhaltlich meist früher liegt) zu ausgesprochenen Unterlegenheitsgefühlen kommen, die man als »Penisneid« bezeichnet. Ganz ähnlich wie in der inversen Phase des Ödipuskomplexes Jungen erkennen, daß sie unfähig sind, dem Vater Kinder zu schenken. Eine Erfahrung, die dann zur Ausbildung eines Gebärneides, verbunden mit Minderwertigkeitsgefühlen, führen kann.
Lehnt der Vater den Wunsch des Mädchens nach sexueller Begegnung ab, wird es wieder zur Inversion kommen. Das Mädchen wendet sich wieder der Mutter zu und lehnt den Vater ab. Oft leidet es lange darunter, kein Junge geworden zu sein. Solches Leiden kann verschieden dargestellt werden:

- Mädchen benehmen sich mit der Schulreife (also nach der Überwindung der ödipalen Krise) wie Jungen (das Gegenteil ist eher selten!).
- Übertragung und Verschiebung führen zum Versuch, den vermeintlichen Nachteil durch Emanzipation ausgleichen zu wollen.
- ASSM führen zu einer libidinösen Unterbesetzung der eigenen Sexualität (mit Frigidität als möglicher Folge). Es kann aber auch – kompensatorisch – zu einer sexuellen Überbesetzung kommen, die dann gelegentlich die Ausbildung einer vagabundierenden Sexualität zur Folge haben kann.

Für Kinder beiderlei Geschlechts gilt, daß sie in diesem Alter für alle sexuellen oder sexuell interpretierbaren Eindrücke außerordentlich empfänglich sind. Die sexuellen Erfahrungen dieser Jahre prägen weitgehend die spätere Sexualität. Hierher gehören:

- autosexuelle Betätigungen und die Einstellung der Eltern dazu,
- das Fehlen eines Elternteils und die nicht-erlebte Zärtlichkeit zwischen den Eltern,
- die Beobachtung des Verkehrs eines Elternteils mit dem andern oder – oft sehr traumatisierend – mit einem fremden Partner,
- sexuelle Betätigungen mit anderen Kindern oder mit Erwachsenen.

In der Erziehung ist sorglichst darauf zu achten, daß die starke sexuelle Anregung nicht noch vergrößert wird. Das würde die ödipale Krise intensivieren und ihre gesunde und optimale Erledigung erschweren, ja unwahrscheinlich machen.
Für viele Kinder ist die *Masturbation* in diesem Alter die übliche Form der sexuellen Betätigung. Die sie begleitenden oder auslösenden Phantasien zeigen, daß es sich nicht um autoerotische Handlungen handelt. Psychisch schädlich ist nicht – wie Freud noch meinte – die Tatsache der Masturbation, sondern die elterliche Beurteilung dieser Handlung. Binden die Eltern sie an ASSM, wird, da unter dem sexuellen Anspruch Masturbation – wie auch in der Pubertät – kaum vermeidbar, die libidinöse Besetzung sexueller Handlungen unmöglich, vielmehr begleiten unausweichliche Schuldgefühle oder Angstvorstellungen das sexuelle Tun, oder sie folgen ihm. Das wird nahezu unweigerlich zu pathologischen Reaktionen führen.
Das Kind bedarf vermutlich zu einer gesunden psychischen Entwicklung der Masturbation, um seine ödipalen Phantasien und Wünsche zu thematisieren und konkret zu machen.
Mit der psychischen Schulreife mindern sich in der Regel die ödipalen Phantasien, Vorstellungen, Wünsche, Gefühle ... Sie werden teilweise verdrängt. Als verdrängte
- bestimmen sie kindliches Tagträumen und
- beeinflussen maßgebend die weitere psychische Entwicklung.

Sie legen weitgehend fest:
- die Formen und Objekte erwachsener Sexualität,
- die Formen und den Umfang der Sublimationsfähigkeit,
- viele Charaktermerkmale und andere Kompromißbildungen (vor allem neurotische Symptome),
- die Art der Religiosität.

Besonders sind sie maßgeblich für das weitere psychische und soziale Schicksal eines Menschen, weil sie in enger Beziehung zur Ausbildung des Überich (des konventionellen Gewissens) stehen.
Der Ödipuskomplex geht unter, indem das Kind die elterlichen Gebote und Verbote im Gewissen internalisiert und sich somit der äußeren Bestrafung entzieht.

Es kommt darauf an, daß die libidinösen Besetzungen der ödipalen Krise sublimiert werden. So setzen sie das Kind in die Lage, andere Liebesbeziehungen aufzunehmen. Die aggressiven Besetzungen werden meist restlos verdrängt.
Weniger wünschenswert ist es, wenn die libidinösen und/oder aggressiven Besetzungen fixiert werden. Die daraus entstehenden Bindungen werden kaum mehr aufgelöst. Sie bleiben als Beziehungen zu den Eltern – als erotische wie aggressive – oft lang dauernd erhalten. Die Wahl von Partnern wird dann, wenn sie überhaupt im Sinne einer langwährenden Partnerbindung erfolgt, weitgehend bestimmt von den Objekten Vater und Mutter. In Aussehen und Verhalten sollen die neuen Partner gleichsam die verlorenen ersetzen. Sie sollen es ermöglichen, die ödipale Besetzung möglichst identisch zu reproduzieren. Hierher gehört vor allem der Charakter und Konfliktbereitschaft.
In diesen Fällen ist nicht nur die ödipale Krise nicht gelöst worden, sondern es kommt auch nicht zu einer eigentlich reifen Gewissensbildung, die mit der Lösung der ödipalen Krise Hand in Hand geht.
Optimal wird die Krise gelöst, wenn das Kind durch Introjektion sich von seinen Eltern löst. Mit dieser Internalisierung wird das Kind in gewisser Hinsicht seine Eltern »los«, es befreit sich von ihnen. Sie werden weniger notwendig und die enge Bindung an sie ist weniger existentiell gefordert. Soziale Sicherheit wird erlangt, indem die Eltern zu einer Instanz der eigenen Psyche werden und von hierher das Verhalten in sozial erträglicher Weise regulieren. Daß sie es auf die Weise tun, in denen sie es in den letzten Jahren vor der ödipalen Krise getan haben, d. h. vergleichsweise unreif und nicht selten auch rigoros, das wird erst bedrängend werden, wenn das Ich des Kindes reifer geworden ist, und die Weisen eines Fünfjährigen, sein Sozialverhalten zu gestalten, nicht mehr ausreichen.
Die Geburt des Gewissens entlastet also zunächst einmal die kindliche Psyche, indem sie es von den ödipalen Ängsten und Schuldgefühlen befreit.

3. Das Gewissen oder Angst und Schuld

In den präödipalen Phasen erscheinen die späteren Gewissensforderungen schon als Forderung von Außeninstanzen (vor allem als der der Eltern). Hierher gehört vor allem die Bewertung des »analen Verhaltens«:

- Geben – Behalten,
- Schenken – Verweigern,
- Sauberkeit – Unsauberkeit,
- Ordnung – Unordnung …

Es tauchen auch schon »innere Sanktionen« auf, die bei Übertretungen erheblich werden: Scham und Zweifel.
In der ödipalen Phase werden die späteren Inhalte des Überich dadurch stabilisiert, daß sie feste Besetzungen erhalten. Bestimmte Auslöser versprechen Lust, andere stabil Unlust. Die einen gilt es durch Tun herbeizuführen, die andern durch Unterlassung zu vermeiden. Diese Fixierung der Besetzung kommt zustande, wenn die Eltern auf kindliches Verhalten konstant reagieren:

- mit Zu- oder Abwendung, mit sozialer Anerkennung oder Ablehnung,
- durch Koppelung von ASSM mit bestimmten Handlungen, Phantasien aber leider auch Bedürfnissen und Emotionen.

Sie sind Personen, die das Kind existentiell liebt. Nicht wenige Kinder sind bereit, um die Liebe nicht zu verlieren, ihr eigenes Selbst und ihre erotischen und aggressiven Bedürfnisse zu verleugnen. Sie wollen den Eltern nicht weh tun. Sie opfern ihr späteres Lebensglück auf dem Altar des scheinbaren Glücks ihrer Eltern.
Die Besetzungen mit ASSM bleiben in der Regel erhalten, wenn sie nicht nachdrücklich »verlernt« werden. Sie ändern sich allenfalls in der Stärke. Diese Formen von Gewissens-Vorläufern werden in der normalen Entwicklung bei normaler Trennung von den Eltern durch deren Internalisierung abgelöst durch die Funktion des eigentlichen (konventionellen) Gewissens.
Es wird zum Regenten kindlicher Initiative (Erikson 1980, 121). Das Kind fürchtet nicht mehr an erster Stelle, entdeckt zu werden und sich dann schämen zu müssen, wie präödipal üblich, sondern es beginnt sein Verhalten nach der »inneren Stimme« des Gewissens einzurichten.
Hier sind zwei Bemerkungen Freuds interessant:
a) Kinder erfahren die elterlichen Gebote und Verbote zumeist durchs Hören. Es steht also zu erwarten, daß auch nach der Internalisierung dieser Gebote die Hör-Erinnerungen bleiben. So kommt es vermutlich zur Rede von der »Stimme des Gewissens.« Akustische Halluzinationen verlegen nicht selten die Stimme des Gewissens wieder ins Außen. Auch die Rede in Träumen kann die Stimme des Gewissens sein. Das Gewissen wird als Außenstimme hörbar.
b) Die Eltern geben auch dann ihr eigenes Überich weiter, wenn sie es bewußt nicht wollen. Sie neigen dazu (meist unbewußt), nach den gleichen Werten und Unwerten zu erziehen, nach denen sie selbst erzogen wurden. Vor allem aber wird die Elternrepräsentanz durch das Verhalten der Eltern bestimmt, das (meist unbewußt) weitgehend von deren Überich bestimmt ist. Das Überich der Eltern scheint also der erzieherische

Part der Elternpersönlichkeit zu sein. Freud versuchte auf diese Weise die relative Konstanz des Sittenkodex innerhalb einer Gesellschaft zu erklären.

Dieses Denkmuster erlaubt es uns zu erklären, wie wenig christliches Verhalten bei vielen Christen ausgeprägt ist. Das Überich wurde partiell christianisiert und wird so durch die Jahrhunderte weitergegeben, während das Ich mit Christentum und christlichen Werten (weil nicht durchs Gewissen reguliert, sondern durch Erkenntnis) nichts im Plane hat.

Die innere Stimme »Gewissen« übernimmt wichtige Elternfunktionen: Es beobachtet, es führt, es straft. Es kommt damit zu einer Spaltung in den psychischen Strukturen. Das Es und das kindliche Ich auf der einen und das mit ASSM drohende Gewissen auf der anderen Seite. Es entsteht die existentielle Entfremdung der Unfreiheit. Das ist wahrscheinlich die Grundlage der Moral.

Das Gewissen ist vermutlich eine Errungenschaft nicht nur des Menschen – auch sozial lebende Tiere bilden eine solche Instanz aus, in der die von Eltern erlernten Verhaltensrichtlinien gespeichert sind. Wir alle kennen Tiere, bei denen die Stelle der Eltern – wie bei Haustieren oft üblich – von Menschen übernommen wird. Ist das Gewissen nicht artgerecht, wird es zu einer nicht nur die Es-Antriebe kontrollierenden, sondern auch tyrannisierenden Instanz. Auch Tiere – vor allem Haustiere – können psychisch erkranken. Das Gewissen eines Menschen kann – wie das eines Tieres – primitiv grausam, intolerant sein.

Wird die Bindung an dieses Gewissen übergewichtig, wird ein Mensch dazu neigen, die strukturelle Primitivität und die Neigung zum Rigorismus dieser Instanz für sich leitend zu machen. Die Tyrannis des Gewissens erzwingt die Regression des Ich auf dessen Reifezustand – und der ist der eines Fünfjährigen. Daß dieser Mensch nur sehr begrenzt in der Lage ist, Konflikte zu lösen, die von denen Fünfjähriger deutlich verschieden sind, scheint offenbar zu sein.

Der Konflikt, der zur Internalisierung der normierten elterlichen Verhaltensmuster führt, ist ein Konflikt, in dem wenigstens ein Elternteil zutiefst gehaßt wird. Ein Kind erkennt, daß es in seinem Mühen, diesen Haß zu beenden, das Opfer auf sich nehmen muß, die Funktionen des Ich zu beschränken. Das Überich ist nicht nur ein milder Ratgeber, sondern auch eine Gehorsam unter Strafandrohung erzwingende Instanz.

Nicht wenige Eltern beachten die Normen, die sie dem Kind verpflichtend mitteilen, kaum. Das kann die erhebliche Folge haben, daß eine Internalisation der Elternrepräsentanz nicht oder nur beschränkt erfolgt. Ein solches Kind hat erkannt, daß es sich beim Gewissen keineswegs, wie ihm es die Eltern einzureden versuchen, um eine Instanz handelt, die sagt, was gut und was schlecht sei, sondern um eine Instanz, die sichert, daß es erfolgreich ist oder nicht. Es handelt sich also nicht um eine moralische, sondern um eine herrschaftssichernde Instanz. Nicht Moral regiert die Welt, sondern Macht.

Die Macht wird kaschiert als Moral. Und unter dem Anspruch *solcher* Moral wird gefordert:

- Haß gegen die, die anders sind.
- Treue und Sauberheit, Pünktlichkeit und Gehorsam als wichtige Tugenden. Jedenfalls seien sie so wichtig, daß man sich nicht gegen sie orientieren dürfe, um »sich selbst zu verwirklichen«.
- Sein Leben zu opfern für die Ideale von Menschen, die nicht bereit sind, für ihre Ideale auch nur ihr Leben zu gefährden.
- Eigentum, Religion und Staat seien an sich wertvolle Einrichtungen, deren Berechtigung man nicht in Zweifel ziehen könne.
- Daß es Reiche und Arme, erfolglose und erfolgreiche Menschen geben müsse.
- Daß es nicht mit christlicher Religion vereinbar sei, etwas als richtig zu behaupten, was sich gegen den konkreten Staat wende ...

Wie leicht zu sehen ist, sind die Regeln dieses Pseudo-Überich, das bei nicht wenigen die Rolle des Überich übernommen hat, die Regeln des optimalen Bürgers. Wer die Macht hat, hat die Moral. Oder, noch zynischer: »Das herrschende Bewußtsein ist das Bewußtsein der Herrschenden.« (K. Marx)

Dieses pragmatische Überich, das seine Imperative zur Sicherung von Herrschaft als moralisch behauptet, ist nun, da auch die Überwindung der ödipalen Krisen nur unvollständig gelang, die Quelle aller möglichen Ängste. Sie führen zum einen dazu, ödipale Dreiecksbeziehungen aufzubauen – auf der anderen Seite aber auch, ohnmächtig zu sein in solchen Krisen. Die nur sehr begrenzte Krisenfähigkeit dieser Menschen hat nicht selten zur Folge, daß es zu Versuchen kommt, Krisen durch neurotische Symptome aufzulösen.

Pathogen sind also:

1) ein tyrannisches Überich,

2) ein defizientes Überich (das nicht Moral begründet, sondern über den Umgang mit Macht, die individuellen sozialen Bezüge sichern und regulieren möchte),

3) ein zu schwaches Überich (das nicht ausreicht, zureichend Sicherheit im Sozialverhalten zu gewährleisten). Es führt dazu, daß ein Mensch versucht, infantile soziale Strukturen zu reproduzieren, für die in etwa seine moralische Kompetenz ausreichend ist (manche Männergruppen: Soldaten, Korpsstudenten, Arbeiterbünde, Interessenvereine – gehören hierher).

Während die Vorformen des Gewissens in der analen Zeit im wesentlichen das Verhalten über die Vermeidung von Scham und Unsicherheit zu regulieren versuchen, dominieren – ohne daß diese beiden zugrunde gingen – jetzt Angst und Schuld. Das spätere Leben wird weitgehend von dem Versuch bestimmt sein, Situationen und Verhalten zu meiden, die Angst und/oder Schuld bereiten können. Nicht zufällig trauert Hamlet in seinem berühmten Monolog: »So macht Gewissen Feige aus uns allen.« (III, 1)

Schon ödipale Phantasien erzeugten Schuldgefühle. Angst ist etwas, das jedes Kind schon bald nach der Geburt kennenlernt. Wichtig ist, daß die Angstquelle nicht mehr draußen (in der Umwelt) sein muß und die schuldzusprechende Instanz nicht mehr die Eltern sind. Beide, Angst und Schuld, sind jetzt Emotionen, die Verhalten strafen, selbst wenn man nur in der Phantasie dem Überich ungehorsam gewesen ist. Es gibt keine Möglichkeit, diesen beiden neuen Unlustquellen auzuweichen. Sie sind in die Struktur der Psyche eingebaut. Und wenn es gelingt, alle verbotenen Handlungen zu vermeiden, nicht vermeiden kann man Gedanken, Phantasien, Wünsche, die sich im Vorbewußten organisieren und dem Überich schon ausreichen, seine Strafbataillone in Gang zu setzen. Angst und Schuld sind unausweichliche Zustände menschlicher Existenz. In dem Umfang, indem es uns gelingt, Mensch zu sein, werden wir versuchen, unser Handeln den unrealistischen Forderungen unseres immer unreifen Überichs nicht anzupassen. Wir werden mit einem Maß von Angst und Schuld leben müssen, oder aber, bei niederer Toleranz, Angst und Schuld abwehren, was nur die Folge haben kann, daß ein Mensch Kompromisse bildet, in denen Symptome eine wichtige Rolle spielen.

4. Die zweite Ablösung

Die erste Ablösung von der Mutter geschah in der psychischen Selbst-Findung, in der ein Mensch sich selbst aus der Urliebe heraus entlassend, seine Selbstrepräsentanzen und Objektrepräsentanzen differenziert; sicher noch sehr vorläufig und zum Teil verschwimmend und mit Übergängen, doch erfolgreich. Diese erste Selbstgründung ist die Voraussetzung für die Bildung des Ich. Wie und auf welche Weise die Selbstwelt sich von der Objektwelt unterscheidet und was und in welcher Intensität diese beiden Welten miteinander verbindet, wird weitgehend sein weiteres Schicksal bestimmen. Im Grenzfall wird

- entweder die Grenze zwischen den beiden Welten sehr unscharf bleiben, so daß ein Mensch Dinge auf sich bezieht, die nicht auf ihn bezogen sind, Worte anders versteht als sie gemeint sind, indem er sie mit seinen Selbstrepräsentanzen verarbeitet,

- oder die Grenze zwischen den beiden Welten wird zu scharf gezogen, so daß es nicht mehr zu befruchtenden Interaktionen zwischen beiden kommen kann und die Selbstwelt in diesen auch nicht reifen kann. Solche Menschen wirken starr und stark, wenig beeinflußbar und selbstsicher – oder sie wandern in die Einsamkeit der Psychose, in der sie keinen Menschen mehr brauchen.

Diese Grenzfälle sind vergleichsweise selten. Die meisten Menschen bilden ihr Selbst zwischen diesen Grenzen.

Die erste Ablösung kommt zustande, wenn sich ein Kind seine Mutter inkorporiert und sie sich auf diese Weise stets zur Verfügung hält. Die reale Mutter ist dann nicht mehr ganz so wichtig.

Die zweite Ablösung kommt zustande, in dem ein Kind seine Eltern introjiziert und sie auf diese Weise in ihrer geeignetes Sozialverhalten ermöglichenden Gegenwart sich stets verfügbar hält. Die ödipale Krise endet also mit einer Ablösung. Wie sie geschieht und ob sie gelingt, sind wichtige Indikatoren für das spätere Verhältnis zu den Eltern einerseits, für gelingendes Sozialverhalten andererseits.

Diese zweite Ablösung erlaubt es dem Kind, nach neuen Formen der Identifizierung Ausschau zu halten. Es bildet neue soziale Muster aus, etwa das der Kameradschaft. Es ist ausgesprochen wünschenswert, wenn Eltern ihre Einstellung zu ihren Kindern in der ödipalen Krise nach sozialen Muster »Kameradschaft« einrichten könnten. Es entstünde dann eine Gemeinschaft mit starken Besetzungen, aber wenig repressiven Geboten und wenig frustrierenden Verhaltensweisen. Das könnte den Idealfall von Gewissensgründen zur Folge haben: die Ausbildung eines starken und nicht strengen Gewissens (Erikson 1980, 123). Den meisten Kindern bleibt solches Glück versagt, da ihre Eltern viel zu ängstlich sind, um der krisengeschüttelten Psyche des Kindes etwas anderes anzubieten als eine starke »helfende« Hand oder aber – in völliger Ohnmacht – ein Laissez-faire.

4. *Zwischenspiel: Das sechste bis zehnte Lebensjahr*

Gemeint ist hier das Alter, das mit der Schulreife und dem sie begleitenden Wachstumsschub beginnt, und endet mit den Wochen, die dem die Vorpubertät einleitenden Wachstumsschub unmittelbar vorausliegen.

Die erste sexuelle Phase (die phallische) ist überstanden und hat mit der Ausbildung des Gewissens zu einer Ablösung von den Eltern geführt. Die zweite sexuelle Phase (die genitale) hat noch nicht begonnen. Auch sie wird auf einem neuen Niveau zu einer Ablösung von den Eltern führen.

Diese Zwischenzeit erschien der frühen Psychoanalyse als ausgesprochen ruhige Zeit. Nicht als wenn sie frei von erotischen oder aggressiven Krisen sei, doch zumeist und aufs ganze gesehen erscheinen die Kinder in ihren Bedürfnissen und emotionalen Äußerungen eher gemäßigt. Die Zeit der Krisen scheint vorüber. Eine Phase der Konsolidierung ist angebrochen. Nicht mehr leidenschaftliche Liebe und tödlicher Haß bestimmt das Verhältnis zu den Eltern, sondern das Bemühen, wie sie zu werden (von dem die Gewissensbildung nur der zweite Schritt war). Die Welt des Kindes wird jetzt die Kinderwelt. Aus dieser geborgenen Kinderwelt heraus versucht es, andere Menschen zu beobachten und zu beurteilen. Es übt kollektive Reaktionen auf fremdes Verhalten ein.
Die Identifikationsobjekte nehmen zu: Jungen wollen Straßenbahnschaffner, Förster, Urwaldforscher, Priester, Polizisten ... werden – Berufe, die Menschen ausüben, denen sie real oder in der Phantasie begegnet sind – und die sie sympathisch fanden. Kinder gedeihen gut, wenn sie in diesem Alter zahlreiche und verschiedenartige Anregungen erhalten und sie in der Kindergruppe diese Anregungen unverbindlich und ohne Sorge, von den Erwachsenen getadelt zu werden, in Rollenspielen gestalten dürfen.
In dieser Zeit erwerben Kinder auch die Techniken des Stammes. Das sind bei uns Schreiben, Lesen und Rechnen als Basisfertigkeiten.
In dieser Zeit wird aber auch versucht, eine Abgrenzung zwischen Spielwelt und Realwelt zu ziehen. Anfangs werden noch (meist schwächere) Kinder gezwungen, »Pferdchen zu spielen«, sie werden beschimpft (ohne rechten Grund), vielleicht gar verprügelt. Diese für manche Erwachsene bedenklichen Aktivitäten werden meist aufgegeben, wenn erkannt wird, daß Menschen kein Spielzeug sind. Das geschieht optimal in Kinderspielgruppen.
Kinder dieses Alters wollen allein gelassen werden. Sie benötigen einen Raum, in dem Erwachsene nichts zu suchen haben. Sie entwickeln auch ihre ersten Geheimnisse, die vor der Erwachsenenwelt unbedingt ferngehalten werden müssen. Läßt man nicht alltäglich in dieser Zeit Kindern einige Stunden Zeit, das zu tun und der zu sein, der sie gerne sein möchten, werden sie meist unzufrieden, weil sie das Gefühl haben, sie könnten etwas gut machen, würden aber daran gehindert.
Es wäre eine eigentliche Ausbeutung des Kindes, wenn man den starken Betätigungs- und Unternehmungsdrang dieser Jahre ausschließlich für seine Ausbildung planend benutzen würde. Sicherlich soll diese Zeit genutzt werden. In diesen Jahren wird ein Kind in die Kulturwelt eines Volkes oder eines sozio-kulturellen Systems geboren. Die kulturelle Geburt ist wichtig. Doch es ist auch wichtig, daß das zuvor an Menschsein

Grundgelegte weiterwächst. Dazu benötigt jedes Kind einige Stunden Spiels jeden Tag. Auch zur Strafe darf diese Zeit nicht gemindert werden. Kreativität, Sozialität, Gruppenwahrnehmung, Kameradschaft, Grenzziehung von Spiel und Ernst ... werden jetzt geübt und gelernt – oder niemals.

Trotz des vorherrschenden Friedens ist die kindliche Psyche durch eine Fülle von Eindrücken besonders gefährdet, die zum Typ der Mindererfahrungen zählen. Dazu gehören Minderwertgefühle, Minderanerkennungsgefühle, Minderleistungsgefühle.

Schlechte Lehrer oder ungeduldige Eltern vermitteln sehr oft das Gefühl, daß man nie etwas taugen würde. Es kommt besonders in dieser Zeit darauf an, Kinder durch positive Verstärkung lernen zu lassen und weniger durch Tadel. Das kindliche Selbst ist sich seiner noch nicht so bewußt, als das es den Tadel einer Leistung von einem Tadel seiner Person unterscheiden könnte. So wird denn jeder Tadel existentiell – ohne daß das der Sache gerecht würde und von den Erziehern so gemeint wäre. Die Unsicherheit über das eigene Selbst und seine Repräsentanzen und Ideale kann bis in die Adoleszenz andauern, wenn in der ersten Schulzeit Mindergefühle vermittelt wurden, in denen Kinder eine getadelte Leistung auf ihr Selbst bezogen haben. Die noch nicht mögliche Unterscheidung zwischen realem Selbst und idealem Selbst läßt jede Kränkung des Ideals zu einer des realen Selbst werden.

Mir sind Menschen bekannt, die, in dieser Zeit heftig verwundet, jahrzehntelang versuchten, sich und anderen zu beweisen, daß sie zu Unrecht verwundet worden seien. So kann ein Kind, das

- beim Lügen ertappt wurde, ein Wahrheitsfanatiker werden,
- wegen schlechter Schulleistungen getadelt wurde, ein unerträglicher Ehrgeizling werden (oder ein ausgesprochener Faulpelz, der resignierte),
- wegen der »Gefährlichkeit« der Masturbation ermahnt wurde, zum moralischen Rigoristen und zum Propheten irgendeiner Reinheit werden,
- beim Stehlen beobachtet wurde, ein radikaler Vertreter einer Eigentumsideologie werden.

Die Identitätsverwirrung, die bei im Wertbereich sensiblen Kindern durch strenges Tadeln erreicht werden kann, entzieht sich deshalb im allgemeinen der analytischen Theorie, weil sie prinzipiell mit den Methoden der Verhaltenstherapie gemildert oder gar geheilt werden kann.

Geht alles gut, erwirbt ein Kind ein stabiles Verhältnis zu

- den Werten der eigenen Kultur,
- den Gefühlen von Zuständigkeit und Leistungsfähigkeit,
- Arbeit und Spiel.

Es ist zu beachten, daß Kinder in diesem Alter etwas lernen wollen. Sie sind bereit, vieles von den Erwachsenen zu lernen, wenn diese ihnen nicht ständig eine grimmige und freudlose Erwachsenenwelt vordemonstrieren würden.
Das primäre Interesse des Kindes gilt der Realitätsbemächtigung – und dazu gehört die Beherrschung vieler Fertigkeiten. In einer differenzierten Kulturwelt sind solche Fertigkeiten nur über Erwachsene vermittelt und über Schulen institutionalisiert zu lernen.
Obschon die körperlichen Funktionen eine wichtige Rolle spielen, definiert sich ein Kind nicht mehr primär über sie, sondern vor allem über seine sozialen und intellektuellen Begabungen und Fertigkeiten. Obschon viele Kinder die sexuellen Praktiken der ödipalen Krise (vor allem Masturbation) weiterüben, sind sie weder Ausdruck des Selbst noch dienen sie der Selbstdefinition. Sie sind in gewisser Hinsicht nebensächlich geworden – wenn nicht ein Erzieher das Interesse wieder darauf gerichtet haben sollte. Auch die Fähigkeit, etwas zu gestalten, wird in das Selbst eingebaut. Das Bedürfnis, Verantwortung zu tragen, erwacht, und sollte soweit realisiert werden können, daß ein Kind von hierher einen Teil seiner Selbstrepräsentanzen bestimmen kann.
Die Identifikationen mit Aufgaben stehen im Mittelpunkt des Internalisationsgeschehens, sieht man von allen möglichen Schwärmereien (für Lehrer, Fußballstars, Freundeseltern, Kindergruppen ...) ab. Die äußere Identifikation mit der Aufgabe führt zu einer Internalisierung der Aufgabe. Das aber kann, wenn die Aufgabe nicht zufriedenstellend gelöst wurde, dazu führen, daß Tadel existentiell-bedrohlich erfahren wird.

5. Die Pubertät

Der Pubertät hat immer das besondere Interesse der Entwicklungspsychologie gehört. Das mag zum einen daran liegen, daß sich die meisten Menschen noch an die Wirrungen ihrer eigenen Pubertät erinnern und durch die wissenschaftliche Beschäftigung mit dieser Periode versuchen, sich selbst in einem wichtigen Lebensabschnitt besser zu verstehen. Das mag aber zum anderen auch daran liegen, daß die Krisensymptome dieser Zeit öffentlich sind. Sie berühren die Schule, führen zu Bandenbildungen, die einigen Terror veranstalten können. Es kommt gelegentlich zu Verhaltensmustern die nicht nur den Mitgliedern der eigenen Familie seltsam erscheinen.
Auf der anderen Seite gewährt aber die Gesellschaft ihren Pubertenten ein Moratorium. Sie akzeptiert eine Fülle von Verhaltensmustern, die

Ausdruck der verlorenen Identität der Kindheit sind. Sie akzeptiert, daß sich Kindheit nicht von einem auf den anderen Tag in Erwachsenenexistenz wandeln kann.

Den Eintritt in die Pubertät begleitet offensichtlich ein oft massiver Verhaltenswandel (vgl. A. Freud, 1980, 107). Der Jugendliche

- ist gleichzeitig extrem egozentrisch, betrachtet sich als Weltmittelpunkt, auf den alles Interesse gerichtet ist, und ist zugleich opferfähig bis zur Hingabe.
- entwickelt heftige Liebesbeziehungen, bricht sie aber ebenso unvermittelt ab, wie er sie begann,
- sucht begeistert Anschluß an Gemeinsamkeit und entwickelt einen mitunter beängstigenden Hang zur Einsamkeit,
- ist voller Idealismus und zugleich egoistisch-materiell in seinen Interessen,
- ist asketisch und neigt zugleich zu heftigen Triebdurchbrüchen,
- ist grob und rücksichtslos gegen andere, aber sehr empfindlich für alles, was ihn selbst betrifft,
- ist einmal erfüllt von leichtsinnigem Optimismus und bald darauf von tiefem Weltschmerz,
- entwickelt ein Verhältnis zur Arbeit, das bestimmt ist durch unermüdliche Begeisterung, dann aber von dumpfer Trägheit und Interessenlosigkeit.

Die Zahl der psychologischen Theorien, die versuchten, diesen seltsamen Wandel von einem braven Kind in ein unausgeglichenes Ungeheuer zu erklären, geht in die Hunderte. Einig sind sich die meisten jedoch in der Annahme, daß dieser Zeit für die Entwicklung der Geschlechtlichkeit, der Liebesfähigkeit und des Charakters eine besondere Bedeutung zukommt.

Die Psychoanalyse hat sich mit dieser Periode der psychischen Entwicklung vergleichsweise wenig beschäftigt. Der Grund ist einfach: Das vorwiegend therapeutische Interesse suchte nach den Ursprüngen psychischer Störungen und nicht nach den Orten ihres Auftauchens. Und diese Gründe liegen oft lange Zeit vor dem Beginn der Pubertät. Die Pubertät ist so etwas wie eine normative Störung, die sich ohne weiteres Zutun in aller Regel von selbst erledigt.

1. Im Banne der eigenen Geschichte

Die späteren Entwicklungen der menschlichen Psyche lassen sich nur verstehen wenn man ihren Weg bis an ihre Schwelle verstanden hat. Um zu verstehen, was sich in Ich und Selbst des jungen Menschen ändert, muß man wissen, wie es geworden und geartet war. Seine Beschaffenheit

vor der Krise ist zum guten Teil verantwortlich für Verlauf und Ende der Krise.
Das noch schwache Ich des Kindes in den ersten fünf Lebensjahren hat einen starken Verbündeten in den Eltern, wenn es darum geht, die Triebansprüche in sozial vertretbarem Rahmen (und damit lustvoll) zu befriedigen. Das Ich der Latenzzeit hat einen starken Verbündeten im Gewissen, um den Kampf zwischen ihm und dem Es in sozialverträglicher Weise zu gestalten und so größere Unlust zu meiden.
Das kleine Kind hat kaum Gelegenheit, sich über die eigenen Wünsche oder die eigene Triebstärke Gedanken zu machen. Beide fallen ihm nicht auf. Die eigenen Wünsche werden nicht selten gar um des lieben Friedens willen und zur Vermeidung elterlichen Unwillens und Liebesentzugs verleugnet. Die reale Signalangst hilft dem Ich, in der Erwartung eventuell kommender Strafen, mit sozial unerwünschten Triebabkömmlingen fertigzuwerden. Die antizipierende Realangst übernimmt die Stelle des späteren Gewissens.
Das Ich des größeren Kindes hat in seinem Gewissen einen ähnlich starken Bundesgenossen gegen sozial unerwünschte Triebabkömmlinge. Die kindliche Angst, Liebe und Zuneigung der Eltern zu verlieren, wendet sich zur Gewissensangst.
Das Muster der elterlichen Kommentare ist immer das gleiche: Ergreift das Ich des Kindes die Partei der Eltern (des Überich), ist das Kind »gut«, ergreift es die des Es, ist das Kind »böse«.
Dieses Muster gilt wirksam bis zum Einsetzen der pubertären Krise. Mit ihr wird in der Beurteilung der Eltern und Lehrer jedes neue Verhalten eigentümlich ambivalent. Die in der späteren Kindheit oft mühsam errungene Harmonie der Anspruchsbereiche des Es, des Überich und der sozialen Außenwelt zerbricht unter dem Ansturm eines mächtiger gewordenen Es. Die vom Ich entwickelten Strategien zu dessen Beherrschung versagen weitgehend, obschon das Ich nicht nur das Überich zur Hilfe ruft, sondern auch die infantilen Mechanismen der Triebabwehr: vor allem die der Realangst. Diese Realangst, die gegen Ende der frühen Kindheit oft phantastische Formen angenommen hatte (man denke etwa an die Kastrationsangst), wird jetzt beim relativen Versagen des Überich mit zur Hilfe genommen – und zwar mit ihren merkwürdigen Inhalten. So kommt es in der Vorpubertät oft zu ähnlichen Verletzungsphantasien wie im fünften Lebensjahr in der ödipalen Krise.
Die Sexualität trifft nun auf neue Bedingungen. Ein erstarktes Es fordert Befriedigung. Das Ich kann sich nicht schnell genug wandeln. Es stehen ihm nur die schon erprobten Weisen der Regulation zur Verfügung und mit ihnen ein nur begrenztes Maß an neutralisierter Energie.

2. Im Banne der Libido – die Vorpubertät

Während der Vorpubertät ändert sich die Quantität der Triebansprüche, nicht aber deren Qualität. Nahezu alles, was ein junger Mensch tut, was er sich wünscht, was er phantasiert, ist stärker libidinös besetzt. Die kindliche Aggressivität wird zur vorpubertären Wildheit. Der kindliche Appetit entartet zur Gefräßigkeit. Die frühe Bosheit degeneriert mitunter zur Frühkriminalität. Diese übermäßige Besetzung verwirrt in aller Regel die Mitwelt sehr. Nichts wird normal getan, sondern alles mit übertrieben erscheinendem Eifer und einer scheinbar inadäquaten Hingabe. Diese übermäßigen Besetzungen machen Erwachsenen Angst, denn sie passen nicht in eine soziale Welt, in der Vorhersehbarkeit des Verhaltens und dessen Ausgeglichenheit hohe soziale Werte sind, die allein es ermöglichen, daß ein Mensch unter dem anderen nicht mehr als notwendig leidet. Vorpubertierende machen aber andere unter sich leiden.

Zugleich mit der verstärkten libidinösen Besetzung begegnen wir einer Regression auf orales und anales Verhalten, das ebenfalls sozial störend wirkt:

Die Neigung wächst, Schmutziges und (nach den Maßstäben der reinlichen Erwachsenenwelt) Unhygienisches zu tragen. Das ist keineswegs nur Protest, sondern an erster Stelle Folge einer Regression auf anales Verhalten. Übersteigerte Analität wird auch deutlich, wenn Ungehorsam zum Institut erhoben wird. Er erfolgt nicht gelegentlich, sondern in der Regel. Mit diesem Ungehorsam ist nicht selten eine Neuordnung der Werte verbunden, die recht einfachen Regeln gehorcht: Die Werte der Erwachsenenwelt sind schlecht. Also sind Gegenwerte gut. Es kommt zu Gegenidentifikationen. Wenn die Eltern Fleiß als soziales Gut vorleben, wird Fleiß für den Jugendlichen zu einem Laster, vor dem man sich hüten muß. Er ist Ausdruck einer verkehrten Lebenseinstellung. Dagegen ist Faulheit, die ein physisches Leben in aller Askese ermöglicht, eine Tugend. In späteren Jahren wird der Jugendliche versuchen, die pubertäre Gegenidentifikation rational zu rechtfertigen. Wenn er nicht gerade dumm ist, wird er schon gute Gründe für seine Einstellungen beibringen. Sie erscheinen wenigstens ebenso plausibel wie die Rationalisierungen der Eltern.

Hierher gehört auch die Neigung zur Unordnung. Auch hier wieder eine Regression auf anale Muster.

Besonders störend aber wirkt auf Erwachsene die Tatsache, daß die sexuellen Partialtriebe noch nicht zusammengefaßt sind, sondern einzeln und unkoordiniert demonstriert werden. Zu den Partialtrieben rechnet die analytische Theorie:

- oralerotische, analerotische und phallisch-erotische Triebe,
- Schaulust und Zeigelust,
- Masochismus und Sadismus,
- Autoerotik, Homoerotik und Heteroerotik.

Von sexueller Perversion spricht man oft dann, wenn einer dieser »Triebe« zu einer Zeit noch besteht, in der man seine Integration in eine erwachsene Sexualität erwarten könnte. Sie haben dann noch allenfalls relative Funktionen (etwa im erotischen Vorspiel). In der Perversion begegnet uns jedoch eine Fixierung auf eine bestimmte Form sexueller Realisation von Partialtrieben, verbunden mit der Unfähigkeit, sie sinnvoll in erwachsene genitale Sexualität zu integrieren. Freud schreibt:

> Wenn sie [die Perversionen] eine Analyse zulassen, müssen sie zusammengesetzter Natur sein. Hieraus können wir einen Wink entnehmen, daß vielleicht der Sexualtrieb selbst nichts Einfaches, sondern aus Komponenten zusammengesetzt ist, die sich in den Perversionen wieder von ihm ablösen. (V, 61 f)

Insofern in der Vorpubertät die Sexualität noch nicht eigentlich genital ist, andererseits aber durch den Libidoüberhang sexuelle Handlungen und Interessen, Bedürfnisse und Phantasien mächtig werden, bleibt es dem Vorpubertierenden nicht erspart, sexuelle Partialtriebe zu befriedigen, bzw. seine sexuelle Befriedigung über irgendwelche Substitute zu Partialtriebobjekten zu suchen. Verdrängt der Jugendliche seine Partialtriebe nicht, erspart er sich in aller Regel eine neurotische Erkrankung (XII, 212), wohl aber stößt er auf die teils lebhafte Ablehnung der Erwachsenen, die in seinem Verhalten die oft mühsam erlangte und aufrechterhaltene Integration der eigenen Partialtriebe gefährdet sehen. Das gilt etwa für vorpubertäre Homosexualität oder vorpubertäre Exhibitionismen oder Schaulust. Die Strafen sind nicht selten drakonisch, weil die Erwachsenen etwas in sich bestrafen wollen. Und wo das Überich straft, straft es rigoros und kompromißlos.

3. Im Banne der Genitalität – die Pubertät

In der Pubertät ändert sich neben der Quantität auch die Qualität der Triebansprüche. Die Libido besetzt vor allem genitale Handlungen, Bedürfnisse, Wünsche, Phantasien, Vorstellungen, Ziele. Durch diese starke Besetzung wird Besetzung von Objekten der Partialtriebe abgezogen und auf die genitale Besetzung zusammengezogen. Die Sexualität hat ihr endgültiges Objekt gefunden. (»Sexualität« entspricht einem physisch-psychischen Bedürfnis, während »Erotik« in Hinordnung auf ein psycho-soziales Bedürfnis verstanden werden soll.) Durch die Absorbtion der starken Libido auf das Genital, seine Befriedigung und deren Objekte erweckt der Jugendliche den Anschein größerer Ausgeglichenheit. Seine erziehende Umwelt atmet auf. Doch ist die »physiologische Spontanheilung« der Prägenitalität eher Täuschung. Der Konflikt, der sich in rüpelhaftem und unausgeglichenem Verhalten darstellte, ist bestenfalls überdeckt, nicht aber gelöst. Die psychische Krise stellt sich nicht mehr sozial dar, sondern bleibt psychisch. Das Es steht im heftigen Kampf mit dem Ich, das nun von kaum jemand unterstützt wird, weder von der sozialen Mitwelt noch vom Gewissen, die als Konfliktinstanzen und nicht als helfende verstanden werden. Dieser Kampf zwischen Es und Ich kann sehr verschiedene Ausgänge haben (vgl. A. Freud 1980,117):

- Das erstarkte Es überwindet das Ich. Dann bleibt vom Charakter (das ist die bisherige Form der Kompromißbildung) zunächst einmal nichts übrig. Es kommt zu zügelloser Triebbefriedigung.
- Das Ich bleibt Sieger. Dann endet die stürmische Vorpubertät in einer Art zweiter Latenzperiode. Das Es wird ins Kleinliche abgedrängt. Es muß sich mit einem Rahmen begnügen, der für das kindliche Es ausgereicht hat. Die überschießende Libido muß ständig niedergehalten werden. Dazu bedarf es einer Fülle von Verdrängungen mit starker Gegenbesetzung. Es kommt in aller Regel zu Symptombildungen, weil die alte Kompromißbildung nicht ersetzt, sondern nur ergänzt werden kann. Und sie kann nur erhalten werden, indem Symptome eingebaut werden. Dazu verkümmert noch das Triebleben. Der Sieg des Ich besorgt eine Schädigung der Persönlichkeit von erschreckendem Ausmaß. Durch die starken Gegenbesetzungen bleibt auch weiterhin das Ich gefährdet und geschwächt. Die Persönlichkeit neigt zur Unnachgiebigkeit, Unangreifbarkeit für Revisionen (Intoleranz), Rechthaberei.

Kommt eine glückliche Lösung – und das bedeutet immer einen wenigstens vorläufigen Sieg des Es über das infantile Ich – zustande, führt das zu einer neuen Kompromißbildung, in der Symptome keinen Platz haben müssen. Die Person wird Ich- und triebstärker zugleich. Das Überich erhält die Chance, sich von seinen infantilen Mustern abzulösen und an die neuen Gegebenheiten anzupassen. Während das unreife Gewissen die Eltern internalisierte, kann das reife Ideale internalisieren, die nicht die der Eltern sind. Dieser Umbildungsprozeß gelingt jedoch vergleichsweise selten. Wo er gelingt, begegnen uns solche Menschen kaum in der Therapie.

Die starke Besetzung der genitalen Sexualität läßt zumeist nach Abklingen der pubertären Krise nach. Es können die Partialtriebe wieder zum Vorschein kommen und die Männlichkeit (oder Fraulichkeit) erheblich beeinträchtigen. Die pathogene Anziehungskraft prägenitaler Einstellungen und Haltungen wird vor allem dann erheblich, wenn ein Mensch unter der Tyrannei eines unreifen Überich seine Orientierung in der Welt versucht.

Standen schon vor der Pubertät die phallischen (und nicht die analen) Interessen im Vordergrund, wird die Vorpubertät im allgemeinen ruhiger verlaufen. Da aber die kompensierende und einigende Wirkung der genitalen Besetzung nicht benötigt wird, führt, etwa beim phallisch-exhibitionistischen Jungen, der Genitalschub zu einer Verschärfung der Symptome. Die kindlichen »Perversionen« werden nicht spontan geheilt, sondern der bestehende Zustand verschlimmert sich. Der Betroffene zeigt das Bild einer kaum beherrschten, übersteigerten genitalen Männlichkeit. Von hierher ist auch die Frage nach der prägenitalen Sexualerziehung zu beantworten: Es sollte auf keinen Fall zur einer zu frühen Fixierung der Sexualität auf Genitalsexualität kommen. Das scheinen manche »Aufklärer« nicht zu beachten, indem sie ihre eigenen sexuellen Bedürfnisse in das Kind projizieren.

4. Im Anspruch von Askese und Intellektualisierung

Die Triebangst der Pubertät führt nicht selten zu Verhaltensweisen, die, vom Ich reguliert, und in der Erwachsenenwelt oder auch in der Latenz normal, in ihrer Übersteigerung beachtlich werden können: Askese und Intellektualisierung (vgl. A. Freud 1980, 119–129).
Manche Jugendliche versuchen dem starken Anspruch ihres Triebs durch eine massive *Triebfeindlichkeit* zu begegnen. Sie zeigen Symptome, die weit deutlicher sind als die der üblichen Triebverdrängung bei neurotischen Erwachsenen. Der Neurotiker bindet seine Verdrängung an die Triebqualität. So verdrängt der Hysteriker seine genitalen Regungen, der Zwangsneurotiker seine anal-sadistischen Wünsche, der Melancholiker orale Bedürfnisse. Der Pubertätsasket weist jedoch *alle* Triebansprüche ab.
Nicht selten nimmt die Askese ihren Ausgang von Masturbationshandlungen oder homosexuellen Wünschen, doch verbreitet sie sich von da aus über das ganze Leben. Es werden nicht mehr bestimmte Triebwünsche versagt, sondern Triebgenuß schlechthin. Dieses Triebmißtrauen kann sich bis auf die alltäglichsten Bedürfnisse erstrecken (Essen, Trinken, Wärme, Schlaf, Stuhlgang ...).
Neurotiker kompensieren die Triebverdrängung meist durch eine Ersatzbefriedigung. Diese fehlt in der jugendlichen Askese. Dagegen kommt es zu gelegentlichen Phasen exzessiv gelebter Triebhaftigkeit, in denen plötzlich alles gut wird, was vorher verwerflich und charakterschwach erschien. Solche Triebexplosionen sind prognostisch positiv zu werten. Hat das Ich dagegen die Kraft, die Triebabweisung konsequent zu Ende zu leben, werden alle Lebenstätigkeiten gelähmt. Das Verhalten scheint psychotisch (kataton) gestört.

Die primäre Triebfeindlichkeit des Ich, das, nachdem es zunächst ganz im Dienste des Es stand, sich doch, um seine Funktion erfüllen zu können, gegen das Es richten muß – und das institutionalisiert –, nimmt in der Pubertätsaskese ihr lauteste Form an.

Der Jugendliche wird während der Pubertät triebhafter und zugleich moralischer und asketischer, aber er wird auch gescheiter. Mit der Triebentwicklung geht eine deutliche intellektuelle Entfaltung einher. Es steht zu erwarten, daß auch der Intellekt gegen den Trieb eingesetzt wird, um die Triebangst zu mindern und zu lindern. Schon in der Vorpubertät wandelt sich das intellektuelle Interesse meist zum Abstrakten hin. Besonders jene Jugendliche, denen S. Bernfeld eine »verlängerte Pubertät« zuspricht, neigen dazu, über abstrakte Themen zu grübeln und zu reden. Gelegentlich studieren sie Philosophie oder Theologie, weil diese Gebiete ihnen die Möglichkeit geben, ihren eigentümlichen Neigungen nachzugehen.

Häufig werden solche intellektualisierenden Jugendlichen in ihrem Bemühen, von der Triebangst abzulenken, Freundschaften schließen, um gemeinsam über Themen nachzugrübeln und zu diskutieren, die doch nicht zu ihrer Verfügung stehen: über Politik und Religion, über Liebe und Haß, über die Macht der Ideen, über Psychoanalyse. Es überrascht dabei die Weise des Denkens ebenso wie die Einfühlungsgabe und gelegentliche Weisheit des Redens. Wer die Funktion solchen Redens nicht erkennt, wird erstaunt sein, daß die hier vertretenen Positionen nichts mit der tatsächlichen Lebensgestaltung zu tun haben, ja oft im offenen Widerspruch dazu stehen.

Die hohe Auffassung von Liebe und Gerechtigkeit etwa hält den Jugendlichen nicht davon ab, lieblos zu urteilen oder ungerecht zu beurteilen. Die Einordnung in das Sozialleben wird nicht im geringsten durch solche pubertären Idealbildungen erleichtert – im Gegenteil. Seine Intellektualität scheint keinem anderen Zweck zu dienen als dem der Tagträumerei. Das Denken, Grübeln, Diskutieren an sich sind libidobesetzt, die Themen und Positionen sind oft austauschbar.

Wenn schon die Askese nicht leistet, was sie verspricht, nämlich die Vermeidung von Triebangst durch Triebbeherrschung, könnte doch vielleicht die rationale Analyse des eigenen Zustands etwas ändern? Wenn es schon nichts nutzt, vor dem Trieb zu fliehen, so doch vielleicht, sich ihm intellektualisierend zuzuwenden? – Doch diese Zuwendung bleibt gedanklich. Die Gedankenarbeit entspricht der vermehrten Angstwachsamkeit für das Triebgeschehen. Seine »Weltanschauung« spiegelt den Kampf mit dem Trieb wider. Nicht selten ist sie revolutionär. Im Intellektuellen äußern sich widerspiegelnd die Triebvorgänge. Deshalb sind auch Spekulationen über anthropologische Fragen beliebt. Sie sollen dazu dienen – vom Triebgeschehen ablenkend und es oft ausblendend – herauszufinden, was der Mensch eigentlich sei. Das dabei aufgestellte Menschenbild ist merkwürdig abstrakt, sieht es doch von allem »Niedrigen« ab – etwa von der Verführbarkeit oder Manipulierbarkeit der Menschen.

Hier wiederholt sich auf höherem Niveau, was schon während der analen Phase geleistet wurde: Durch die Möglichkeit der Verbalisierung wird eine neue Form der Triebverarbeitung gewonnen. Nach A. Freud handelt es sich hier um nichts anderes als um »Übersteigerungen von allgemeinen Ich-Einstellungen unter den besonderen Bedingungen eines Libido-Schubs« (1980, 127). Offenbar macht die Triebgefahr Menschen gescheit. In realen Gefahren kommen nicht wenige Menschen zu intellektuellen (und anderen) Leistungen, zu denen sie sonst nicht fähig sind. Die der Pubertät sind sie zwar blendend, aber unfruchtbar.

Im späteren Leben gehen die Gefahren nicht mehr an erster Stelle vom eigenen Trieb aus, da wird die Fruchtbarkeit ein wesentliches Kriterium für die Qualität der Gedanken.

Die Askese versucht, das Es durch radikale Verbote in Schranken zu halten. Das Intellektualisieren versucht, Triebvorgänge durch enge Verbindung mit Vorstellungsinhalten beherrschbar zu machen.

Insofern die alten Helfer des Ich, das Überich und die soziale Mitwelt im allgemeinen dem Trieb und seinen Abkömmlingen feindlich gesonnen sind, werden zumeist beide wenig besetzt sein. Die partielle Verdrängung des Überich ist eine für den Jugendlichen selbst nur schwer zu meisternde Aufgabe. Sein Sozialverhalten wird dadurch problematisch. So sucht er entweder die Einsamkeit oder bindet sich ein in Jugendcliquen, bei denen alle Mitglieder ähnliche Probleme mit sich und ihren Erwachsenen-Welten haben. Die neuen Bindungen bieten oft Ersatz für die Elternbindung. Die Regression auf vorödipale Zustände bringt es oft mit sich, daß die Überich-Funktionen nun von der Clique wahrgenommen werden. Sie bestimmt autonom, was moralisch gut, was verwerflich ist. Es kommt zu erheblichen Formen der Verhaltensanpassung an das standardisierte Gruppenverhalten. Diese Anpassung entlastet psychisch und sozial. Dabei kann es dazu kommen, daß der Pubertierende nicht mehr sein eigenes Leben mit seinen eigenen Bedürfnissen und Emotionen lebt. Er übernimmt die der Gruppe. H. Deutsch hat diesen Typus als »Als-ob-Typ« bezeichnet. Sie sieht darin eine Zwischenstufe zwischen neurotischer und psychotischer Erkrankung (ein »Borderline-Verhalten«).

Die Gruppe bildet dabei ein Objekt, zu dem eine narzißtische Beziehung aufgenommen wird, ganz ähnlich der, die wir als narzißtische Objektbeziehungen schon beschrieben haben (Seite 136 f.). Die Außenwelt des Jugendlichen ist weitgehend frei von libidinösen Besetzungen. Das krampfhafte Bemühungen, in Gruppen den Anschluß an die Außenwelt nicht zu verlieren, offenbart ein Bemühen, Objektlibido nicht abzuziehen und sie zu Selbstlibido zu wandeln und so auf primär-narzißliche Zustände zu regredieren. Das Maß, in dem Objektbesetzungen aufrechterhalten werden, entspricht dem Maß für die Chance, die Pubertätskrise optimal zu bewältigen – immer vorausgesetzt, das Es wurde nicht gemordet.

5. Auf der Suche nach dem neuen Selbst

Durch die neuen sexuellen Erfahrungen und beängstigende sexuelle Ahnungen fühlt sich der Pubertierende in eine Identitätskrise gestürzt, weil das bislang im Selbst gesicherte Material ihm keine Interpretationshilfen für das bietet, was da mit ihm geschieht. Offenbar muß das Selbst weitgehend neu organisiert werden, ehe die Pubertätskrise abgeschlossen werden kann.

Daß es sich bei der Pubertätskrise auch um eine Krise der Selbstdefinition handelt, ist offensichtlich. So kann man beobachten, daß besonders technisch begabte Jugendliche, deren Begabung gut ausgebildet wird, eine viel gemäßigtere Form der Krise durchlaufen. Sie können sich schnell mit Aufgaben und Rollen identifizieren, die in der Erwachsenenwelt ähnlich ausgemacht sind. Dagegen wird die Pubertätskrise viel stürmischer verlaufen, wenn die persönlichen Neigungen nicht den Ordnungsvorstellungen der Erwachsenenwelt entgegenkommen. Es bleibt in aller Regel nichts anderes übrig, als im Gegensatz zur Erwachsenenwelt das neue Selbst zu begründen und zu definieren (also Selbstwelt gegen Objektwelt abzugrenzen). Nicht selten kommt es bei diesen Versuchen, adversativ die Selbstdefinition festzumachen, zu erheblichen Gegenidentifikationen. Bestimmte Personen oder Ideale werden in ihr Gegenteil verkehrt, ehe sie zur Vorlage für eine Identifikation (oder eine frühere Form der Internalisierung) brauchbar sind.

Solche Jugendliche widerstehen nicht selten den Ansprüchen der Erwachsenenwelt mit einer Kraft, die an die von Tieren erinnert, die um ihr Leben kämpfen. Das ist verständlich, »denn im sozialen Dschungel der menschlichen Existenz gibt es ohne ein Gefühl der Identität auch kein Gefühl, lebendig zu sein« (Erikson 1980, 133).

Es kommt also darauf an, im Selbst ein Prinzip der Kontinuität und Gleichheit zu sichern. Dazu ist es notwendig, diese Fragen zu beantworten:

- Wie sehen mich andere im Vergleich zu meinem Selbstverständnis?
- Welche Beziehungen bestehen zwischen meinen bisherigen Bedürfnis-

sen und Emotionen, meinen bisherigen Rollen und Idealen, meinen bisherigen Kenntnissen und Hoffnungen und den Idealen der Gegenwart?

Es entspannt sich ein Kampf um Leben und Tod. Der Jugendliche will seine Selbstachtung und seinen Selbstwert sichern. Zunächst aber muß er wissen, wer er ist. Wird die Selbstachtung in Frage gestellt, wird er – keineswegs nur vorübergehend – jene Strategie wählen, die auch manche Erwachsene wählen, wenn sie in ihrer Selbstachtung gekränkt werden: Erfolgt kein narzißtischer Rückzug auf sich selbst, werden sie snobistisch und vereinsamen, um ihre Selbstbilder vor fremder Kritik und fremden Ansprüchen zu sichern.

Bleibt das Gefühl einer tiefen Unzulänglichkeit erhalten, kommt es zu erheblichen Arbeitshemmungen. Die unrealistischen Forderungen des Ideal-Selbst und/oder die der Außenwelt können dazu führen, daß die tatsächlichen Begabungen nicht erkannt und nicht realisiert werden. Die Arbeit wird zur fremden, zur Zwangsarbeit. Studenten, die an einem tiefen Unzulänglichkeitsgefühl leiden, sind oft eifrige Studenten, zugleich aber unfähig, irgendein Examen zu machen, weil das Examen sie mit einer Realität konfrontieren könnte, die dem Ideal-Selbst widerspräche.

In der gesunden Entwicklung wird während der Pubertät das Ideal-Selbst zurückgenommen, die Selbstdefinition erfolgt eher von den tatsächlichen Möglichkeiten her als von Idealen (und mögen sie noch so hehr sein).

Die Identitätskrise hat nicht selten zur Folge, da das Selbst noch nicht die eigene Genitalität integrierte, daß sich Jugendliche nicht deutlich als zum einen oder anderen Geschlecht zugehörig fühlen. Gelegentlich kommt es zu in der Regel leicht erreichbaren homosexuellen Kontakten, die eine homosexuelle Selbstdefinition ermöglichen, die leichter zu ertragen ist als eine lang hingezogene bisexuelle Verwirrung (vgl. Erikson 1980, 192). Die sexuelle Verwirrung kann junge Menschen dazu bringen, sich in frühe sexuelle Aktivität zu stürzen, ohne erotische Bindungen. So erschweren sie die sexuelle Identitätsfindung. Diese setzt eine Bindung von Sexualität an Erotik voraus. Andere Jugendliche beschäftigen sich intensiv mit sozialen, künstlerischen, intellektuellen Aufgaben, und das so sehr, daß sie ihrer eigenen Genitalität nicht gerechtwerden. Das kann zu einer dauernden Schwächung der sexuellen Polarisierung führen.

Das was die Gesellschaft während des pubertären Moratoriums an Hilfe anbietet, ist wenig hilfreich, ein reifes sexuelles Selbst aufzubauen: Weder die Sexualität ohne Erotik noch ein sexuelles Spiel ohne genitales Engagement werden den jugendlichen Bedürfnissen gerecht. Es ist vielmehr notwendig, daß der Pubertierende – ähnlich einem Kind in der oralen Phase – einen Menschen findet, in dem er sich spiegeln kann, der ihm zurückspiegelt, wer er tatsächlich ist – allenfalls darf dieses Bild gebrochen sein durch den Blick der Liebe.

Der Aufbau stabiler Selbstrepräsentanzen ist während der pubertären Krise nicht möglich. Deshalb kann ein Jugendlicher auch die Frage nicht beantworten, wer er denn eigentlich sei. Aber es kommt darauf an, daß sich die pubertäre Krise so auflöst, daß diese Antwort möglich wird, daß sie so verläuft, daß sich das Selbst für neue realitätsgerechte Interpretationen und Definitionen öffnet.

So ist es durchaus verständlich, daß sich der normative Selbstmangel in der Pubertät in

- auffälligen Liebhabereien,
- marottenhaften Versuchen, darzustellen, was man nicht ist,
- der Partizipation an einer jugendlichen Subkultur äußert.

Gerade das clanhafte Sich-Absondern gegen die Erwachsenenwelt schafft dem Jugendlichen den Freiraum, sich selbst zu finden – und das unbeeinflußt von den Bedürfnissen Erwachsener, die versuchen, sich in ihm wiederzufinden und ihn ein Leben führen lassen wollen, in dem sie sich verwirklichen.

In noch sehr vorläufiger Form und in keiner Weise robust genug, sich den Angriffen der Erwachsenenwelt zu stellen, beginnt er aus den Überresten seines kindlichen Selbst und den Anforderungen seiner Sexualität ein neues Selbst aufzubauen. Seine Ansichten und Begabungen werden ernstgenommen, seine Fähigkeiten nicht überfordert – kurzum die Jugendclique bildet ein Milieu, in dem sich das werdende Selbstbewußtsein sinnvoll verteidigen kann.

Der Jugendliche erhält aus der Erwachsenenwelt keine Interaktionsangebote, mit denen er etwas anfangen, in denen er sich finden kann, seinem Selbstverständnis entsprechend. Er gibt aber auch in die Erwachsenenwelt kaum Interaktionsangebote, mit der diese Welt viel anzufangen wüßte. Es bleibt ihm also keine andere Wahl, als aus der Erwachsenenwelt auszuziehen und sich einer Gruppe anzuschließen, die eine für ihn verständliche Welt organisiert und in ihr lebt – eine Welt, die seine Interaktionsangebote aufnimmt, mit deren Angeboten er etwas anfangen kann.

Die Alternative dazu wäre ein narzißtischer Rückzug: Die Zurücknahme von Objektlibido, insofern sie die Erwachsenenwelt betrifft, auf das eigene zerbrochene und fragmentierte Selbst. Das kann zur Folge haben, daß er entweder die Einsamkeit sucht, um sich hier eine Wahnwelt aufzubauen, in der er unbeleidigt und ungefährdet sein Selbst zu einem psychotischen, realitätsabgelösten zusammensetzen kann. Er kann statt des psychischen Todes auch den physischen wählen.

6. Die Adoleszenz

»Adoleszenz« soll die Zeit der psychischen Reife bezeichnen, die auf die Phase der physischen Reife folgt. Heute liegt die Adoleszenz etwa zwischen dem 18. Lebensjahr und der Mitte des dritten Lebensjahrzehnts. Der junge Mensch ist zwar sozial integriert, weiß aber immer noch nicht, wer er ist. Seine Identitätsfrage ist noch offen. Die endgültige Zusammenfassung der Selbstrepräsentanzen zu einer konsistenten Einheit ist noch nicht gelungen. Die Werte der Erwachsenenwelt sind noch nicht akzeptiert.
Wesentliche Merkmale der Adoleszenz sind:

- In den Mittelpunkt des erkenntnis- wie handlungsleitenden Interesses treten zweckorientierte Handlungen (nach Spiel und Gruppenaktivitäten, die keinen Außenzweck haben).
- Das Verhalten wird berechenbarer, und damit werden die Interaktionsmuster stabiler.
- Die Gefühle werden stetiger und schlagen nicht mehr plötzlich und scheinbar unmotiviert um. Auch das verbessert die sozialen Chancen.
- Die Selbstachtung wird stabiler und nicht durch kleine Erfahrungen von Kritik oder Mißerfolg in Frage gestellt. Es beginnt also eine Ablösung des Selbstverstehens von Fremdanerkennung.
- Es gibt Dinge, für die ein Heranwachsender kompromißlos bereit ist, alles (selbst sein Leben) einzusetzen.

Dennoch ist zu beachten, daß es in der Adoleszenz nicht so sehr um die Auflösung von Triebkonflikten geht als vielmehr um Ausbildung von stabilen Ich-Funktionen.

1. Die Bildung eines konsistenten Ich und die Rolle der Resterscheinungen

In der Adoleszenz erlangt das Ich eine solche Reife, daß die handlungsleitenden Werte, nach denen es Konflikte zwischen innerpsychischen (Es und Überich) sowie sozialen Instanzen, löst, ein konsistentes System ergeben. Während der Pubertät wurden die meisten dieser handlungsleitenden Werte aus dem Überich genommen, sei es unverändert, sei es, daß sie durch ihre Negation vertreten waren. Diese oft sehr inkonsistente Menge von gelegentlich miteinander unverträglichen Werten sichert keine zureichende Konfliktfähigkeit. In demselben Maße, wie die Konfliktfähigkeit zunimmt, werden die handlungsleitenden Werte stabilisiert. Da das Leben in unbereinigten Konflikten Unlust bereitet, gilt es als eine der

Hauptfunktionen des Ich, Konflikte, insofern ihre Auflösung zur eigenen Disposition steht, aufzulösen. Aufgelöst ist ein Konflikt, wenn er verschwunden ist – und nicht nur versteckt oder auf ein anderes Gebiet verlagert wurde.

Da Konfliktlösungen den Einsatz von Strategien gemäß bestimmter Werte verlangen, die die Lösungstechnik bestimmen, kristallisieren sich im Laufe der späten Pubertät und frühen Adoleszenz einige (etwa drei oder vier) Werte heraus, die ein optimales Maß an Konfliktfähigkeit gewährleisten.

Vorausgesetzt ist immer, daß das Ich stark genug ist, seine Werte auch zum Einsatz zu bringen und gegen die Ansprüche von Es, Überich und sozialer Umwelt durchzusetzen. Setzen wir hier also ein zureichend starkes Ich voraus, wird es zu Beginn der Adoleszenz ein gewisses Maß an Konfliktfähigkeit besitzen, die erkennbar der pubertären Konfliktfähigkeit überlegen ist. Doch sind diese Werte meist nicht konsistent. Sie können aus sehr verschiedenen Ordnungen stammen. So sind z. B. für einen Frühadoleszenten etwa miteinander verträglich:

- Nächstenliebe und Egoismus,
- Bescheidenheit und Arroganz,
- Bereicherungsstreben und Sinn für die Sorgen anderer.

Es hängt dann vom Zufall ab, welcher Wert gerade zur Verfügung steht. Das bedeutet, daß das Ich zwar in normalen Situationen eine hohe Verhaltenskonstanz erreichen kann, nicht aber in Konfliktsituationen. Wir sprechen dann von einem inkonsistenten Ich.

Während der adoleszenten Entwicklung wird das Ich konsistenter. Es führt zur Ausbildung einer harmonischen Persönlichkeit mit vermehrtem Konfliktvermögen. Dazu ist es notwendig, sich neue Quellen für die Auswahl der handlungsleitenden Werte zu erschließen. Oft sind es ideologische oder religiöse. Ideologie oder Religion sind konsistente Systeme, von denen her auch die obersten handlungsleitenden Werte Konsistenz erhalten.

Mit dieser Reifung des Ich, die keineswegs von allen Menschen erreicht wird, nimmt auch die Verwundbarkeitstoleranz (als einer Funktion der Konfliktfähigkeit) zu. Ein ideales Ich besitzt gegen Ende der Adoleszenz folgende Eigenschaften:

- Es ist *stark* genug, seine Kontroll- und Koordinierungsfunktionen zu erfüllen, und das durchaus in dem Sinn, unter dem es angetreten ist: nämlich optimale Realisation des Es in Lustgewinn und Unlustmeidung.
- Es ist *orientiert* genug, um unter bestimmten und wechselnden psychischen und sozialen Umständen auflösbare Konflikte konstruktiv aufzulösen.

- Es ist zureichend *konsistent,* um auch in der Konfliktsituation die Einheit der Interaktionsmuster zu sichern.

Offensichtlich ist diese Darstellung zu idealtypisch, um sich auf irgendeinen konkreten Menschen anwenden zu lassen. Das hat damit zu tun, daß in jedem Menschenleben *Resterscheinungen* aus früheren Jahren, Merkmale vergangener Traumata, eine wesentliche Rolle spielen.

Traumen sind unvermeidliche Phänomene des kindlichen Lebens. Ein gelegentliches Zuviel oder Zuwenig an elterlicher Zuwendung kann ein Kind schon erheblich verwunden, ganz abgesehen von den massiven Verletzungen, die der kindlichen Psyche zugefügt werden durch Frustrationen seiner oralen, analen oder phallischen Triebansprüche. Die Beherrschung frühkindlicher Traumen ist eine Lebensarbeit, an der manche Menschen scheitern.

Ein wichtiges Bemühen der Psyche zweckt darauf ab, Situationen zu meiden, in der solche Traumatisierungen wiederholt und damit die frühkindlichen Erfahrungen aktualisiert werden. Diese Vermeidungsstrategien gehen in die Ich-Konstitution wesentlich und unbewußt ein. Sie stehen nicht zu unserer Disposition und sind deshalb auch nicht durch das Mühen um Konsistenz zu eliminieren.

Doch nicht nur Vermeidungsstrategien werden durch das Trauma ausgelöst, sondern auch oft lebenslange Versuche, es zu meistern. Diese Versuche unterstehen nicht dem Lustprinzip, sondern dem Wiederholungszwang. Im günstigen Fall wächst in der Adoleszenz die Fähigkeit, traumatische Reste zu meistern, indem in der Wiederholung die Interaktion zwischen Individuum und Mitwelt allmählich die Traumatisierung verringert. Sie kann es ermöglichen, sich von jenem schädlichen Einfluß der Außenwelt zu befreien, der einst das Trauma verursachte. Diese Aufgabe wird in der Adoleszenz begonnen oder in der Therapie.

Ein solches frühkindliches Trauma hat zwei Seiten, wie Freud betonte:

- Es nötigt den Menschen, sich seiner wieder zu erinnern, um es in der Wiederholung von neuem zu erleben und so aufzuarbeiten. Diese Nötigungen können einem Menschen unwandelbare und ihm typische Charakterzüge verleihen, die durchaus nicht negativ zu werten sind.
- Es kann sich aber auch verstecken hinter Verdrängungen und so zeitlebens einen hohen Aufwand von Gegenbesetzung einfordern. Das ist wohl immer negativ. Hier entsteht eine Zone hoher Verwundbarkeit einerseits und emotionaler Blindheit andererseits, wie sie auch, wenn auch vorübergehend, für akute Traumatisierungen typisch ist, die wir im Erwachsenenleben erfahren, wenn wir sie durch Verdrängung abwehren.

Die Festigkeit und Irreversibilität des Charakters beruht zum guten Teil auf der Fixierung der psychischen Aktivität auf die Reproduktion bestimmter traumatischer Zustände. Da sie jedoch meist während der Pubertät schon – auch im Ubw – ihre ursprüngliche Besetzung verlieren, sind sie gegen jede vordergründige Form der Aufarbeitung außerordentlich widerstandsfähig. Traumatische Reste besorgen auch zeitliche Kontinuität und geben dem Ich oft ein Gefühl von Sicherheit, Harmonie und Einheit.

Die Resttraumen versuchen meist über Wiederholungszwänge in das Ubw einzudringen, um hier schließlich aufgearbeitet oder vom Ich integriert zu werden. Kommt es zu einer Integration in das Ich, werden sie charakterrelevant. Sie gehen ein in die Kompromißbildung, die den Charakter definiert. Jene infantilen Konflikte, die bei Abschluß der Adoleszenz nicht behoben wurden, müssen vom Ich integriert werden, und das geschieht ich-syntonisch als Kompromißbildung. Sie machen einen Teil in der narzißtischen Homöostase aus.

Sicher ist die Integration stets auch gefährdet, denn die Wiederholung traumatischer Szenen kann durchaus zu Konflikten führen, die auch das erwachsene Ich überfordert. Es kommt dann entweder zu einer Institutionalisierung des Konflikts, die sich in der hohen Appetenz eines Menschens darstellt, bestimmte Konfliktszenen immer wieder zu reproduzieren, obschon er sie als destruktiv und unauflöslich erlebt, oder aber zur vollständigen Konfliktverdrängung mit erheblicher Ich-Schwächung. Der Teil der frühkindlichen Konflikte, der der adoleszenten Auflösung widersteht, bestimmt weitgehend den Charakter des Erwachsenen und entscheidet über seine psychische Gesundheit.

In jedem Menschen ist eine lebenslange Auseinandersetzung mit den ungelösten Resten infantiler Konflikte zu beobachten. Besonders deutlich aber scheint sie zu sein bei schöpferischen Menschen.

Offensichtlich ist also die Adoleszenz für das weitere psychische Schicksal eines Menschen von erheblicher Bedeutung.

2. Besetzungsverschiebung in der Adoleszenz und ihre Folgen

Die Pubertät ist weitgehend gekennzeichnet durch ein hohes Maß an Objektverlust. Eine Menge Libido wird von äußeren Objekten abgezogen und auf das Ich bzw. die Jugendgruppe gelenkt. Damit labilisiert sich das gesamte Verhalten zu den Objekten, da es nicht durch eindeutige Besetzungen gesteuert werden kann.

Dieser pubertäre Objektverlust wird von der Adoleszenz nicht vollständig behoben. Es sind vor allem die libidinösen Elternbesetzungen, die nicht wieder erneuert werden. Der Verlust der Eltern ist endgültig und unwiderruflich. Unsere Psyche hält für solche Verluste die Technik des Trauerns bereit. In der Trauerarbeit internalisieren wir den verlorenen

Menschen und machen so den Verlust erträglich. Die Lösung des ödipalen Konflikts geschah durch Introjektion der Eltern (bzw. ihres standardisierten Verhaltens und ihrer Gebote und Verbote). Die sehr viel radikalere Ablösung in der gesunden adoleszenten Entwicklung ist ohne erheblichen Schaden nur möglich, wenn die Trauerarbeit zu einer Identifikation mit den Eltern führt. Das Trauern ist also eine wichtige Leistung der Adoleszenz. Mißlingt die Trauerarbeit ganz oder vorübergehend, können Kummer-Reaktionen institutionalisiert werden und zu den bekannten depressiven Zuständen der Adoleszenten führen. Um das Werk des Trauerns effizient zu vollenden, braucht der junge Mensch Wiederholung und Zeit.

Die Aktivitäten des Ich haben in dieser Periode der unvollständigen und unvollkommenen Rückkehr zu Objektbesetzungen den Zweck, Aktivitäten zu stimulieren, die die Neuorientierung des Selbst in Gang setzen. Das kindliche Selbst bedarf der Korrektur. So kann nicht die Aufgabe des adoleszenten Ich darin bestehen, die Selbst-Reste der Pubertät einzusammeln und zusammenzukitten. Es muß vielmehr ein neues Selbst definiert werden, mit teils neuen und anderen Selbstrepräsentanzen. Der partielle Objektverlust der Adoleszenz kann hilfreich sein, indem er es zuläßt, daß die Grenze zwischen Objekt- und Selbstrepräsentanzen neu und dynamisch gezogen wird. Dabei muß aber das Ich intakt bleiben und die Ich-Grenzen müssen bestimmt sein.

Diese Neuorientierung des Selbst führt zu intensiven Ich-Erlebnissen. Diese haben den Zweck, einer Verarmung des Ich entgegenzuwirken, die entstehen kann, wenn von der Außenwelt libidinöse Besetzungen abgezogen werden.

Andererseits ist auch die schnelle Verschiebung und die relative Labilität solcher intensiver Ich-Erfahrungen für die Adoleszenz charakteristisch. Sie stellen keineswegs ein Zeichen für die Hilf- und Haltlosigkeit des Ich dar als vielmehr das Bemühen des Ich, seinen Kontakt mit der Außenwelt zu sichern und aufrechtzuerhalten.

Gelingt es dem Ich nicht, mit dieser schwierigen Aufgabe fertigzuwerden, steht zu befürchten, daß sich – bei entsprechender Disposition – Symptome einstellen, die vom Zerfall des Ich zeugen.

Kann das Ich aber seine Identität und Konsistenz bewahren, stellt sich eine narzißtische Befriedigung, ein erheblicher Stolz auf sich selbst ein, der nicht selten das Ende der Adoleszenz begleitet. Diese Leistungen des Ich gegen Ende der Adoleszenz können noch Fehlorientierungen der Psyche, selbst wenn sie lange Jahre zurückliegen, korrigieren. Geht das Ich gestärkt aus der Adoleszenzkrise hervor, hat es in aller Regel auch eine Reihe psychischer Defekte, die das kindliche Erleben verursachte, behoben. Die reparativen Funktionen das Ich zu stärken.

3. Die adoleszente Identitätsverwirrung und ihre Folgen

Das Gesagte mag schon deutlich gemacht haben, welche Bedeutung die Selbst-Bildung für den Verlauf der Adoleszenz hat. Ich möchte das hier zu behandelnde Problem in einiger Anlehnung an die Ausführungen von E. H. Erikson (1980, 170–184) darzustellen versuchen. Erikson handelt ausführlich über die adoleszente Identitätsverwirrung. Diese ist sicher in ihren extremen Formen pathologisch – dennoch aber in manchen ihrer Aspekte typisch für den Verlauf der Selbst-Bildung im Rahmen einer normal verlaufenden Adoleszenz.

Zu Psychotherapeuten, Priestern, Richtern ... kommen nicht selten junge Menschen, um sich einen Platz anweisen zu lassen, der es ihnen erlaubt, sich von ihm her zu definieren. Sie sind auf der Suche nach einem Etikett, das andere ihnen umhängen, um zu wissen, wer und was sie sind, und sei es auch nur das Etikett »Neurotiker«, »Verbrecher«, »Sünder«, »Soldat« ... Diese Menschen machen weder Gebrauch von den Berufswegen, die ihnen die Gesellschaft zur Verfügung stellt, noch können sie das Moratorium aufrechterhalten, das ihnen ihre eigene Psyche und die Gesellschaft seit der Pubertät gewährt.

Diese Störung, die Erikson »Identitätsverwirrung« nennt, führt junge Menschen dazu, eine Identität um jeden Preis zu suchen – und das aus autorisierter zweiter Hand.

Diese Identitätsverwirrung wird meist offenbar, wenn ein junger Mensch sich einer Folge von Erfahrungen ausgesetzt sieht, die gleichzeitig sehr Verschiedenes von ihm verlangen:

- Hingabe in körperlicher Intimität (die nicht unbedingt im engeren Sinne sexuell sein muß),
- eine endgültige Berufswahl,
- ein Sich-Aussetzen den Konkurrenzmechanismen der Erwachsenenwelt,
- eine psychosoziale Selbstdefinition.

Diese Situation kann auf eine doppelte Weise interpretiert werden:

- als Versuch, den Anschluß an die Erwachsenenwelt hinauszuschieben oder zu umgehen (im Falle des Verbrechers oder des Soldaten),
- als Versuch, eine Situation aufrechtzuerhalten, die ein Minimum an Wahl und Bindung erfordert.

(a) Mißlingende Intimität

Der Versuch, sich auf intime Kameradschaft oder erotische Intimität mit einem Sexualpartner einzulassen, ist nicht selten der Auslöser für das Manifest-werden einer bislang latenten Identitätsschwäche. Ein wirkliches Sich-Einlassen auf einen anderen Menschen setzt eine gelungene Selbstabgrenzung voraus. In der Zeit vor der Adoleszenz wurden nicht selten versuchsweise Formen spielerischer Intimität in Freundschaft und Liebe gewagt. Die Vorstellung, dieses Spiel könne Ernst werden, führt zu panischen Reaktionen. Man ist bereit, Bindungen einzugehen, die man selbst beherrscht nach Dauer und Intensität. Alles, was darüber hinausgeht, ist angstbesetzt.

Gelingt es dem jungen Menschen nicht, diese Mauer zu durchbrechen und seine Bindungsängste zu verlernen, wird er im besten Fall zu einer stereotypisierten und formalisierten menschlichen intimen Beziehung fähig werden. Er kann sich aber auch isolieren und alle Bindungsmühen in der Angst vor engen Bindungen aufgeben. Auch kann er in hektischen Versuchen, sich seine Bindungsfähigkeit beweisen, die Bindung an sehr eigentümliche Partner suchen, die ihm Bindung anbieten, ohne daß er sich allzusehr darum mühen müßte und, die wegen der sozialen Ächtung dieser Bindung, im Prinzip als leicht auflösbar erscheint. Es kann zu Anschlüssen an Homosexuelle oder Kriminelle kommen. Auch im Militär ersetzt oft eine oberflächliche Kameraderie die engagierte und unauflösbare Bindung.

Fehlt das Gefühl einer sicheren Selbststruktur, werden solche Kameraderien und Affairen zu verzweifelten Versuchen, die Umrisse des Selbst durch wechselseitiges narzißtisches Bespiegeln auszumachen. Verliebt sich ein Mensch in einer solchen Beziehung, stürzt er in sein eigenes Spiegelbild, zerstört er den Spiegel, weil er sich über dessen Funktionieren nicht klar war. Daß auch die reife Liebe in voller Bindung weitgehend auf einem solchen wechselseitigen Spiegeln beruht, sei unbestritten. In ihr können die Partner die Besetzung der Selbstrepräsentanzen zurücknehmen und auf die Besetzung des Partners übertragen. Reife Liebe überwindet permanent Narzißmus.

In der uneigentlichen Liebe, die im Aufbau einer narzißtischen Objektbeziehung geschieht, kann konkrete oder phantasierte Sexualität zur Aufhebung der eigenen Identität, zur Lockerung der Bezüge zwischen den Selbstrepräsentanzen führen, ja es kann gelegentlich zum Selbstzerfall kommen.

Das Ich verliert die Möglichkeit, sich in der sexuellen Begegnung seinen sexuellen Gefühlen zu überlassen, wenn die sexuelle Vereinigung zum Selbstverlust führt. Das impliziert die Möglichkeit, daß die Fähigkeit zur Wechselseitigkeit zusammenbricht.

Die Pseudo-Intimität ist stets auch die Seite der Abweisung gegen andere. Sie führt dazu, andere Ideen oder Menschen zurückweisen zu wollen, zum Wunsch, alles das zu zerstören oder wenigstens zu ignorieren, was das Eigene zu beeinträchtigen droht. Die Ablehnung anderer wird zum Zeichen und zum Maß der Unreife der eigenen intimen Bindung. Solche

Pseudo-Intimität beherrscht die Beziehung vieler Menschen zur eigenen Religiosität, zur eigenen politischen Gruppierung, zum eigenen Staat ... Wer seines Selbst nicht sicher ist, wird sich stets bedroht fühlen.
In dieser Situation wählen manche junge Menschen die pseudo-intime Vereinigung mit einer Idee oder einem Führer. Diese Wahl hat den Zweck,

- die ersten Schritte einer wirklichen nicht-narzißtischen Bindung zu versuchen (etwa in der Unterwerfung) oder
- von ihr her sich sagen zu lassen, wer man sei.

Es kommen Jugendreligionen oder faschistische oder marxistische Bindungen mitunter verwirrend ins Spiel – verwirrend, weil die Natur und die Funktion solcher Bindungen nicht erkannt wird. Gelingt eine solche pseudo-intime Bindung nicht, ziehen sich viele Jugendliche auf die Position der Introspektion und der intensiven Selbstprüfung zurück, ein Rückzug, der in einer psychischen Lähmung enden kann. Es kommt dann zu Gefühlen

- der Isolation,
- der Desintegration (die innere Identität zerbricht und zerfällt),
- einer allgemeinen Beschämung,
- der Unfähigkeit, in irgendeiner Tätigkeit Erfüllung zu finden.

Selbst die Masturbation dient nicht der Triebabführung, sondern steigert die genannten Gefühle weiter. Omnipotenzgefühle wechseln mit solchen einer völligen Ohnmacht. Der Jugendliche beginnt von seiner Umwelt zu verlangen, sie habe den Beweis zu führen, daß alles einen Sinn habe. Er übersieht und wird unfähig zu erkennen, daß unser Leben nur und gerade soviel Sinn hat, wie wir selbst ihm geben.

(b) Mißlingende Einstellung zur Zukunft

Nicht selten ist mit der Identitätsverwirrung ein gestörtes Verhältnis zur eigenen Zeitlichkeit verbunden. Eine Sache erscheint ungeheuer dringlich und zugleich wird die Zeit nicht als eine Dimension des Lebens erfaßt. Die so dringlich erscheinende Sache wird nicht angepackt, weil kein Verhältnis zum Verrinnen der Zeit besteht. Mitunter fühlen sich diese Menschen zugleich als außerordentlich jung und so alt, daß sie keine Zukunft mehr haben. Nicht selten klagen sie über versäumte Größe.
Sie sind nicht der Ansicht, daß mit der Zeit eine Verbesserung ihrer Situation eintreten könnte. Der Verlust der Zukunft im »Null Bock auf Nichts« ist eine Spielart dieser Hoffnungslosigkeit. Im Verhalten wirken solche Jugendliche meist eigentümlich blockiert. Viele Handlungen werden ausgesprochen zögernd oder verzögert ausgeführt, obschon sie nur einen geringen Zeitaufwand benötigen. Ein kurzer Brief, ein Telefonat können zu einer Aktion werden, die Tage benötigt, um realisiert zu wer-

den, wenngleich ihre Dringlichkeit durchaus bewußt ist. Alles erscheint »unendlich mühsam«. Das Zubettgehen und das Aufstehen, das Briefeschreiben und das Telefonieren, wenn es nicht durch Routine geregelt ist. Der Eindruck wird vermittelt, es handle sich um eine erhebliche depressive Störung, für die solche Abweichungen im Zeitempfinden typisch sein können. E. Bibring (1953, 13–18) hat diese adoleszenten Störungen im Zeit-Wahrnehmen als den Wunsch des Ich verstanden, sich selbst sterben zu lassen. Es hat den Kampf aufgegeben, und die Hoffnung, das eigene Selbst könne einmal realitätsgerecht aufgebaut werden. Dabei ist dieser Wunsch nach dem Ende keineswegs suizidal, denn »Selbstmörder sein« ist eine Identitätsentscheidung, zu der ein Mensch in der Identitätsverwirrung nicht fähig ist. Nur wenn solche junge Menschen hoffen, in einer anderen Welt noch einmal eine Chance zu haben, besteht ernsthafte Suizidgefahr.

(c) Mißlingende Arbeitsfähigkeit

Die Identitätsverwirrung wird im allgemeinen von dem Gefühl begleitet, jede Form der Leistung sei entweder nutzlos oder nur unter inadäquatem Kräfteaufwand zu erstellen. Die Konzentrationsfähigkeit ist gering, da der Sinn des Konzentrierens nicht einsichtig ist. Gelegentlich kommt es zu Exzessen von »freiwilligen Leistungen«, etwa dem Lesen oder verschiedener sportlicher Betätigungen, die jedoch ohne Konkurrenzkampf geschehen müssen. Die Neigung des Ich, Passivität in Aktivität zu verwandeln, wird entweder in erheblicher Ich-Schwächung nicht praktisch, oder aber sie wird auf Funktionen gelenkt, die mit der Arbeit der Erwachsenen nichts zu tun haben. Die tiefe Abscheu vor jeder Form des Wetteiferns und Konkurrierens wird im allgemeinen rationalisiert. Viele junge Menschen können eine Fülle von Gründen angeben, warum sie sich der Erwachsenenwelt mit ihren Spielregeln entziehen. Diese Gründe sind auch plausibel. Nur sind es nicht die wirklich bewegenden Gründe. Insofern sie sich dem Ordnungszwang des Konkurrierens in Sport und Spiel, in Arbeit und Partnerschaft entziehen, können formlose Phantasien und vage Ängste die Oberhand gewinnen. Infantile Zielvorgaben werden mit jener Libido besetzt, die den erwachsenen Handlungen verweigert werden. Es kann zur Darstellung regressiver sexueller und aggressiver Muster kommen. Auch kann der ödipale Kampf gegen die Eltern oder ein anderes Paar, das an die Stelle der Eltern tritt, wieder aufgenommen werden. Diese ödipale Regression ist der Versuch, durch Introjektion die eigene Identität zu sichern, statt, wie es sein sollte, durch Identifikation. Gelegentlich schlägt die Arbeitshemmung auch in eine zerstörerische Form der Überaktivität um.

(d) Negative Identität

Die Identitätsverwirrung manifestiert sich nicht selten in Formen snobistischer Feindseligkeit gegen alles, was anders erscheint als das Eigene. Alles andere kann zum Zielpunkt schneidender Verachtung werden, die selbst das eigene Herkunftsmilieu erreicht. Leben und Stärke scheinen nur da zu finden zu sein, wo man gerade nicht ist, scheint nur von Menschen gelebt zu werden, mit denen man es gerade nicht zu tun hat. Die Identitätsverwirrung wird so auf andere Menschen und Ausschnitte der Gesellschaft projiziert und vom Ich abgewehrt. Das hart urteilende Überich wird nicht mehr gegen sich selbst zugelassen. Sein Urteil wird auf andere abgelenkt.

Jetzt beginnt nicht selten eine lebhafte Suche nach dem Schutz hinter Etiketten, die von der Gesellschaft negativ bewertet werden, um von hierher und vor allem aus dem gesellschaftlichen Widerstand so etwas wie eine Identität zu definieren. Die Abgrenzung des Selbst gegen die Objekte geschieht in der Verachtung der Objekte. Weil Objektwelt und Selbstwelt miteinander wechselwirken, ja dialektisch aufeinander bezogen sind, ist das alles eingebettet in das gelegentlich heftig verleugnete Gefühl einer tiefen Selbstverachtung.

Besonderes Objekt in dem Aufbau eines Gegenselbst sind die Eltern. Sie werden – diesmal beide – mit heftigen Todeswünschen bedacht, weil sie alles Hassenswerte verkörpern und zudem die eigentliche Schuld am eigenen Unglück tragen. Diese Todeswünsche werden zwar meist abgewehrt, doch hinterlassen sie ein erhebliches Schuldgefühl, das in seiner Unaufhebbarkeit die Depressionen noch steigert. Hat ein junger Mensch in einer solchen Krise das Unglück, daß einer seiner Eltern stirbt, kommt es nicht selten zu einer Fixierung dieser Schuldgefühle. Nicht zufällig ist Freud der Ansicht, daß der Tod des Vaters das entscheidende Ereignis im Leben eines Mannes sei. Vermutlich hätte er hinzufügen müssen, eines jungen Mannes, der sich über sein Selbst noch nicht klargeworden ist und nun einen wichtigen Partner der Identifikation und Gegenidentifikation verliert. Dieser Verlust kann sehr verschieden ausgehen: Für manche junge Menschen ist der lebende Vater eine Last. Seine immer wache Autorität verhindert ein Freiwerden. Für sie kann nach internalisierender Trauer der Vaterverlust zu einem Mindern der inneren Zwänge führen. Doch gilt das nicht für alle. Gerade für Menschen in der Identitätskrise der Adoleszenz wird der Vaterverlust die mühsam errichteten Konstrukte einer Außenidentität durch Identifizierungen und Gegenidentifizierungen mit der großen Autorität der Kindheit verfallen lassen. Es kommt dann nicht selten (übrigens auch bei Verlusten von anderen Objekten, über die eine vorläufige Selbst-Sicherung versucht wurde) zu einem wahnhaften Sich-Abkopplen von der realen Welt, zu Zuständen, die sich

von psychotischen nur insofern unterscheiden, insofern die Fähigkeit, soziale Wärme zu vermitteln, erhalten bleibt.
Der Aufbau der negativen Identität geschieht durch Identifizierung mit Personen, Werten, Rollen, Ideologien, die zuvor als unerfreulich und gefährlich wahrgenommen worden sind. Es gibt offensichtlich größere Chancen, durch die Interaktionsangebote anderer sich selbst verständlich widergespiegelt zu finden, wenn man böse, krank oder gar tot ist, als wenn man gesund und vorhanden ist. Die negative Identität ist oft die einzige Chance derer, die von so hohen Idealen geprägt sind, daß sie sie nie erreichen können. Sie versuchen, wenigstens das Gegenteil zu erreichen. Es erscheint oft besser, total schlecht zu sein, als Nicht-ganz-Jemand zu sein. Im ersten Fall weiß man wenigstens, wer man ist. Von hierher wird auch die fatale Neigung mancher Eltern abzulehnen sein, die versuchen, ihren Kindern nicht realisierbare Ideale vorzugeben.
Bei Gesunden wird der nicht realisierbare Bereich dieser Ideale ins Ideal-Selbst übernommen und so deutlich vom Selbst abgegrenzt, bei labilen Jugendlichen aber ist solche Abgrenzung nicht möglich. Da das Ideal-Selbst nie zum Selbst werden kann, wird das Selbst aus der Negation der Ideale begründet, die die Funktion realisierbarer Ideale übernimmt.

(e) Dispositionen für eine Identitätsverwirrung

Es gibt signifikante Relationen zwischen dem Maß der Identitätsverwirrung und den Strukturen der Elternhäuser, aus denen die gestörten und verstörten Jugendlichen kommen. Statistisch überdurchschnittlich häufig haben die Väter folgende Merkmale:

- sie sind in ihrem Berufsbereich kompetent und erfolgreich,
- sie wehren sich zuhause nicht gegen ihre Partner,
- sie sind eifersüchtig auf ihre Kinder,
- sie suchen sich gelegentlich voller Schuldgefühle dem dominanten Partner zu entziehen, worauf dieser um so bedürftiger, klagsamer und aufopfernder wird, um seine Herrschaft zu stabilisieren.

Die Kindheit verläuft im allgemeinen unauffällig. Ein gewisser Hang zu infantilem Autismus scheint beobachtbar zu sein. Erikson (1980, 184) vermutet, daß der Grad der pathologischen Bösartigkeit der adoleszenten Störung in etwa dem Grad dieser frühen Autismen entspricht. Die Neigung zu narzißtischen Besetzungen scheint zu korrelieren mit dem Grad der Identitätskrise.
Zu beachten ist, daß »Identitätsverwirrung« die Beschreibung eines mehr oder minder stark ausgeprägten Zustandes der adoleszenten Krise ermöglichen soll, nicht aber ein klinisch-diagnostischer Begriff ist. Er be-

schreibt ein Verhalten, nicht aber eine Krankheit, ist Symptom, nicht aber eine psychische Störung.

4. Die Adoleszenz als Lebensform

Der Ausdruck »verlängerte Adoleszenz« wurde von S. Bernfeld (1923) in die psychoanalytische Sprache eingeführt. Die europäischen Jugendbewegungen in den Jahren nach dem Ersten Weltkrieg lieferten überzeugendes Material für eine bis ins vierte Lebensjahrzehnt und darüber hinaus verlängerte Adoleszenz.

Typisch für sie ist die Vorliebe für Intellektualisierung, verbunden mit sexueller Verdrängung. Die Selbstdefinition eines solchen Menschen entspricht etwa der einer Person, die etwa 20 Jahre alt ist. Sie findet sich besonders häufig bei Menschen, die lange von fremdem Geld (Eltern, Bafög ...) abhängig waren.

Der Schub, der bei einer normal verlaufenden Adoleszenz den jungen Menschen ins Erwachsenenalter tragen soll, wird aus der normalen Angst dieses Alters vor dem Erwachsenwerden und dem harten Leben in der Erwachsenenwelt gestoppt. Die Adoleszenzkrise bleibt in allen ihren Merkmalen erhalten. Vor allem gelingt nicht der Einbau der Repräsentanzen genitaler Sexualität in das Selbst. »An der Adoleszenzkrise wird entschlossen, verzweifelt und angstvoll festgehalten« (P. Bloss, 1973, 247). Die Betroffenen verlieben sich nicht selten in ihre eigene Unreife und rühmen sich ihrer. Der adoleszente Tumultzustand wird positiv besetzt. Grund für diese libidinöse Besetzung ist ein erheblicher sozialer und psychischer Vorteil: Der Betroffene ist der Ansicht, er könne die Befriedigungsformen der Kindheit mit den Vorrechten eines Erwachsenen verbinden. Vor allem bleibt ihm die Endgültigkeit von Entscheidungen erspart. Die adoleszente Ansicht, Freiheit sei das Fehlen von inneren und äußeren Zwängen, wird institutionalisiert. Der Erwachsene weiß, daß persönliche Freiheit nur in irreversiblen Bindungen realisiert werden kann.

Die adoleszente Unfähigkeit zur eigentlichen Intimität läßt sich ihn an Gruppen (Verbindungen, Orden, Militär ...) anschließen, bei denen zwar Nähe geboten wird, eine Nähe, die aber prinzipiell beherrschbar bleibt. Intime Freundschaften werden nicht eingegangen oder bleiben sehr instabil. Wo im eigenen Lebensbereich intime Freundschaften (und nicht nur narzißtische Objektbeziehungen) zustande kommen, werden diese eher skeptisch beobachtet und als ungehörig gewertet. Auch von fremder Intimität scheint eigene Bedrohung auszugehen. Bedroht wird das eigene Lebenskonzept.

Nicht selten werden homosexuelle Beziehungen (wegen ihrer Nähe zu narzißtischen Objektbesetzungen) ambivalent und heftig besetzt. Die homosexuellen Anteile der eigenen Sexualität werden entweder prostituiert oder verleugnet und abgewehrt. Das schließt nicht aus, daß gelegentliche heteroerotische Beziehungen zustande kommen, die aber narzißtisch besetzt sind. Es kommt zum heftigen Anklammern und scheinbar befriedigenden Sexualbeziehungen. Insofern sich diese Beziehungen als anspruchsvoll und egozentrisch organisiert erweisen, lassen sie ihren realen Charakter als narzißtische Objektbeziehungen deutlich werden. Meistens ist der Partner der Mutter (dem Vater) sehr ähnlich oder sehr unähnlich. In beiden Fällen wird das Bemühen offenbar, die ödipale Situation zu wiederholen.

Oft werden übertriebene Erwartungen an das Leben und übertriebene Hoffnungen an die eigene Zukunft gestellt. Sie erweisen sich bei näherem Zusehen als die andere Seite der Hoffnungslosigkeit der adoleszenten Identitätsverwirrung. Diese wird nicht eigentlich überwunden, sondern in ihr ebenfalls unrealistisches Gegenteil verkehrt. Die ersten, unausbleiblichen Versagenserfahrungen werden als vernichtende Schläge erlebt und können zu »Kurzschlußreaktionen« führen. Das Gefühl, irgendein Versagen komme auf ihn zu, kann den Betroffenen zu beachtlichen Leistungen anspornen, um solches zu vermeiden. Doch wirken diese Anstrengungen unangemessen und unreif-überzogen. Die Gefahr des das Selbst kränkenden Unterliegens wird zu *der* Gefahr des Lebens. Unsicherheit und Selbst-Zweifel bestimmen weitgehend die psychischen Aktivitäten. Die narzißtische Verarmung an Objektbesetzungen und damit auch der psychischen Aktivitäten nach außen wird aufzuhalten versucht, indem – sehr inadäquat – sozial anerkannte Erfolge angestrebt werden. Dieses Streben wirkt aber hektisch, unecht und oft auch nachlässig.

In der »verlängerten Adoleszenz« werden die Ich-Funktionen (Urteil, Denken, Unterscheidung, Gedächtnis, Konzentration, Abwehr) von zwei Seiten her behindert:

- einmal durch die Überschwemmung mit erotischen und aggressiven Triebregungen und
- zum anderen durch das Überhandnehmen alter Ich-Funktionen (vor allem alter Abwehrmechanismen).

Die primitiven Mechanismen der Libidoabfuhr nach autoerotischem Muster werden reaktiviert: Masturbation, Schlafen und Essen spielen eine zentrale Rolle.

In der Individualgeschichte dieser Menschen begegnen wir öfters dem Muster einer dominanten und die Erfolge ihres Sohnes planenden Mutter. Die Söhne identifizieren sich stark mit ihrer Mutter und geben früh den Wettbewerb mit dem Vater auf. Diese Identifizierung mit der Mutter

führt schon in der Pubertät zu erheblichen Krisen bei der Definition der eigenen Sexualität.
Die Ich-Beschränkung und die Fixierung des Ichs auf adoleszente Reifestadien führen früher oder später zu sozialen Konflikten. Spätestens dann, wenn das Verhaltensschema »jungenhaft« nicht mehr sozial akzeptiert wird. Der sich damit abzeichnenden Frustration begegnet der Betroffene meist durch einen weiteren narzißtischen Rückzug. Gelegentlich werden auch narzißtische Kompensationen wie übertriebener und unangemessener Optimismus oder intensive Phantasiebefriedigung beobachtet. Absicht tritt an die Stelle realer Leistung. Die adoleszente Neigung, sich selbst von zukünftigen Leistungen her zu definieren und sich so den meisten Erwachsenen als ebenbürtig oder gar als überlegen zu sehen, wird hier zur Institution.
Diese adoleszente Fixierung ist verbunden mit hoher Konfliktangst und Angst vor Selbstminderung in Kritik oder Mißerfolg. Es kann sich ein Bündel sozialer Ängste entwickeln, in denen sich ein Mensch nicht mehr sozial engen Beziehungen aussetzt, weil sie

- ihn verletzlich und
- ausbeutbar machen und
- seine Pseudostabilisierung gefährden.

Die Adoleszenz ist die Phase eines großen Abschieds, des Abschieds von Kindheit und Jugend samt deren Idealen und großen Personen. Vor allem die Trennung von den Eltern fällt mitunter schwer.
Aber der Abschied ist die Voraussetzung weiterer Reife. Wie schon die Bildung des Gewissens größere Freiheit ermöglichte, so noch mehr der Aufbau eines erwachsenen Selbst. Diese Freiheit macht die Bindungen an die Kindwelt überflüssig und erlaubt es dem jungen Menschen, neue Bindungen einzugehen, die für sein weiteres Schicksal erheblicher werden: Bindungen in Familie, Beruf, in Religion und politischer Überzeugung. Diese Bindungen ermöglichen ihm erst das, was wir »Selbstverwirklichung« nennen. Das reife Selbst verlangt nach Verwirklichung. Verwirklicht werden sollen alle in gleicher Ursprünglichkeit vorhandenen Möglichkeiten: Die individuellen wie die sozialen, die kulturellen wie die der eigenen und systemischen Geschichte. Die neue Bedürfniswelt ist weiter geworden. Die menschliche Person streckt sich nach der Adoleszenz in neue Welten aus, die es zu bewältigen, zu erobern gilt.

3. Teil

Das Leiden der menschlichen Psyche

Das Thema der leidenden Psyche ist ebenso alt wie das des leidenden Körpers. Das Schamenentum ist die älteste von der Produktion abgezogene Dienstleistung des Menschen am Menschen. Lange bevor die Funktion des Schamanen in Arzt und Priester aufgeteilt wurde, war man sich darüber einig, daß der leidende Mensch eine psychosomatische Einheit bildet. Die Vorstellung von der leidenden Psyche ist uralt.
Nicht ebenso alt ist dagegen die Einsicht, daß ein Mensch leiden könne, ohne daß ein somatischer (anatomischer, physiologischer ...) Befund vorliegt. Noch heute ist es nicht unbestritten, schizophrene Erkrankungen als psychische Leiden zu verstehen.
Die Ohnmacht der Medizin des 18. und 19. Jahrhunderts vor dem psychischen Leiden führte dazu, sich ausschließlich auf die Minderung der Symptome zu beschränken oder den Leidenden zu kasernieren. So läßt sich die Angst, die sein Verhalten in seiner sozialen Umwelt auslöst (es ist die elementare Angst vor dem Abnormen, dem Ungewöhnlichen, die um so größer ist, als sie der Gewöhnlichkeit der Selbsterfahrung nahesteht), bannen. Erst die Rehabilitierung des Begriffs »Psyche« auch in der Medizin führte zu einem neuen Verständnis des psychischen Leidens. Es wurde an sich ernstgenommen. So wurden die psychologischen Grundlagen geschaffen, die Psychotherapie ernstzunehmen.
In der iatrotechnischen Betrachtung psychischen Leidens standen zunächst die auffälligen Symptome im Mittelpunkt des Interesses. Wir sind es gewohnt, die psychischen Leiden nach ihren Leitsymptomen zu ordnen und zu etikettieren. Die Psychoanalyse ging einen Schritt weiter: Sie sah hinter dem Symptom auch den Basiskonflikt, der nicht aufgelöst, sondern, in die psychischen Strukturen integriert, zu den Symptomen führe. Auf der anderen Seite beobachtete sie jedoch auch Charakterveränderungen, die nicht mit diesen sehr aufdringlich bemerkbaren Symptomen verbunden waren. So kam es zu der (problematischen) Unterscheidung zwischen Symptom- und Charakterneurosen. Heute wissen wir, daß es keine Symptomneurose ohne Affektionen des Charakters gibt und daß alle Charakterneurosen auch Symptome zeigen, die nicht durch die Art der Interaktion des Erkrankten (also nicht nur durch ihre sozialen Folgen) beschrieben werden können.
Mit St. Mentzos (1982, 109) bin ich der Meinung, daß eine adäquate Erfassung eines psychischen Leidens außer der sicher wichtigen Symptomerkenntnis und -differenzierung drei Momente berücksichtigen muß, damit ein Konzept von Therapie mit Aussicht auf Erfolg entwickelt werden kann:

- den Basiskonflikt,
- die pathologischen Abwehr und
- die Deformierung von Selbst und Ich (also die des Charakters).

1. Der Basiskonflikt

»Basiskonflikt« meint einen erheblichen und intensiv erlebten Konflikt der Kindheit, der nicht aufgelöst, sondern institutionalisiert wird. Mit ihm zusammen wird auch die inadäquate Konfliktlösungsstrategie fixiert. Der Konflikt wird also internalisiert, mit hineingenommen in die psychischen Strukturen des Selbst und des Ich. Er wird zum Teil der Selbstrepräsentanz.

Jeder Mensch definiert sich selbst von seinen Konflikterfahrungen her. Die Leistungen des Ich, mit diesem Konflikt und der mit ihm verbundenen Unlust fertigzuwerden, werden fest in das Konfliktlösungsrepertoire des Ich übernommen.

Blieb ein Basiskonflikt ungelöst, sucht das Ich den Konflikt mit ungeeigneter Technik aufzulösen. Gelegentlich reproduziert es den Basiskonflikt, indem es Konflikttypen provoziert, die dem Basiskonflikt so ähnlich sind, daß die ungeeigneten Lösungsstrategien notwendig zu einem Scheitern eines Lösungsversuchs führen. Es kommt nicht selten zu einer Konfliktappetenz, die gerade solche Konflikte aufsucht oder herstellt, die nicht gelöst werden können, weil sich in ihnen der Basiskonflikt reproduziert.

Da nun die Psyche nicht mit einer solch beunruhigenden Ausstattung leben mag, versucht sie Kompromisse zu finden, die die partielle Konfliktunfähigkeit neutralisieren. Um Sicherheit, Schutz, Geborgenheit, Unlustvermeidung zu erreichen, wird ein Gegensystem aufgebaut. Es wird das psychische System so eingerichtet, daß die traumatische Erfahrung des ungelösten und unlösbaren Konflikts, obschon integriert, doch nur ein Minimum an Unlust bereitet. Dazu ist es nötig, daß die Inhalte der variablen psychischen Strukturen (Überich, Ich und Selbst) entsprechend modifiziert werden. Sie stehen damit der eigenpsychischen und sozialen Realität entgegen.

Grund für den Ausbruch eines psychischen Leidens ist diese chronische Traumatisierung. Sie führt entweder zu (unbewußten) ASSM, die ein erträgliches Maß überschreiten, oder in unzumutbare Frustrationen. Frustriert werden aber nicht irgendwelche Bedürfnisse des Kindes, sondern vitale Grundbedürfnisse. Es können das, wie Freud schon sicher erkannte, Bedürfnisse folgender Typen sein:

- sexuelle und aggressive Bedürfnisse,
- Kontakt- und Autonomiebedürfnisse,
- Geborgenheits- und Sicherheitsbedürfnisse,
- Bedürfnis nach Vermeidung narzißtischer Kränkungen.

Die traumatisierende Erfahrung hinterläßt eine vermehrte Bereitschaft, mit Angst zu reagieren. Dieses hat eine ebenso schnelle Bereitschaft des

Ich zufolge, Abwehrmaßnahmen in Gang zu setzen. Diese wehren Unlust (ASSM) ab und blockieren so für die Zukunft das bewußte Erleben (jedenfalls solange als die Gegenbesetzung bei Verdrängungen dauert) dieser frustrierten Wünsche und der überflutenden Wogen von ASSM, um eine erneute Traumatisierung zu vermeiden. So wird der Konflikt verfestigt. Es entsteht eine neue Leidensquelle.
Je früher der Basiskonflikt erfahren wurde, um so schwerwiegender sind seine Folgen. Je früher er erlebt wurde, um so erheblicher wird er für die Ich- und Selbstbildung, da er in ein Alter fällt, in dem eben diese Bildung geschieht. Frühe Konflikte werden also die Struktur und Konsistenz von Selbst und Ich mehr beeinflussen als späte.
Die behavioristische Theorie lehnt zumeist dieses Konfliktmodell der Entstehung psychischen Leidens ab. Sie ist der Meinung, daß neurotische Symptome erlernt werden. Damit hat sie recht. Es steht durchaus zu vermuten, daß die neurotische Kompromißbildung nach einem Versuchs-Irrtums-Schema vor sich geht. Sie hat unrecht, wenn sie meint, daß hinter solchem Fehllernen nicht ein infantiler Konflikt stehe, der inadäquat gelöst wird.
In jeder Lebensphase eines Menschen treten Konflikte auf, die durch das Schema Entfernung-Annäherung an wichtige Bezugspersonenen beschrieben werden können. Ob ein solcher normativer Konflikt, der für die Weiterentwicklung der Psyche notwendig ist, zu einem neurotischen Konflikt degeneriert, hängt von Erfahrungen ab, die die ersten Objektbeziehungen begleiten. Am Anfang der pathogenen Konfliktbildung stehen also Lernprozesse. Neurotisch wird ein Konflikt, wenn er nicht gelöst, die Konfliktsituation fixiert und so dazu führt, daß bestimmte Verhaltensweisen vermieden oder bevorzugt werden, bestimmte Beziehungen bevorzugt oder abgebrochen werden, bestimmte Chancen gesucht oder vermieden werden, bestimmte Inhalte überdeutlich, andere gar nicht wahrgenommen werden ... Alles dies tut zwar auch ein gesunder Mensch. Bei einem neurotischen Erkrankten werden diese Wahrnehmungs- und Entscheidungsprozesse jedoch so getroffen, daß sie psychischen oder sozialen Schaden bewirken. Der Konflikt beeinträchtigt alle folgenden möglichen Lernvorgänge. (Vgl. Mentzos 1982, 80–82)
Erst in den letzten Jahren beginnen einige Verhaltenstherapeuten solch internalisierte infantile Konflikte in der therapeutischen Praxis zu berücksichtigen.

2. Die Deformation des Selbst

Die Trennung von Selbstwelt und Objektwelt geschieht um die Mitte des ersten Lebensjahres. Das Kind internalisiert die von der Mutter zurückgespiegelten Sichten seiner selbst, wie sie sich in den Interaktionsangeboten der Mutter niederschlagen und in der Weise, mit den Interaktionsangeboten des Kindes umzugehen, manifestieren. Es inkorporiert das Bild, das die Mutter von ihm hat. Dieses Bild begegnet der Körperwahrnehmung und wird im Horizont dieser Wahrnehmung aufgebaut. Das Selbst des Kindes ist zunächst ein Körper-Selbst.

Damit hat das Kind eine für die weitere Entwicklung seines Selbst wichtige Erfahrung gemacht und eine wichtige Technik kennengelernt: die der Internalisierung. Von dieser Technik wird es weiterhin eifrigen Gebrauch machen, um sein Selbst aufzubauen und gegen die Objekte abzugrenzen, aber auch, um sein Überich zu bilden.

Internalisierungsprozesse sind Prozesse, in denen ein Mensch reale oder phantasierte Gegenstände oder Interaktionen in besetzte Repräsentanzen verwandelt. Diese Repräsentanzen können sich auf das Selbst beziehen oder das Nicht-Selbst betreffen. Im letzten Fall werden sie zu Objekten. Diese Objekte sind keineswegs nur ein Mittel der Triebbefriedigung, indem durch sie libidinöse Besetzung abgeführt wird, sondern sie sind, seien sie nur personal oder sachlicher Art, Beziehungspartner der Selbst-Repräsentanzen. Nicht die realen Gegenstände der Außenwelt sind die primären Beziehungspartner, sondern die psychischen Objekte, die, möglicherweise in einiger Annäherung, solche Gegenstände widerspiegeln.

Die Struktur und Funktion der Objekte hängt also nicht nur von den Erfahrungen eines Menschen ab, die er mit konkreter und objektiv-realer Umwelt gemacht hat, sondern auch von dem, was sich innerpsychisch bei ihrer Wahrnehmung an Phantasien, Ängsten, Wünschen, Erwartungen ... abspielte. Sie sind keineswegs nur die kognitiven Abbilder im Gedächtnis, sondern beinhalten auch die durch sie besorgten Veränderungen der psychischen Abläufe. So kommt es, daß ein Mensch einen lebenslangen Dialog mit seinen Objekten führt, dessen konstante Besonderheiten mit den Erfahrungen zusammenhängen, die er bei der Begegnung mit einem Gegenstand der Umwelt hatte. (vgl. Mentzos 1982)

Offensichtlich bedeutet ein traumatisches Erlebnis, daß eine keineswegs zufriedenstellende Begegnung mit der Umwelt zustande kam. Dieses Erlebnis wird also als Objekt ebenfalls zu einem lebenslänglichen Dialogpartner werden, der entscheidend in die Struktur und Funktion des Selbst eingreift und sich im Dialog mit ihm entsprechend verändert. Ist doch das das Wesen des Dialogs, daß sich in ihm beide Partner verändern, sich aneinander angleichen oder voneinander entfernen.

Die Strukturmängel des Selbst, die in einer mangelhaften, unvollständigen oder nicht-realitätsgerechten Ausbildung des Selbst begründet lie-

gen, sind durchaus meist konfliktbedingt. Dazu kommen noch Strukturmängel, die nicht durch eine frustrierende Umwelterfahrung oder durch ein Überspülen von ASSM zustande kamen, sondern durch ein Fehlen von Umwelteindrücken. Ein erheblicher Anregungsmangel in der Begegnung mit Umwelt oder eine nicht-verarbeitbare Überflutung durch Umwelteindrücke kann dazu führen, daß die Grenze zwischen Selbstwelt und Objektwelt unscharf oder realitätsfremd gezogen wird und daß sowohl die Selbst- wie die Objektrepräsentanzen inhaltlich wenige sind, zu wenige, um ein konsistentes System zu bilden, das eine sinnvolle Weltbemächtigung erlaubt.
Konflikte können aber auch zu einem Stillstand in der Entwicklung des Selbst führen, dann nämlich, wenn ihre Erfahrung so erheblich und die von ihnen in Anspruch genommene Besetzung so groß ist, daß für weitere Besetzungen kein Platz bleibt. So wird die Selbstwelt und die Objektwelt auf infantilem Niveau fixiert werden.

3. Die pathologische Abwehr

Pathologisch ist eine Abwehrmaßnahme dann, wenn sie zu einer erheblichen Schwächung des Ich führt (etwa durch Abzug neutraler Energie in der Gegenbesetzung), wenn sie zwangsläufig auftritt, wenn sie zu rigidem Verhalten führt oder ihrer Bewußtmachung erheblichen Widerstand entgegensetzt. In allen Fällen wird das Ich in seinen Funktionen wesentlich beeinträchtigt.
Zu beachten ist, daß Abwehrmaßnahmen stets im Dienste der Unlustvermeidung stehen. Sie geschehen als Abwehrmechanismen nicht nur unbewußt, sondern schenken oft auch ein gewisses Maß an Lust, wennschon diese über Kompromißbildung oft nur versteckt und symbolhaft vermittelt wird.
Hier werden alle vier der schon genannten Abwehrmuster (vgl. Seite 104) erheblich. An dieser Stelle seien nur zwei erwähnt: das innerpsychische und das interaktionelle Muster.
Bei den innerpsychischen Abwehrmustern (Abwehrmechanismen) haben wir gemäß ihrer Reife wenigstens drei Stufen zu unterscheiden:
a) Unreife Abwehrmechanismen. Hierher gehören etwa: wahnbildende Projektionen (das sind Projektionen, die so erheblich sind, daß sie zu einer wesentlich verstellten Einrichtung in Realität führen wie etwa beim Verfolgungswahn), schizoide Verleugnungen (bei denen die Verleugnung so heftig wird, daß die Handlungen so eingerichtet werden, als sei etwa der abgewehrte Verlust – etwa der Tod eines lieben Menschen – nie geschehen), für Borderline-Störungen charakteristische Abspaltungen (in denen Erlebnis- und Erfahrungsanteile verleugnet werden, die mit den anderen nicht verträglich erscheinen).

b) Unreife, aber vergleichsweise realistische Abwehrmechanismen. Hierher gehört die nicht-psychotische Projektion (wenn etwa jemand seine eigenen homosexuellen Anteile auf andere projiziert), die Identifikation als Abwehr (also etwa die Identifikation mit dem Angreifer oder die Identifikation mit Symptomen).
c) Reife Abwehrmechanismen. Ihnen begegnet man in erheblicher Zahl und in verschiedenen Mischungsverhältnissen im Zusammenhang klassischer Symptomneurosen. Hierher gehören etwa: die Intellektualisierung (zur Abwehr von Emotionen), die Dramatisierung (zur Abwehr des inhaltlichen Aspekts des Abgewehrten), die Rationalisierung (zur Abwehr der Selbstdeterminierung durch das Ubw), die Affektisolierung (zur Abwehr von unerträglichen Emotionen), das Ungeschehen-Machen durch magisch-symbolische Handlungen, entgegengesetzte Gedanken ... (zur Abwehr von unlustbereitenden Vorstellungen überhaupt), die Verschiebung (zur Abwehr von ursprünglich unlustbereitenden Besetzungen), die Verlagerung von einem Objekt auf ein anderes (um eine unerträgliche Besetzung abzuwenden).

Bei den interaktionellen Abwehrmustern wird ein Interaktionsmuster hergestellt, das die eigenpsychische – oft pathologische – Veränderung bestätigt, rechtfertigt, erträglich macht oder gar als begründet erscheinen läßt.

So neigen manche Menschen dazu, ödipale Dreierbeziehungen zu reproduzieren, ohne daß sich Unlustgefühle einstellen. Oft sind alle Beteiligten über die Kompromißbildung »Freundschaft« zu solchen Dreiecksbeziehungen geneigt und mit ihnen einverstanden. Diese Triangulationen, die die ödipale Phase rekonstruieren und in eine bestehende Partnerschaft, ganz nach ödipalem Muster, einzudringen versuchen, sind meist nicht sehr stabil, weil sie nicht den Erwartungen der bestehenden Partnerschaft entsprechen und es dem Eindringling nicht gelingt, die Interaktionen der Partner so umzuformen, daß sie seinen ödipalen Erwartungen gerechtwerden.

Bei Psychotikern hat die Abwehr durch Interaktionsmuster erhebliche Bedeutung. Das gilt vor allem für Wahnkranke oder an einer Krankheit aus dem schizophrenen Formenkreis Erkrankte. Schon vor dem Ausbruch der Erkrankung lassen sich interaktionelle Abwehrmaßnahmen beobachten, so daß ihnen eine erhebliche Rolle in der Früherkennung bestimmter psychotischer Erkrankungen zukommt.

Die interaktionelle Abwehr wird vor allem vor dem Ausbruch einer Psychose oder in den Intervallen zwischen zwei Schüben aufgebaut, denn es handelt sich (wie bei allen primitiven Abwehrformen) um einen Versuch des Ich, den psychotischen Zerfall des Selbst oder der Ich-Grenzen zu vermeiden. Psychotische Symptome treten meist erst auf, wenn dieser

Abwehrmechanismus versagt und das Ich zum Selbstschutz die psychotischen Symptome wählt.
Eine funktionierende interaktionelle Abwehr kann lange vor Ausbruch einer Psychose bewahren oder die Intervalle zwischen zwei Schüben erheblich verlängern. Es ist gerade für psychotisch gefährdete und erkrankte Menschen wichtig zu versuchen, stabile menschliche Beziehungen aufzubauen, selbst wenn diese im wesentlichen Abwehrcharakter haben. Sie sind, wenn sie den Betroffenen nicht allzusehr belasten, ihm also das von ihm gewünschte und erträgliche Maß von Nähe und Distanz ermöglichen, außerordentlich hilfreich, die Angst vor drohender Desintegration des Selbst oder drohendem Grenzverlust des Ich abzuwehren und zu neutralisieren.
Da viele psychotisch-disponierte Menschen nur über unzureichende und unreife innerpsychische Abwehrmechanismen verfügen, kommt den interaktionellen Abwehrstrategien eine besondere Bedeutung zu, damit sie nicht auf Abwehrmaßnahmen zurückgreifen müssen, die in psychotischen Symptomen dargestellt werden.

4. Die Symptome psychischen Leidens

Symptome psychischen Leidens sind meist die letzte Abwehrstrategie, die dem Ich zur Verfügung stehen, um mit drohender Desintegration des Selbst und/oder drohendem Grenzverlust des Ich fertigzuwerden. Zunächst versucht das Ich, sich in aller Regel mit neurotischen Symptomen zu helfen. Erst wenn auch diese Abwehrlinie nicht mehr zu verteidigen ist, wählt es psychotische Abwehrmuster.
Neurotische Symptome lassen sich als Kompromiß- oder Ersatzbildungen verstehen. In gewisser Hinsicht machen sie Verdrängtes (oder sonstwie Abgewehrtes) gegenwärtig (I, 387). Sie sind also Strategien des Ich, die es wählt, wenn »normale« Abwehrmaßnahmen versagen – und weil sie versagen. Sie sind Kompromisse und/oder Ersatz für eine eigentliche Triebabfuhr und Triebbefriedigung. Sie sind also Pseudolösungen eines Konfliktes, für dessen Lösung das psychische Instrumentar nicht zur Verfügung steht. Solche Konflikte können lange Zeit nahezu symptomlos bleiben, wenn man unter »Symptom« etwas versteht, was auffällig bemerkbar ist. Nicht selten tauchen erste Symptome während der adoleszenten Krise oder der Mittlebenskrise auf, obschon ihnen ein nicht gelöster Konflikt der Kindheit zugrunde liegt. Diese Verzögerung im Auftauchen manifester Symptome (also dem eigentlichen Ausbruch der Krankheit) kann folgende Gründe haben:

- Normale Abwehrmechanismen (etwa die der Verdrängung) funktionierten lange zureichend.

- Innerpsychische Spannung (also das Triebpotential an nicht neutralisierter Energie) überschritt nie einen erträglichen Pegel.

Neurotische Störungen, die mit als neurotisch akzeptierten Symptomen verbunden sind, nennt man *Symptomneurosen.* Fehlen diese offensichtlichen Symptome und leidet ein Mensch dennoch, oder macht er andere unter sich leiden, spricht man von *Charakterneurosen.* Der Charakter eines Menschen entsteht in der nie zu vermeidenden Auseinandersetzung mit elementaren Konflikten. Werden sie gelöst, trägt er die Lösungsspuren zeitlebens mit sich. Werden sie nicht gelöst, werden sie zu einem integralen Bestandteil des Charakters. Da auch die Selbst- und Ich-Bildung aufgrund von Konflikten geschieht (die Selbstbildung dadurch, daß sich nicht mehr die Urharmonie und das Urvertrauen des kosmischen Einsseins aufrechterhalten läßt, die Ichbildung, weil das Es Vermittlungsinstanzen in seinem Konflikt mit der Umwelt benötigt), ist offensichtlich der durch Konflikte besorgte Anteil des Charakters erheblich. Es soll dabei nicht geleugnet werden, daß sekundär auch spätere Erfahrungen die Charakterstruktur modifizieren.

Werden in den Charakter nicht nur die Spuren gelöster Konflikte hineingenommen, sondern auch die ungelösten Konflikte und all die vergeblichen Versuche einer Konfliktlösung, steht – vorausgesetzt, die vergebliche Konfliktlösungsversuche geschahen in der ersten Prägephase von Ich und Selbst – zu erwarten, daß Ich und Selbst nicht optimal entwickelt werden. Die Ich-Grenze kann unscharf sein, das Ich selbst kann »Löcher« haben. Das Selbst kann inkonsistent, arm an Repräsentanzen oder auch realitätsabgelöst aufgebaut worden sein. Negative Erfahrungen im Umgang mit Konflikten können, wenn sie sehr früh liegen (etwa in der zweiten Hälfte des ersten Lebensjahrs), zu einer Charakterstörung führen: Ein Mensch zeigt ungewöhnliche und ungewöhnlich störende Charaktermerkmale. Man spricht ihm eine Charakterneurose zu.

Charakterstörungen sind Ich-synton, d. h. sie bilden mit den anderen nicht gestörten Charaktermerkmalen eine harmonische Einheit. Das gilt nicht für Symptome. Sie sind Ich-dyston, d. h. nicht zum Ich passend und ihm nicht genehm. Die Auffälligkeiten des Charakters werden also subjektiv als »normal« wahrgenommen. Es fehlt den meisten Charakterneurotikern Krankheitseinsicht.

Dennoch ist sehr darauf zu bestehen, daß zwischen Charakter- und Symptomneurosen nicht scharf unterschieden werden kann. Jeder Symptomneurotiker hat auch charakterliche Schäden und jeder Charakterneurotiker zeigt auch ungewöhnliche Symptome. Die Unterscheidung von Charakter- und Symptomneurosen läßt sich nur von den vorwiegenden Merkmalen her durchhalten. Einmal ist von der neurotischen Kompromißbildung eher und am auffälligsten der Charakter betroffen, ein andermal werden eher und am auffälligsten Symptome ausgebildet.

Um nachzuweisen, daß diese Unterscheidung in der Praxis problematisch ist, führt Mentzos (1980, 86) folgende Gedanken an:

- Beide Merkmale sind in der Praxis immer zugleich vorhanden. Regelmäßiges Sich-Verspäten ist zwar ein Charaktermerkmal, zugleich aber auch ein Symptom. Hypochondrie ist zwar ein Symptom, zugleich aber auch ein Charaktermerkmal.
- Es gibt Menschen, die Charakterstörungen als sehr lästig empfinden, also als Ich-dyston, was sich darin zeigt, daß sie sich dagegen wehren. Andererseits gibt es Konversionskranke, die ihre Symptome als ausgesprochen angenehm wahrnehmen (also als Ich-synton).
- Viele Symptome haben die gleiche Funktion wie Charakterstörungen. Beide haben das Ziel, bei anderen spezifische Reaktionen hervorzurufen. Sie sind Folgen des menschlichen Bedürfnisses, sich mitzuteilen. Das ist evident für den Charakter, ist aber auch für viele Symptome bestätigt. Mentzos geht gar soweit zu vermuten, daß alle Symptome einen kommunikativen Aspekt haben. Sie wollen etwas mitteilen, erzählen, was sonst dem Patienten auf immer verborgen bleiben müßte. Sie berichten über erlittenes Unrecht, vernichtende Demütigungen, schmerzliche Verluste, unerfüllte Sehnsucht, unüberwindliche Angst ... und das alles in der frühen Kindheit geschehen, der keine anderen Strategien alles dieses zu bewältigen zur Verfügung stehen, als es abzuwehren.

5. Einteilung psychischer Störungen und Leiden

Es liegt nahe, in einer psychoanalytisch orientierten Abhandlung auch die psychischen und psychosomatischen Leiden nach analytischen Gesichtspunkten zu ordnen. Psychische Störungen sind konfliktbedingt. Sie gründen in ungelösten Konflikten. Die ungelösten Konflikte können zur Folgen haben:

- Defekte in der psychischen Struktur (das Selbst ist erkrankt),
- narzißtische Kompensationen solcher Defekte,
- pathologische Verarbeitung solcher Konflikte.

Von hierher wird folgende Unterteilung psychischer Störungen nahegelegt, der in den folgenden Kapiteln gefolgt werden soll:

1. Strukturdefekte des Selbst

a. Schizophrenien	
b. leere Depressionen	Psychosen
c. Schulddepressionen – Manien	

d. Borderline-Störungen
e. Narzißtische Störungen im engeren Sinn

2. Narzißtische Kompensationen der Selbstdefizite
a. Perversionen
b. echte Homosexualität
c. Soziopathien
d. Süchte

3. Narzißtische (nicht-psychotische) Verarbeitungsmuster
a. Depressive Muster
b. Hypochondrische Muster
c. Paranoide (nicht-psychotische) Muster
d. Schizoide (nicht-psychotische) Muster
e. Hyperthyme Muster
f. Borderline-Muster nicht-psychotischer Art

4. Psychoneurotische Verarbeitungsmuster
a. Manifeste Angst entwickelnde Muster
b. Autoaggressive Muster (neurotische Depressionen)
c. Zwangsymptome entwickelnde Muster
d. Hysterische Muster

5. Psychosomatische Muster
Es kommt nicht darauf an, eine vollständige Auflistung aller psychischen Störungen zu geben. Es sollen nur die genannt werden, die psychoanalytisch beschrieben werden können. So fehlen Oligophrenien (Schwachsinn) und exogene Psychosen. Es wird aber auch auf die Darstellung von Störungen verzichtet, die zwar für den Arzt von erheblichem Interesse sein können, nicht aber für den Menschen, der sich mit Psychoanalyse beschäftigt, um sich und andere Menschen besser zu verstehen. Es werden deshalb ausgeklammert alle psychischen Störungen der Kindheit (bis zur Pubertät) und des Alters. Man sollte sich hüten, alten und jungen Menschen eines der vorgenannten Etiketten anzuheften. Das wird ihnen in aller Regel nicht gerecht.

1. Die schizophrenen Störungen

Strukturelle Mängel zählen zu den »frühen Störungen«. Die Unfähigkeit, mit einem Konflikt des ersten Lebensjahrs fertigzuwerden, führt dazu, daß das Selbst (und in dessen Folge auch das Ich) nur mangelhaft ausgebildet wurde. Es ist offensichtlich, daß strukturelle Selbstmängel unabhängig von Abwehrstrategien und Kompensationsversuchen beschrieben werden können. Zu beachten ist aber, daß die Symptome, zu denen solche Strukturmängel führen, sehr verschieden sein können. Es steht ihnen *sekundär* eine Fülle von Methoden zur Verfügung, die aus den Mängeln resultierenden Fehlverhaltensmuster abzuwehren oder zu kompensieren. Wir müssen also bei Patienten mit strukturellen Selbstdefekten damit rechnen, daß sie mehrere pathologische Strategien entwikkeln. Auch ist der primäre Defekt nicht als solcher erkennbar, sondern wird erst sekundär durch Symptom- oder Charakterbildung erhebbar.

Wie kommen solche strukturellen Defizite zustande? (vgl. Mentzos 1980, 143) Hier spielen die Selbstobjekte (frühe Bezugspersonen, die als Teile des eigenen Urselbst erlebt werden, das noch nicht oder doch noch nicht adäquat zwischen Selbst- und Objektwelt unterscheiden kann) eine erhebliche Rolle. Man unterscheidet zwei Typen von Selbstobjekten:

- jene, die auf das dem Kind angeborene Gefühl von Lebenskraft, Größe und Vollkommenheit reagieren und dem Kind diese bestätigen, und
- jene, zu denen das Kind aufblicken kann, so daß es sich mit der von ihnen vorgestellten Ruhe, Allmacht, Unwandelbarkeit durch Inkorporation identifizieren (verschmelzen) kann.

H. Kohut (1980) nennt diese Selbstobjekte »spiegelndes Selbstobjekt« und »idealisierte Elternimago«. Bleiben die Wechselbezüge zwischen dem Kind und seinen Selbstobjekten unzureichend und unbefriedigend, entwickelt das Kind zwangsläufig ein beschädigtes Selbst. Das Selbst kann mehr oder weniger fragmentiert sein, mehr oder weniger schwach, mehr oder weniger chaotisch.

Zu einer schizophrenen Symptombildung kommt es, wenn sich das frühe Selbst, das die Voraussetzung und das Material aller späteren Selbstbildungen ist, nicht hat durch die Wechselwirkung mit den Selbstobjekten kohärent und reich bilden können. In solchen Fällen wird auch das Ich, da keine saubere Abgrenzung zwischen Selbst- und Objektwelt erfolgte, nur desorientiert seine vermittelnde Tätigkeit zwischen Es und Umwelt aufnehmen können. Die Ichgrenzen bleiben schwach und unscharf gezogen. Das Ich hat Löcher (Defekte).

Die Selbstdefekte bei Schizophrenen führen zu einer Störung im Bereich der Integration und der Differenzierung (vgl. dazu Searles 1974, 95–103). Die Selbstvorstellungen werden nicht zu einer Einheit integriert, die Fähigkeit, zwischen Selbstrepräsentanzen und Objektrepräsentanzen zu unterscheiden, ist beeinträchtigt.

Integrationsstörungen betreffen:

- Die drei psychischen Instanzen (Es, Ich, Überich). Das Es wird vom Schizophrenen oft als lästige Instanz erfahren, die das Ich ständig ge-

fährdet. Das Selbst ist in Fragmente gespalten, die kaum mehr etwas miteinander verbindet. Das Überich erfüllt nicht die Funktion eines ratenden, wenn auch unreifen Gehilfen, sondern betätigt sich als bedrängender Tyrann, der das schwache Ich schikaniert. Das Überich scheint einander widersprechende Elemente einzuschließen, so daß es einmal einen Triebabkömmling verbietet und zum anderenmal toleriert. Das läßt vermuten, daß es nicht zur eigentlichen Überich-Bildung kam oder daß nicht-konsistentes Verhalten der Eltern introjiziert wurde.
- Die Interpretation des eigenen Lebens als einer Einheit. Manche Lebenserfahrungen werden aus dem kontinuierlichen Muster der personalen Erfahrungseinheit herausgenommen. Das führt zu Verwechslungen bei der zeitlichen Einordnung dieser Elemente. Sie können, obschon lange vergangen, der Gegenwart zugesprochen werden.
- Die Welt der Gefühle. Es kommt selten zu einer geordneten Gefühlswelt. Sie ist in der Regel chaotisch und ambivalent organisiert. Gefühle brechen plötzlich hervor, indem sie sich vorübergehend der Verdrängung entziehen.

Differenzierungsstörungen betreffen:
- Die Schwierigkeit, zwischen Selbst- und Objektwelt zu unterscheiden.
- Die Schwierigkeit, zwischen gegenwärtigen und vergangenen Erfahrungen zu unterscheiden.
- Die Fähigkeit, zwischen Emotionen und somatischen Empfindungen zu unterscheiden.
- Die Fähigkeit, eine Person von einer anderen zu unterscheiden. Es kommt zu Personenverwechslungen.
- Die Fähigkeit, zwischen Konkretem und Symbolischem zu unterscheiden. Symbole werden wörtlich oder real interpretiert.

Offensichtlich hat das Kind einmal schutzlos eine Welt erfahren, die zu groß und zu mächtig war, um sie mit dem noch schwachen Ich zu regulieren.

Die Mutter eines Schizophrenen ist in der Regel ein überängstlicher und selbst Ich-schwacher Mensch. Die Desintegration des mütterlichen Selbst wird durch ihr Muttersein noch zusätzlich verstärkt. Es kommt zu Doppelbindungen und zur Angst, mit dem Kind eine sinnvolle Symbiose einzugehen. Die Symbiose ist so geartet, daß die Mutter praktisch schmarotzt. Die frühe loyale Liebe des Kindes zu ihr führt das Kind dahin, seine eigene Individualität zu opfern, sich selbst so zu bestimmen, daß es den Emotionen und Bedürfnissen der Mutter entspricht, um so das labile Gleichgewicht der Mutter zu stabilisieren.

Schon als Säugling lernt der später schizophrene Mensch nicht, eigene Triebimpulse zu haben und sie gegen die Mutter durchzusetzen. Die Mutter hat die Bedürfnisse und Emotionen ihres Kindes entweder fortgeliebt oder fortvernachlässigt. Das Kind wird aus der Angst, daß die Darstellung von Eigenem zum Liebesverlust führt, auf solche Darstellung verzichten. Es wird sich bemühen, den Erwartungen anderer gerechtzuwerden. Das werden einmal die Erwartungen sein, jenen Symptomkomplex zu zeigen, den man der Schizophrenie zuspricht. Es wird einmal ein guter Patient werden, der die Bedürfnisse seiner Helfer befriedigt. (Vgl. Th. Scheff 1980)

Der später Schizophrene neigt dazu, nicht eigentliche Beziehungen zu anderen Menschen aufzunehmen, sondern Pseudo-Beziehungen, die durch Inkorporation oder Introjektion zustande kommen.

Da er nie gelernt hat zu verzichten, wird er von jeder Trennung heftig betroffen. Da alle Bindungen über primitive Internalisierungen laufen, bedeutet das Ende einer Bindung partielles Sterben.

Das mangelhaft ausgebildete Selbst läßt viele Schizophrene sich selbst nicht oder gering achten. Sie beziehen ihre Selbstachtung aus der Introjektion anderer Personen, von deren Ansehen sie partizipieren.

So wird es verständlich, daß Schizophrene, um überhaupt zu wissen, wer sie denn sind – sie haben es in der Kindheit nicht gelernt, sondern waren das Objekt der Emotionen und Bedürfnisse einer Mutter, die ihnen ihr tatsächliches Selbst, das von dem ihren sehr verschieden ist, nicht zurückspiegelte –, intensive Abhängigkeitsbedürfnisse haben, die

- entweder nicht eingestanden werden können,
- oder, wenn sie eingestanden werden, doch nicht geäußert werden können,
- oder so geäußert werden, daß der Angesprochene nicht weiß, was die Ansprache bedeutet oder gar vor ihr zurückschreckt.

Sie fordern – ohne sich dessen bewußt zu werden –, daß dieser andere für sie die totale Verantwortung übernimmt und die Befriedigung aller ihrer Pseudo-Bedürfnisse. Der andere aber habe von ihnen nichts zu verlangen. Da diese Forderung meist nicht offen gestellt wird oder nicht unmißverständlich geäußert wird, bleibt sie in der Regel unerfüllt. Der Schizophrene versucht immer wieder das pathogene Verhältnis zu erneuern, das er in seinem ersten Lebensjahr mit seiner Mutter einging. Sie nahm ihm zwar alle Sorgen und Verantwortungen ab, zugleich aber gab sie ihm nicht eine eigene Existenz, sondern delegierte ihm die ihre. Da diese Situation von keinem Menschen wiederholt werden kann – auch die eigene Mutter kann die Einmaligkeit des ersten Lebensjahres nicht reproduzieren –, bleibt der Schizophrene ein einsamer Mensch, dessen soziale und emotionale Bedürfnisse von niemanden befriedigt werden können.

Niemand versteht seine Bedürfnisse. Niemand erwidert seine Emotionen. Niemand macht ihm Interaktionsangebote, mit denen er etwas Sinnvolles anfangen kann. Niemand nimmt seine oft so zögernd und behutsam vorgebrachten Interaktionsangebote auf. Und weil das so ist, wird er früher oder später zu jenen Abwehrstrategien greifen, die der Menge als typisch »schizophren« gelten: zu Halluzinationen, Depersonalisierung, Wahnvorstellungen ...

1. Einordnung

Durchschnittlich sind etwa 0,3 % der Bevölkerung wegen einer schizophrenen Erkrankung in Behandlung. Etwa 2 % erleiden in ihrem Leben wenigstens einen schizophrenen Schub. Das Ersterkrankungsalter liegt gehäuft im dritten und vierten Lebensjahrzehnt. Frauen und Männer sind etwa gleichhäufig betroffen.

Es gibt Indizien, daß die Disposition zur Schizophrenie vererbt werden kann. So erkrankt ein Zwilling, wenn der andere erkrankt ist

- bei zweieiigen Zwillingen mit einer Wahrscheinlichkeit von 10 % ± 5 %,
- bei eineiigen Zwillingen mit einer Wahrscheinlichkeit von 50 % ± 25 %,

obschon man davon ausgehen kann, daß die Differenzen in der Umwelterfahrung bei beiden Gruppen sehr ähnlich sind. Es wird also nicht nur das pathogene Verhalten der Mutter erheblich. Für die Vererblichkeit schizophrener Dispositionen spricht auch, daß Kinder, die gleich nach der Geburt in Heime gegeben oder adoptiert wurden, häufiger an Schizophrenie erkrankten als andere Kinder, wenn ein Elternteil schizophren war. Doch ist diese Begründung der Erbabhängigkeit problematisch, da sie die vorgeburtliche Prägung des Kindes durch die Mutter nicht berücksichtigt. Es gibt gute Gründe zu vermuten, daß sich Schizophrenie nur bei Menschen ausbildet, die dazu erblich prädestiniert sind. Niemals aber ist gesagt, daß ein Mensch, bei noch sehr deutlicher erblicher Belastung, schizophren werden muß.

Nur wenige Kranke waren vor dem Ausbruch ihrer Erkrankung als deutlich schizoid zu bezeichnen. Auch leptosomer Körperbau spielt eine nicht-signifikante Rolle. Nicht wenige später Schizophrene waren vor ihrer Erkrankung in ihrem Sozialverhalten nicht auffällig. Sie galten als unauffällig, synton und kontaktfreudig. Bei den Auffälligen gehörten

- 28 % zum schizoiden Verhaltenstyp,
- 22 % zum sensitiv-empfindsamen, weich-gehemmten Typ,
- 17 % zu einem Kontaktschwäche mit zwanghaften Elementen verbindenden Typ.

2. Auslöser

Bei den meisten bleibt die Störung latent. Es kommt nie zu einer manifesten Erkrankung. Auslöser für eine manifeste Erkrankung sind nicht typisch, sondern ubiquitär. Psychisch-reaktiv ausgelöst werden nur etwa ein Viertel der Erstmanifestationen und etwas mehr der Remanifestationen. Es können das traumatische Erfahrungen durch Verluste, berufliche oder erotische Konfliktsituationen, massive Belastungen der Vitalsphäre, soziale und psychische Über- oder Unterstimulation sein. Die Toleranzschwelle ist bei latent Gestörten i. a. erniedrigt, so daß mitunter »normale« Belastungen zu Auslösern werden können.
Es ist nicht möglich, Vermeidungsstrategien anzugeben, die gefährdeten Personen helfen könnten.
Nicht für die Auslösung erheblich sind Schichtzugehörigkeit oder kultureller Lebensraum (es handelt sich also nicht um eine Zivilisationskrankheit), wennschon sich die »Themen« der Symptome an den jeweiligen kulturellen Hintergrund anpassen. Dagegen ist die Erkrankungshäufigkeit in Bezug zu setzen mit dem Verlust eines oder beider Elternteile bis zum 16. Lebensjahr. Doch leiden unter der »Broken-home-Situation« auch Alkoholiker und jugendliche Abhängige.

3. Verlaufsformen

Prodrome (vor der eigentlichen Erkrankung liegende Merkmale) werden bei ca. 37 % der Erkrankten beobachtet. Sie sind identisch mit jenen Syndromen, die nach dem Abklingen der Erkrankung erhalten bleiben (Residualsyndrome). Sie dauern einige Monate bis einige Jahrzehnte und führen, mehr oder weniger deutlich, in die manifeste Erkrankung über.
Den Prodromen gehen nicht selten Vorpostensyndrome voraus. Das sind freistehende Episoden, die zunächst ohne psychische Folgen bleiben.
Die *Basisstörungen* lassen die Herkunft der Schizophrenie deutlich werden. Sie sind Folgen oder Erscheinungsformen der Selbst-Defizite. Es sollen hier jene angeführt werden, die bei über 50 % der Erkrankten allein oder gemischt mit anderen auftauchten:

- Konzentrations-, Denk-, Gedächtnisstörungen (bei 75 %).
- Körperliche und geistige Erschöpfbarkeit (bei 70 %).
- Verringertes Leistungsvermögen (bei 65 %).
- Einbuße an Spannkraft, Energie, Ausdauer, Geduld (bei 60 %).
- Störungen in der positiven Wahrnehmung des eigenen Körpers (Coenästhesien) (bei 58 %).
- Vermehrte Erregbarkeit und Beeindruckbarkeit (bei 58 %).

Nun sind diese Erscheinungen auch bei Gesunden nicht selten, doch stehen bei Schizophrenen hinter diesen Klagen weniger übliche Beeinträchtigungen des Wohlbefindens. So verschleiert die Denkstörung das Gefühl, nicht mehr Herr seines Denkprozesses zu sein. »Es denkt« oder »Meine Gedanken werden mir abgeschnitten« würde das Gemeinte besser treffen. Folgende Beeinträchtigungen sind oft beachtenswerter:

- Verlust an Ursprünglichkeit (verbunden mit Überreflexion),
- Verlust der Fähigkeit, sich zu freuen (das »Gefühl der Gefühllosigkeit«).
- Erhöhtes Schlafbedürfnis (mitunter verbunden mit Schlafstörungen).
- Um- und Einstellungsunfähigkeit.
- Mangelnde Entschlußfähigkeit.
- Hohe Kontaktscheu.

Dabei sind i. a. die intellektuellen Fähigkeiten nicht verändert. Auch die allgemeine Bewußtseinslage bleibt erhalten.

Diese Basisstörungen verdichten sich zu *primären Symptomen.* Hierher gehören:

1) Im Bereich des Eigenbewußtseins scheint die Ichgrenze unscharf, durchlöchert. Das Selbst wird als inkonsistent erlebt. Das hat zur Folge, daß eigene Gedanken als fremde, fremde Gedanken als die eigenen empfunden werden. Introjektionen und Projektionen werden zur bevorzugten Abwehrform und nehmen an Häufigkeit und Umfang zu. Die Verständlichkeit des eigenen Selbst wird geringer. Das eigene Verhalten wirkt mitunter befremdend. Dies alles ist jedoch nur in dem Rahmen erfahrbar, den das latent gestörte Selbst-Bewußtsein zieht.

2) Im Bereich des Denkens kommt es zu Störungen der Kohärenz (Gedanken werden abgebrochen, das Denken wirkt zerfahren und sprunghaft). Nebensächliches wird übergewichtig. Manche Begriffe werden in ihrer Bedeutung ausgeweitet, andere verlieren ihre semantische (werden zu Klischees, die, ohne etwas Gegenständliches zu bezeichnen, gebraucht werden; sie laufen ab) oder ihre emotionale Bedeutung (werden zu Zeichen, die keine emotionale Bedeutung mehr tragen, sie sind emotional verarmt). So erscheint die Sprache eigentümlich unangemessen. Es funktionieren auch assoziative Ketten nur noch beschränkt oder verändert, da solche Ketten von den emotionalen Bedeutungen hergestellt werden.

3) Im Bereich der affektiven Besetzungen der Umwelt kommt es zu Rückzügen auf sich selbst. Mimik und Gefühlsäußerungen erscheinen eingeschränkt oder übertrieben, da die Kommunikation immer mehr mit den eigenpsychischen Objekten und nicht mehr mit deren realen Vorlagen geführt wird. Versuche, Kontakte aufzunehmen, mißlingen oder bleiben oberflächlich und werden meistens ambivalent besetzt.

4) Im Bereich der Wahrnehmung wird Nebensächliches überbewertet. Zufälliges erhält eine spezifische (oft bedrohliche) Bedeutung. Viele Ereignisse bezieht der Kranke auf sich selbst. Die Äußerungen anderer werden projektiv und selektiv so verändert, daß sie eine erhebliche Bedeutung für das eigene Tun erhalten. Meist werden sie zum Negativen hin entstellt.

In dieser psychisch bedrohlichen Situation wählen die Patienten meist sehr unreife und infantile Abwehrstrategien. Diese sind weitgehend sozio-kulturell bestimmt. Sie haben also bei uns anderes Aussehen als bei Einwohnern der Regenwälder Zentralafrikas oder Neuguineas. Bei uns werden als bevorzugte Abwehrformen (als *sekundäre Symptome*) gewählt:

- Depersonalisierungen. Der Erkrankte nimmt sich als aufgehoben, nicht-existent wahr. Die Abgrenzungen gehen verloren: Dinge und Personen ragen in den eigenen Leib hinein. Intimste Gedanken und Gefühle können von anderen erkannt, gelesen, entziffert werden. Die eigenen Gedanken breiten sich im Außen aus. Diese beängstigenden Erfahrungen deutet der Kranke durch das Wirken natürlicher (durch technisches Gerät etwa) oder übernatürlicher (etwa magischer) Kräfte. Der Kranke erfährt sich als ein anderer. Er ist manchmal dieser oder jener.
- Halluzinationen. Hierher gehören akustische (Stimmenhören), taktile (Berührt-werden, Schmerz-bereiten etwa an Fußsohlen oder in der Genitalregion), aber auch optische oder geschmackliche Fehlwahrnehmungen.
- Wahnbilder. Hierher gehören als wichtigste Formen: Verfolgungswahn, Eifersuchtswahn, Abstammungswahn, Sendungswahn, Wahn über körperliche oder geistige Beeinflussungen. Diese Wahnvorstellungen können sich zu einem relativ konsistenten Wahnsystem verdichten, in dem alle Vorstellungen logisch aufeinander bezogen werden. Der Kranke baut eine in sich stimmige Wahnwelt auf, in der er ungefährdet zu überleben versucht.
- Derealisationen. Der Erkrankte sieht sich im Mittelpunkt der Welt, die sich ganz auf ihn bezieht. Alle wollen ihm was. Er ist der Welt und ihrer Bosheit hilflos ausgeliefert. Die Umwelt erhält Gesichter, und die schauen ihn bedrohend oder verlockend an. Auch erscheinen Dinge gelegentlich automatenhaft fern und anders.

4. Typen

Bei der Schizophrenie handelt es sich nicht um eine einheitliche Erkrankung, sondern um ein ganzes Bündel von Erkrankungen, die nicht aufeinander zurückbezogen werden können. Die wichtigsten und verbreitetsten Formen seien hier vorgestellt (vgl. Bauer 1980, 285–288, und Huber 1981, 190–195):

(a) Die hebephrene Form

Zwischen dem 15. und dem 25. Lebensjahr (80%) kommt es zur allmählichen Affektabflachung und Antriebsverarmung. Prodromal sind verschrobene Wesenszüge und Neigungen zum fruchtlosen Reflektieren (»Spinnen«) nicht selten, das sich oft auf philosophische und religiöse Fragen bezieht. Das Interesse an der Außenwelt nimmt langsam ab. Die Erkrankten erscheinen selbstgenügsam, unintegriert und schwer vorherberechenbar. Sie vernachlässigen sich und kapseln sich ab.

Dazu kommt oft ein heiter-läppisches Gestimmtsein. Die Mimik scheint unangemessen (weil sie sich an dem orientiert, was gedacht wird, und nicht an dem, was gesprochen wird). Gelegentlich kommt es auch zu hypochondrischen oder depressiven Einstellungen. Wahn und Sinnestäuschungen fehlen in der Regel. Heftige Erregungen können auftreten, sie sind kurz und heftig.

Wird die Krankheit nicht mit Neuroleptika behandelt, verläuft sie langsam-schleichend oder schubartig bis hin zu einem autistischen Persönlichkeitswandel. Die Prognose ist nicht sonderlich gut, weil trotz optimaler Behandlung meist (60%) erhebliche Defekte erhalten bleiben – mehr als bei allen anderen Formen der Schizophrenie.

(b) Die einfache Form

Bei der Schizophrenia simplex fehlen nicht nur, wie bei der Hebephrenie, Wahn, Halluzinationen, Entpersonalisationen und andere unreife Abwehrstrategien, sondern auch die hebephrenen Ausdrucksstörungen, etwa das ungeniert-enthemmte und albern-schnippische Benehmen, das Grimassieren oder Vorbeireden, die Erregungszustände und die Geziertheit. Meist treten nur die Primärsymptome auf (Antriebsstörungen, Kontaktverlust, formale Denkstörungen, Affektstörungen). Gelegentlich wird diese Form der Schizophrenie als symptomarme Verlaufsform der Hebephrenie beschrieben.

(c) Die katatone Form

Diese Manifestation der Schizophrenie ist vergleichsweise selten (etwa 5%). Es kommt häufig zu Vollremissionen (70%). Mehr als 50% der Erkrankungen werden im 3. Lebensjahrzehnt manifest.

Auffallendste Symptome sind schwere Störungen der Motorik im Bereich der Willkürbewegungen. Es sind zwei Typen zu unterscheiden: Der katatone Sperrungszustand (Stupor) und der katatone Erregungszustand (Hyperkinese).

Im Stupor verhält sich der Erkrankte regungslos wie eine Statue. Obschon das Gesicht höchste Spannung verrät und der Patient hellwach ist, ist er nicht ansprechbar und verweigert alle Nahrung. Gelegentlich werden Veränderungen passiv hingenommen, vorgesprochene Worte leer wiederholt. In diesen Zuständen erleben die Erkrankten nicht selten akustische Halluzinationen und Gefühlsstörungen.

In der Hyperkinese zeigt der Erkrankte heftige Erregungszustände, die motorisch dargestellt werden (etwa wildes Umherschlagen). In traumartiger Bewußtseinslage kann es zu brutalen autodestruktiven Handlungen kommen. Wahnerlebnisse (wie Weltuntergang) und Halluzinationen können den Anfall begleiten.

Ähnliche Hyperkinesen können auch andere Krankheiten begleiten, etwa manche Formen der Epilepsie oder der Wochenbettpsychosen. Typisch für die katatone Schizophrenie ist der oft schnelle Wechsel zwischen beiden Zuständen.

Bösartige Verlaufsformen mit schrankenloser Erregung mit raschem gestischen und mimischen Wechsel, zerfahrenem Gedankengang, massivem Kräfteeinsatz und hochgradig aggressiver Stimmung sind heute wegen des prophylaktischen Einsatzes von Neuroleptika seltener geworden.

(d) Die paranoide Form

Die Schizophrenia paranoides beginnt meist nach dem 40. Lebensjahr. Es sind vor allem die Spätschizophrenien, die schon in ihren ersten manifesten Erscheinungsbildern paranoide (oder paranoid-halluzinatorische) Muster als auffälligstes Symptom zeigen (zu 83 %). Die Prognose ist nicht ungünstiger als bei den anderen schizophrenen Erkrankungen.

Typisch sind geschlossene Wahnbildungen, die sich mit anderen, vor allem halluzinatorischen Symptomen verbinden. Die schizophren Wahnkranken leben oft in zwei Welten, in der realen und in ihrer Wahnwelt. Sie erfahren ihre Gefühle und Gedanken als von außen beeinflußt, ja produziert. In paranoiden Krisen wirkt der Erkrankte zerfahren, ablenkbar, desorientiert. Die affektive Breite ist eingeengt, dennoch kann es zu Affektstürmen kommen.

(e) Die coenästhetische Form

Hier ist eine erhebliche Störung der Leibwahrnehmung das dominante Symptom. Sie ist zu unterscheiden von hypochondrischen Fehleinstellungen oder Wahnvorstellungen. Die Erkrankten fühlen sich am oder im Körper elektrisch oder magnetisch durch Apparate, Strahlen oder andere

physikalische Vorgänge beeinträchtigt. Leibliche Beeinflussungserlebnisse kommen bei etwa 40 % aller Schizophrenen vor, doch bei der coenästhetischen Form sind sie die auffälligsten. Sie verbinden sich in aller Regel mit anderen sekundären Symptomen.
Häufig klagen die Erkrankten über von außen gemachte Taubheits- oder Fremdheitsempfindungen, über motorische Schwäche, über Schmerzen, Elektrisierungsgefühle, Hitze- und Kälteempfindungen, Gefühle der Überschwere oder der Leichtigkeit ...

6. Wie kann auch ein Laie schizophren Erkrankten helfen?

Das Umgehen mit an schizophrenen Symptomen erkrankten Menschen ist nicht einfach, da sie im allgemeinen Angst machen und daher abgelehnt werden. Es ist wichtig, die eigene Ambivalenz zu überwinden und zu erkennen, daß hier ein Mensch mit seinen Symptomen um Hilfe ruft.
Um helfen zu können, ist es notwendig, die Regeln der schizophrenen Kommunikation zu kennen. Sie ist eine Folge der schizophrenen Abwehrmaßnahmen, die den Zweck verfolgen, in einer bedrohlichen Welt mit einem fragmentierten Selbst und einem schwachen und schwachbegrenztem Ich zu überleben. Es ist folgendes zu beachten:
1) Die entstellte Kommunikation ist keine Folge einer etwa im Vbw begründeten Kommunikationsstörung, sondern beruht in der Andersheit der Erfahrungen, die ein Erkrankter macht.
2) Der Kranke versucht herauszufinden, ob ihn ein anderer Mensch mag. In seinen Erzählungen verschiebt er diese Frage auf zeitlich oder räumlich entfernte Personen. Gemeint sind aber Sie.
3) Der Kranke projiziert seine eigenen Wünsche, Bedürfnisse, Vorstellungen, Gefühle, die ihm seine Erkrankung verbietet, auf Sie. Er wird Ihnen etwa Haß oder Liebe, Eigennutz oder Feindschaft unterstellen.
4) Fast alle schizophren erkrankten Menschen haben ein starkes Mutterintrojekt. Sie können ihr eigenes Selbst um so weniger davon unterscheiden, je kränker sie sind.
5) Die Mitteilung von Emotionen und semantischen Bedeutungen wird oft verdichtet. Eine scheinbar leere Floskel oder eine stereotype Geste können eine Fülle von Bedeutungen oder Emotionen mitteilen wollen.
6) Das Lachen erlaubt, komplexe und undifferenzierte Gefühle zu äußern, über die wir uns selbst nicht recht klar sind. Es steht also zu erwarten, daß sich der Kranke oft dieses Mittels bedient, um komplexe Gefühle mitzuteilen.
7) Nicht wenige Kranke leben in einer Welt von Worten, als wenn sie eine Welt der Sachen wäre. Worte stehen für Sachen.
8) Oft berichten an Schizophrenie Erkrankte Erfahrungen, von denen

man vermutet, sie müßten mit heftigen Gefühlen verbunden sein, ohne jedoch eine Emotion zu zeigen. Diese Isolation läßt vermuten, daß über einen ambivalenten Inhalt berichtet wird.

9) Mitunter wird auf zwei verschiedenen regressiven Ebenen gleichzeitig Kommunikation angeboten (etwa auf oral-narzißtischer und pallischer). So kann ein Daherplappern mit magischer Übersymbolisierung abrupt abwechseln.

10) Der Erkrankte hat das Gefühl, nichts wert zu sein, ein Gefühl, das durchaus begleitet sein kann von Allmachtsphantasien. Wenn er trotzdem Kommunikation anbietet, zeigt das, daß sein Kommunikationsbedürfnis stärker ist als seine Selbstverachtung.

11) Die undurchsichtige Sprache ist ein Kompromiß zwischen dem heftigen Wunsch nach kommunikativer Nähe und der panischen Angst vor einer vertrauten Beziehung.

12) Die nonverbalen Äußerungen (etwa der Abneigung oder der Zuneigung, des Interesses oder der Langeweile ...) werden sehr präzise und treffend wahrgenommen. Versuchen Sie also nicht, einem Kranken etwas vorzugaunern.

13) Lange Schweigepausen sind wichtig und sollen akzeptiert werden. In ihnen gewöhnen sich die Partner aneinander und üben sich in nonverbaler Kommunikation.

14) Es ist sorglichst darauf zu achten, daß die Angst des Kranken vor der Entdeckung, seine mentalen Prozesse seien gestört, respektiert und nicht verstärkt wird. Die Beschränkung der Kommunikation auf Floskeln kann in dieser Angst begründet sein.

15) Der Patient stellt gottähnliche Erwartungen an seinen Helfer, vor allem an sein Verstehen. Der Helfer sollte sich keine Vorwürfe machen, wenn er dieses Ideal nicht erfüllt.

16) Manche Kranke reagieren in der ersten Zeit sadistisch und quälen ihren Helfer. Dieser sollte verstehen, daß der Kranke »in die Klauen eines wahnsinnigen Introjekts« gefallen ist. Es ist nicht die Person des Kranken, die beleidigt, verletzt, aggressiv wird ... Die Angriffe sind ein Versuch seiner Krankheit, sich zu stabilisieren.

17) Der Helfer kann vorübergehend die »verrückten« Wortspiele und kuriosen Phantasien des Kranken mitspielen, wie es eine kluge Mutter macht, doch darf er nicht hier stehenbleiben.

18) Bei Kranken mit stark fragmentiertem Selbst und stark fragmentierter Sprache sollte man sich mit inhaltlicher Kommunikation zurückhalten, bis die Sprache verständlicher geworden ist.

19) Wenn die Sprache des Kranken flach wird, sollte man sich fragen, ob nicht ein Introjekt spricht. Die an den Kranken gerichtete Frage, wer das denn zu sagen pflegte, kann gelegentlich weiterhelfen.

Der Helfer muß also in der Lage sein, einen Blick in eine Erlebniswelt zu ertragen, die von seiner sehr verschieden ist und vor der er sich unbewußt heftig fürchtet. Es manifestiert sich die Angst jedes Selbst zu zerfallen. Das Vertrauen zwischen beiden muß so wachsen, daß nach und nach die Selbstverteidigungsmechanismen der Psychose überspielt werden. Dazu müssen die Partner zunächst zu einer möglichst sicheren nonverbalen Kommunikation finden.
Der Kranke macht den Versuch, die symbiotische Mutter-Kind-Beziehung wieder aufzubauen, die einst bei ihm gestört verlief. Das Umgehen mit dieser Übertragung ist von entscheidender Bedeutung für den therapeutischen Fortschritt. Bevor er manifest wird, können Jahre vergehen. Der Umgang mit an Schizophrenie Erkrankten fordert ein erhebliches Maß von Geduld mit sich selbst und dem Kranken.
Im Gegensatz zur Therapie von Neurosen kann die therapeutische Distanz oder Abstinenz nicht aufrechterhalten werden. Sie ist nur sinnvoll, wenn das Selbst intakt ist. Hier muß der Helfer über *offene* Empathie mit dem Erkrankten interagieren. Ist er dazu unfähig, sollte er sich nicht an die Psychotherapie von Psychotikern wagen.

7. Schizophrene Reaktionen

Schizophrene Reaktionen sind Zustände, die auf eine schwere psychische oder somatische Belastung unmittelbar folgen und nach Wochen oder Monaten ohne bleibende Persönlichkeitsveränderung abklingen. Nur selten gehen sie in psychotische Prozesse über.
Der Erkrankte zeigt ängstliche Unruhe, Halluzinationen, wahnartige Einfälle oder Beziehungssetzungen, Denk- und Assoziationsstörungen, Gefühle, die Welt und er selbst sei in lebhafter Veränderung begriffen oder habe sich sehr verändert. Steht eine traumartige Verworrenheit im Vordergrund, spricht man von einem Oneiroid. Bewußtseinsveränderungen verbinden sich mit bunten Erlebnissen und Sinnestäuschungen.
Schizophrene Reaktionen werden ausgelöst etwa durch Katastrophen, Haft, schwere Operationen, im Wochenbett, bei der Laktation. Nicht selten sind sie auch in Pubertäts- oder Mittlebenskrisen oder als Reaktionen auf berufliche, erotische, rechtliche, finanzielle ... Lebensschwierigkeiten. Mituntner kommen sie auch bei Anhängern fanatischer Sekten oder bei Mitgliedern von Jugendreligionen zum Ausbruch.
Bekannt sind »induzierte Reaktionen«, bei denen der Partner eines an Schizophrenie Erkrankten reaktiv schizophrene Symptome zeigt. Man spricht dann oft vom »induzierten Irresein« (»folie à deux«).
Die schizophrenen Reaktionen zeigen, wie behutsam selbst der Fachmann mit der Diagnose »Schizophrenie« umzugehen hat. Oft ist erst

nach monatelanger Beobachtung zu entscheiden, ob es sich um Schizophrenie handelt oder um psychische Reaktionen auf Streßerfahrungen, die zu schizophrenen Verhaltensmustern führen. Durch die unangebrachte Etikettierung »Schizophrenie« kann diese erst manifest gemacht werden, vor allem, wenn sich der Kranke mit diesem Etikett identifiziert und endlich weiß, wer er ist, und einen wohldefinierten Platz in der Gesellschaft zugewiesen erhält, nämlich den des »Verrückten« oder des »Wahnsinnigen«, der ihm, wenn er sich gut in seine Rolle findet, das lebensnotwendige Mindestmaß an Zuwendung garantiert.

2. *Leere Depressionen*

Leere Depressionen (H. Kohut) entstehen als Symptomkomplex bevorzugt bei Menschen, die zwar ein gewisses Maß von Selbst-Kohärenz erreicht haben, aber wegen eines Mangels an freudigen Reaktionen auf ihre Existenz ihr Selbst nicht so organisieren konnten, daß es zu einem positiven Selbstwertgefühl kam. Das Selbst vermittelt weder Wertgefühl noch Vitalität. Die Selbstobjekte haben das werdende Selbst nicht *emotional* bestätigt und mit positiven Emotionen besetzt widergespiegelt.

Im Symptombereich herrschen Verarmungsideen und Vorstellungen wesentlichen Ungenügens vor. Dabei kommt es zu einer erheblich verzerrten Realitätswahrnehmung.

Das Leitsymptom depressiver Erkrankungen ist eine unerklärliche *Traurigkeit* mit Gefühlen der Verzweiflung und Hoffnungslosigkeit. Diese Verstimmung scheint Außenstehenden unmotiviert oder doch nicht zureichend motiviert zu sein. Die Traurigkeit kann die Formen

- bedrückt,
- Fehlen freudiger Erregung,
- tiefe Traurigkeit mit Ohnmachtsgefühlen und Selbstentwertungstendenzen

annehmen. Für den Außenstehenden sind oft leidende, verhärmte, erstarrte oder verarmte Gesichtsausdrücke ein erstes Anzeichen. So kann der Betrachter das psychische Leiden oft schneller erkennen als der Kranke selbst. Auch ist die Sprache gleichförmig (nicht moduliert und meist leise und langsam). In schweren Fällen erscheint dem Erkrankten das Weiterleben nicht mehr sinnvoll. Er lebt nach dem Trägheitsgesetz, selbst das Enden des Lebens ist zu mühsam, erfordert zuviel an Entschluß, Vorbereitung, Aktivität. Bei leichten Formen klagen Patienten über das Nachlassen ihrer Fähigkeit, Sympathie zu entwickeln. Sie nehmen wahr, daß sie die Not anderer gleichgültig läßt. Es stellt sich »ein

Gefühl der Gefühllosigkeit« ein, ein »Schwinden der Resonanzfähigkeit«, des affektiven Widerhalls auf fremdes Erleben.
Sehr häufig wird diese Traurigkeit von einer deutlich wahrnehmbaren *Denkhemmung* begleitet. Die Krankheit absorbiert so viel an Ich-Energie, daß für das alltägliche Denken und Handeln nicht mehr viel zur Verfügung steht. Der Erkrankte wird denkend unproduktiv und einfallsarm. Er kreist um nur wenige Themen, vor allem, wenn er selbst das Gespräch eröffnet. Mitunter vermittelt er den Eindruck, er wolle etwas erzählen, könne es aber nicht.
Verbunden mit der Denkhemmung ist oft eine *Willenshemmung.* Die Entschlußfähigkeit scheint erheblich reduziert. Handeln macht Unlust. Der Erkrankte kann sich zu nichts aufraffen und benötigt zu trivialen Alltagsverrichtungen erheblichen psychischen Aufwand und viel Zeit.
Wichtig sind *Tagesschwankungen,* die bei neurotischen Depressionen meist fehlen. Die depressive Stimmung ist gewöhnlich am Morgen besonders ausgeprägt und abends oft auffällig gering.
Neben diesen Symptomen sind häufig somatische Erscheinungen auszumachen:

- Nicht selten sind diffuse Schmerzempfindungen in der Herzregion, in der Brust, im Bauch, im Kopf, aber auch
- Druck oder Schmerzempfindungen in den gleichen Regionen sowie in den Gliedmaßen.

Mitunter kommt es auch zu Entfremdungsgefühlen (Taubheit und Steifheit einiger Körperpartien – bis hin zur Wahrnehmung, der eigene Körper gehöre dem Kranken nicht. *Depressive Wahngedanken* sind eher selten.
Die Depression deckt elementare Ängste auf. Der Pessimismus und die Angst vor der ungewissen Zukunft führen dazu, daß sich realitätsabgelöste Vorstellungen über die Zukunft einstellen, deren reale Möglichkeit ernstgenommen wird. Sorgen um das wirtschaftliche Auskommen, um körperliche Gesundheit, um das Ansehen bei den Mitmenschen können erheblich werden.
Zu den psychischen Symptomen treten somatische:

- Schlafstörungen. Das Einschlafen macht Mühe. Der Schlaf ist flach und zerhackt. Er endet in den frühen Morgenstunden. Nicht selten beginnt eine Erkrankungsphase mit solchen Schlafstörungen.
- Appetit- und Verdauungsstörungen. Durchfälle wechseln mit der häufigeren Verstopfung.
- Die Sekretion der Speichel- und Tränendrüsen nimmt ab (trockener Mund, trockene Augen).
- Anfallartiges schnelles Herzklopfen mit auf den Normalschlag des Herzens folgenden Nachschlägen (Extrasystolen).

- Minderung von Libido und Potenz.
- Verringerte Hautspannung (Haut wirkt gealtert, schlaff, welk).
- Verringerte Schilddrüsentätigkeit (geringer Appetit, geringe Schweißdrüsensekretion, niedrige Körpertemperatur).

Sorglich ist anzumerken: *Keines dieser Symptome ist notwendig.* Viele können fehlen. Einige können auf eine andere Störung verweisen.

1. Einordnung

In diesem Kapitel gilt unser Interesse den »leeren« Depressionen. Das sind Formen von institutionalisierter Traurigkeit und Niedergeschlagenheit, die in der frühen Zeit der Ausbildung des Körper-Ichs erworben wurden. Die mangelnde positive Spiegelung der Eltern reicht nicht aus, den Körper als erste Selbst-Repräsentanz libidinös zu besetzen. Er ist eine Quelle ständiger, wenn auch nicht immer bewußter Ängste. Es nimmt nicht wunder, daß diese Depressionen oft denen ähneln, die in körperliche Erkrankungen (etwa in der Störung der Hirnfunktion) begründet liegen.

Die Ersterkrankung kann zwischen dem 15. und dem 70. Lebensjahr liegen. Am häufigsten kommt die Erkrankung zwischen dem 30. und dem 50. Lebensjahr zum Ausbruch. Die erste Phase wird im allgemeinen weder vom Patienten noch von seinen Angehörigen erkannt. Die Trauer liegt im Rahmen des scheinbar »Normalen«. Vermutlich macht jeder manifest Kranke wenigstens zwei Phasen mit. Insgesamt werden meist vier bis fünf depressive Phasen durchlitten. Die Phasendauer schwankt zwischen einer Woche und mehr als zehn Jahren, mit einer Häufung von Phasen, die 6 bis 12 Monate währen.

Im Durchschnitt erkrankt etwa einer von 100 Menschen an einer Depression. Auch ist eine erbliche Disposition anzunehmen. Ist eines von Zwillingsgeschwistern erkrankt, erkrankt das andere bei eineiigen Zwillingen mit einer Wahrscheinlichkeit von 70 %, bei zweieiigen aber nur mit einer solchen von 20 %. Der formale Erbgang ist unbekannt. Menschen mit pyknischem Körperbild erkranken durchschnittlich etwas häufiger als solche mit athletischem oder leptosomen Körperbau. Diese Zuordnungen sind nicht so eindeutig, wie man früher glaubte annehmen zu können.

Diese »leere Depression«, auf deren Höhepunkt sich Menschen »wie tot«, »versteinert am Herzen«, vorkommen und in ihrer Psyche eine unendliche Leere spüren, treten meist ohne erkennbaren Auslöser auf. Somatische Auslöser werden für etwa 10–15 % und psychische Auslöser für etwa 5–8 % der Erkrankten angenommen. Im emotionalen Auslösebereich (der vor allem für Frauen wichtig ist) ist oft die familiäre Umwelt

betroffen (Tod, Krankheit, Scheidung, Trennung von Kindern, Differenzen). In mehr als der Hälfte der Fälle handelt es sich um (inadäquate) Verlustreaktionen oder emotional beanspruchende Störungen der Kommunikation.
Dem Vollbild einer depressiven Störung geht meist eine Phase voraus, in der sich der Patient nicht sehr wohl fühlt: Er steht verspätet auf, geht nicht mehr aus. Seine Aktivität in der Arbeit läßt nach. Dieses Prodomalstadium kann Wochen und Monate anhalten. Ihm folgt das Stadium der eigentlichen Symptombildung.

2. Verlaufsformen

Damit wir von einer *psychotischen* Depression sprechen können, müssen diese Merkmale gegeben sein:

- die Krankheit verläuft in Schüben,
- der depressive Ablauf erhält das Muster eines Mechanismus. Er wird eingesetzt, um das nicht-besetzte (leere) Selbst zu erhalten und es vorm Zerfall zu behüten. Es müssen Verhaltensmuster institutionalisiert werden, die dazu geeignet sind. Ds geschieht am sichersten, wenn es möglich wird, phasisch die ganze Leere des Lebens zu erleben und so dem Selbst gelegentlich die Chance zu geben, die Situation nach seinem Belieben zu bestimmen.
- Die Ordnung der Sollvorstellungen wird nivelliert (»Wertnivellierung«). Das begegnet uns zwar auch bei schweren Schizophrenien, doch bleiben hier in aller Regel die personalen Wertvorstellungen erhalten. In der Leere des nur von nicht-besetzten Repräsentanzen gebildeten Ich haben solche Vorstellungen keinen Platz (noch viel weniger als in dem zerfallenen Selbst eines Schizophrenen). Da zwischen Selbst- und Objektwelt enge Beziehungen bestehen, liegt es nahe, daß der Leer-Depressive auch alle Besetzungen aus der Welt zurückzieht. Es lohnt sich nichts mehr.
- Sie hat immer auch wesentlich unvorhersehbare Elemente.

3. Typen

(a) die leichte Depression
Das Symptombild einer leichten Depression liegt vor, wenn sich bislang verständige, wenn auch nach Intensität und Dauer ungewöhnliche Trauerreaktionen plötzlich mit vegetativen Störungen (Schlafschwierigkeiten, Verdauungsproblemen, schneller Erschöpfung, hoher Ablenkbarkeit ...) verbinden. Der Betroffene sieht müde und abgehärmt aus. Mit den körperlichen Symptomen bildet sich die ursprüngliche Trauer zurück. Sie treten gleichsam an die Stelle der Trauer.

Es kann dann eine »larvierte Depression« vorliegen. Diese ist nicht leicht von erlebnisreaktiven oder hirnorganisch bedingten Schwankungen im Bereich von Stimmung und Antrieb zu unterscheiden. Andererseits ist die larvierte Depression durchaus ernstzunehmen. Bleibt sie unbehandelt, kann sie leicht zu einer schweren psychischen Erkrankung ausarten – oder gar in einer unerwarteten Selbsttötung enden.
Folgende Reaktionen werden am häufigsten zur Larvierung der Depression (unbewußt) verwendet:

- Körperliche Beschwerden (Magen-Darm-Beschwerden, Schlafstörungen, Ischias, Herzbeschwerden ...).
- Abhängigkeiten (von Medikamenten – vor allem Tranquilizer und Schlafmittel –, aber auch von Alkohol, Nikotin, Koffein).
- Fortlaufen (um aus der Situation auszubrechen).
- Umständliche Arbeitstechniken.
- Überängstlichkeit in der Übernahme von Verantwortung.
- Scheu, Neues zu beginnen ...

Nicht wenige Ärzte behandeln einen vermeintlich akuten Konflikt und wundern sich, daß ihre therapeutischen Bemühungen kaum anschlagen.
Wichtig ist aber auch bei dieser Form der depressiven Erkrankung, daß sie stets mit einer relativ hohen Dauererregung zusammengeht. Trifft diese Dauererregung auf entsprechende Auslöser (psychisch oder sozial belastende Ereignisse), kann sie zu den eben genannten körperlichen Symptomen führen. Die somatische Darstellung der Depression erspart der Psyche die Arbeit zu trauern, eine Arbeit, für die eine Psyche mit nicht libidinös besetzten Objektrepräsentanzen kaum fähig ist. Die Unfähigkeit des Trauerns wird in somatischen Symptomen dargestellt.

(b) Die phobische Depression

In der phobischen Depression, die zu den mittelschweren Depressionen gerechnet wird, begegnen wir in der Kompromißbildung vorpsychotischen Elementen. Der Patient ist Ich-stark genug, um sich mit phobischen Symptomen zu stabilisieren. Verschiedene phobische Ängste können auftreten: etwa Platzangst, Angst vor engen Räumen, Angst vor großen Höhen und Tiefen, Angst zu erröten ... Doch gelingt diese Abwehr in der Regel nicht vollständig. Obschon die Objektwelt mit einer Fülle von angstmachenden Gegenständen und Situationen ausgestattet ist, ist sie immer noch nicht leer genug, um dem leeren Selbst (also dem an libidinös besetzten Selbstrepräsentanzen leeren Selbst) keine Angst zu machen. Der Entleerungsversuch über die thematische Angst reicht nicht aus. Man kann zwar einiges meiden. Aber es bleibt noch vieles übrig, das nicht gemieden werden kann und um eine libidinöse Besetzung nachfragt.

Diese Ängste sind oft verbunden mit niedrigen Blutdruckwerten, die sie unter Umständen maskieren können und zu ungeeigneten therapeutischen Maßnahmen führen. Die verordneten Medikamente steigern oft die depressionstypische Erregung. Die verstärkten Schlafstörungen erschöpfen den Kreislauf weiter. So kann eine Fehltherapie zu erheblichen iatrogenen Schäden führen. Fällt der hohe Erregungszustand auf, wird der Patient mit Benzodiazepinen ruhiggestellt, unter deren Maske sich die Depression ungehindert weiterentwickeln kann.

(c) Die vegetative Depression

Hier stehen die schon bei der Beschreibung allgemeiner depressiver Erscheinungsbilder angeführten vegetativen Reaktionen im Mittelpunkt. Auffällig sind oft:

- gestörte Herztätigkeit,
- gestörte Funktion von Magen und Darm, Niere und Blase,
- Reduzierte Libido und Potenz,
- Hautveränderungen (verschrumpelt-gealtert).

Aber auch schmerzhafte Spannungszustände sind nicht selten – auch nicht, daß sie hypochondrisch vom Erkrankten interpretiert werden.
Zu diesen Symptomen treten als charakteristische Merkmale:

- vermehrter Antrieb bei gehemmtem Denken und
- Schlafstörungen.

Die eigentlichen depressiven Muster werden –, so belästigend sie für den Patienten sind – oft von der Mitwelt nicht erkannt, da meist kein depressiver Gesichtsausdruck gezeigt wird. Als depressive Verstellung können erwartet werden:

- Wahnhafte Todesgewißheit,
- ratlose Hilflosigkeit und Ohnmacht (das Gefühl anderen ausgeliefert und dabei nichts zu sein),
- häufiger Arztwechsel, um immer neue Diagnosen zu hören,
- schwere Affektstörungen bis hin zu Vernichtungswünschen.

Oft gelingt es, mit starken Tranquilizern oder Neuroleptika nicht nur die durch die Übererregung besorgten Erschöpfungskomponenten zum Schwinden zu bringen, sondern auch Stimmung und Antrieb zu verbessern.

Übrigens bricht schon bei einem Erstbesuch eines geschickten Psychiaters das Gebäude der Konversion, des Versuchs, die psychische Stabilität durch körperliche Symptome zu sichern, zusammen. Der mühsam gezimmerte Kompromiß ist bei solchen Depressionen selten stabil. Vermutlich ist das Ich nicht reif genug, um die Abwehr über die Konversion voll betreiben zu können.

(d) Die anankastische Depression

Auch in diesem Fall versucht das Ich eine Kompromißbildung, indem es neurotische Symptome als Abwehrstrategien wählt, um das schwer defekte Selbst am Leben zu erhalten, das – weil es nicht geliebt wird – immer in Gefahr ist, getötet zu werden. Nun aber stellt sich das Ich in den Dienst des kranken Selbst und versucht, ihm die besten Überlebenschancen zu sichern. Diesmal greift es zu Zwangssymptomen. Es kommt zu Vorstellungs- und Handlungszwängen, die ein relatives Orientierungsgerüst für den Erkrankten aufbauen sollen. Das Ritual erspart das Leid einer immerwährenden Neuorientierung in einer hoffnungslosen Welt. Die Phasen sind bei diesem Typ besonders lang.

(e) Die paranoide Depression

Entgegen anderen Wahnkrankheiten, bei denen zwischen Wahnvorstellung und Stimmung in aller Regel erhebliche Unterschiede bestehen, ist das hier nicht der Fall. Die beiden entsprechen sich. Der Versuch, dem ungeliebten und liebefreien Selbst eine entsprechende Welt, wennschon eine Wahnwelt, so doch eine brauchbarere und stabilisierendere als die reale zu schaffen, wird heute nur selten beobachtet. Die Patienten werden, bevor es zu Wahnbildungen kommt, im Prodromalbereich (Nervosität, Schlafstörungen) mit Thymoleptika behandelt und so im Bereich der leichteren Depressionen gehalten (nicht aber geheilt).

(f) Die Spätdepression

Diese Depressionen beginnen meist im 6. oder 7. Lebensjahrzehnt. Bei einigen Menschen dieses Alters tritt eine Fehlverarbeitung bedrückender Erlebnisse auf. Nach kurzem Prodromalstadium, in dem sich die sozial weniger wünschenswerten Eigenschaften eines Menschen überspitzt zeigen können, beginnen sie ängstlich zu agieren und zu jammern. Sie beschäftigen sich intensiv mit ihren Körperfunktionen und finden Grund zu dauerndem Klagen. Bedrängende Erfahrungen der eigenen Wertlosigkeit, mögen sie Jahrzehnte zurückliegen, werden zu Kernen, um die sich die Erinnerung kristallisiert. Schnelle Gewichtsminderung und – wie bei allen Depressionen – schwere Schlafstörungen stellen sich ein.

Betroffen sind vor allem Menschen, die früher eher still und gewissenhaft waren. Sie galten oft als verschlossen und hatten Schwierigkeiten mit Umstellungen.

(g) Die schweren Depressionen

Die bislang vorgestellten Formen der Depressivität verlaufen zumeist leicht oder mittelschwer. Deshalb sind Fehldiagnosen vor allem während des ersten Schubs nicht selten. Das gilt für die schwere Depression mit ihren auffälligen Krankheitsbildern nicht.

Bei den schweren Depressionen unterscheidet man (wie übrigens oft auch bei der Altersdepression) zwischen gehemmten und agierenden Formen.

Für die *gehemmte Verlaufsform* ist typisch ein schweres Gefühl der eigenen Gefühllosigkeit, unter der der Patient leidet. Es kommt zu einer »tränenlosen Starre« mit einigen der folgenden Symptome:

- die Stimmung ist soweit gesenkt, daß keine Schwankungen mehr möglich sind,
- das Leben erscheint ausweg- und ziellos,
- der mimische Ausdruck ist starr, die Stimmodulation gering, der Blick starr und leer,
- nichts ist mehr selbstverständlich (etwa sich vom Stuhl zu erheben, um auf die Toilette zu gehen), alles wird zu einer existentiellen Handlung,
- die Bewegungsabläufe sind bis zur Erstarrung reduziert,
- das Denken kreist grübelnd um einige wenige Themen (mitunter bleibt auch nur ein einziger Gedanke übrig),
- der Tod scheint als der erhoffte Ausweg, diesem leeren Leben ein Ende zu machen.

Oft wird auf den Tod gewartet. Ist noch ein Rest von Kraft erhalten, kann es zu Selbsttötungsversuchen kommen.

Wichtig ist zu wissen, daß die scheinbar starren Kranken innerlich hoch erregt sind. Sie kreisen um den zentralen Gedanken so intensiv, daß für anderes kein Platz ist.

Der Kranke ist meist bereit, Hilfe anzunehmen, weil Hilfe als eine Form von akzeptabler Zuwendung erscheint. Man kann ihn auch meist ohne Schwierigkeiten überzeugen, daß ein Klinikaufenthalt unerläßlich ist. Dennoch aber bleibt der Erkrankte oft krankheitsuneinsichtig und ist davon überzeugt, daß seine depressiven Gedanken realitätsdicht seien.

Da das Denken in sich geschlossen ist, hat es keinen Zweck, durch Argumente oder Fragen einzugreifen. Diese werden die depressive Argumentation eher verstärken.

Neben der gehemmten kennt man eine agitierende Verlaufsform. Hier wird die große innere Erregung durch irgendwelche meist sinnlosen Bewegungen dargestellt: Kneten der Finger, Fummeln der Hände, stereotype Bewegungen der Beine …

Bricht die innere Erregung *plötzlich* durch, besteht eine erhöhte Gefahr der Selbsttötung.

4. Selbsttötung

Alle 5 Jahre tötet sich in der Bundesrepublik ein Mensch von tausend. Die Zahl der Selbsttötungsversuche liegt mehr als zehnmal so hoch. Für die 15- bis 45jährigen ist sie gleichhäufige Todesursache wie ein Verkehrsunfall. Etwa 30 % der Selbsttöter sind psychotisch krank. Die meisten davon depressiv. Vor allem zu Beginn und Ende einer depressiven Phase ist die Wahrscheinlichkeit für einen Selbsttötungsversuch vermehrt. Schon bei leichten Depressionen kann die quälende Schlaflosigkeit zum Suizid führen. Die Mehrzahl der Selbsttötungsversuche (seien sie erfolgreich oder nicht) wird jedoch nicht von Psychotikern, sondern von Menschen in akuten Krisen unternommen.
Die meisten Selbsttöter wollen durch ihre Handlung ihre Mitwelt aufrufen, sie in Angst versetzen, wollen Beachtung finden (wenn Zuwendung schon nicht gefunden werden konnte). Der Selbsttod scheint oft als letzter Versuch eines Menschen, mit allen ihm im Augenblick zur Verfügung stehenden Mittel andere anzusprechen.
Die meisten Selbsttötungen sind Kurzschlußhandlungen: Bei 60 % soll die Zeit zwischen dem ersten Selbsttötungsgedanken und der Tat kürzer als 24 Stunden gewesen sein, bei 40 % gar kürzer als eine Stunde. Die meisten Kurzschlußhandlungen sind so angelegt, daß im Prinzip rechtzeitige Rettung möglich ist.
Vorboten von Selbsttötungshandlungen sind bei Nichtpsychotikern oft:

- Rückzug auf sich selbst und die Entwicklung von Einsamkeitsgefühlen,
- Gefühl von Sinn- und Ausweglosigkeit,
- starke aggressive Spannung, die sich nicht nach außen darstellen kann,
- Vorwürfe gegen andere (oft mit Resignation und Suizidankündigung),
- Selbsttötungsphantasien und ein Ausmalen fremden, durch das Suizid besorgten Leidens.

Besonders gefährdet sind:

- allein lebende Menschen,
- Menschen ohne nahe soziale, besonders familiäre Bindungen (Kinderlose etwa),
- Menschen, die entwurzelt wurden (Wohnung, Beruf, Partner ... verlassen mußten),
- Menschen, die verfolgt werden oder vermuten, verfolgt zu werden,
- Menschen, die drogenabhängig sind (Nikotin, Kaffee, Alkohol, Haschisch, Morphium ...).
- unheilbar Kranke,
- Menschen, die schon einen Selbstmordversuch gemacht haben,
- Menschen, die sich schwertun, befriedigende Kontakte aufzubauen,

- Menschen in Krisen (Pubertät, Mittlebenskrise ...),
- Menschen, die auf Fragen nach suiziden Absichten ausweichend antworten.

Sind vier oder fünf dieser Merkmale erfüllt, ist erhöhte Aufmerksamkeit geboten. Etwa 67% aller Menschen, die Selbsttötung beabsichtigen, geben zuvor ihrer Umwelt eindeutige Signale.

6. Verhalten gegenüber depressiv gestörten Menschen

Wichtige Voraussetzung für den Umgang mit depressiven Menschen ist die nur von einem zureichend seiner selbst sicheren Selbst und einem zureichend an Grenzen starken Ich zu erbringende Einfühlung ohne emotionale Ansteckung. Es kommt darauf an, zutreffend wahrzunehmen, was in dem anderen Menschen vorgeht, ohne selbst von seinen Emotionen affiziert zu werden. Einem Menschen, der Angst hat, kann man mit keinem rationalen Argument seine Angst ausreden. Je länger man drüber redet, um so mehr wird sie sich verstärken. So kann man ebenfalls nicht einem Menschen, der depressiv ist, seine Depression mit Argumenten ausreden.

Ferner ist dem Betroffenen wenig geholfen, wenn Sie mit ihm eine emotionale Kollusion eingehen, ihm also seine Emotionen durch eigene Bedürfnisse verfälscht widerspiegeln. Widerspiegeln sollte man schon, damit der andere erkennt, daß er da ist, daß ein Mensch da ist und daß er erkennen kann, wer er ist. Aber diese Widerspiegelung funktioniert nur sehr verstellt, wenn beide Angst haben oder depressiv sind. Dann spiegelt das eine kranke Selbst dem anderen kranken Selbst keine brauchbaren Bilder zurück.

Es ist also wichtig, die Stimmung des anderen zu erkennen, ohne sie selbst zu übernehmen. Die Stimmung gibt Auskunft über unsere augenblickliche psychische Situation, wie sie vom Bw und Vbw interpretiert wird. Sie kann nicht rational erkannt werden und sagt uns dennoch, ob und was alles stimmt oder nicht stimmt. Die Fähigkeit, anderer Menschen Stimmung wahrzunehmen, ist uns angeboren, aber oft verlernt worden. Diese Wahrnehmung ist Voraussetzung für jede gelingende Kommunikation. Andererseits ist das Zeigen (das unbewußte) von Stimmungen ebenfalls Voraussetzung jeder gelingenden Kommunikation, weil nur so der Partner wissen kann, woran er mit mir ist.

Ist schon für die normale Kommunikation diese Stimmungswahrnehmung notwendige Voraussetzung, dann erst recht für alle Kommunikation, von deren Gelingen unter Umständen ein Menschenleben abhängt. Im Gegensatz zur schizophrenen Kommunikation ist die depressive nicht prinzipiell entstellt. Nicht die semantischen Bedeutungen sind ge-

ändert, sondern die emotionalen und die Besetzungen der Worte und Sätze. Über die Gesamtwahrnehmung des anderen (seines Körpers, seiner Sprache) kann man einigermaßen zutreffend die emotionale Bedeutung des Gesprochenen wahrnehmen und widerspiegeln.
Unstimmigkeit ändert nicht nur die Stimmungslage, sondern auch das Erregungsniveau. Alle kommunikativen Unstimmigkeiten sind also im Gespräch mit einem schwer Depressiven zu meiden.
Ein gesunder Mensch kann innerhalb bestimmter Grenzen seine Stimmungslage aktiv an soziale Situationen anpassen. Ein Kranker kann das nicht – oder er schafft sich Situationen, in denen nur Stimmungen vorkommen, die er ertragen kann.
Im Übergangsfeld von gesund und krank können viele Menschen ihre Emotionen und Bedürfnisse, deren Befriedigungszustand sich in der Stimmung ausdrückt,

- nicht mehr leicht ins Ziel steuern (Bedürfnisse und Emotionen werden asozial, verlieren ihre kommunikative Bedeutung, werden mißverständlich),
- nicht mehr regulieren (sie laufen ihnen oft unkontrolliert fort in einer Richtung, die sie selbst nicht wollen),
- nicht mehr sicher äußern, da die Erregung sie dazu verleitet, gleichzeitig und unvermittelt eine Mehrzahl von Emotionen und Bedürfnissen mitzuteilen (was ziemliche Verwirrung stiften kann),
- nicht mehr ihre Emotionen (vor allem die dem Es und seinen unmittelbaren Abkömmlingen sehr nahestehenden) zügeln. Sie leihen ihnen ihre Erwachsenenstrategien und sagen und tun Dinge, die sie in einer ruhigeren Zeit nie sagen oder tun würden.

Kranke Menschen äußern ihre Stimmungen oft so, daß ihnen und den ihnen zugrundeliegenden Emotionen und Bedürfnissen kein kommunikativer Wert mehr zukommt. Stimmungsumschwünge können dafür sorgen, das semantische und emotionale Chaos noch zu vergrößern. Die Gegenübertragung rät dem Helfenden zum Beziehungsabbruch – zumindest dann, wenn er sich nicht in dieses Chaos von Emotionen und Bedürfnissen einfangen läßt.
Es ist keineswegs leicht, im Umgang mit Depressiven nicht ungeduldig zu werden und damit Unruhe auch in die Kommunikation zu tragen. Unruhe und Unsicherheit sind aber Gift für den Kranken. Manche »Helfer« wählen den Ausweg, daß sie mit dem Kranken eine komplementäre Helfer-Hilfsbedürftiger-Kollusion aufbauen und so den Kranken in seinem Zustand fixieren. Das kann in Fällen einer gesteigerten Selbsttötungsgefährdung vorübergehend nützlich sein. Als Dauereinrichtung ist solch ein Arrangement für beide gefährlich. Der Helfende soll sich stets an den Bedürfnissen und Emotionen des Kranken orientieren, ohne da-

bei seine eigenen Bedürfnisse und Emotionen realisieren zu können. Tatsächliches Helfen ist nicht leicht.
Hilfreich kann sein, daß die meisten Menschen ein gewisses Verständnis für depressive Stimmungen haben.
Depressives Verhalten muß nicht erlernt werden. Wir alle waren schon einmal verzweifelt, schon einmal am Ende und wußten nicht weiter. Wir kennen also die Stimmungslage inhaltlich aus Eigenerfahrung. Das ist nicht so bei schizophrenen Partnern. Der Unterschied zwischen mir und dem Kranken besteht darin, daß sein Selbst so funktioniert, daß ihm das leere Depressiv-sein, gleichsam auf den Leib geschneidert, die ihm adäquate Darstellungsweise ist. Für andere ist das Deprimiert-sein ein Krisensymptom, das meist mit dem Krisenanlaß verschwindet.
Folgende Regeln haben sich im Umgang mit einem depressiven Menschen bewährt:
a) Da er aufgrund der Wertnivellierung oft unfähig ist, realitätsdicht zwischen Wichtigem und Unwichtigem zu unterscheiden und meine Aussagen also in einer nicht vorhersehbaren Weise Bedeutung erhalten können, sollte ich möglichst auf irgendwie mißverständliche oder zweideutig interpretierbare Aussagen verzichten.
b) Da mein Partner oft nicht einen Gedanken zu Ende denken bzw. sprechen kann, darf ich nach einer kleinen Pause versuchen, den Satz zu Ende zu sprechen. Doch schon auf ein leichtes Unmutszeichen sollte ich bereit sein, eine andere Interpretation zu akzeptieren.
c) Da mein Partner unfähig zu einer zusammenhängenden Rede ist und seine assoziativen Brücken unter der starken emotionalen Inanspruchnahme anderer Art sind als die meinen, sollte ich mich auf den scheinbar häufigen Themenwechsel einlassen. Ich überlasse dem Partner ganz, Richtung und Länge des Gesprächs zu bestimmen.
d) Da mein Partner nur begrenzt belastbar ist, verschone ich ihn mit psychologischen Interpretationen seines Zustandes. Das sagt nicht, daß hartes Anfassen gelegentlich geboten sein kann. Es soll aber nicht auf der intellektuellen Ebene spielen, sondern auf der emotionalen, und muß so dargestellt werden, daß es meinem Partner verständlich ist und daß deutlich bleibt, daß ich ihn vorwiegend positiv besetze (also gernhabe).
e) Mein Partner bemüht sich, sich irgendwo festzuhalten, um nicht ganz weltverlustigzugehen. Da ihn oft Menschen enttäuscht haben, können das Dinge oder Tiere sein. Ich werde dieses Festhalten akzeptieren und nicht neidisch auf einen Dackel oder einen Garten im Grünen sein.
f) Gelingt es ihm, eine Heimat zu finden, einen Ort, an dem er sich vor den Menschen zurückziehen kann, wo er sich wohlfühlt – dennoch aber zureichend Korrekturkontakte unterhält, die verhindern, daß er sich in

der Fremde einspinnt, kann das ein wichtiger Schritt hin auf eine psychische Stabilisierung sein.

g) Wie fast alle Psychotiker benötigt auch der Depressive große Freiheitsräume. Man sollte ihn also nicht unter Druck setzen oder gar zu etwas zwingen, das seine Selbstachtung (die ohnehin defekt ist) mindern könnte.

h) Die weitaus meisten Menschen mit einer leichten oder mittleren Depression sind durchaus in der Lage, normale Lebensaktivitäten zu unterhalten, solange sie sich nicht unter Druck gesetzt fühlen. Das ist tunlichst zu meiden.

i) Das Wichtigste, was man ihm geben kann, ist das Maß an Zuwendung, das er angstfrei und positiv-wahrnehmend akzeptiert. Vor allem Menschen in akuter Selbsttötungsgefahr sollte man, bis fachliche Hilfe eintrifft, nicht mit läppischen Argumenten Mut machen wollen. Dagegen kann man versuchen, ihn in irgendwelche Zukunftspläne fürs Morgen zu verwickeln.

7. Die depressive Reaktion

Zu depressiven Verarbeitungsversuchen schwerer seelischer Erschütterungen ist jeder Mensch fähig. Wie diese Verarbeitungsversuche aussehen, ist weitgehend von den Erfahrungen im Elternhaus abhängig.

Depressiv Reagierende sind eher apathisch, resignativ ins Schicksal ergeben, eher mißmutig und aggressiv. Zu diesem Verarbeitungsmodus neigen depressiv disponierte Menschen übrigens selten.

Zu depressiven Reaktionen kommt es, wenn ein Mensch alle ihm zur Verfügung stehenden Mittel versucht hat, mit der Niedergeschlagenheit fertigzuwerden. Da gibt es eine Fülle möglicher Abwehrtechniken:

- Resignation und Entsagung, entwertendes Ressentiment,
- Ablenkung und Zerstreuung, Annahme und Bejahung,
- religiöse Ergebenheit, ohnmächtiges Aufbegehren.

Motivierte Depressionen, die über das Maß des Notwendigen hinaus eine, wenn auch oft verstellte Trauer ersetzen, werden durch spätere Trauerarbeit verschwinden. Sie können tief in die Funktionen des Vegetativums eingreifen und so zu erheblichen Störungen führen, wie sie etwa für die vegetative Depression typisch sind.

Die depressive Reaktion ist am ehesten verständlich als abnorme Verlustreaktion. Sie kann Tage bis Jahre dauern. Oft wird sie noch ausgeschmückt durch Selbstvorwürfe, Abkapselung, Verbitterung.

Hier wird in der Regel eine analytische Kurztherapie helfen können, die die Fähigkeit zu trauern wieder freisetzt.

Auch bei depressiven Symptomen ist schnelles Urteil angebracht. Es ist keineswegs auf den ersten Blick zu entscheiden, ob eine depressive Reaktion vorliegt oder eine leere Depression. In meinem Erfahrungsbereich fehlt der depressiven Reaktion das typisch hohe Anspannungsniveau der psychotischen Depression.

3. Die Schulddepression

Das erste konsistente Selbst eines Kindes (also das Körper-Selbst) kann während entscheidender Perioden seiner Bildung nicht die Gelegenheit gehabt haben, an der Ruhe und der Sicherheit eines idealisierten Erwachsenen teilzunehmen. Es konnte sich nicht mit einem idealisierenden Selbstobjekt vereinigen. Aus diesem radikalen Mangel realistischer Idealisierungserkenntnis kommt es nach H. Kohut zur Neigung, unrealistisch überhöhte Selbstbilder selbst zu konstruieren oder aber Selbstablehnung und Selbstbeschuldigung zu institutionalisieren (Schulddepression, 1980, 669 f).
Eine andere Theorie, dieses Leiden zu erklären, vertritt St. Mentzos (1982, 145). Er ist der Meinung, daß die Mutter des Manisch-Depressiven – übertrieben pflichtbewußt wie sie ist – zunächst das Kind voll akzeptiert und es ausreichend bemuttert. Zu Beginn des zweiten Lebensjahres aber überfordert sie es: Sie überträgt ihr Überich und dessen Idealvorstellungen auf das Kind. So kommt es beim Kind sowohl zu überhöhten Selbstbildern (insofern die Ideale des mütterlichen Überich inkorporiert werden) als auch zu überhöhten Schuldgefühlen (insofern das konventionelle Gewissen der Mutter tyrannisch verbietet). Sicher sollte man hier nicht von »Schuldgefühlen« sprechen. An deren Stelle steht in so früher Zeit noch Scham und Zweifel. Aber mit wachsender Reife handelt es sich um Schuld- und Ergebenheitsgefühle, die beide aus einem sehr unreif wahrgenommenen mütterlichen Überich stammen, das einige Jahre zu früh prägend tätig wurde, weil die Mutter für das Kind spürbar ihr Verhalten nicht von Ich und Es geleitet sein ließ, sondern von irgend etwas, was nicht eigentlich die Mutter ist, sondern sie nur als Werkzeug benutzt. Es ist das Überich der Mutter, das als Repräsentant der frühen sozialen Umwelt der Mutter deren Einstellung zum Kind maßgeblich zu bestimmen beginnt. Die Mutter wird von der Quelle aller Lust zum Agenten einer fremden Instanz. Es ist schon verständlich, daß diese Wesensänderung der Mutter, zu Beginn der analen Phase erfahren, ein Kind ziemlich verwirren kann. Es erhält plötzlich ein ganz anderes Bild von sich zurückgespiegelt. Plötzlich werden unverständlich veränderte Anforderungen gestellt.

Nun unterscheiden die Lehrbücher der Psychiatrie kaum zwischen leerer und Schuld-Depression, obschon sie anderen Ursprungs sind (im einen Fall wurde nichts Libidinöses ins Selbst des Kindes eingespiegelt, im anderen wurde, Monate später, dem Kind das überichgeleitete Verhalten der Mutter und nicht ihr mütterliches Verhalten zur Internalisierung angeboten). Auch sind die Symptome der beiden Depressionstypen verschieden: Im einen Fall dominiert das Gefühl, nicht zu sein, im anderen wechselt das Gefühl, großartig zu sein, mit dem, schuldig zu sein.

Vermutlich kann die Schuld-Depression alle Formen der leeren annehmen. Wir müssen sie hier nicht wiederholen. Es käme nur darauf an, immer wenn dort Nichtigkeit und Unerheblichkeit angesprochen wurden, die einen Menschen dazu bringen, dem Leben Sinn und Bedeutung abzusprechen, hier von Schuld zu sprechen, die einen Menschen vor dem Urteil des riesigen und allmächtigen Überich verdammen – und das so, daß die Selbstbestrafung durch die Depression immer noch als kleineres Übel gilt als die Strafe durch das Überich oder durch die in ihm eingebaute allmächtige Instanz (Mutter, Gott ...). Die Schulddepression ist eine Art prophylaktischer Selbstbestrafung, in der Hoffnung, eigenes Fehlverhalten zu sühnen.

Wir haben schon zwei Fälle kennengelernt, die sich auch als Schulddepression beschreiben lassen: die Altersdepression und die depressiven Reaktionen. Bei beiden spielt »Schuld« oft eine bevorzugte Rolle.

Für die Deutung, die Mentzos dieser Schulddepression gibt, spricht, daß die tief deprimierenden Schuldgefühle sich in aller Regel an jenen Wertmaßstäben orientieren, die das Kind, soweit ihm bewußt, als schon immer geltend erfahren hat. Das kann soweit gehen, daß in der Zeit zwischen zwei Schüben nur diese Schuldvorstellungen übrig bleiben und einem therapierenden Anfänger eine *neurotische* Fehleinstellung vorgaukeln können, die er mit den klassischen Mitteln der Psychoanalyse zu beheben versucht, bis er von einem psychotischen Schub überrascht wird. Im Anfall selbst wirkt der depressive Schuldwahn ganz unvermittelt, monströs und nicht nachvollziehbar (und entlarvt sich so als psychotisch). Solche Patienten halten sich dann an allem und für alles schuldig, was irgendwo um sie herum geschieht. Sie entwickeln eine geradezu perverse Appetenz nach Situationen, in denen man sich schuldig fühlen oder sich Schuld zuschreiben kann.

Aber ein anderes ist wichtig. Die Schulddepression ist so geartet, daß sie manische Phasen zuläßt. Die Stimmungsumschläge sind so erheblich, daß die Stimmung über das Normale schlagen kann. So müssen wir uns in diesem Kapitel auch mit dem Thema des manischen Verhaltens beschäftigen.

1. Einordnung

Früher faßte man die depressiven und manischen Erkrankungen, insoweit sie in Phasen (Schüben) verlaufen und somit ein wichtiges Merkmal der Psychosen erfüllen, zur »manisch-depressiven Krankheit« (MDK) zusammen. Es ist jedoch wahrscheinlich, daß nicht nur die leeren Depressionen ausgeklammert werden müssen, sondern daß es auch – wenn es auch seltener – rein monopolare Erkrankungen im Bereich der Schulddepression bzw. der Selbst-Ideal-Manie gibt. Über alle psychotischen Depressionen und Manien gemittelt, läßt sich folgende Verteilung erkennen:

- monopolare Verläufe mit ausschließlich depressiven Phasen 65 %
- monopolare Verläufe mit ausschließlich manischen Phasen 5 %
- bipolare Verläufe mit manischen und depressivenPhasen 30 %

Eine »Phase« ist eine abgrenzbare, eigengesetzlich verlaufende Episode, die langsam oder schnell entstehen kann, meist aber langsam abklingt und von unauffälligen Strecken unterbrochen ist, in denen der Patient eine von heftigen Symptomdarstellungen freie Ausgangslage erreicht. Bei depressiven und manischen Erkrankungen ist zumeist sowohl der Antrieb als auch die Stimmung phasisch gestört. Die Phasen beider müssen einander nicht entsprechen, weder, was ihr Länge, noch, was ihre Intensität angeht. Die Phasen können von wenigen Stunden bis zu Jahrzehnten lang sein. Monopolar depressive Phasen dauern im Durchschnitt etwa sechs Monate, die Phasen bei bipolaren Erkrankungen nur vier bis fünf Monate. Länger als ein Jahr dauern die Phasen bei 25 % der monopolaren und 18 % der bipolaren Patienten. Wir haben neben den großen Phasen auch kleine Schwankungen zu berücksichtigen. Eine Darstellung hat folgende Variable bei Stimmung und Antrieb zu beachten:

- Dauer
- Intensität
- Lage der Normallinie

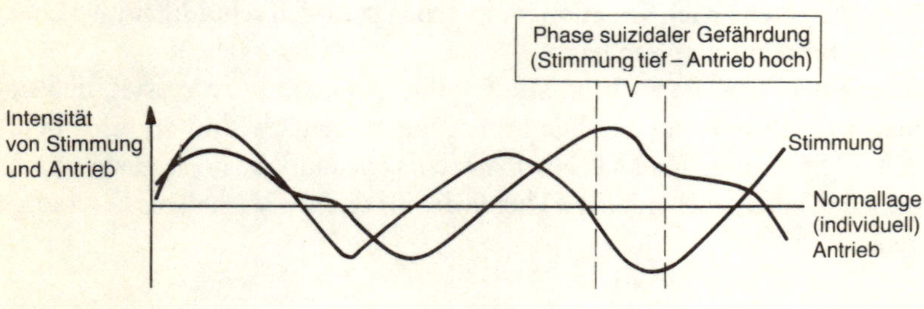

Die Normallinie kann individuell so liegen, daß praktisch alle Verläufe unter der Linie stattfinden. Dann haben wir ein Bild der monopolar-depressiven Verlaufsform.

2. Auslöser

Die einzelnen Phasen treten überwiegend spontan auf. Auch für manische Phasen gilt das für depressive Gesagte: Sie sind nicht an besonders erfreuliche Ereignisse als Auslöser gebunden, sondern, wenn überhaupt, an belastende Ereignisse vor allem der häuslichen Sphäre. Erst mit einigem Abstand folgen berufliche, erotische und Eigentumsprobleme.

3. Verlaufsformen

Das Typische einer manischen Erkrankung ist die realitätsungerechte Heiterkeit und Hochstimmung, verbunden mit einer starken motorischen Aktivität. Nach einer Periode an sich normal erscheinenden Tatendrangs mit oft geringem Schlafbedürfnis gleitet der Erkrankte in einen Zustand erschreckender Unruhe, die den Erkrankten – ohne daß er es einsieht – erschöpft. Er fühlt sich subjektiv ausgezeichnet, hat eine Fülle von Ideen, Plänen und Zielen und ist durch nichts zu entmutigen. Tatsächlich aber richtet er erhebliche Verwirrung an, da seine Ideen, Pläne und Ziele nicht realitätsangemessen sind oder nicht im Rahmen realistischer Möglichkeiten verwirklicht werden können.
Die manische Erkrankung muß keineswegs immer zu so auffälligem Verhalten führen. Der Erkrankte zeigt sich oft nur unrealistisch unruhig, heiter und produktiv. Doch müssen auch solche Symptome stets ernstgenommen werden.
Im einzelnen sind also folgende Verhaltensmuster zu bemerken:
Der Erkrankte zeigt eine grundlose heftige *Heiterkeit*, eine gehobene optimistisch anmutende und ansteckende gehobene Stimmung, in der er sich selbst überschätzt und keinerlei Lebensangst verspürt. Das mütterliche Überich mit seinem Ich-Ideal hat die Herrschaft ergriffen.
Mit der Steigerung der Eigenwertgefühle ist nicht selten das Gefühl fremder Unterlegenheit oder Minderwertigkeit verbunden. Die gefühlsmäßige Ansprechbarkeit ist erhöht, die Stimmung schwankt.
Ferner ist *ideenflüchtiges Denken* zu bemerken, ein Denken, das erregt und einfallsreich ist, aber nicht zu konkreten Entscheidungen führt. Die gleichzeitige Beeindruckbarkeit durch neue Erfahrungen und Einsichten führt zu ständigem Wandel der Ideen. Die Erkrankten produzieren

rasch, humorvoll, pausenlos ... Die assoziativen Brücken zwischen ihren Produktionen sind meist gerade noch auszumachen. Gelingt dies nicht mehr, erscheint das Denken inkonsistent. Man spricht dann von *verworrener Manie*. Stellen sich gar auf dem Höhepunkt der manischen Erregung Halluzinationen oder Wahnvorstellungen ein, spricht man von *überkochender Manie*.

Der Erkrankte ist *motorisch erregt* und sprachlich enthemmt. Sein Betätigungs-, Bewegungs- und Rededrang ist erheblich, Entschlüsse werden unkritisch geprüft in die Tat umgesetzt. So kommt es, daß manisch Kranke oft sehr viel mehr Geld ausgeben, als sie besitzen. Um einer schnellen und kaum mehr abzutragenden Verschuldung zuvorzukommen, kann es angebracht sein, den Kranken durch Entmündigung oder durch Unterbringen in einer Klinik vor sich selbst zu schützen.

Dem Betroffenen fehlen negative Vitalgefühle wie Schmerzen oder vegetative Beschwerden fast vollständig. Auch sind ASSM so stark reduziert, daß ihre Vermeidung nicht mehr Verhalten reguliert. So fühlen sich Kranke oft ungewöhnlich gesund und leistungsfähig.

Der *manische Wahn* ist, im Gegensatz zu anderen psychotischen Wahnvorstellungen, aus der Stimmung leicht ableitbar. Er paßt zur Stimmung dazu. Die Überzeugung, nahezu alles zu können, führt zu einem wahnhaften Renommieren und zur wahnhaften Selbstüberschätzung, die, obschon sie meist scherzhaft geäußert, vom Kranken ernstgenommen wird. Der Kranke spricht von phantastischen Erfolgen, von großartigen Erfindungen, von politischem Einfluß ...

Wie auch bei der Depression kommt die Manie nachts am stärksten zur Darstellung.

Es ist in der Praxis nicht immer leicht, zwischen an einer leichten Manie Erkrankten und gesunden Personen zu unterscheiden, die mit einem ausgeglichen-heiteren und antriebshaft-hochleistungsfähigen Naturell gesegnet sind. Krank ist ein Mensch erst, wenn die *Schwankungen* von Stimmung und Antrieb außergewöhnlich heftig sind und eine allgemeine Erregung erkennbar ist. Man kann vermutlich annehmen, daß ungewöhnlich schöpferische und antriebsstarke Menschen die manische Komponente ihrer psychischen Ausstattung sorgfältig kontrollieren und durch bewußte Besorgtheit vor illusionärem Triumph abhalten. (Vgl. J. M. Burchard 1980)

Im Bereich manischer Erkrankungen ist die diagnostische Auffälligkeit deutlicher als bei depressiven. Die erfreulichen Ereignisse sind im Leben seltener als die unerfreulichen. So wird die Unangemessenheit einer Hochstimmung leichter erkennbar. Bei depressiven Reaktionen ist nicht immer leicht festzuhalten, ob die Reaktion nicht doch angemessen ist.

4. Typen

Gemeinhin unterscheidet man folgende manische Darstellungsformen:

(a) Die heitere Manie
Die Erkrankten sind heiter-fröhlich. Sie wirken zufrieden und selbstabgehoben. Sie nehmen ihren Körper lustvoll wahr. Sie lachen viel und wollen andere zum Lachen bringen. Oft sind sie großzügig und großmütig. Meist fehlen auch nur Spuren von Krankheitseinsicht.

(b) Die gereizte Manie
Die Erkrankten sind streitsüchtig und zornmütig. Sie bedrohen ihre Umwelt mit Prozessen – etwa wegen Freiheitsberaubung im Fall einer Einweisung. Gelegentlich kommt es zu ausgeprägten Tobsuchtsanfällen.

(c) Die paranoide Manie
Die Kranken bilden sich in der gehobenen Stimmungslage Funktionen, Vollmachten, Eigenschaften, Fähigkeiten ... ein, die sie nicht haben. Wahnvorstellungen bei anderen psychotischen Krankheiten sind eher ernst und tragisch.

5. Über den Umgang mit Manisch-Kranken

Im stets klar erkennbaren Fall eines schweren manischen Anfalls ist stationäre Unterbringung unbedingt angebracht. Sie mit zu veranlassen, ist die wichtigste Hilfe, die einem schwer manisch Kranken gegeben werden kann.
Darüber hinaus kann ein Laienhelfer seinen Blick schulen für leichte manische Erkrankungen, die grundsätzlich in fachärztliche Behandlung gehören. Hier noch einmal die wichtigsten Symptome einer manischen (oder depressiven) Erkrankung des Gemüts:

- Werte werden nivelliert oder spielen keine Rolle,
- das Konzentrationsvermögen (und oft auch das Gedächtnis) sind vermindert,
- die Reaktionen sind nicht realitätsgerecht,
- die Störungen verlaufen phasisch,
- die Erregung ist gesteigert,
- die Stimmungslage unangemessen.

4. Borderline-Zustände

Wir haben in den drei vorhergehenden Kapiteln über strukturelle Schäden des Selbst gesprochen und über psychotische Mechanismen und Versuche, mit diesen Mängeln fertigzuwerden. Bei den Borderline-Erkrankungen sind die Symptome nicht eine unmittelbare Ausdrucksfolge des lädierten Selbst, sondern Versuche, durch Kompensationen und Abwehrstrategien diese Selbst-Schäden auszugleichen und so einen brauchbaren Kompromiß zu finden. Mitunter stehen die kompensatorischen und abwehrenden Strategien so im Vordergrund, daß sie den Blick auf den Selbst-Schaden verstellen. Das führt dazu, daß es eine Fülle von Vermutungen über jene Selbst-Störung gibt, die dem Borderline-Syndrom zugrunde liegen könnte.

H. Kohut vermutet (1980), daß das frühe Selbst noch nicht über zureichende Kräfte verfügt, ein konsistentes Ganzes zu bilden und deshalb – auf diesem Stand fixiert – ständig vom Auseinanderbrechen bedroht ist, so daß ein funktionales Chaos an die Stelle eines konsistenten Selbst treten könnte.

Die meisten Autoren beurteilen jedoch die Selbst-Schäden nicht ganz so gravierend. Alles was sich als Selbst-Schaden darstelle, sei nichts anderes als eine ausgeprächte Ich-Schwäche, wie sie sich etwa in der geringen Angsttoleranz zeige. Und diese sei nichts anderes als ein Abwehrmanöver.

St. Mentzos ist der Ansicht, daß ein struktureller Selbst-Mangel nicht bestritten werden könne (1982, 145). Er vermutet, daß die positiven und negativen Anteile in den beiden Repräsentanzsystemen (Selbstsystem und Objektsystem) schwach integriert sind. Eine solche schwache Integration könne in der ersten Wiederannäherungsphase des Kindes (also in der zweiten Hälfte des zweiten Lebensjahres) gründen. Wenn die Erlebnisse dieser Phase eine Verbindung positiver und negativer Besetzungen nicht ermöglichen, kann das Kind, das seine ersten Versuche, sich selbständig zu machen, hinter sich gebracht hat, die Erfahrungen von gut und böse nicht integrieren.

Typisch für die Borderline-Symptomatik ist also eine *Spaltung*, die verhindern soll, daß unverträgliche Vorstellungen aufeinanderstoßen. So wird ausgeschlossen, daß das Bild der guten, versorgenden, warmen Mutter mit dem Bild der bösen, strafenden, kalten Mutter in Berührung kommt. Die beiden Teilobjekte sollen um jeden Preis getrennt bleiben, damit das Objekt »gute Mutter« erhalten bleiben kann.

Anders als bei der Verdrängung bleiben bei dieser Verleugnung die beiden unverträglichen Inhalte bewußt oder doch vorbewußt.

Bei Borderline-Patienten werden die Objektbeziehungen in der Regel so gestaltet, daß die Objektwelt in zwei zerfällt: In die der guten und die der bösen Objekte, wobei die Grenze zwischen beiden Welten mitten durch eine Person gehen kann. Dagegen ist es möglich, daß Objekte plötzlich aufgrund von irgendwelchen Erfahrungen von der einen in die andere Welt transportiert werden.

Nicht nur die Objektwelt ist solchen Teilungen und abrupten Änderungen unterworfen, sondern auch die Selbstwelt. Der Borderline-Patient schwankt zwischen zwei entgegengesetzten Selbstkonzepten und labilisiert so seine Selbstwertregulation. Die narzißtische Homöostase ist nur unter erheblichen Mühen aufrechtzuerhalten, die Kompromißbildungen erscheinen vorläufig und wenig stabil.

Die Spaltung erlaubt es dem Borderline-Patienten, indem er die unverträglichen Teile auseinanderhält, einen Selbst-Aufbau zu vermeiden, der schon, wegen der unversöhnlichen Widersprüche, den Keim der Selbstvernichtung in sich trägt. Diese Selbst-Spaltung hat allerdings ihren Preis: Der Borderline-Erkrankte neigt zu primitiven Idealisierungen und projektiven Identifizierungen. Es werden vor allem die bösen Selbstanteile durch Projektion aus dem Selbst herausgeschafft. So produziert der Erkrankte gefährliche Objekte, gegen die er kämpft. Insofern er sich mit dem Aggressor-Objekt aber identifiziert, hat er den Eindruck, daß er stets von anderen zuerst angegriffen würde. Es kommt zu irrationalen Beschuldigungen und verbalen Angriffen.

Zur Verleugnung der Unverträglichkeit der beiden Welten wird vor allem der Abwehrmechanismus der »Deckabwehr« benutzt: Psychische Abläufe werden dazu verwendet, andere der gleichen Klasse zu verleugnen. Ein Affekt kann durch den gegenteiligen dargestellt werden. An die Stelle von Liebesäußerungen können Vorwürfe, an Stelle von Zärtlichkeit Beleidigungen treten.

Der Grundmechanismus der Spaltung erlaubt es dem Borderline-Patienten, gute, ja intensive Kontakte (etwa Liebesbeziehungen) aufzunehmen, die jedoch durch die Möglichkeit der wechselnden Besetzung und der Neigung zum Aufbau narzißtischer Objektrelationen gefährdet bleiben.

Eine eindeutige Zuordnung von darüber hinausgehenden Symptomen zum Borderline-Syndrom erscheint nicht möglich. Der Patient zeigt in verschiedener Dringlichkeit meist alle möglichen neurotischen Symptome. Auch sind alle möglichen Formen von narzißtischer Abwehr und Kompensation zu beobachten.

Borderline-Störungen sind ein Zustand der »Stabilität in der Instabilität« (M. Schmiedeberg). Eigentlich müßten solche Kranke laufend psychotisch dekompensieren. Eigentümlicherweise tun sie es nicht, sondern begnügen sich damit, wahllos und wechselnd neurotische Symptome zu

produzieren. Hinter solcher Produktion steht eine *Pan-Angst*. Sie vermitteln den Eindruck einer chaotischen Persönlichkeit (Vgl. Hoffmann 1979, 120–123). Solange es dem Erkrankten gelingt, die neurotische Symptomatik aufrechtzuerhalten, wird er nicht psychotische Symptome entwickeln, um sein defektes Selbst zu stabilisieren.
Schwach ist auch das Ich ausgebildet. Es kann sich nicht auf eine der klassischen neurotischen Symptome festlegen. Es kommt zu dissoziativen Symptomen, bei denen der Patient seiner eigenen Existenz nicht mehr sicher ist, sich selbst nicht als selbstverständlich existent wahrnimmt. Charakteristisch sind diese drei Symptome:

- Verschiebung von sekundär- zu primärprozeßlichem Verhalten,
- Schwäche der Abwehrmechanismen gegen Triebimpulse und
- ständige Abwehrversuche.

Das Ich ist nicht stark genug, ein kohärentes Selbst aufbauen zu helfen. Die Selbst-Einheit muß durch primitive Abwehrstrategien aufrechterhalten werden, da das schwache Ich reife Abwehrmaßnahmen nicht einsetzen kann, die stark genug wären, der Dissoziation des Selbst einen Riegel vorzuschieben.
Es sind folgende soziale Symptome zu beobachten:

- Andere Menschen werden in ihren Intentionen und Bedürfnissen selten zutreffend eingeschätzt.
- Schuldgefühle werden nicht wahrgenommen, statt dessen steht eine archaische Angst.
- Das Wissen, daß andere Menschen differenzierte und von ihren abweichende Emotionen haben können, ist gering entwickelt.

Die mangelnde Einheit der Erfahrung der Mutter in der Wiederannäherungsphase läßt ein solch konfuses und projizierendes Wahrnehmen anderer erklärlich werden.
Früher war man der Ansicht, daß solche Erkrankungen im Feld zwischen Neurose und Psychose labile Zustände seien, die dazu tendierten, sich in einer Symptomneurose (wenn eine Ich-Stärkung gelingen sollte) oder einer psychotischen Störung (wenn es zu einem weiteren Selbstzerfall kommen sollte) zu stabilisieren. Diese Annahme hat sich als unzutreffend erwiesen. Die Borderline-Störung ist der Versuch einer Kompromißbildung, der ein in definierter Weise geschädigtes Selbst zugrunde liegt. Sie kann ausgesprochen stabil sein. Instabil ist nur die Aktivität des Ich. Dieses kann immer neue Kompromißbildungen anstreben, die scheinbar in die Nähe von neurotischen oder psychotischen Symptomen führen.
Typisch für die Borderline-Störung ist die Unklarheit der Grenzen zwischen Selbst- und Objektwelt. Der kindliche Modus der Inkorporation oder einer unreifen Introjektion bestimmt das Internalisierungsgesche-

hen, das – wegen der unscharfen Trennung der Welten – dazu führt, daß ein lebhaftes und oft bizarres Verschieben von Projekten (den Inhalten der Projektion) und Introjekten (denen der Introjektion) zustande kommt. Eigenerfahrungen werden in andere Menschen verlegt und die Erfahrungen anderer werden – verstellt nach den Möglichkeiten eigenpsychischer Verarbeitung – zu eigenen. Andere Menschen werden in Besitz genommen, das eigene Menschsein verschenkt. Das was andere Menschen sagen, tun, wollen, beabsichtigen, planen, wird nach den eigenen Mustern verarbeitet, verstanden und realisiert. Wenn andere dann auf Mißverständnisse verweisen, wird das Mißverständnis nicht akzeptiert.

Die Beziehungen zu anderen Menschen (also Objektbeziehungen) und die Beziehungen zu sich selbst hängen aufgrund der unscharfen Grenzen zwischen Selbstwelt und Objektwelt von emotionalen Besetzungen ab, die meist sehr stark, ja überwältigend sind. Sie können, wegen der unscharfen Trennung auch zwischen gut und böse, ebenso überwältigend libidinös sein wie aggressiv.

Die Realitätsprüfung ist gering, ja sie wird oft als unerheblich betrachtet. Wesentlich ist die Welt der Gefühle. So ist denn verständlich, daß eine primärprozeßliche Organisation des Verhaltens und Denkens überwiegt. Da die Ich-Grenzen schwach sind (ob ursprünglich, oder um die Unschärfe des Selbstbereichs gegen den Objektbereich und die von gut und böse zu stabilisieren und kompromißfähig zu machen, ist hier nicht wichtig), bedeutet das, daß auch die Vermittlungsbemühungen zwischen Es, Überich (insofern vorhanden) und sozialer Umwelt leicht mißlingen und das Es oft nur von den Überich-Vorläufern wie Scham oder Unsicherheit reguliert wird.

Da die meisten Emotionen einem nicht entwirrbaren Gemisch von libidinöser und aggressiver Besetzung entspringen, ist es dem Borderline-Patienten nicht leicht, eindeutig seine eigenen Gefühle (und nicht ein Gemisch von introjizierten-entliehenen Gefühlen mit eigenen) wahrzunehmen und darzustellen. Da die Grenzen zwischen beiden Welten unscharf sind, werden die Objektbeziehungen nach den Bedürfnissen des gestörten Selbst aufgebaut. Es kann dabei zu bloß phantasierten Beziehungen kommen, in denen Liebe, Freundschaft, Feindschaft, Haß eine eigentümliche phantastische Rolle spielen. Nicht selten werden solche Beziehungen zu einer Art von Lebensersatz. Der Erkrankte lebt nicht sich selbst, sondern über ständiges Introjizieren und Projizieren das Leben seiner (mitunter phantasierten) Objekte.

Es ist dem Borderline-Patienten nicht möglich, seine Kindheitserfahrungen anders als bizarr zu verarbeiten. Diese Erfahrungen sind bestimmt durch die in der Rückkehr nach dem ersten großen Ausflug in die Welt der Objekte und der Entfernung von Selbstobjekten (also der Mutter vor allem) in der zweiten Hälfte des ersten Lebensjahres fehlende integrative Bindung. Es ist kein Mensch vorhanden, der es diesem Kind ermöglicht, zu erfahren, daß gut und böse zum einen sehr wohl voneinander zu trennen sind und zum anderen gleichzeitig im Selbst und im Objekt ihren Platz haben. Der reale Gegenstand ist niemals ganz gut und niemals ganz böse, sondern stets sowohl gut als auch böse und kann in diesem Sowohl-als-Auch liebenswert sein. Wird diese Einheit nie erlebt, kann auch keine realitätsgerechte Internalisation stattfinden zu einer Zeit, in der ein Kind für solche Eindrücke empfindlich ist. Das sich selbst überlassene Kind versucht in bizarren Phantasien das Gut und Schlecht auseinander und zusammen zu bringen. Da es keine Instanz internalisieren kann, die dieses Zusammen und Auseinander reif beherrscht, wird dieser Versuch niemals realitätsdicht enden.

Die sozialen Beziehungen mit Borderline-Gestörten sind sehr problematisch. Sie ähneln in vielem denen eines Kindes von 15 oder 16 Monaten. Sie sind ständig auf der Suche nach einem Menschen, der ihnen das Zusammen und Auseinander von gut und böse, von Objektwelt (der nicht nur bösen) und Selbstwelt (der nicht nur guten) in einer internalisierbaren Form nahebringt, ohne aber zu dieser psychischen Leistung fähig zu sein. Über unbewußte Mechanismen zerstören sie jeden Menschen, der sich nahe genug an sie heranwagt und nicht ihren Erwartungen genügt.

Die Kommunikation mit Borderline-Gestörten ist alles andere als einfach. Was als emotionale Erfahrung ausgegeben wird, kann intellektuelle Spekulation sein oder auch bloße Phantasie oder auch wahnhafte Überzeugung. Die personale Ansprache des anderen wird verzerrt wahrgenommen, seine Intentionen über Projektionen verfälscht. Alles das spiegelt die chaotischen inneren Abläufe wider, die die kindliche Psyche prägten, da niemand vorhanden war, der ihnen eine realitätsgerechte Trennung von Selbstwelt und Objektwelt mit einer entsprechenden Zuteilung von gut und böse vermittelte. Dabei ist das Selbst vergleichsweise gut ausgebildet. Was nicht integriert werden konnte, ist das »böse Selbst«, und damit hat das »gute Selbst« etwas Phantastisches an sich. Ebenso phantastisch sind alle Projekte des Selbst in die nur unscharf abgegrenzte Objektwelt.

Die partielle Desintegration wird in den heftigen Beziehungsbemühungen von Borderline-Gestörten (das unterscheidet sie von Schizophrenen, die im Beziehungs-Bemühen kapitulierten) in die Objekte hineingetragen. Menschen im emotionalen Umfeld von Borderline-Gestörten leiden oft unter diesen desintegrierenden Interaktionsangeboten ihrer Partner. Wenn sie nicht sehr Ich-stark sind, können sie daran zerbrechen.

Da das Ich nur schwach ausgebildet ist, sind Borderline-Gestörte in aller

Regel nur begrenzt in der Lage, sich selbst zu beobachten. Das Ich neigt dazu zu agieren statt zu beobachten. Diese geminderte Reflexionsfähigkeit des Ich macht es kaum möglich, den Borderline-Gestörten auf seine Projektionen und Introjektionen aufmerksam zu machen. Er wird Einwände dieser Art nicht akzeptieren. Da zudem seine Verletzlichkeit erhöht ist, wird er auf Interaktionen und Interaktionsinhalte, die seinem chaotischen Selbstbild nicht entsprechen, aggressiv (auch deprimiert), resignierend oder mit Angst (einer Art Vernichtungsangst) reagieren.
Für den Umgang mit Borderline-Gestörten empfiehlt es sich:

1) Nicht zu versuchen, ihren Selbst-Bedürfnissen zu entsprechen und ihre Emotionen in bestimmten Situationen zu verstehen. Beide sind chaotisch geordnet und nicht logisch beziehbar.

2) Man sollte die psychoanalytische Technik der Neutralität beherrschen. Damit ist gemeint, daß man auf Bedürfnisse und Emotionen nicht personal, sondern allenfalls widerspiegelnd reagiert. Dabei soll man durchaus Verständnis und Zuwendung zeigen. Gemeint ist mit »Neutralität« nicht Gleichgültigkeit, Unparteilichkeit oder emotionale Kälte.

3) Gegen die Bedürfnisstruktur des anderen sollte man sich nicht dazu verwenden lassen, mit ihm zusammen zu handeln und so das kranke Spiel zu stabilisieren. Das kann zu ernsten Beziehungskrisen führen, ist aber unvermeidlich, wenn man helfen will.

4) In der Begegnung mit Menschen, die emotional primitiv reagieren, stehen die Partner in Gefahr, ebenso zur infantilen Emotionalität zurückzufallen. Das sollte man beobachten, aber nicht praktizieren. Auch sollte man nicht der Versuchung erliegen, in der Partnerschaft die eigenen infantilen Wünsche und Bedürfnisse zu realisieren.

5) Die von Borderline-Gestörten gezeigten und oft wechselnden neurotischen Symptome (wie hysterische, phobische oder zwangshafte) sollte man nicht als Ausdruck der primären Erkrankung verstehen – und wenn möglich übersehen. Niemals sollte man sich aber in das neurotische Spiel als kalkulierbarer Partner einlassen.

6) Man sollte sich darüber klar sein, daß viele Borderline-Erkrankte sich nur psychisch stabilisieren können, wenn sie die Eigenaggressivität (die sich aufgrund der typischen psychischen Verhältnisse schon eh nicht sehr von der Fremdaggressivität unterscheidet) auf andere Menschen ablenken und so die Psyche des anderen desintegrieren und destabilisieren. Sollten Sie sich als Partner eines Borderline-Patienten psychisch nicht stabil oder erheblich destabilisiert fühlen, brechen Sie die Beziehung ab. Es könnten sonst beide auf der Strecke bleiben.

5. Perversionen

Im Rahmen der Selbstpathologie gibt es einen weiteren Komplex zu beschreiben, den H. Kohut mit »narzißtische Störungen im engeren Sinne« etikettierte. Kohut ist der Ansicht, daß hier die Schwächung oder Verzerrung des Selbst nur temporär sei. Da unsere Kenntnis über strukturelle Selbst-Defizite nicht sonderlich gut entwickelt ist, ist manches hier Berichtete sehr kontrovers. Eines aber scheint gesichert zu sein: Während bei Psychosen die Inkonsistenz (und damit die Gefahr des Zerbrechens) des Selbst und seine zunehmende Entleerung im Mittelpunkt des psychischen Geschehens stehen, so bei den früh-narzißtischen Störungen die Regulation des Selbstwertgefühls. Das frühe Selbst ist dabei im wesentlichen intakt. Konzipiert man so den Unterschied zwischen Psychosen und Narzißmus, wird offenbar, daß das Borderline-Syndrom dazwischenliegen muß.
Im Gegensatz zu den noch zu behandelnden narzißtischen Weisen zu kompensieren oder zu verarbeiten handelt es sich hier um ein strukturelles Selbst-Defizit, das eine prinzipielle Orientierung an Realität erlaubt, aber realitätsgerechtes Verhalten erschwert oder gar unmöglich macht.
Kohut gliedert etwas inadäquat diesen Komplex in zwei Untergruppen: die narzißtischen Verhaltensstörungen und die narzißtischen Persönlichkeitsstörungen. Inadäquat erscheint diese Unterscheidung, insofern sie nahelegen könnte, daß es Verhaltensstörungen gebe, die nicht in gestörter Persönlichkeit gründen, und umgekehrt. Zudem wird durch diese Begriffe kein struktureller Mangel beschrieben, sondern die dominante Form von Kompensations-, Reparations- und Abwehrversuchen beschrieben. (Vgl. Mentzos 1982, 146)
Kohut zählt zu den narzißtischen Verhaltensstörungen: Perversionen, Süchte und strukturelle Verwahrlosung. Zu den narzißtischen Persönlichkeitsstörungen rechnet er: Hypochondrie, die narzißtische Depression, die narzißtische Überempfindlichkeit gegen Kränkungen (Kritik, Mißerfolg, Zurücksetzungen) und den Mangel an Lebensfreude.
Ich will hier zunächst einige Syndrome abhandeln, die Kohut zu den narzißtischen Verhaltensstörungen rechnet.
Der Selbstdefekt einer narzißtischen Persönlichkeit führt zu einer Mobilisierung von Kompensationsvorgängen und Abwehrstrategien, die zu charakteristischen Syndromen zusammengefaßt werden. Sie alle haben die Funktion, die narzißtische Persönlichkeit zu stabilisieren. Dies gilt besonders für die Perversionen, die nur die einzige Funktion haben, sexuelle Lust unter bestimmten Bedingungen, die nicht verboten zu sein scheinen, zuzulassen. Sexualität wird psychisch verboten mit einer einzigen Ausnahme: der perversen. Die Definition dessen, was »pervers«

meint, ist schwierig. Es handelt sich um Formen sexueller Praxis, die vom statistischen Durchschnitt deutlich abweichen und von der Mitwelt als bedrohlich oder befremdlich erfahren werden. Diese statistische Bezugsetzung scheint wichtig und nicht vermeidbar zu sein. Was pervers ist, bestimmt die Mitwelt. Sehr oft handelt es sich um sexuelle Partialtriebe, die in der Pubertät nicht integriert wurden und auf die sich in der Erfahrung der sexuellen Ängste und Schuldgefühle der Pubertät die Sexualität fixierte. Wichtig ist zu sehen, daß solche Fixierungen nur Symptome einer dahinterliegenden narzißtischen Beengung des Selbst sind. Es ist wenig damit getan, das Symptom zum Verschwinden zu bringen. Meist wird es bald durch ein anderes ersetzt.
Die meisten zu Perversionen neigenden Menschen sind scheinbar bindungs- und gefühlsarm. Oft sind sie unsicher und ängstigen sich vor dem Leben. Das hindert sie daran, erotische Beziehungen aufzunehmen und durchzuhalten, so daß es in einer erotischen Partnerschaft zur genitalen Realisierung der Sexualität kommt. Die in einer solchen Beziehung ausgeübten Praktiken können, wenn sie nur beiden Partnern Freude machen und die koitale Begegnung und Befriedigung nicht ausgeschlossen ist, nicht als pervers angesehen werden.
Es sollen nun einige Formen sexuell abweichenden Verhaltens vorgestellt werden.

1. Die Pädophilie

Der Sexualpartner muß eine kindliche Körperform haben. Vom allgemeinen »Liebesobjekt« wird er zum Sozialobjekt. Das kindliche Genital wird berührt und/oder das eigene durch das Kind. Sexuelle Handlungen mit pubertierenden Kindern zeigen schon manche Muster von Partnerbeziehungen auf und sind, wenn bei ihnen keine Gewalt im Spiel ist, nicht pädophil. Pädophile Menschen sind oft vereinsamt. Nicht selten findet man Pädophilie bei Schwachsinnigen und senilen Männern.
Vermutlich ist das Selbst des Pädophilen auf einen kindlichen Reifestand fixiert oder zu ihm regrediert. Es liebt sich eigentlich selbst, wenn es nur halbsozialisierte-Kinder liebt.

2. Der Fetischismus

Der Fetischist sucht seine sexuelle Befriedigung beim Betrachten, Berühren, Beriechen seines Fetischs (Unterwäsche, Schuhe, Haar ...) Der Fetisch wird oft aus dem Bereich der ersten sexuellen Erfahrung gewählt, bei der er zufällig eine Rolle spielte. Auch Teile des Liebesobjekts können stellvertretend stehen für das Ganze. Fetischist ist etwa ein Mann,

der nur auf eine besondere Form der Beine einer Frau reagiert, wobei ihn das andere »kalt« läßt. Manche Fetischisten neigen dazu, Fetische zu sammeln. Dabei kann es zu Eigentumsvergehen kommen.
Die meisten Fetischisten sind psychisch gehemmt und in ihrer Erlebnisfähigkeit eingeengt. Der Fetischismus ist – wie alle sexuellen Deviationen – ein Ausweichen vor der reifen Liebe. An die Stelle eines reifen Partners wird beim Fetischismus ein Gegenstand gesetzt, der den Erkrankten nicht verlassen, nicht beleidigen kann. Er vermittelt ihm keinerlei Angst, sondern nur Befriedigung. Offensichtlich ist die Fähigkeit des Erkrankten, Angst zu tolerieren, sehr gering.
Der Fetisch hilft dem Kranken, sich vor einem psychischen Zusammenbruch in totaler Vereinsamung zu bewahren, indem er Du-Erlebnisse imitiert. Das andere Geschlecht wird gefürchtet – so sehr, daß eine Annäherung nur über den Fetisch vermittelt und so, symbolisch entschärft, möglich ist.

3. Der Transvestit

Er kommt nur zur sexuellen Befriedigung, wenn er die Kleider des anderen Geschlechts trägt und die gegengeschlechtliche Rolle übernimmt. Gelegentlich führt schon ein Blick in den Spiegel zum Orgasmus, worauf die »Verkleidung« ihren Reiz verliert.
Die meisten Transvestiten sind Menschen mit heterosexuell sicherem Geschlechtsbewußtsein. Die Neigung zum Transvestieren kommt in der Pubertät auf. Offenbar vermochten diese Menschen nicht das Heterosexuelle an sich selbst zu internalisieren und sich so zu eigen zu machen. Da sie nun aber zugleich auch narzißtisch gestört sind, wollen sie es an sich selbst wahrnehmen.
Es wäre auch denkbar, daß der Transvestit eine psychische Einstellung der frühen Pubertät fixiert. Noch über seine Geschlechtsrolle im unklaren, schreitet er in der Phantasie alle sexuellen Möglichkeiten ab. Er träumt beide Geschlechterrollen, je nach dem Geschlecht der im Augenblick dominanten Bezugsfigur. Es mag sein, daß hieran ein pubertäres Spiel festgemacht wird.

4. Der Exhibitionismus

Die weitaus meisten Exhibitionisten sind Männer. Sie zeigen Mädchen oder Kindern (gelegentlich auch pubertierenden Jungen) ihr erigiertes Glied. Auf einige Entfernung wird durch Gesten oder Worte auf das Glied hingewiesen. Meist wird unmittelbar nach dem verängstigten Verschwinden des Partners masturbiert.
Im Hintergrund des Exhibitionisten findet man häufig eine nicht aufge-

arbeitete sexuelle Verletzungsangst aus der ödipalen Konfliktphase, die durch die phallische Demonstration abgewehrt werden soll. Der Exhibitionist wäre erschreckt, wenn ein Mensch sein Handeln als sozial-sexuelles Angebot verstünde. Er will vielmehr, daß der andere ängstlich fortläuft und mit ihm seine Angst verschwindet.
Zudem will er, der Vereinsamte und Enttäuschte, auch einmal als Mann ernstgenommen werden. Er hat seine Liebesfähigkeit auf sein eigenes Genital zurückgebogen. Vielen Exhibitionisten wurde Angst vor Nacktheit (»Scham«) schon in früher Kindheit eingebleut. Vermutlich ist der Exhibitionismus also eine »Mangelerscheinung unserer Kultur« (J. Rattner 1981, 99), in der sich eine narzißtische Neigung einen kompensatorischen Ausdruck verschafft.

5. Der Masochismus

Bei masochistisch Gestörten ist die sexuelle Befriedigung nur möglich, wenn mit ihr Schmerzen des eigenen Körpers verbunden sind. Meist handelt es sich um eine sklavische Hingabe an einen grausamen, gewalttätigen, maßlos-sinnlichen Partner. Damit ist verbunden Selbsterniedrigung (psychischer Schmerz) und oft auch Gewalt (physischer Schmerz).
Im Masochismus wird gleichsam »weibliche Passivität« übersteigert. Im Hintergrund steht der Mangel an Hingabefähigkeit und Zärtlichkeit. In der frühen psychoanalytischen Theorie diente der Masochismus der Abwehr von Kastrationsängsten. Die vollständige Unterwerfung hindere den Partner, die Kastration vorzunehmen.
Masochisten sind zumeist innerlich abhängige Menschen, die es aufgegeben haben, sie selbst sein zu wollen. Die Liebe entartet zu einem funktionalen Abhängigkeitsverhältnis. Der Masochismus ist Antwort auf eine elementare Lebensangst, die ein Mensch verspürt, der sich selbst für nichts hält und seine Würde verloren hat. Er glaubt nicht an sich, sondern nur an andere, an Stärkere. Deshalb faszinieren ihn, auch sexuell, Stärke und Gewalt. Sicher kann man hier den Abwehrmechanismus der Identifikation mit dem Angreifer entdecken. Doch das eigentliche Übel liegt wieder im Narzißmus. Das Selbst des Masochisten ist unvollständig und unfähig zur Aufnahme angstfreier Beziehungen zu Objekten. Wie bei allem sexuell-abweichenden Verhalten soll das mangelhafte Selbstsystem stabilisiert und vervollständigt werden, um einen strukturellen Mangel zu beheben.
Aufs erste Hinsehen scheint der Masochismus dem Lustprinzip zu widersprechen. Aber es ist nicht der Schmerz, der als lustvoll empfunden wird, sondern er ist die Bedingung, daß Lust empfunden werden kann. Leiden und Schmerzen sind Opfer, die man bringen muß, um nicht für

Lust bestraft zu werden. Auch kann die Unterwerfung unter das Leiden ein Appell an die höheren Mächte sein, doch im Strafen zu schonen.
Für manche Menschen ist Schmerz die einzige Chance überhaupt, Zuwendung zu erhalten. Sie ertragen Pein, um überhaupt zu erfahren, daß sie für andere existieren. Sie können mitunter ihre Sehnsucht nach einer tiefen Beziehung nicht anders realisieren als dadurch, daß sie sadistische Verhaltensweisen des anderen provozieren. Nicht wenigen Kindern geht das heute so mit ihren Eltern.
Neben der Schuldentlastung und Angstbefreiung kann also der Masochismus den Zweck haben, Kontakte zu intensivieren. Je schwächer und unsicherer ein Mensch ist, je ungefüllter sein Selbst ausgebaut wurde, um so mehr verlangt er nach intensiven Gefühlen, und seien es die des Schmerzes. (Vgl. Mentzos 1982, 219)
Nicht selten ist der Masochismus mit dem Sadismus verbunden. Hier wird ein primär Liebe eroberndes Verhalten in ein aggressives und demütigend-beherrschendes verwandelt. Die ursprüngliche Lust nach Eroberung pervertiert zu sadistischer Lust. (Vgl. Mentzos, 1982, 213)

6. Homosexualität

Homosexualität war als Realisierung der gleichgeschlechtlichen Sexualität zu allen Zeiten und in nahezu allen Kulturen weit verbreitet. Nicht selten war sie in kultische und pädagogische Abläufe fest eingebaut. Das jüdische Gesetz verbot sie unter Todesstrafe (Lev 20, 13). Das Christentum und der Islam übernahmen vom Judentum die Ächtung homosexueller Praktiken. Mittels massiver Überich-Verbote wurde sie an Gefühle von ASSM oder auch Ekel gebunden. Das mag der Grund sein, daß erst mit Freud die radikale Tabuisierung im christlichen Europa aufgegeben und eine wissenschaftliche Untersuchung begonnen werden konnte. Es ist aber auch verständlich, daß Freud sich nicht der moralischen Verurteilung der Homosexualität entziehen konnte. Er wandelte sie in eine psychoanalytische. Homosexualität bedeutet für ihn ein Scheitern in der frühkindlichen Sexualentwicklung, vor allem in der Aufarbeitung der ödipalen Krise. Sie wurde ihm ein *Symptom* einer Persönlichkeitsstörung. Selbst ist sie keine solche Störung, gibt es doch so viele Formen der Homosexualität wie es Homosexuelle gibt. Es handelt sich offenbar um eine individuelle Form der Kompromißbildung, die aufgrund einer Störung notwendig wurde.
Die Freudsche Behandlung der Homosexualität verlagerte zugleich den Akzent. Nicht mehr die homosexuelle Praxis, sondern die homosexuelle Neigung stand im Vordergrund.

1. Formen homosexueller Praxis

Die homosexuelle Praxis kann aus sehr verschiedenen Gründen gewählt werden. Die wichtigsten sind:

a) Die Entwicklungs-Homosexualität. Bei etwa 30 % – 50 % der männlichen Jugendlichen kommt es während der Pubertät oder Adoleszenz zu vorübergehenden meist episodisch bleibenden homosexuellen Betätigungen (oft zu wechselseitiger Masturbation).

b) Die Hemmungs-Homosexualität. Nur bei wenigen männlichen Jugendlichen mit episodisch homosexuellem Verhalten bleibt eine Neigung zu homosexuellen Praktiken bestehen. Die Wahrscheinlichkeit für eine solche Fixierung ist größer, bei kontaktschwachen, psychisch unterentwickelten (also auf infantile Bedürfnisse und Emotionen fixierte) Jugendlichen. Sie fühlen sich gegenüber Mädchen und Frauen gehemmt und bleiben bei der Bindung an den vertrauteren männlichen Partner.

Es ist nicht sicher, daß Verführung jemals einen Menschen hemmungshomosexuell gemacht hat. Die Angst vor Verführung zur Homosexualität ist irrational. Es handelt sich vermutlich stets also um eine Verführung zur episodischen homosexuellen Praxis, aus der keine andauernde Neigung entsteht.

Allgemein ist zur Jugend-Homosexualität anzumerken, daß bei Menschen, bei denen die Sexualität als männliche oder weibliche noch nicht fest im Selbst integriert ist (und das geschieht in der Adoleszenz), die Sexualität vor ihrer bevorzugten Fixierung zwischen den Polen der Auto-, Homo- und Heterosexualität vagabundiert. Dabei ist die autosexuelle Befriedigung die gewohnteste Form, da sie ohne jeden sozialen und mit nur geringem psychischen Aufwand erreichbar ist.

Doch auch die homosexuelle Befriedigung macht keinen erheblichen sozialen Aufwand nötig, wenn einmal die Hemmschwelle, über sie zu reden, überwunden wurde, denn es ist üblich, daß sich Jugendliche dieses Alters in gleichgeschlechtlichen Gruppen völlig unproblematisiert – ja gefördert durch die Gesellschaft – aufhalten. Die Hemmungs-Homosexualität kann grundsätzlich therapiert werden. Es gilt, die Hemmungen gegenüber möglichen andersgeschlechtlichen Partnern abzubauen.

c) Die Gelegenheits-Homosexualität. Das ist jene Form der Homosexualität, die von Menschen gewählt wird, denen kein andersgeschlechtlicher Partner zur Verfügung steht und die auf die Dauer autosexuell nicht zureichend befriedigt werden. Soldaten, Strafgefangene, Matrosen, Internatsschüler und andere kasernierte Menschen neigen dazu. Die Gelegenheits-Homosexualität verschwindet bald nach dem Ende der

Kasernierung auch dann in der Regel, wenn enge Freundschaftsbeziehungen mit der sexuellen Praxis verbunden waren.
d) Die Pseudo-Homosexualität. Hier verhält sich ein Mensch homosexuell, ohne eine erotische Neigung zu gleichgeschlechtlichen Partnern zu haben. Die Beziehung kann durch Zwang aufgebaut werden oder durch Achtung und Ehrfurcht oder durch Sensationslust und Neugier oder auch durch Habgier (Strichjungen).
e) Die Neigungs-Homosexualität. Das Wort bezeichnet die dauernde und entschiedene homosesexuelle Ausrichtung mit ausgesprochen erotischer Anziehung durch den gleichgeschlechtlichen Körper. Diese »echte Homosexualität« betrifft etwa 5 % der Männer und 3 % der Frauen. Man kann sie oft sicher von anderen Formen der Homosexualität unterscheiden:

- Die Masturbations-Phantasien kreisen um gleichgeschlechtliche Partner.
- Die Wahrnehmung gleichgeschlechtlicher Körper führt zu einer deutlich stärkeren Erregung als die verschiedengeschlechtlicher.

Der Neigungs-Homosexualität liegt also eine starke Homoerotik zugrunde, die Neigung, sich ausschließlich an gleichgeschlechtliche Partner erotisch zu binden – unabhängig davon, ob es zu sexuellen Begegnungen kommt oder nicht. Es ist angebracht, hier statt von Homosexualität von Homoerotik zu sprechen, da das unterscheidende Merkmal im emotionalen und Bedürfnisbereich erotischer Art ist.
Die Ausbildung der Homoerotik (das »coming out«) dauert etwa drei Jahre. Sie beginnt mit der zunehmenden Festlegung auf homosexuelle Phantasien und Erregungsauslöser in der Phase der vagabundierenden Sexualität (also der hohen Pubertät bei Jungen um das 15., bei Mädchen um das 18. Lebensjahr). Es folgen meist unbefriedigende sexuelle Kontakte mit dem anderen Geschlecht (bei Frauen vermutlich stets). Die darauf mit großer Verwirrung und Desorientierung einsetzende Vermutung, man sei homosexuell, verfestigt sich, bis es dann meist, wenn eine Angst- und Schamschwelle unter dem libidinösen Druck überwunden werden konnte, zu homosexuellen Kontakten kommt. Diese werden anfangs meist nicht als sonderlich befriedigend empfunden, vor allem nicht von jungen Menschen, da sich in sie noch sehr viel von ASSM und Ekel mischen kann. Nach einigen gelungenen Kontakten wird meist die Einsicht der eigenen geschlechtlichen Einstellung akzeptiert. Eine Änderung der Triebrichtung wird in der Regel nicht gewünscht, wennschon mitunter ein lebenslanger Leidensweg beginnen kann, der weniger in ASSM begründet ist, als in der sozialen Ächtung der eigenen erotischen Veranlagung und der Unfähigkeit, langwährende sozial abgesegnete Bindungen eingehen zu können, und in dem Umstand, einmal einsam alt werden und sterben zu müssen.

So ist die Homoerotik nicht selten an sekundär reaktiv-depressive Stimmungen gebunden.
Übrigens wird heute Homoerotik nicht mehr zu den Perversionen gezählt, obschon auch hier ein sexueller Partialtrieb nicht integriert wurde. Die Menge der Menschen, denen die Erfahrung fremder Homoerotik Angst oder Ekel bereitet, ist so klein geworden (etwa bei Männern 30 %), daß man nicht mehr von einer (statistischen) Anormalität sprechen kann. Diese liegt nur vor, wenn mehr als etwa 40 % der Menschen einer Population ein bestimmtes Verhalten (aus Angst) abwehren und als pathologisch vom gewohnten Erleben abspalten.
Die latente Homosexualität scheint seltener geworden zu sein. Latent homosexuell sind Menschen, die

- die Angst vor der eigenen Homosexualität dadurch abzuwehren trachten, daß sie Homosexualität auf andere projizieren, um sie dort hassen oder verachten zu können,
- die Angst vor dem anderen Geschlecht so »rationalisieren«, daß sie ihm Minderwertigkeit (Unzuverlässigkeit, Geschwätzigkeit, Sentimentalität ...) vorwerfen.

Frauenphobie ist ein typisches Symptom einer nicht eingestandenen Homosexualität. Es ist merkwürdig, daß eine patriarchalische Gesellschaftsstruktur vermutlich eine Folge solcher latenter Homosexualität, verbunden mit einer maßlosen libidinösen Besetzung des eigenen Geschlechts, ist. Daß sie ihre Homosexualität heftig abwehrt, dadurch daß sie sie, wo sie offen auftritt, bestraft, ist psychoanalytisch nahezu selbstverständlich. Latent Homosexuelle stellen die eigene Männlichkeit gegen die von ihnen herabgesetzte Weiblichkeit stark heraus, da Weiblichkeit sie unsicher macht und ihre realitätswidrige Selbstdefinition in Frage stellt. Das Selbst ist zu schwach, um die eigene homosexuelle Begabung anzuerkennen und zu akzeptieren, eine Begabung, die, wie die heterosexuelle, jedem Menschen eigen ist. Übertrieben männliches Gebaren, wie etwa in faschistoiden Zirkeln üblich, läßt stets an latente Homosexualität denken.

2. Ist Homoerotik eine Krankheit?

Es gilt heute als bewiesen, daß eine gewisse homoerotische Disposition angeboren sein kann. Dagegen fehlen körperliche oder chromosomale Abweichungen. Es ist umstritten, ob hormonale Abweichungen vorkommen (erhöhte Werte des Plasma-Östadiols). Wenn ja, sind sie psychogen zu deuten. Es scheint somit festzustehen, daß Homoerotik ein psychisch ausgelöstes Verhalten ist. Daß sie keine Krankheit ist, sondern allenfalls Symptom einer psychischen Störung, wird auch von denen akzeptiert, die Homoerotik pathologisch interpretieren.

Die heute oft gestellte Frage lautet: Ist Homoerotik eine Abwehr angstbesetzter Heterosexualität oder eine zweite Möglichkeit der Selbst-Entwicklung? (Vgl. Mentzos 1982, 223–233)
Es werden drei Theorien über die Entstehung einer homoerotischen Begabung diskutiert:

- Verhaltenstheoretiker sind oft der Ansicht, daß Homoerotik ein früh erlerntes oder geprägtes Verhaltensmuster sei, das dekonditioniert werden könne. Dagegen spricht, daß offensichtlich bestenfalls eine Hemmungs-Homosexualität gemeint sein kann, nicht aber eine homoerotische Ausstattung, die gar nichts mit frühen Sexualkontakten zu tun hat. Auch kann eine Konditionierungstheorie die Einheitlichkeit homosexueller Symptome nicht erklären.
- Altfreudianer neigen dazu, die Homoerotik als pathologische Lösung des Ödipuskomplexes zu sehen. Da die heterosexuelle Situation mit Verletzungsängsten verbunden ist, unterwerfe sich der Junge dem Vater und identifiziere sich mit der Mutter. Später wird er »Jungen« so lieben, wie er von seiner Mutter gerne geliebt worden wäre.
- Neufreudianer sind der Meinung, daß hinter den ödipalen Ängsten viel ältere Ängste verborgen sind, die zur Homoerotik als einer pathologischen Abwehr und Kompromißbildung führen. Es ist das vor allem die Angst vor der Verschmelzung mit der Mutter, eine Angst vor dem Selbstverlust, die jede enge erotische Bindung an eine Frau ausschließt. Da Selbst-Probleme besonders in der Erotik manifest werden, ist schon verständlich, wenn die Homoerotik als »Bollwerk gegen die verschlingende Mutter« (W. McDougall) gewählt wird. Sie dient als Kompromißbildung der Stabilisierung des Selbst und entlastet von präödipalen Konflikten. Die daraus hervorgehende homosexuelle Praxis stärkt dann die Autonomie und vermittelt das Gefühl, selbst etwas intensiv zu erleben.
- Moderne Sexualtheoretiker (wie F. Morgenthaler 1980) sind der Meinung, daß Homo- wie Heterosexualität an sich gleichwertige Kompromißbildungen sind. In beiden Fällen entsteht die erste Krise durch die Störung der frühen Mutter-Kind-Einheit, die ein Loch hinterläßt, das ausgefüllt werden will. Das kleine Kind macht die Erfahrung, daß autoerotische Befriedigung Störungen in der narzißtischen Homöostase ausgleichen kann. Später werden andere internalisierte Personen, Vorstellungen, Ideen und Ideensysteme den gleichen Zweck erfüllen. Dient vor allem die Repräsentanz der eigenen Person zum Ausfüllen des Lochs und zur Stabilisierung der narzißtischen Homöostase, entwickelt sich eine homoerotische Neigung. Dient die Repräsentanz einer anderen Person diesem Zweck und ist diese nicht nur ein Selbstob-

jekt oder ein Partner in einer narzißtischen Objektbeziehung, entwikkelt sich eine heteroerotische Neigung. Homosexualität ist also ein anderer Weg zur Sicherung der narzißtischen Homöostase als die Heterosexualität. Beide haben das Ziel, das Selbst zu stabilisieren. Beide haben ihre Chancen, Vorteile und Risiken.

Eine weitere Weichenstellung für die Festlegung auf die Selbst-Stabilisierung durch Homoerotik erfolgt während der ödipalen Krise. Tendenziell heteroerotische Menschen überbesetzen polare Gegensätze in den Geschlechterrollen von Mutter und Vater. Tendenziell homoerotische Menschen werden durch eine starke autoerotische Besetzung dazu geführt, die polare Spannung zwischen den Rollen eher für unerheblich zu halten, so daß sich die sexuellen Fähigkeiten auch unabhängig von standardisierten Rollen entwickeln können.

Die endgültige Weichenstellung erfolgt in der Pubertät, im Verlauf des Coming out.

Dieses Modell erklärt, daß viele homoerotisch begabte Menschen

- ausgesprochen differenziert, schöpferisch und feinfühlig sind. Sie haben, wenn sie nicht unter sozialem Druck verbogen werden, gar nichts von einem Neurotiker oder Psychopathen an sich. Oft sind sie relativ stabil und nicht leicht aus dem Gleichgewicht zu bringen, haben also ihre narzißtische Problematik positiv gelöst.
- nicht nur in ihrem erotischen und sexuellen Verhalten anders sind als heterosexuell ausgestattete Menschen, sondern auch andere Tätigkeiten und Beziehungen bevorzugen, andere Fähigkeiten entwickeln, oft auch eine andere Gefühlswelt ausbauen als Heteroerotiker. Sie können aufgrund ihrer anderen Selbst-Entwicklung flexibler sein.
- ebensolche sexuelle und erotische Störungen erfahren wie heteroerotisch ausgestattete Menschen: Sie kennen Versagenserlebnisse und Eifersucht, Beziehungsspannungen und Partnerkonflikte in ganz ähnlicher Weise, so daß es unwahrscheinlich zu sein scheint, daß der Homoerotik eine grundsätzlich andersgeartete, pathologische Lösung zugrunde liegt als der Heteroerotik. In diesem Fall müßten sich die pathologischen Sekundärfolgen entweder erheblich mindern oder verstärken.

Vieles spricht dafür, daß Homoerotik weder ein von der Heteroerotik qualitativ unterschiedener Abwehrvorgang, oder eine qualitativ verschiedene Kompromißbildung ist, wennschon das Ergebnis qualitativ verschieden aussieht. Diese Vermutung ist jedoch alles andere als ein Beweis.

Das empirische Material zeigt, daß die in die Sprechstunde kommenden homoerotisch begabten Menschen Konflikte haben, die für sie typisch sind und nicht selten auf eine narzißtisch gestörte Selbst- und Objektbil-

dung zurückgehen. Das gilt zwar auch für viele heteroerotisch gebildete Menschen, doch nicht in dieser Häufung. Das schließt jedoch nicht aus, daß unabhängig von dem therapeutischen »Material« eine Homoerotik existiert, die weder pathologischen Abwehr- noch Kompensationscharakter hat – oder doch nicht mehr als auch die Heteroerotik.
Mentzos (1982, 233) vermutet, daß es sich bei der Homoerotik um eine komplementäre Entwicklungslinie zu der der Heteroerotik handeln könne. Dafür spreche die größere Flexibilität, Spontaneität und Kreativität vieler Homosexueller.

3. Hinweise auf den Umgang mit Homosexuellen

Den weitaus meisten Menschen, die selbst nicht ihre eigene homoerotische Komponente integriert haben, macht der Umgang mit homosexuellen Menschen Schwierigkeiten. Es kommt darauf an, den Grund dieser Schwierigkeiten zu erkennen. Die Gegenübertragung ist in der näheren Begegnung mit homosexuell bestimmten Menschen meist von ASSM oder Ekel bestimmt. Diese Reaktionen betreffen die eigene Homosexualität und werden nun auf den anderen Menschen abgeleitet. Auch Formen gehemmten oder unnatürlichen (etwa gewollt-freundlichen und betont-toleranten) Verhaltens sind nichts anderes als Folgen verkappter ASSM, die eigene Homosexualität betreffend.
Reine Homosexualität, also Sexualität, die nicht dauernd erotisch fixiert ist, sollte man nicht allzu ernstnehmen. Wenn das doch geschieht, steht vermutlich wieder ASSM vor der eigenen Homosexualität im Mittelpunkt der Reaktion. Es gilt zu erkennen, daß die Akzeptanz von Homosexualität ebenso wie deren Verwerfung Folgen sozio-kultureller Umstände sind, die nichts mit der »Natur des Menschen« zu tun haben, sondern so oder anders sein können.
Viele Homosexuelle leiden unter der gesellschaftlichen Ächtung und der Vorstellung der Einsamkeit im Alter. Man sollte versuchen, durch eine angstfreie Freundschaft diese Ängste abzubauen. Mit homosexuell begabten Menschen ist eine enge nicht-sexuelle Freundschaft Heterosexueller durchaus möglich. Die soziale Ächtung führt dazu, daß Homosexuelle sich Untergrund-Kontakte suchen müssen. Das ist erniedrigend und einer aufgeklärten Gesellschaft nicht würdig. Homosexuelle Partner sollten ebenso ihre erotischen Neigungen füreinander kundtun wie heteroerotische.

7. Die Sucht

Abhängigkeit ist eine Möglichkeit menschlichen Verhaltens, die an sich nichts mit Krankheit zu tun haben muß. Sie kann sich sehr verschieden äußern. So kann die Abhängigkeit von Arbeit oder Sexualität oder Kaffeetrinken so erheblich sein, daß der Verzicht zu erheblicher Lebensminderung führen würde. Nahezu alle menschlichen Vollzüge können so lustvoll werden, daß über sie eingeschliffene Bahnen der Lustgewinnung zustande kommen und andere Bereiche zurückgestellt werden.

Im Deutschen unterscheidet man

- Sucht – als eine Form der Abhängigkeit, die zur Selbstzerstörung führen kann, will, wird. Die Selbstzerstörung muß wenigstens unbewußt zugelassen oder in Kauf genommen werden.
- Mißbrauch – als eine Form der Abhängigkeit, bei dem ein Verhalten regelmäßig unvernünftig und eingeschliffen zur Lustgewinnung verwendet wird.
- Gewöhnung – als die Fähigkeit des Körpers, auf regelmäßige Handlungen oder regelmäßig eingenommene Chemikalien mit abnehmender Empfindlichkeit zu reagieren.

Der Mißbrauch kann Vorläufer der Sucht sein.

Welcher Mißbrauch öffentlich geahndet wird, ist weitgehend sozio-kulturell bedingt. So sind in unserer Gesellschaft die mißbräuchliche Verwendung von Alkohol und Nikotin an der Schwelle zur Verurteilung, die von Koffein wird toleriert. Ebenso wird eine ungeordnete Abhängigkeit mit potentiellem Krankheitswert und erheblicher Gefährdung zugelassen oder gar gefördert im Bereich des Arbeitens, Leistens, Anerkennungsuchens, der Partnerbindung (»Treue«). Dagegen wird der regelmäßige Gebrauch von Medikamenten weniger toleriert (selbst, wenn sie an sich nicht süchtig machen).

Als Gründe für das Ausbreiten aller möglichen Süchte kann man etwa folgende Faktoren ausfindig machen (vgl. Huber 1981, 321 f):

- Die Nicht-Bewältigung der durch die fortgeschrittene Industrialisierung erzwungene Form der Interaktionen, des Tempos, der gesellschaftlichen Spielregeln, des Leistungsdenkens ... führt zur Sehnsucht nach einer beliebig verfügbaren Lustquelle.
- Die existentielle Sinnentleerung führt zu einem Versuch, sekundär über Konsum dem Leben Sinn zu geben. Da bietet sich jeder Konsum an, besonders aber der, der scheinbar Sinn gibt (Arbeit, Leistung, Ansehen) oder die Sinnlosigkeit übertüncht (Psychomimetika wie Cannabis, Meskalin, LSD, Opiate und Alkohol, Hypnotika oder Stimulantien wie Fußball oder Fernsehen).

Doch liegen die eigentlichen Gründe vermutlich nicht so sehr an der Oberfläche, sondern sind nur Auslöser einer latenten Suchtappetenz.

2. Das Suchtziel

Süchte haben das Ziel (vgl. Mentzos 1982, 236–241):

- eine unerträglich gewordene Realität zu verleugnen,
- das Selbsterleben künstlich zu verändern,
- mit einem Ersatzobjekt zu verschmelzen.

Die Wahrnehmung des für die Bewältigung der konkreten gesellschaftlichen Anforderungen unzureichend ausgebildeten Selbsts und Ichs führt zu erheblichen psychischen Spannungen, die sich als Desorientierung und als Unfähigkeit, auf »normale« Weise zu einer zureichenden Befriedigung zu kommen, wiedergeben. Suchtverhalten (auch in den gesellschaftlich anerkannten Formen etwa der Arbeitssucht, der Fußballsucht oder der Fernsehsucht, der Abhängigkeit von Kaffee oder Sexualität ...) ist in jedem Fall Symptom für eine schwere pathologische Schädigung der menschlichen Psyche, die sehr früh anzusetzen ist. Diese frühe Fehlstrukturierung des Selbst, das sich nur über die Anklammerung an nichtpersonale Inhalte selbst »heilen« kann, macht auch die Schwierigkeit der Therapie aller Süchte deutlich.

Freud war der (kaum zu begründenden) Meinung, daß Narkotika als Ersatz für mangelnden Sexualgenuß benützt würden (I, 506). Er sieht in ihnen eine Form der Selbstbefriedigung, die ein Mensch wählt, der sich in sozialen Beziehungen nicht zureichend befriedigen und realisieren kann. Er vermutet eine enge Beziehung zu Oralität und Oralerotik. Den Alkoholrausch vergleicht er mit einem manischen Schub, der ihm als institutionalisierte Realitätsflucht erkennbar zu sein scheint.

Gelegentlich kam es zu Deutungen, die in der Sucht eine Kompromißbildung sahen, die das schwache Ich vor Schmerzen und Depressionen schützen soll. So vermutete S. Rado (1929), daß die Unbill der Gegenwart und die Unfähigkeit des schwachen Ich, mit seinen Problemen fertigzuwerden, das Ich auf einen Zustand regredieren ließen, in denen es noch zureichend konflikttüchtig war. Das war die Phase der Oralität. Die Sucht gewährt eine orale Ersatzbefriedigung, wenn andere Befriedigungsformen nicht mehr ausreichen, um die Psyche zu stabilisieren. Zugleich sah Rado schon, daß Süchte auch die Funktion haben, einen narzißtischen Zustand (mit Größenwahn und magischer Wunscherfüllung) herzustellen, bei dem gleichzeitig Organisation und Funktion von Ich und Selbst langsam zerstört werden.

Heute überwiegen Deutungen, nach denen die Verwendung von Suchtmitteln die Funktion hat, den Einsatz jener frühen Abwehrstrategien zu erleichtern, mit denen das Ich das defekte Selbst zu schützen sucht:

- Die Ichgrenzen werden ausgeweitet und gelockert, die Grenzen zwischen Selbstwelt und Objektwelt damit unscharf. Es wird schließlich ein Zustand hergestellt, der dem der oralen Phase ähnelt.
- Das Suchtmittel berauscht und betäubt und führt so zu einer beschränkten Realitätswahrnehmung. Es wird nur der Realitätssektor wahrgenommen, den das schwache Selbst mit seiner Abgrenzung gegen die Objekte erreicht. So wird eine schmerzliche Realität verleugnet. Größenphantasien in dem beherrschten Teil der Objektwelt können das reale Leben erträglicher machen.
- Die Internalisierung des Suchtmittels geschieht meist auf die sehr primitive Weise der Inkorporation. Es kommt zu vollständigen Einbaustrategien, um das Suchtmittel an die Stelle von Selbstdefekten zu setzen und so das Selbst pseudo-stabil zu machen. Die Selbstbedürfnisse werden damit (scheinbar) befriedigt. Das Selbst erscheint intakt.

Das Suchtmittel dient einerseits als Ersatztriebobjekt und andererseits als Ersatzteil, um einen strukturellen Mangel des Selbst zu reparieren. Es vermittelt eine narzißtische Zufuhr, die anderswie nicht erlangt werden kann.

Wie bei vielen narzißtischen Versuchen, das defekte Selbst zu reparieren, ist bei der Sucht das Material ambivalent besetzt. Der Suchtkranke weiß in der Regel, wenn auch verdrängt, daß ihn das Suchtmittel mehr oder weniger schnell zerstört. Ins notdürftig reparierte Selbst wird ein Mechanismus eingebaut, der zum Selbstzerfall führen wird, wenn nicht eine rechtzeitige langdauernde Therapie andere Reparationsmöglichkeiten anbietet. Die wenigstens unbewußt in Kauf genommene Selbstzerstörung ist ein wesentliches Merkmal der Sucht. Der Kranke, auf das Selbstzerstörerische seines Tuns hingewiesen, wird diesen Hinweis entweder verdrängen oder aber akzeptieren, nicht aber sein süchtiges Verhalten ändern.

Der Versuch, über eine Sucht das geschädigte Selbst zu stabilisieren wollen, wird vor allem von Menschen gewählt, die nicht in der Lage sind, anders ihre narzißtische Homöostase aufrechtzuerhalten. Oft geht dem Weg in die Sucht ein längerer verzweifelter Versuch voraus, die narzißtische Homöostase anderswie zu sichern, etwa über mehr Anerkennung, mehr Geborgenheit, Rückzug aus der Gesellschaft, um sich unverwundbarer machen ... Wenn alles vergebens ist, wird zum selbstzerstörerischen Mittel der Sucht gegriffen.

3. Suchttypen

Man wird wenigstens zwei Suchtmuster voneinander unterscheiden müssen:

- Im einen wird die soziale Umwelt in das Suchtverhalten hineingezogen. Sie wird zu einem Teil der Suchtwelt instrumentalisiert.
- Im anderen wird die Unabhängigkeit von jeder Umwelt angestrebt.

Dem ersten Muster begegnen wir nicht selten bei Alkoholsüchtigen. Sie bauen um sich herum eine wohlgeordnete soziale Welt mit wohlverteilten Rollen auf, in deren Mittelpunkt sie stehen. So stabilisieren sie über stabile Rollenzuweisung ihrer Umgebung auch ihr eigenes Selbst. Da ist die Rolle des Helfers, des Ratenden, des Komplizen, des Arztes, des leidenden Partners ... Sie alle helfen unmittelbar durch das Spielen ihrer Rolle mit, die Sucht zu stabilisieren. Nicht selten wird das einzige Mittel auf dem Weg zu einer wirkungsvollen Hilfe sein, diesen Komplex exakt aufeinander abgestimmter Rollen zu zerschlagen, damit den Kranken wieder unter seinem defekten Selbst leiden und ihn so erst ernsthaft therapiefähig werden zu lassen.

Aber auch Arbeitssüchtige bauen sich nicht selten soziale Suchtwelten auf.

Dagegen wählen die meisten Heroinsüchtigen (aber auch LSD-Süchtige) einen anderen Weg. Der Genuß der Droge erlaubt es ihnen, ihre Bindungsängste (Verschmelzungsängste) zu überwinden und sich vorübergehend und ohne jede Verpflichtung für das Morgen an andere Menschen auszuliefern. Nicht selten ist für die Süchtigen dieses Typs der psychische Zustand unter dem Einfluß der Droge das einzige Mittel, aus einer schicksalhaften Einsamkeit auszubrechen und wenigstens vorübergehend den Eindruck zu haben, man würde ernstgenommen, akzeptiert, vielleicht gar geliebt. Denn nur im Zustand des Drogenrausches kann der Süchtige akzeptieren, daß er geliebt wird. Nur wenn sein Selbst durch die Reparatur mit dem Ersatzteil Droge vorübergehend geflickt wird, hält er sich selbst für anerkennenswert, für liebenswert, für erfolgreich.

Seine gesellschaftlichen Bezüge sind abstrakt. Mit konkreten Helfern kann er nichts anfangen. Sie stoßen ihn immer nur mit ihrem Mißverstehen tiefer in seine Einsamkeit.

Es ist offensichtlich, daß beide Formen der Sucht sehr verschiedene Langzeittherapien erfordern. Die Pseudo-Harmonie und Pseudo-Geborgenheit sind bei beiden radikal verschieden. Der Weg in eine realitätsgerechte Erfahrung von Harmonie und Geborgenheit, die beide seit ihrem ersten Lebensjahr nur unzureichend machten, wird sehr verschieden sein müssen.

8. *Die Wahnkrankheit*

In den vorausgegangenen drei Kapiteln haben wir drei Weisen kennengelernt, Defekte des Selbst zu kompensieren. Die folgenden Kapitel seien Versuchen gewidmet, die Selbstdefekte narzißtisch (aber nicht psychotisch) aufzuarbeiten. Es sind alle Abwehrstrategien gemeint, die ein Mensch einsetzen kann, um sich von den als gefährlich oder bedrohlich erfahrenen Objekten zurückzuziehen.

Es ist unter Psychiatern umstritten, ob es eine reine Wahnkrankheit (Paranoia simplex), die nicht zu den Psychosen zählt, gibt. Es ist jedoch unbestritten, daß nicht wenige Wahnkranke nicht prozeßhaft wahnkrank sind, d. h. die Krankheit weitet sich nicht aus (der Wahnbereich bleibt konstant und ist exakt umschrieben). Der Charakter wird durch den Ausbruch nicht affiziert. Es kommt also nicht etwa zu einem weiteren Zerfall des Selbst. Es liegt nahe, in diesen Fällen einen nicht-psychotischen Rückzug aus der Gegenstandswelt anzunehmen und einen Ersatz durch eine Wahnwelt. Dabei muß meist nur ein begrenzter Teil der Gegenstandswelt ausgewechselt werden, nämlich der, der dem Bereich des Selbst entspricht, dem unerträgliche oder unverständliche oder sonstwie nicht integrierbare Objekte zugeordnet werden. Dabei wird der gesamte Rest meist intakt gehalten. Es sind durchaus enge persönliche Bindungen möglich, wenn sie auch oft etwas von der Art narzißtischer Objektbeziehungen an sich haben. Vor allem aber fehlen meist alle primären Symptome der Schizophrenie.

1. Was ist »wahnkrank«?

»Wahn« bezeichnet ein Denken oder ein Vorstellungsgebilde, das sich von der kollektiven Wirklichkeit abgezogen hat. »Kollektive Wirklichkeit« meint die Überzeugung der meisten Menschen innerhalb einer Population, eine Sache verhielte sich so und nicht anders. Wahn kann also nur beschränkt auf objektive Realität bezogen werden. Im Wahn löst sich der Kranke partiell aus der Kommunikationsgemeinschaft des Kollektivs, um einer sozialen Überforderung in Bereichen zu entgehen, in denen er verwundbar ist.

Wahnvorstellungen sind eine subjektzentrierte Form der Interpretation von Realität. Sie können triviale Inhalte angehen, wie etwa die Überzeugung, ein anderer Mensch liefe ständig hinter einem her oder ließe ihn beobachten (Verfolgungswahn), aber auch zu konsistenten sinngebenden Theorien oder Theoriensystemen ausgebaut werden. Man kann vermuten, daß manche Begründer philosophischer oder theologischer Systeme in diesem Sinne wahnkrank waren. Sie dachten gegen die kollektive Rea-

litätsinterpretation – konnten sich aber soweit durchsetzen, daß ihre Interpretation zumindest toleriert wurde.
Doch darf man die Wahnkrankheit nicht zu stark sozialisieren. Sie hat einen realen Kern: Sie will abwehren. Deshalb ist sie – unabhängig von späterer Akzeptanz – feststellbar in ihrer strengen Subjektzentriertheit, die einen Erfahrungsbereich aus der kritischen Kommunikation herausnimmt.
Dem Kranken ist gar nichts an der Akzeptanz seiner Vorstellungen durch andere gelegen. Er will vielmehr in einigen Sektoren von ihnen in Ruhe gelassen werden, indem er ihnen unverständliche und für sie nicht-akzeptable Interaktionsangebote macht.
Das soll nun nicht bedeuten, daß der Wahnkranke seinen Wahnkomplex nicht in seine »gesunden« Vorstellungsbereiche integrieren könnte oder wollte. Das kann er in aller Regel, wenn die Krankheit lange genug anhält, und er nicht andere, wirkungsvollere Abwehrstrategien entdeckt und entwickelt. Das kann zur Folge haben, daß auch die Nahtstellen zwischen Wahnzonen und wirklichkeitsgetreuen Bereichen eigentümlich entstellt erscheinen. Spricht man also etwa einen Verfolgungswahnkranken auf ein Thema an, das mittelbar seinen Verfolger betrifft, wird zwar die Kommunikation noch verständlich sein, aber sie erscheint verarmt und stereotyp zu verlaufen.
Wahnbereiche sind – unabhängig von der allgemeinen Akzeptanz – leicht auszumachen:

- In ihnen ist die Fähigkeit, die Meinung zu ändern, sehr begrenzt.
- Ihnen können keine Erfahrungen widersprechen. Diese werden also entweder eingebaut oder abgewehrt.
- Entgegengesetzte Meinungen werden nur schwer ertragen.
- Die Selbstkritik ist beschränkt.

Der Wahnkranke scheint im Bereich seiner Wahnorganisation unfähig zu sein, sich in das Denken anderer einzufinden.
Offensichtlich sind nicht wenige normalgesunde Menschen partiell wahnhaft gestört. Wenn und solange sie aber nicht von anderen deshalb aus der Kommunikationsgemeinschaft entlassen werden, leiden sie nicht darunter – im Gegensatz zum eigentlich Wahnkranken, der den partiellen Ausschluß aus der Kommunikationsgemeinschaft gerade (unbewußt zumeist) anstrebt. In nahezu allen Kompromißbildungen sind Wahnelemente aufweisbar, doch nur selten wirken sie pathologisch.
Menschliches Denken hat die Funktion, optimale Realitätsdichte zu sichern. Ist die Anpassungsaufgabe kompliziert, wird eine Menge an Informationen benötigt, die nur kommunikativ gegeben werden kann. Um diese Funktion erbringen zu können, muß das Denken von der Intention

geleitet werden, diese Realitätsdichte herzustellen. Es muß also versuchen, realitätsdicht einzuordnen, zu erklären und zu verstehen. Das sind die drei wichtigsten Funktionen des Denkens. Abgesehen davon, daß der Wahnkranke von diesen Funktionen ungewöhnlichen und selektiven Gebrauch macht, stellt er dem Denken noch eine vierte Aufgabe: Es hat neue Sachverhalte zu schaffen. So schafft es etwa Wahntatsachen wie Verfolgungsszenen oder unerfahrbare Gegenstände wie geheime Sender oder bestandene Prüfungen.

Wenn es dem Wahnkranken gelingt, seinen Wahnkomplex in die gesunden Anteile zu integrieren, können seine Erzählungen ausgesprochen plausibel klingen, so daß sie selbst von geschulten Therapeuten schwer entlarvt werden können. Da hilft mitunter nichts anderes als weiteres Nachprüfen.

Hat man jedoch eine Wahnvermutung, kann man den Wahninhalt bezweifeln und an der unvergleichlichen subjektiven Gewißheit und strengen Unkorrigierbarkeit die Vermutung bestätigen. Der Wahnkranke erregt sich nicht oder nur wenig, wenn man ihm widerspricht (im Gegensatz zu Gesunden, die ihre Wahninhalte auch in der Kommunikation akzeptiert wissen wollen), denn der Kommunikationsausschluß ist der Sinn des pathologischen Wahns. Oft werden Einwände einfach mit der Bemerkung zurückgewiesen: »Ach lassen Sie das doch!«

Die Gewißheit vom Zutreffen eines Sachverhalts ist nicht an einen Affekt gebunden. Die »normale Eifersucht« ist ein höchst affektreiches Geschehen. Hört der Affekt auf, endet auch die Vorstellung von der Untreue. Nicht so beim Wahnkranken. Sein Affekt ist weniger heftig und die ihm zugrundeliegende Vorstellung ist nicht an ihn gebunden.

Bei der schizophrenen Paranoia werden dem Wahn die eigenen Programme und Lebensentwürfe angepaßt, bei der einfachen Paranoia werden sie nicht handlungsrelevant. Sie haben nur eine negative Kommunikationserheblichkeit. Von depressiven Wahnvorstellungen (oder auch manischen) unterscheiden sie sich durch das Fehlen starker affektiver Betroffenheit.

Verwendet der Wahnkranke seine Kritikfähigkeit weitgehend dazu, seine Wahnwelt aufrechtzuerhalten, ist eine psychiatrische Behandlung (Pharmakotherapie) dringend angezeigt. Eine stationäre Behandlung dürfte nur sehr selten nötig sein.

2. Die Wahnthemen

Die häufigsten Wahnthemen sind:

- Menschliche Beziehungen (solche der Liebe, des Hasses, der Verfolgung).

- Verfolgungen (Beeinträchtigungen, Beschuldigungen, Verleumdungen, Bloßstellungen, Eifersucht).
- Identität (Abstammung, Bedeutung, Funktion, Amt, »Größenwahn«).
- Krankheiten.

Man unterscheidet:

- Katathymer Wahn, wenn der Wahnbereich eine emotional besetzte Zone betrifft und das auslösende Ereignis noch andauert (Strafe für Masturbation etwa).
- Holothymer Wahn, wenn der Wahn nicht an ein konkretes emotionsbesetztes Ereignis gebunden ist.
- Systematischer Wahn, wenn die Wahnarbeit den Wahnbereich logisch organisieren konnte.

Letzteres ist nur möglich, wenn der Wahn schon einige Zeit andauert, kein Zerfall des begrifflichen Denkens (wie bei schizophrenen Wahnkrankheiten nicht selten) den Wahn aus der intellektuellen Behandlung herausnimmt und nicht rechtzeitig behandelt wird.
Vom sensitiven Wahn spricht man, wenn zwar reale Situationen wahrgenommen, aber fehlinterpretiert werden. Diese Wahnform ist meist harmlos, kann jedoch schwerwiegendere Wahnformen einleiten.

3. Ausbruch der Wahnkrankheit

Wahnkrankheiten kommen besonders häufig zum Ausbruch

- in der Mittlebenskrise, wenn eine Neuinterpretation des eigenen Lebens oder eine neue Sinngebung angefordert ist, der das Selbst nicht gewachsen ist,
- im Zusammenleben mit einem stark dominierenden Partner, um so das Selbst vor der Überflutung durch den Partner zu schützen,
- in Phasen längerer Isolation, in denen eine Korrektur an der kollektiven Wirklichkeit nicht möglich ist, um ein pseudoreales Pendant zur eigenen Objektwelt aufzubauen, das der Selbstwelt entspricht,
- in schweren Verlustsituationen, um die Besetzung des Verlorenen auf einen neuen Sachverhalt umzuleiten,
- in Perioden schwerer Sinnlosigkeitserfahrung, um sich mit dem Setzen von Sinn, auch da, wo keiner ist, in einer sinnvoll eingerichteten Welt weniger fürchten zu müssen.

Es sind Spontanheilungen nicht selten, wenn der wahnauslösende Anlaß nicht mehr gegeben ist. Das Ich kann dann andere – unauffälligere – Abwehrstrategien wählen, um das gefährdete Selbst zu schützen.

4. Worauf man beim Umgang mit Wahnkranken achten sollte

Da die Gegenübertragung im allgemeinen von Angstbesetzung in der Begegnung mit Wahnkranken bestimmt ist, die sich in deutlichem Widerwillen zeigt, sich mit Wahnthemen auseinanderzusetzen, ist zunächst einmal wichtig, die Wahnthemen ernstzunehmen. Der Wahnkranke setzt subjektive Wirklichkeit, die ähnlich realitätsbezogen sein kann wie die eigene, wennschon sie von kollektiven Überzeugungen abweicht. Er ist in jedem Fall ernstzunehmen.

Ferner ist zu beachten, daß viele Wahnkranke durch ihre Lebenserfahrung dazu gebracht worden sind, mißtrauisch und feindselig zu sein, weil sie oft erlebten, daß man sie nicht ernstnahm oder psychisch ausbeutete.

Viele neigen auch – aus dem gleichen Grund, der zur Abwehr durch Wahn führte – dazu, fast alles negativ auf sich zu beziehen. Sie haben gelernt, daß ihnen die Mitwelt feindlich gegenübersteht, und tendieren deshalb dazu, vorsichtig zu taktieren und anderen gegenüber kritisch zu sein. Mitunter kommt dazu eine starke Neigung, Projektionsmechanismen zu verwenden und alle die genannten Eigenschaften somit beim Partner zu bemerken.

Nicht wenige Wahnkranke wirken nach außen hart, zäh und kompromißlos. Tatsächlich suchen sie aber Hilfe, um aus ihrer Isolation herauszukommen, damit sie einen Menschen finden, der sich ihrer annimmt.

Für den Umgang mit Wahnkranken gelten (für den Laien) folgende Regeln:

(1) Sprechen Sie von sich aus nicht das Wahnthema an.

(2) Lassen Sie sich nicht in den Wahn einbeziehen etwa als Verfolger, Liebhaber, Beeinträchtiger, Bandenmitglied ...

(3) Achten Sie darauf, daß der Kranke, insoweit fachärztlich verordnet, regelmäßig seine Medikamente nimmt.

- Hüten Sie sich, erstmals auftretende Wahnvorstellungen zu ernst zu nehmen. Erschrecken Sie nicht, sondern versuchen Sie, sie zu ignorieren. Behalten Sie Ihre Interaktionsangebote nach Häufigkeit, Form und Inhalt bei. Sie können ein Bezugsrahmen sein, der es dem Kranken ermöglicht, die Abwehrstrategie »Wahn« als unnötig beiseite zu legen.
- Prüfen Sie, ob die Wahnvorstellungen nicht vielleicht exogen bedingt sind, also etwa an die Einnahme von Drogen oder episodisch an bestimmte vorübergehende Belastungen gebunden sind (Schwangerschaft, Geburt, Stillen eines Kindes). In diesem Fall nehmen Sie sie ernst, beachten sie aber nicht weiter.

9. Die Depression als narzißtische Abwehr

Der Basiskonflikt einer Depression, die die Funktion hat, eine narzißtische Traumatisierung abzuwehren, kann bei Menschen vorausgesetzt werden, die neben ihren depressiven Symptomen eine erheblich-labile narzißtische Homöostase verteidigen. Sie waren einmal von Selbstobjekten extrem abhängig und schaffen sich deshalb Ersatz für solche Selbstobjekte, die ihr Verlangen nach Widerspiegelung und Vorbild nicht befriedigten. Sie entwickeln extreme Anlehnungsstrategien. Zudem reagieren sie außerordentlich empfindlich auf alles, was als kränkend empfunden werden könnte.

In ihrer Kindheit fehlte ihnen oft die Möglichkeit, durch altersentsprechende Internalisierung realitätsgerecht libidinös besetzte innere Objekte aufzubauen. Das war nicht möglich, weil entsprechende Gegenstände entweder fehlten oder ambivalent besetzt waren. Da die Objektwelt fragmentarisch blieb, konnte auch nur eine auf sie bezogene fragmentarische Selbstwelt aufgebaut werden. Diese ist ausgesprochen labil und stets durch innere und äußere Angriffe gefährdet.

Ein so gestörter Mensch ist nicht in der Lage, Verluste seiner ohnehin gering ausgestatteten Objektwelt oder Verluste in seiner labilen Selbstwelt, wie sie durch Mißerfolg, Kränkungen, Kritiken entstehen, durch Trauer oder normale kompensatorische Techniken zu überwinden. Schon der geringste Verlust in Objekt- oder Selbstwelt geht existentiell an die Substanz. Er ist genötigt, zu minderwertigen Lösungen zu greifen. So sucht er Stabilisierung durch äußere Gegenstände (Personen, Eigentum, Anerkennung, Leistung ...). Die damit errichtete Konstruktion ist jedoch durch jeden kleinen Verlust in dieser Ersatzwelt, die die Defizite in den primären Welten kompensieren soll, außerordentlich gefährdet. Ist solche Gefahr nicht abzuwenden, kommt es zu einem Rückzug auf die Depression als einer Art institutionalisierter Trauer, die aber zur eigentlichen Trauerarbeit unfähig ist, da die Welt der Objekte und des Selbst zu arm sind, um den Verlust durch eine reife Teilidentifikation mit dem Verlorenen zu kompensieren.

Die neurotische Autoaggression spielt bei diesen Depressionen keine Rolle. Das wird deutlich, wenn solche Patienten einen Suizid-Versuch wagen. Sie verstehen den Suizid als aktive Vorwegnahme einer befürchteten (narzißtischen) Katastrophe und erwarten durch ihn Entlastung, Rettung gar. Der narzißtische Depressive wählt die Selbsttötung als Rückzug in einen Zustand, in dem er nicht mehr die Mühsal und Gefahren des ständigen Kampfes gegen die wachsende Entropie, den Zerfall der Ordnung, kämpfen muß. Er will sich wieder mit dem Urkosmos vereinigen. Er sucht die frühe Harmonie, die schon bald nach der Geburt zerstört wurde, in einer Welt, in der es keine Kränkungen und Verluste gibt (Vgl. Mentzos 1982, 187–189). Der von Freud bedachte »Todestrieb« dürfte hier real werden. Er hat den Zweck, sich aus einer das labile Selbst gefährdenden Welt depressiv zurückzuziehen. Und wenn es nicht anders geht – bis in den Tod.

Allgemein ist festzuhalten, daß alle psychotischen Symptome (neben dem Wahn also auch die Entwicklung eines schizoiden Charakterpanzers, der Menschen kalt und ungesellig, intellektualisierend und introvertiert erscheinen läßt oder die Ausbildung von Borderline-Symptomen dazu dienen können, eine solche Distanz gegen die Umwelt zu schaffen, daß ein Schutz gegen sie möglich wird, in dessen Hut das schwache Selbst frei von gefährlichen Anfeindungen existieren und überleben kann.
Darüber hinaus dienen auch die Abwehrtechniken der Hyperthymie oder der Hypochondrie diesem Zweck.

10. Die Hypochondrie

Der hypochondrische Patient sorgt sich ständig und übermäßig um seine Gesundheit. Er beobachtet ständig seinen Körper und dessen Funktionen, um Störungen und lebensgefährliche Erkrankungen zu entdecken. Im extremen Fall kommt es zu wahnhaften Befürchtungen, man sei schwer herzkrank, habe Krebs oder Lues. Diese Befürchtungen können nur vorübergehend durch Gegenargumente abgebaut werden. Er wandert nicht selten von Arzt zu Arzt, bis er einen findet, der seine Diagnose bestätigt. In leichteren Fällen geht es um die ständige Beschäftigung mit geringeren Beschwerden (Herzklopfen, Verstopfung, Kopfschmerzen ...).
Da der hypochondrische Patient in der Gegenübertragung oft als Simulant oder überempfindlicher Querulant wahrgenommen wird, ist die Beschäftigung mit seiner Krankheit nicht sonderlich beliebt. Das gilt auch für die Theorie.
Freud vermutete, daß es sich um einen narzißtischen Rückzug handle, bei dem Objektlibido auf den eigenen Körper und sein Wohlbefinden gelenkt würde. Doch ist man heute meist der Meinung, diese Theorie sei zu wenig differenziert, um das Phänomen der Hypochondrie zureichend zu deuten (vgl. Mentzos 1982, 191–195).
H. Sullivan vermutet, daß es sich bei der Hypochondrie um eine Abwehrstrategie handle, in der der Kranke seine übertriebene Selbstbeobachtung dazu verwende, konfliktträchtige kommunikative Situationen zu meiden und so die Angst abzuwehren, Konflikte könnten sein schwaches Selbst überfordern.

Wie bei allen psychisch bedingten somatischen Symptomen oder der Überzeugung, unter solchen zu leiden, besteht die Vermutung zu Recht, daß es sich um ein verschlüsseltes kommunikatives Angebot, über die Körpersprache vermittelt, handelt. Das gilt im Prinzip sowohl für die psychosomatischen Krankheiten, die Konversionshysterie, als auch für die Hypochondrie.

Worin aber unterscheiden sich Konversionshysterie und Hypochondrie? Wie noch zu zeigen sein wird, arbeitet die hysterische Abwehr mit reifen Formen der Internalisierung (mit Identifikationen), während die hypochondrische unreife (Introjektionen) bevorzugt. Der Hysteriker identifiziert sich mit seiner Inszenierung, der Hypochonder entdeckt die Krankheit als einen Feind in seinem Körper. Damit wird die Hypochondrie zu einer Art »körperlichem Wahn«, insofern der Hypochonder nach Krankheiten ähnlich sucht, wie ein Wahnkranker nach versteckten Mikrophonen oder geheimen Verfolgern.

Offenbar verbindet die hypochondrische Abwehr die narzißtische Besetzung des eigenen Körpers mit Aggressivität. Der Hypochonder will etwas in seinem Körper bekämpfen können. Er projiziert den nicht-integrierten Zustand seines Selbst in seinen Körper und entlastet so das Ich in seinen Bemühungen, ein intaktes Selbst zu sichern.

Übrigens sind bei beiden psychischen Abwehrstrategien keineswegs nur körperliche Symptome von Interesse. Es können auch psychische sein. Psychische Krankheiten können hysterisch imitiert und hypochondrisch befürchtet werden. Es gibt nicht wenige in ihrem Selbst gestörte Menschen, die befürchten (wenigstens gelegentlich), sie würden geisteskrank, könnten ihr Gedächtnis verlieren oder sich selbst töten.

Der Hypochonder ist darauf angewiesen, die Defekte seines Selbst und die daraus erwachsenden Befürchtungen und Erfahrungen der Destruktion irgendwie unterzubringen und das tut er, indem er eifrig (manchmal gar hektisch) nach Krankheiten sucht – und welche zu finden meint. Seine namenlosen Ängste erhalten den Namen einer Krankheit, seine diffusen Aggressionen ihr Objekt. Jetzt hat der Hypochonder etwas, woran er sich halten kann. Das Unheimliche hat einen Namen und ist aus dem Unbegreiflichen in das Begriffliche abgewehrt worden. Seine Krankheit erlaubt es ihm, zu sagen, wer er ist.

Ähnlich wie der Hysteriker kann der Hypochonder aus seiner Krankheit einen weiteren (sekundären) Gewinn ziehen: Seine Beschwerden werden von der Mitwelt wahrgenommen und fordern Rücksicht, vielleicht gar Zuwendung. Zudem kann er aggressive Strebungen in seinen Körper abführen (als Sorge) und so soziale Aggressionen vermeiden, die an sich auch zur Abfuhr der in der Selbst-Schwäche begründeten mangelnden eindeutig-libidinösen Besetzung des Selbst geeignet wären.

Eine für die Begegnung mit Hypochondern wichtige Einsicht ist die Reaktion in der Gegenübertragung. Wählt mich ein Hypochonder als Kommunikationspartner, reagiere ich mit dem Gefühl, daß er seine somatischen und/oder psychischen Gegebenheiten falsch einschätzt, während sich in der Begegnung mit einem Hysteriker schnell Ärger einstellt.
Das hypochondrische Syndrom bedarf einer genauen diagnostischen Abklärung, die nur der Facharzt leisten kann. Es kann reaktiv-neurotisch bedingt sein. Es kann auch verschiedene Psychosen begleiten oder, wie hier abgehandelt, eine Abwehrstrategie zum Schutz eines defekten Selbst sein. In allen Fällen ist eine andere Therapie angezeigt.
Früher bezeichnete man die hier behandelte Störung als »hypochondrische Psychopathie«. Nachdem aber die psychoanalytische Theorie den Komplex dessen, was man einst unter »Psychopathie« zusammenfaßte und nicht verstand – oft als angeboren und nicht therapierbar behauptete –, aufknüpfen und wenigstens partiell erklären konnte (etwa als narzißtische Kompensation oder Abwehr), sollte der sehr negativ besetzte Name »Psychopath« nicht mehr verwendet werden.
Typisch für die hier behandelte Hypochondrie ist ein gestörtes Verhältnis zum eigenen Körper, das auf sehr frühe Defizite der positiven Besetzung des Körper-Selbst zurückgeht. So ist nicht verwunderlich, daß sie sich gelegentlich mit dem Borderline-Syndrom vermengt. In der Hypochondrie tritt an die Stelle der Körperempfindung (etwa eines leichten Unwohlseins) die Körperwahrnehmung (P. Schilder). Anstelle der Körper-Selbst-Empfindung tritt die infantile Körper-Selbst-Wahrnehmung, als deren Rest die entsprechende Empfindung beim reifen Selbst angesehen werden kann.
Aber auch die Ich-Funktionen sind betroffen. Insofern das Körper-Selbst auf einem archaischen Zustand fixiert bleibt, steht dem Ich nur eine begrenzte Menge von Abwehrtechniken zur Verfügung, die zudem körperbezogen sein werden.

11. Die Hyperthymie

Einstmals nannte man Hyperthymiker »hypomanische Psychopathen« und wollte damit auf ihre nahezu ständig erhöhte und durch nichts ins Wanken zu bringende heiter-optimistische Stimmung und ihre gesteigerte Betriebsamkeit hinweisen. Sie galten als oberflächlich, unkritisch, haltlos, zügellos, unberechenbar in ihren Kontakten. Heute versteht man unter Hyperthymie einen Abwehrmodus, der ein defektes Selbst stabilisieren und vervollständigen soll.

Hyperthymiker verwenden die Abwehrtechnik der Verleugnung. Sie aktualisieren ihr »Größen-Selbst« (H. Kohut) in gesteigerter Betriebsamkeit und unerschütterlicher Heiterkeit. Beide Strategien können, wenn sie als Vitalität und Antriebsstärke nicht zur Abwehr verwendet werden, ausgesprochen fruchtbar sein. Hier aber werden sie eingesetzt, um Ängste und Depressionen, die vor den Türen des Ich lauern, abzuwehren. Nicht selten wählen Hyperthymiker, wenn Antrieb und Vitalität nachlassen, depressive Abwehrtechniken. So kann es zu Wechselbildern kommen, bei denen strahlender Optimismus unversehens von tiefer Traurigkeit abgelöst wird.
Der Hyperthymiker ist vom vitalen, antriebsstarken Menschen leicht zu unterscheiden, weil er nicht eigentlich befriedigende Sozialkontakte aufbaut, sondern schnelle oberflächliche und uneigentliche Beziehungen. Die der Hyperthymie eigene Kontaktfreudigkeit will eigentliche Beziehungsaufnahmen vermeiden. So beweist sie ihren Charakter als Selbstschutz. Alle Kontakte haben die Funktion, das eigene große Selbst zu bestätigen. Es entlarvt sich so als defekt.

Damit wollen wir die eher den Charakter betreffenden psychischen Störungen verlassen und uns den eigentlichen Neurosen zuwenden. Es ist bislang noch nicht gelungen, einen allgemein akzeptierten Begriff von »Neurose« zu definieren. Es seien deshalb zwei Definitionen angeboten, die das hier Gemeinte annähernd beschreiben (vgl. Hoffmann 1979, 3): Neurosen sind mißlungene Verarbeitungs- und Lösungsversuche unbewußter, ihrer Herkunft nach infantiler Konflikte, die durch eine auslösende Situation reaktiviert werden, ohne daß adäquate Techniken zur Verfügung stehen, sie zu lösen, sondern immer noch inadäquate Strategien verwendet werden, deren Grundmuster internalisiert wurde.
Neurosen sind Lösungsversuche unbewußter Triebimpuls-Abwehr-Konflikte mit unteroptimalem Ausgang.
Die Welt-Gesundheits-Organisation (WHO) versteht »Neurosen« als psychische Störungen ohne nachweisbare somatische Grundlage, in denen der Patient eine beträchtliche Einsicht und eine ungestörte Realitätswahrnehmung haben kann und im allgemeinen seine krankhaften subjektiven Erfahrungen und Phantasien nicht mit objektiver Realität verwechselt (und sich so von Psychotikern oder narzißtisch gestörten Persönlichkeiten unterscheidet). Das Verhalten kann stark beeinträchtigt sein, obwohl es im allgemeinen innerhalb sozial anerkannter Grenzen bleibt (im Gegensatz zu den pervers Gestörten). Die Persönlichkeit bleibt erhalten (im Gegensatz zu den Schizophrenen). Die wesentlichen Störungsmerkmale sind: Angst, hysterische Symptome, Phobien, Zwangssymptome und Depressionen.

Diese »amtliche« Definition ist weniger ertragreich, da sie neurotische Symptome nur gegen anders geartete abgrenzt und nicht sagt, was denn »Neurose« sei. Wie schon gesagt, ist eine Abgrenzung von Symptomen oft theoretisch-akademisch. In der Praxis tauchen kaum Symptomneurosen auf, bei denen nicht auch narzißtische Abwehrtechniken oder Kompensationsversuche beobachtet werden können. Zudem ist eine eindeutige Bestimmung, welche Neurose denn nun vorliege, oft schwer zu treffen. Man wird sich an den auffälligsten Symptomen orientieren.

1. Erlebnisreaktive Entwicklungen (Huber 1981, 274–297)

Unter einer »Erlebnisreaktion« versteht man eine sinnvoll-motivierte, unmittelbar-gefühlsmäßige Antwort auf ein psychisches Erlebnis. Die Reaktion steht also in einem sinnvollen Zusammenhang mit dem sie auslösenden Erlebnis. *Abnorme* Erlebnisreaktionen weichen nach Intensität, Dauer und Weise vom üblichen Durchschnitt ab. Zur ungewöhnlichen Intensität gehört auch das Merkmal, daß geringfügige Auslöser zu heftigen Reaktionen führen. Die Reaktionstoleranz ist also gering. Da alle Neurosen Reaktionen erlebnisreaktiver Art sind, ist es wichtig, das auslösende Ereignis zu kennen.
Erlebnisreaktionen sind Trauer, Schreck, Angst, Wut, Zorn, Ärger, Scham. Einige sind unabhängig vom Charakter des Reagierenden (wie Trauer und Schreck), andere sind charakterogen (wie Wut und Eifersucht). Meist verbinden sich psychische Reaktionen mit körperlichen Abläufen. Bei neurotischen Erlebnisreaktionen ist zudem zu beachten, daß sie durch die gesamte Lebenserfahrung mitgeprägt und vorgebahnt sind. Wichtig und diagnostisch erheblich ist jedoch die prinzipielle Verständlichkeit der Reaktion. Diese fehlt bei psychotischen Erkrankungen. Einfache Erlebnisreaktionen klingen zumeist schnell wieder ab. Neurotische Reaktionen können jahrelang, mitunter gar viele Jahrzehnte andauern und einen Menschen schwer beeinträchtigen.
In gewisser Hinsicht stehen zwischen den unmittelbaren einfachen Erlebnisreaktionen und den neurotischen Erlebnisreaktionen die erlebnisreaktiven Entwicklungen. Hierher gehören Reaktionen, die einen Entwicklungsprozeß in Gang setzen, weil sie eine dauernde *bewußte* Konfliktsituation begleiten. So kann ein körperliches Leiden oder die Erfahrung eines intellektuellen Mangels eine Persönlichkeitsentwicklung in Gang halten. Es kommt zu psychoreaktiven Persönlichkeitsveränderungen, die sich in veränderten Einstellungen, Sinngebungen, ja Lebenskonzepten niederschlagen werden.
Solcher Persönlichkeitswandel kann leicht durch Extrembelastungen (andauernde Todesfurcht, andauernde Verfolgung) ausgelöst werden.

Abnorm ist eine Erlebnisreaktion besonders, wenn sie in eine psychische Entwicklung einmündet, bei der die psychotraumatische Situation oder ihr Zusammenhang mit dem augenblicklichen Leidenszustand mehr oder weniger abgewehrt wurden und nicht bewußt sind. Diese Abwehr kann zu psychischen und oft auch somatischen Symptomen führen.
Abwehrprozesse haben die Funktion, die Psyche zu stabilisieren. Selbst um den Preis neurotischer Symptome. In Einzelfällen können diese nicht nur in Kauf genommen, sondern Instrument der Stabilisierung werden. In beiden Fällen sind die Symptome nur aufzugeben um den Preis einer (wenigstens vorübergehenden) psychischen Labilisierung. Dagegen wehrt sich in der Regel die Psyche (und mit ihr der Neurotiker). Die Neurose hilft ihm, in einer psychischen und sozialen Situation zu überleben, der er sonst nicht gewachsen wäre. Sie hat also einen durchaus positiven Wert im Kampf ums Dasein. Sie wird allerdings erkauft durch mangelnde Lebensfreude, mangelnde Vitalität, mangelnde Genußfähigkeit, mangelnde Bindungsfähigkeit ... und andere gravierende Zustände, unter denen ein Mensch leiden kann. Dieses Gemisch aus Krankheit und Sicherung der Psyche führt meistens zu einem ambivalenten Verhältnis des Neurotikers zu seiner Krankheit. Er benötigt sie und leidet unter ihr zugleich. Er möchte sie aufgeben und kann es nicht. Man spricht hier von »primärem Krankheitsgewinn«, der ambivalent besetzt ist.
Willensmäßige Anstrengungen und guter Wille können neurotische Symptome nicht heilen. Es ist also falsch, Neurotikern so etwas wie Charakterschwäche zu unterstellen.
Bei den meisten Menschen gibt es Komplexe von Erlebnisreaktionen und von durch sie ausgelösten Einstellungen und Entwicklungen, die nicht in das Gesamte der Persönlichkeit integriert sind und dennoch ihr Handeln (über unbewußte Motivationen etwa) maßgeblich beeinflussen. Über die Prozesse unseres Ubw haben wir keine Verfügungsgewalt. Da Neurosen über solch unbewußte Prozesse gesteuert und aufrechterhalten werden, stehen sie nicht zur Disposition des Neurotikers.
An der Ausbildung von neurotischen Symptomen sind in aller Regel eine Fülle von Faktoren beteiligt. Hierher gehören etwa:

- konstitutionelle Vorgegebenheiten,
- ererbte Dispositionen
- individuelle Lebensgeschichte,
- kindliche Erfahrungen und Konflikte,
- sozio-ökonomische und sozio-kulturelle Gegebenheiten,
- mitunter auch frühkindliche Hirnschäden.

Für das Entstehen einer Neurose sind jedoch innerpsychische Konflikte, die nicht gelöst und deshalb auch nicht beendet werden konnten, verantwortlich und nicht etwa äußere Belastungssituationen, die allenfalls die Symptome so verstärken, daß sie allgemein auffällig werden, oder zu einer Festlegung auf ein Symptom führen. Die Vermeidung äußerer Belastung ist also ebensowenig therapeutisch sinnvoll wie das Ausbrechen aus Belastungssituationen. Neurosen können so weder vermieden noch geheilt werden. Im Gegenteil: Vieles spricht dafür, daß eine starke Belastung mit normal-starken erlebnisreaktiven Emotionen (etwa in einem harten Survival-Training), die Ausbildung spezifisch neurotischer Symptome ersparen kann. Der ungelöste Konflikt kann zwar so nicht gelöst werden, doch kann der »Kampf ums Überleben« zu anderen als neurotischen Strategien führen. Der genuine Feind der Menschen ist nun einmal die Natur und nicht die von Menschen geschaffenen kulturellen, sozialen, ökonomischen, moralischen Verhältnisse. Im Kampf ums Überleben in der Kulturwelt kommt es zu ungelösten und später dann – weil institutionalisiert ins psychische System – zu unlösbaren Konflikten, die sich in neurotischen Symptomen vorstellen.

Nur wenn der Konflikt bewußt bleibt (etwa in der Verschiebung oder Sublimation), besteht eine reelle Chance, ihn noch zu lösen, oder aber zu lernen, mit ihm zu leben und die Konfliktspannung zu ertragen. Verschwindet er aber abgewehrt, ist diese Chance vertan. Er muß erst wieder im Rückgängigmachen der Abwehrprozesse bewußt werden, um ertragen oder gelöst zu werden.

Das soll nicht bedeuten, daß nicht auch hirnorganische Veränderungen oder frühkindliche Hirnverletzungen zu Symptomen führen können, die denen einer Neurose verblüffend ähneln. So liegen bei progressiven Zwangskrankheiten öfters Basalgangliensyndrome vor. Für die Praxis bedeutet das, daß stets eine genaue Untersuchung erfolgen muß, ehe man von Neurose sprechen kann.

2. Die Psychoneurosen

Psychoneurosen sind Neurosen bei denen das Ich ausgereift und gut entwickelt ist. Es kann reife Abwehrmechanismen einsetzen, um mit dem zugrunde liegenden Konflikt fertig zu werden. Darin unterscheiden sich Neurosen von Psychosen oder frühen narzißtischen Störungen. Die neurotische Ich-Störung oder Ich-Schwäche ist entweder nur sehr begrenzt oder aber sekundär besorgt, weil etwa durch starke Gegenbesetzungen Verdrängungen aufrechterhalten werden müssen. Die Realitätsprüfung wird aufgrund dieser Regulation durch ein starkes Ich im wesentlichen nicht beeinträchtigt. Eventuelle Beschränkungen (wie etwa die ungenaue Realitätsprüfung bei vielen Phobien) sind vergleichsweise gering. Psychoneurosen sind also nicht durch spezifische Symptome definiert, sondern durch die neurotogenen Abwehrstrategien eines reifen Ich. So zeigen viele Patienten eine Mehrzahl von Symptomen, die eine Zuordnung zu mehreren Neurosen nahelegen würde (etwa gleichzeitig Zwänge und Phobien). Doch hat sich eingebürgert, das zu Behandlungsbeginn auffälligste Symptom zu Behandlungsbeginn zu wählen, um einer konkreten Neurose einen Namen zu geben.

Neben dem Hauptsymptom gibt es neurotische und nicht-neurotische Nebensymptome, die nahezu jede Neurose begleiten. Häufige Nebensymptome sind:

- Ambivalenzen und Verunsicherungen im emotionalen Bereich,
- Störungen des Antriebs, der Konzentrationsfähigkeit, der Arbeitslust,
- Hemmungen im sozialen Kontakt,
- Verstimmungen.

Die Diagnose umfaßt stets wenigstens drei Bereiche (vgl. Hoffmann 1979, 69 f):

- die Art der wahrnehmbaren Symptome,
- die Art und den Inhalt des ursprünglichen Konflikts und der bevorzugten Abwehrstrategien sowie der Persönlichkeitsveränderung,
- die Art und den Umfang der sozialen Beziehungen, des Sozialverhaltens und des sozialen Status.

Im Folgenden werden wir so verfahren, daß wir die Darstellung nach neurotischen Leitsymptomen gliedern. Die Beschreibung soll das weitgehend Nicht-Bestrittene darstellen und auf das Wesentliche beschränkt bleiben.

12. Neurosen mit ausgeprägter Angstentwicklung

In Anlehnung an Hoffmann (1979, 71–88) fassen wir in diesem Kapitel folgende Neurosen zusammen:

- die Angstneurose,
- die phobischen Neurosen,
- die Herzneurose,
- die hypochondrischen Neurosen.

Ihnen allen ist gemeinsam, daß der Versuch, Angst abzuwehren oder zu vermeiden, wenigstens teilweise mißlungen ist, so daß Angst als Leitsymptom typisch ist.

1. Die Angstneurose

Diese Neurose ist charakterisiert durch eine ständige Angst vor nahezu allem und jedem. Gelegentlich erscheint diese Angst panikartig gestei-

gert. Solche universelle Angst findet sich mitunter auch bei Borderline-Patienten (Pan-Angst). Auch bei der Einnahme von LSD oder vergleichbaren Drogen, kann es zu Zuständen frei flottierender Angst kommen.
Der Angstneurose liegt eine massive Ich-Schwäche zugrunde, insofern das Ich nicht in der Lage ist, mit Ängsten umzugehen und Angst vor der Angst entwickelt. Auch ist es nicht fähig, Angst abzuwehren. Die quantitative Reduktion der Angst, sonst durch die neurotische Abwehr allgemein erreichbar, versagt. Das ist der Grund, warum viele Autoren die Angstneurose nicht zu den eigentlichen Psychoneurosen rechnen, sondern unter den Psychosen abhandeln.
Die Angstneurose wird oft ausgelöst durch eine schwere psychische Verwundung (etwa einen Verkehrsunfall, einen persönlichen Verlust ...). Die diffuse Angst, die in solchen Situationen alle Menschen ergreifen kann, wird aber nicht bald wieder abgebaut, sondern bleibt – wenn auch gemindert – erhalten.
Bei den meisten Angstneurotikern ist das allgemeine und durchhaltende Angstniveau erträglich, doch kommt es zu häufigen Angstanfällen aus nichtigen Anlässen.
Im angstneurotischen Anfall wird der Patient auch körperlich von flottierender unthematischer Angst überflutet. Der Anfall ist zumeist von heftigen vegetativen Reaktionen begleitet. Er dauert fünf Minuten bis zu einer Stunde. Nicht selten ist er verbunden mit der Vorstellung einer extremen Situation der Hilflosigkeit und Unkontrollierbarkeit. Im Laufe der Zeit bilden sich nicht selten Konstellationen heraus, an die der Anfall vorzugsweise gebunden wird (z. B. Alleinsein in einem großen Raum, Warten in einer Schlange ...). Der erste Anfall wird meist im dritten oder vierten Lebensjahrzehnt beobachtet.
Es liegt nun nahe, den angstneurotischen Anfall durch einen plötzlichen Zusammenbruch der ansonst funktionierenden Abwehr zu erklären. Doch scheint diese Deutung nicht auszureichen, denn die erlebte Angst ist nicht identisch mit der ursprünglichen Angst, sondern schon eine verarbeitete Form. Die ursprüngliche Angst ist die elementare Todesangst des Kindes in den ersten Lebensmonaten, die sich bei der Ablösung aus der Urgeborgenheit der kosmischen Einheit einstellt. Diese ursprüngliche Angst wird verwandelt in eine Anfallsangst, der Angst vor der Angst (»Angstphobie«).
Der Primärkonflikt und seine Struktur wird noch erkennbar in dem Bemühen der meisten Angstneurotiker, Sicherheit gewährende Personen zu finden. Die Objektwelt wurde wegen der erheblichen Besetzung mit Urangst nicht konstant ausgebildet, die Objekte wurden nur schwach internalisiert. Eine schwache Objektbildung bedeutet immer auch eine schwache Selbst-Bildung und eine schwache Abgrenzung von Objekt-

und Selbstwelt. Die geringe Objektkonstanz impliziert die Angst vor Selbst-Verlust. So ist verständlich, daß versucht wird, durch die konstante (anhängliche) Bindung an Personen den Mangel an Objektkonstanz zu kompensieren. Ebenso wird verständlich, daß der Verlust solcher Sicherheit gebenden Personen zu Angstanfällen führen kann.
In der Behandlung der Angstneurotiker wird oft deutlich, daß der Basiskonflikt mit seinen Urangstresten ein sinnvolles Umgehen auch mit anderen Ängsten erschwert. So können die Ängste, die mit sexuellen oder aggressiven Vorstellungen, Wünschen, Phantasien verbunden werden, nicht ertragen werden. Sie werden abgewehrt (zumeist verdrängt). In der Behandlung von Angstneurotikern stößt man in aller Regel zunächst auf diese Schicht abgewehrter Ängste. Sie können den qualitativen Unterschied zwischen Angstneurosen und Phobien unter Umständen verschleiern, bei denen die geringere Angsttoleranz auf das Nicht-Gelingen einer späteren Wiederannäherung an die Mutter, die den Geborgenheitswünschen des Kindes nicht gerecht wird, zurückgeführt werden kann (etwa auf den Annäherungswunsch in der ödipalen Krise). Diese Basiskonflikte liegen vergleichsweise spät und sind meist leichter therapierbar. Mentzos (1982, 176f) verweist darauf, daß viele Angstneurotiker frühe Aggressivität, die mit frühen Autonomiebestrebungen zusammenhing, abwehren mußten. Die frühen Autonomiebestrebungen können nur gewagt werden, wenn die Mutter weiterhin Sicherheit bietet. Diese Sicherheit aber könnte durch die aggressiven Autonomiebestrebungen gefährdet werden. Also muß sie unterbleiben – so jedenfalls reagiert ein später angstneurotischer Mensch.
Die Angstneurose ist von anderen psychischen Störungen (auch psychotischer Art oder vom Borderline-Typus) durch drei Merkmale unterschieden:
1) Die Objektkonstanz ist schwach und wird durch Anlehnung zu kompensieren gesucht.
2) Die Auslösung erfolgt durch drohenden oder realen Objektverlust, der durch Trennung oder Aggression geschehen kann.
3) Die Angst vor dem Selbstverlust wird symbolisch als Angst um die physische Existenz dargestellt.

2. Die Phobien

Phobien sind reife Formen der Angstneurosen. Das Ich ist so stark, daß es die Ängste auf einen Gegenstand oder eine Situation konzentrieren kann. So wird der Patient angstfrei, wenn er den Gegenstand oder die Situation meidet.
Phobien sind das Ergebnis eines Abwehrvorgangs. Triebabkömmmlinge

(Emotionen, Vorstellungen, Phantasien, Bedürfnisse), die Angst machen, werden abgewehrt und auf andere definierte äußere Situationen oder Gegenstände verschoben. Die universelle oder an unbewußten Inhalten hängende Angst bekommt so einen Zielpunkt. Aus der inneren Gefahr wird eine äußere, die den Vorteil hat, vermieden werden zu können.

Ist nun aber der Gegenstand oder die Situation, auf die die phobische Wahl fällt und in dem sich die flottierenden inneren Ängste im Außen sammeln, zufällig? Die psychoanalytische Theorie verneint das. Das Angstobjekt steht im Zusammenhang mit der primären Angstvorstellung. So könnte etwa die Phobie, weite Plätze oder einschaubare Brükken zu passieren, mit der ursprünglichen Angst zusammenhängen, sich betrachten zu lassen (der Scham-Angst des kleinen Kindes.) Oder die Angst vor spitzen Messern könnte in Verbindung stehen mit der Verletzungsangst der ödipalen Krise. Es scheint jedoch angemessener zu sein, anzunehmen, daß die phobischen Objekte durch Lernvorgänge eher zufällig ausgewählt worden sind. Dafür spricht, daß man verhaltenstherapeutisch vergleichsweise einfach die Bindung an das phobische Objekt beheben kann (ohne allerdings die Phobie zu beseitigen, die sich dann oft ein anderes Objekt sucht). Die Vermeidung phobisch besetzter Objekte führt den Patienten meist dazu, Rituale zu entwickeln, die ihm ein Ausweichen erlauben. Viele Phobiker entwickeln Zwangssymptome im Horizont der Vermeidungsbemühungen.

Der Basiskonflikt der Phobien dürfte eine Folge von Objektverlusten sein, die mit einer Gefährdung der Mutter-Kind-Dyade in Zusammenhang stehen. Ein Kind, das diese Dyade als gefährdet erlebt, entwickelt eine geringe Angsttoleranz, da seine Urängste nicht behoben werden.

Vom *phobischen Charakter* (O. Fenichel) spricht man bei Menschen, die dazu neigen, ursprünglich gewünschte Situationen angstvoll zu vermeiden. Es kann sich dabei um Eigenschaften oder Zustände wie Lebhaftigkeit, Liebe, Freunde ... handeln. Der phobische Charakter meidet also primär äußere Zustände und wehrt sie ab. Die dominierende Abwehrstrategie ist die der Vermeidung.

Kontraphobisch sind Verhaltensweisen, die Situationen produzieren, die zwar erwünscht sind, aber mit Angst verbunden werden. Hier handelt es sich meist um narzißtische Kompensationen, um sich und der Welt die eigene Stärke zu beweisen. »Mutproben« gehören zwar zur Technik des Trainings von Selbstvertrauen, doch dürfen sie niemals suchtähnlich wiederholt werden. (Vgl. Mentzos 1982, 168–171)

Phobien können prinzipiell alle Situationen und Gegenstände betreffen. Es gibt so viele Möglichkeiten, Angst zu thematisieren, wie es Erlebnistypen gibt. Man kann leicht über 50 verschiedene Phobien benennen. Die häufigsten dürften sein:

- die Agoraphobie (die Angst, sich auf offenem einsehbarem Gelände, etwa auf Plätzen, offenen Flächen ... zu bewegen),
- die Klaustrophobie (die Angst, in engen Räumen eingesperrt zu sein),
- die Zoophobie (die Angst vor bestimmten Tieren wie Schlangen, Kleinnagern, Insekten, Spinnen, Hunden ...),
- die Erythrophobie (die Angst, zu erröten),
- die Blaptophobie (die Angst, andere Menschen zu verletzen).

Manche Ängste (etwa die vor Spinnen oder Mäusen) sind ohne klinische Bedeutung, da sie die Handlungsfreiheit des Betroffenen kaum beeinträchtigen.
Es gibt jedoch Ängste, die primär von einer unbewältigten Todesangst zu zeugen scheinen. Das Ich sieht sich nicht in der Lage, mit »normalen«, an sich bedrohlichen Situationen fertig zu werden. Hierher gehört etwa die Angst vor Höhen (Akrophobie). Die Phantasie, man könnte sich zu Tode stürzen, schafft eine pathogene Ausgangssituation.
H. Deutsch (1928) stellt die Phobie zwischen Hysterie und Zwangsneurose. Werden primär Ängste abgewehrt, die aus sexuellen Vorstellungen resultieren, ist das hysterische Muster realisiert, werden primär Ängste abgewehrt, die aus aggressiven Vorstellungen resultieren, ist das Muster der Zwangsdynamik gegeben. In der Phobie überschneiden sich vermutlich beide Abwehrweisen und führen so zum Kompromiß der Bildung phobischer Objekte.

3. Die Herzneurose

Hier richtet sich die Phobie auf den eigenen Körper. Das phobische Objekt ist nun nicht ein Gegenstand oder eine Situation der Außenwelt, sondern ein Teil der körperlichen Eigenwelt.
Thema dieser Phobie ist die Angst vor einem plötzlichen Herztod, ohne daß ein somatischer Befund erhoben werden könnte. Der Herzneurotiker hat Angst, sein Herz könnte plötzlich stehenbleiben oder Angst vor einer schweren Herzkrankheit. Diese Ängste führen, vegetativ veranlaßt, zu tatsächlichen (wenn auch meist harmlosen) Veränderungen der Herztätigkeit wie Herzjagen oder Nebensystolen.
Diese Phobie beginnt zumeist im dritten und vierten Lebensjahrzehnt. Sie kann gefährlich werden, wenn der behandelnde Arzt, um den Patienten zu beruhigen, einen Minibefund zum Anlaß nimmt, ihn jahrelang auf seine vermeintliche Herzkrankheit hin zu behandeln. Die iatrogene Fixierung ist oft nur schwer therapeutisch zu brechen.
D. Beckmann und H. E. Richter (1973) unterscheiden zwei Typen von Herzneurosen: Der A-Typ klammert sich an und konzentriert sich auf

seine Neurose. Der B-Typ versucht mit mancherlei Aktivitäten die Krankheit zu überspielen. Die meisten Angstneurotiker versuchen, die Schwäche ihrer Objektkonstanz, die Angstgrund ist, mit Hilfe von Sicherheit bietenden Objekten zu kompensieren. Der B-Typ wählt den narzißtischen Rückzug vom Objekt und sucht in den eigenen Fähigkeiten Anlehnung und Konstanz. Über diese Abwehr können lange Zeit Phobien kompensiert werden, ohne manifest zu werden. Kommt es zum Zusammenbruch dieser Abwehr, die Patienten treten selbstbewußt auf.

4. Die hypochondrischen Neurosen

Man kann die Herzneurosen als Sonderfall hypochondrischer Neurosen behandeln. In der Herzneurose wird das symbolträchtige Organ »Herz« zum Gegenstand der Angst. Es ist in besonderer Weise geeignet, die Angst vor Selbst-Verlust symbolisch darzustellen.
Viele angstneurotische Patienten werden ursprünglich nicht von einem eigentlichen Angstanfall, sondern von einem sympathicovaselen überrascht. Ein plötzliches Kreislaufversagen übersetzt die Angstreste des basalen Konflikts in körperliche Symptome. Die sekundäre Angst erhält damit ihr Thema: Die Angst vor dem körperlichen Zusammenbruch. Dem Körper wird fortan besondere Aufmerksamkeit zuteil. Alle seine Funktionen werden ängstlich beobachtet. Es können aber auch andere körperliche Reaktionen (etwa klinisch bedingte vegetative Symptome oder die Realangst bei Infektionskrankheiten ...) den gleichen Erfolg haben. Auch hier erhält die unbewußte Angst ihr Thema: den Körper des Patienten.
Offensichtlich unterscheiden sich solche Hypochondrien von jenen, die eine fundamentale Selbstschwäche durch die Identifikation mit der Krankheit, wenn es schon keine reale sein kann, dann eine eingebildete, zu beheben versuchen. Auch ist keineswegs gesagt, daß der neurotischen Hypochondrie ein defektes Körper-Selbst zugrunde liegt. Im Gegenteil: Das Selbst ist weitgehend intakt, wennschon auch im Bereich des Körper-Selbst kleinere Defekte eingebaut worden sein können. Ebenso funktioniert das Ich. Es wehrt Ängste, die aus relativ späten präödipalen oder ödipalen Konflikten herrühren ab, indem es sie thematisiert und so einer systematischen Auseinandersetzung erschließt, die dazu führt, daß der Patient etwas dagegen machen zu können glaubt: Er muß nur den geeigneten Arzt finden. So begibt er sich auf die Wanderschaft von einem zum anderen, bis er den gefunden hat, der ihm seine Selbstdiagnose bestätigt und damit die allgemeine Angst vor irgendwelchen Erkrankungen weiter thematisiert auf eine einzige, die therapierbar zu sein scheint.
Im Gegensatz zu psychotischen oder narzißtischen Hypochondrien

bleibt die Fähigkeit zum Sozialkontakt erhalten. Die Aufmerksamkeit wird also nicht von den Mitmenschen abgezogen und auf den eigenen Körper gelenkt. Die Mitbetätigung der Mitmenschen bei der Diagnose, dem Mitleiden und der Therapie ist unerläßlich.

13. Neurosen mit ausgeprägter Autoaggression

Hoffmann (1979, 88–96) faßt unter dieser Symptomatik folgende Neurosen zusammen:

- die neurotische Depression und
- den psychischen Masochismus.

In beiden Fällen ist der Versuch, Angst abzuwehren gelungen. Die dabei eingehandelte Aggressivität richtet sich nicht auf einen Gegenstand der Außenwelt, sondern auf das eigene Selbst. Der Abwehrmechanismus des Ich ist also vergleichsweise unreif, weil er, um eine Unlustquelle zu verstopfen, eine andere, erheblich sprudelnde, öffnet.

1. Die neurotische Depression

»Depression« meint ein erhebliches Absinken von Stimmung und Antrieb, mittelbar auch von Interesse, Leistung, Konzentrationsfähigkeit, Aktivität. Das Denken kreist bevorzugt um Unerfreuliches: um Schuld, Angst und Unvermögen-Ohnmacht. In der Mehrzahl der Fälle sind Depressionen neurotisch. Dennoch aber ist es wichtig, sie von psychotischen Depressionen und Depressionen zum Zweck der narzißtischen Verarbeitung von Selbst-Defekten zu unterscheiden.

Diese Unterscheidung kann am sichersten durch psychoanalytische Aufhellung des Basiskonflikts geschehen. Agiert hier ein defektes Selbst (Psychose) oder versucht ein gestörtes Selbst durch depressive Strategien seinen Defekt zu verarbeiten (narzißtische Verarbeitung) oder aber liegt eine reaktive Störung vor, die zwar auf einen frühen ungelösten Basiskonflikt verweist, nicht aber von ihm ausgelöst wird?

Von erheblicher Bedeutung ist vor allem der sichere Ausschluß einer prozessualen Erkrankung (also eine Psychose), weil sie ganz andere therapeutische Maßnahmen einfordert. Folgende Merkmale mögen als Unterscheidungshilfen genannt sein:

1) Die psychotische Depression zeigt deutliche Tages- und Jahresrhythmen mit von einander abzugrenzenden Phasen, während die depressive Neurose nicht zyklisch verläuft, sondern sich eher als eine andauernde Verstimmmung von schwankender Intensität vorstellt.

2) Die psychotische Depression beginnt oft plötzlich, die neurotische

meist langsam. Ihr Beginn ist an ein auszumachendes trauriges Ereignis gebunden.

3) Die Neigung zur Selbsttötung ist häufig bei beiden vorhanden, aber bei der neurotischen Form seltener akut. Bei der psychotischen Depression endet die Suizidalität mit dem Schub, bei der neurotischen bleibt sie erhalten. Je stärker die hysterische Komponente realisiert wird, um so appellativer werden Selbstmorddrohungen und Selbsttötungsversuche. Die Belastung für die Umwelt kann erheblich sein – mitunter wird sie gar erpreßt.

4) Die depressive Psychose spricht gut auf Psychopharmaka an, die entsprechende Neurose kaum.

Die neurotische Depression ist eine ziemlich häufige Erkrankung. Sie befällt gehäuft Patienten im zweiten und dritten Lebensjahrzehnt (während die Psychose das vierte und fünfte bevorzugt). Die neurotisch-depressive Persönlichkeit wird oft als fordernd und abhängig beschrieben. Auf der einen Seite besteht eine starke Abhängigkeit von Zuwendungsbeweisen der Umwelt, auf der anderen Seite wird diese mit Forderungen konfrontiert. Beides ist Folge einer geringen Frustrationstoleranz.

Bei vielen neurotisch Depressiven ist das Gewissen ausgesprochen rigide in seinen Forderungen. Es ergeben sich Übergänge zum zwangsneurotischen Muster (die der Psychose fehlen). Auch trifft die Beschreibung »altgewordene Hysterie« manche Charakterbilder.

Da die neurotische Depression nicht nur eine reaktive Depression ist, bei der ein Mensch auf einen Fall von Trennung ungewöhnlich heftig und lange mit Trauer reagiert, sie vielleicht gar institutionalisiert, sondern auf anhaltende und unbewußte Konfliktsituationen der Kindheit zurückgeht, auf Fehlverarbeitungen von Konflikten, die längst vergangen und dem Bewußtsein nicht mehr zugänglich sind, müssen diese Konflikte aufgedeckt werden.

Wir wissen, daß die neurotische Depression auf eine Entartung des Mechanismus einer Trauerreaktion zurückzuführen ist, die durch eine ursprünglich nach außen gerichteten Aggressivität, die auf das Subjekt zurückgenommen wird, zustande kommt (vgl. Mentzos 1982, 185–189). Je größer nun die Selbstbestrafung, umso heftiger die daraus entstehenden und ihnen folgenden Aggressionsphantasien. Diese müssen wieder abgewehrt werden, denn ein anderer Mechanismus steht nach dem internalisierten Modell: »Ich darf keine Aggression zeigen, wenn ich geliebt werden will« nicht zur Verfügung. Die beherrschte Strategie der Wendung der Aggressivität nach innen wird erneut, und zwar auf höherem Level, praktisch. So entsteht langsam aber sicher eine Eskalation des unlösbaren Konfliktes, der immer und immer wieder mit dem beherrschten aber pathogenen Instrument der Abwehr der Wendung nach Innen zu lösen versucht wird.

Freud war der Meinung, daß der Objektverlust, der am Anfang des unlösbaren Basiskonfliktes steht, vom Depressiven durch massive Inkorporation (beim oral-fixierten) oder Introjektion (beim ödipal-fixierten) kompensiert wird. Auch dieser Mechanismus ist bekannt aus der normalen Trauerreaktion, bei der sich der Trauernde über seinen Verlust hinweghilft, indem er bestimmte Aspekte des verlorenen Objekts durch Identifikation internalisiert. Indem es sie zur bleibenden Erinnerung macht, und diese Erinnerung in sich hineinnimmt, kann er den Verlust erträglich halten. Im Gegensatz zur reifen Trauerarbeit ist jedoch die Internalisation des Depressiven unreif und undifferenziert – vor allem, wenn das Introjekt ambivalent besetzt war, wie einst die Mutter, von der einerseits Ablösung und andererseits Nähe verlangt wurde. Die Selbstvorwürfe des Patienten gelten diesem ambivalenten Introjekt in seinen bösen Anteilen und damit sich selbst.
Durch die meist unreifen Formen der Internalisation behalten die äußerst rigiden Vorläufer des Überich ein Großteil der Herrschaft. Da der Modus der Inkorporation bevorzugt wird, werden also auch die gebietenden und strafenden Eltern inkorporiert (und nicht nur introjiziert). Diese, die Bedürfnisse des eigenen Ich und Selbst nicht berücksichtigende Weise der Internalisation erklärt, daß viele neurotisch Depressive unter einem rigiden, ja tyrannischen Überich leiden. Das kleine Kind, das der Depressive immer noch ist, hat große Angst, die Eltern zu verlieren, und richtet sich deshalb in penibler Weise nach ihren Geboten, um so drohenden Liebesentzug abzuwenden. Es stehen ihm kaum andere Strategien zur Verfügung, Zuwendung zu erhalten, als peinlicher Gehorsam. Damit steht die neurotische Depression in der Nähe der Zwangsneurose. Während es dem Zwangsneurotiker gelingt, durch magische Handlungen das Überich zu beschwichtigen, muß der noch unreifere Depressive die Selbstbestrafung durch Selbstaggression vornehmen. So ist erklärlich, warum viele neurotisch Depressive zu Beginn ihrer Neurose Zwangsmuster entwickeln, und erst, wenn diese Stellung vom Ich nicht mehr gehalten werden kann, sich auf der Ebene der Depression zu stabilisieren versuchen.
Neben der hier behandelten neurotischen Depression gibt es noch eine Sonderform. Manche Depressive zeigen ein weinerliches, rein-passiv anlehnendes Verhalten. Hier handelt es sich vermutlich um eine Regression auf die symbiotische Phase, in der der vernachlässigte Säugling eine »anaklitische Depression« (einen weinerlich resignierenden Zustand, in dem er es aufgegeben hat, gegen den Urverlust zu kämpfen) entwickelt.
Die Prognose gilt bei neurotischer Depression als günstiger als bei anderen Neurosen. Außer bei akuter Selbsttötungsgefahr, sollte man diese Patienten nicht stationär behandeln.

2. Der psychische Masochismus

Dieses Störungsbild wurde von Freud unter der Bezeichnung »moralischer Masochismus« abgehandelt. Gemeint ist hier nicht eine masochistische Perversion, sondern ein bestimmter Umgang des Ichs mit dem Überich.

Psychischer Masochismus bezeichnet ein Lebensarrangement, das einen Menschen sich so verhalten läßt, daß ihm das Leben ständig Leiden, Unglück oder irgendwelche Schicksalsschläge zufügt. Der Patient diagnostiziert seinen Zustand so: »Ich bin ein Versager!« – »Ich habe immer Pech!«. Was ihm als Zufall erscheint, ist jedoch das Ergebnis einer fatalen Kompromißbildung, auf Grund derer er immer wieder Unglücksituationen herstellt. Sein Ich entwickelt eine Strategie, um die ständigen Strafforderungen des Überich zu beschwichtigen. So ist es verständlich, daß diese Menschen nie oder selten bewußte Schuldgefühle haben. Diese werden erfolgreich verdrängt. Die Rechnung mit dem Gewissen wird durch autoaggressive Handlungen beglichen. (Hoffmann 1979, 95)

Die Selbstbestrafung beim Depressiven besteht in einer unlustbereitenden Grundstimmung, die des psychischen Masochisten im dauernden äußeren Unglück.

Der psychische Masochismus kann seltsame Blüten treiben. So neigen nicht wenige Frauen von Alkoholikern, denen es endlich gelungen ist aus ihrer Ehe auszubrechen, dazu, sich mit einem anderen Alkoholiker zu liieren, um so ihr Unglück möglichst identisch zu reproduzieren. Die Einsicht in eine schier unerträgliche Qual motiviert offenbar schwächer als der Zwang, sich auf eine einmal bestimmte Weise selbst zu bestrafen und so das Gewissen zu beschwichtigen.

Was aber bringt einen Menschen dazu, diese Strategie der Selbstbestrafung zu wählen? Ich möchte vermuten, daß diesem Masochismus ganz die gleiche Psychodynamik zugrunde liegt wie der neurotischen Depression. Welcher von beiden Modi gewählt wird, um den primären Schaden zu kompensieren und seine Folgen abzuwehren, hängt vermutlich von der Vorschädigung ab. Betrifft sie die Objektwelt, wird eine schadhafte Objektwelt immer wieder reproduziert (wie beim neurotischen Masochismus), betrifft sie die Selbstwelt wird eine schadhafte Selbstwelt immer wieder reproduziert (wie bei neurotischer Depression).

Der psychische Masochismus ist im Gegensatz zur neurotischen Depression therapieresistent. Die Erkrankten können sich keine Besserung ihres Zustandes leisten, weil sie dann von untilgbaren Schuldgefühlen überflutet würden. Immer wenn es ihnen eigentlich besser gehen sollte, verschlechert sich ihre psychische Situation. Die masochistische Schuldabwehr sträubt sich gegen ihre Auflösung oder Wandlung. Manchmal sind solche Patienten ausgesprochen erleichtert, wenn ihnen wieder etwas zustößt. Auf alle Fälle präsentieren sie sich und ihrer Umwelt beharrlich die alten Rechnungen (ihnen zugefügtes Unrecht, ihr Pech und all die anderen Weisen, mit denen sie ihre Situation rational zu verstehen versuchen). Das entlastet sie und macht es scheinbar nicht nötig, sich ihrer verdrängten Schuld zu stellen. Die Therapie gestaltet sich schwierig vor allem dann, wenn ihnen völlig unabhängig von ihrem Verhalten (jetzt real) Leid und Unrecht angetan wurden.

14. Die Zwangsneurose

Viele Zwangsneurotiker wirken in Bewegung und Mimik unlebendig, verspannt, hölzern bis starr, manchmal stockend, manchmal abrupt.
Im Bereich der Charaktermerkmale zeigen sich Tendenzen zu folgenden Eigenschaften (vgl. Bauer 1980, 106 f): Der Zwangscharakter

- ist ausgeprägt gefügig, ordentlich, hergabebereit,
- vermeidet Kampf und Auseinandersetzungen,
- zeigt wenig eigene Initiative,
- arbeitet meist lieber auf fremde Weisung und abhängig,
- kann schwer »nein« sagen und verausgabt sich leicht (Geld, Zeit, Kraft),
- ist hilfsbereit,
- seine Ordnungsliebe geht bis zur Pedanterie und Ordnungszwängen,
- er verbindet Phantasiearmut mit nüchternem rationalem Denken,
- er neigt zu Skrupeln und zu Grübeleien,
- er beurteilt eigene und fremde Handlungen streng,
- er tabuisiert Funktionen des Afters und der Genitalien.

Gelegentlich kommt es auch zu Überkompensationen: Trotz, Geiz, Unordentlichkeit, Ziellosigkeit bis zur Verwahrlosung, zerstörerische Aggressivität, Sadismus.
Im Bereich körperlicher Symptome sind häufiger zu beobachten:

- Verstopfung oder Durchfall oder beides abwechselnd,
- asthmatische Beschwerden,
- Verkrampfungen (Tics, Stottern, Schreibkrampf).

1. Die Zwangssymptome

Das Wort »Zwang« wird häufig zu bald an »Neurose« gebunden. Nicht jeder innere Zwang (etwa Gewissenszwang) ist schon neurotisch. Neurotisch wird ein Zwang erst, wenn sich der Betroffene sich nicht mehr von ihm lösen kann, obschon er ihn als unsinnig oder doch wenigstens als unangenehm erkennt.

Denkstörungen stehen meist im Mittelpunkt der Symptomatik. Dabei ist das Denken sowohl formal (unablässiges Grübeln, ständiges Denken der gleichen Gedanken, Weitschweifigkeit, Verlust des Blicks für das Wesentliche) als auch inhaltlich (etwa die »Idee der Gerechtigkeit« oder andere ideologisch organisierte Vorstellungen) festgelegt. In entsprechendem Milieu kann solches Zwangsdenken lange unauffällig bleiben.

Schwieriger ist das etwa für Menschen mit Zählzwängen, die alles sortieren, zählen, ordnen müssen.

Hinter all dem steht (meist unbewußt) eine magische Grundeinstellung. Bestimmte Vorstellungen, Situationen, Zahlenkombinationen, Gedanken ... müssen vermieden werden, weil sie Unglück bringen. Nicht selten werden Gegengedanken als magische Methode gedacht, um Unglück abzuwenden. Öfters schlägt auch die gedankliche Fixierung in ihr Gegenteil um: Nichts ist wahr, alles muß bezweifelt werden.

Vorstellungsstörungen betreffen zumeist Vorstellungen sexueller oder aggressiver Art. Es sind das Vorstellungen, man müßte einem anderen Menschen Gewalt antun, ihn verletzen oder ermorden oder aber ihn sexuell gebrauchen, ihn unsittlich anfassen oder vergewaltigen. Besonders quälend sind Vorstellungen, die eigenen Kinder oder Eltern umbringen zu müssen. Die Realisation solcher Vorstellungen ist bei Zwangskranken ausgesprochen selten.

Zwangshandlungen stehen meist in Verbindung mit dem Inhalt von Zwangsideen. Magische Rituale sollen das Böse bannen, das durch das eigene Denken oder die eigenen Vorstellungen heraufbeschworen wurde.

Die verbreitesten Formen von Zwangshandlungen sind:

- Kontrollzwänge (es muß immer wieder geprüft werden, ob das Licht ausgemacht, das Wasser abgestellt wurde ...),
- Ordnungszwänge (es muß immer wieder Ordnung geschaffen: der Boden gekehrt, die Decke glattgestrichen, die Wäsche überprüft ... werden)
- Waschzwänge (aus dem Gefühl heraus, sich beschmutzt zu haben, müssen immer wieder die Hände gewaschen, die Zähne geputzt ... werden)

Zwangsgefühle dagegen gibt es nicht. Das Zwangsverhalten wird jedoch durch Angst gestützt, die offenbar wird, wenn Zwangsverhaltensmuster unterdrückt werden.

Es ist typisch für Zwangskrankheiten, daß sich das Ich heftig, jedoch vergeblich gegen Zwangsimpulse wehrt. Dennoch werden die Zwangsinhalte als dem Ich entsprechend wahrgenommen. Sie entstammen also der eigenen Psyche und kommen nicht, wie bei den Wahnvorstellungen, von außen. (Vgl. Hoffmann 1979, 97–99)

2. Die Psychodynamik

Wie alle neurotischen Symptome sind auch die der Zwangsneurose Kompromißbildungen zwischen abgewehrten Triebabkömmlingen und den abwehrenden Instanzen. Einmal steht das Abgewehrte im Vordergrund (etwa einem anderen Menschen Gewalt anzutun), manchmal auch die Abwehrinstanz (etwa die Wiedergutmachung durch ständiges Waschen). Es dominieren folgende Abwehrmechanismen: Affektisolierung, Ungeschehenmachen, Reaktionsbildung, Intellektualisierung und Rationalisierung.

Der zwangsneurotische Patient interessiert sich nicht dafür, wie er erscheint, sondern für die Konsequenzen seiner Gedanken, Vorstellungen und Handlungen.

Die frühe Psychoanalyse ging davon aus, daß der Basiskonflikt analer Art sei. Triebanteile, die dem analen Organleben des Kindes entstammen, finden keinen Anschluß an differenzierte Ich-Bedingungen. Das sind vor allem antisoziale Bedürfnisse des Kindes, die, nicht befriedigt, sich verewiglichen. Dazu gehören aggressive ebenso wie sexuelle Wünsche. Deren Abwehr gelingt offenbar nur unvollkommen. Die entsprechenden Impulse sind nahezu bewußt. Es gilt, sie nun inhaltlich und affektiv zu isolieren.

Die spezifisch anale Problematik weitet sich aber in die Phase der ödipalen Konflikte aus. So können Inzestwünsche, Masturbationswünsche, homosexuelle Wünsche das Zwangsfeld im einzelnen bestimmen. Vor allem aber ist es die Gewissensbildung, die unter dem Einfluß der analen Problematik nur unzureichend gelingt. Das Gewissen wird rigide, »hypermoralisch«. Die zwangsneurotische Problematik ist die grundsätzliche Unvereinbarkeit von Triebabkömmlingen und Gewissensbefehlen. Das Ich ist durch diese Spannung an der freien und autonomen Handlungsführung gehindert. Es erscheint ihm übertrieben gefährlich, irgendwelche Triebimpulse zuzulassen. Dem Überich steht also kein funktionierendes Ich gegenüber, das es in Schranken weisen könnte. Vor allem hat es nicht gelernt, Phantasie und Wünsche von Handlungen zu unterscheiden. Das Überich straft also verbotene Phantasien und Wünsche ebenso wie verbotene Handlungen und fordert vom Ich Sühne. Das Ich sühnt leidend durch die Entwicklung von Zwängen.

Der Familienhintergrund von Zwangsneurotikern ist ebenfalls meist zwangsneurotisch gefärbt. Die Entwicklungsbedingungen des Kindes sind meist streng, legalistisch, sachbezogen (statt personenbezogen). Autonomie und Spontaneität werden früh und bestimmt unterdrückt, ebenso stark Motorik und Aggressivität. In der Erziehung werden unerwünschte Handlungen deutlich mit Angst oder Schuldgefühlen verbunden. Statt Autonomie entstehen Scham und Zweifel, als primitive Vorformen des Gewissens.

Nicht selten ist folgender Kreis zu beobachten: Das Kind reagiert auf die mütterlichen Einengungsstrategien mit Wut. Die Mutter bindet reaktiv diese ungehorsame Wut mit Schuldgefühlen. Das Kind muß die Schuld und die Wut verdrängen. Das gelingt nur unvollständig. Und so bleiben Triebabkömmling (Wut) und Überich (Schuld) in offener ungelöster Fehde. (Vgl. Hoffmann 1979, 101 f)

Die Zwangssymptomatik ist eine vergleichsweise reife Strategie des Ich, diesen Konflikt beizulegen oder zu neutralisieren. Das Ich kann den rigiden Überich-Ansprüchen wenigstens zum Teil gerecht werden. Es kann so verhindern, daß das Überich noch heftigere Sanktionen vom Ich einfordert, wie sie etwa in der neurotischen Depression gegeben sind. Der Preis den der Betroffene bezahlen muß, ist jedoch keineswegs gering. Immerhin führt er nicht in die Gefahr der Selbstvernichtung.

St. Mentzos (1982, 164) stellt die Vermutung auf, daß die Ich-Einschränkung als Sühneversuch des Ich gegenüber dem repressiven Überich nur einen Oberflächenvorgang beschreibt. Darunter liegt eine Selbst-Pathologie, der Versuch des Ich, mit Hilfe eines zwangsneurotischen Korsetts einen strukturellen Mangel des Selbst zu kompensieren.

3. Zwanghafte Reaktionsweisen

Darunter versteht man zwanghafte Reaktionen in bestimmten Auslösersituationen, die sich geben, wenn der Auslöser verschwunden ist. Die meisten Zwangssymptome, die sich »von selbst« geben, dürften hier eingeordnet werden können. Hierher gehören vor allem Zwangssymptome, die während biologischer Krisen auftauchen (Langen 1973, 57 f). Die Zwangsthemen sind überwiegend aggressiver oder pervers-sexueller Art. Auch blasphemische Gedanken oder Vorstellungen sind, vor allem bei religiösen Menschen, nicht selten. Oft werden auch Tics beobachtet.

Biologische Krisen sind Pubertät, Klimakterium, Wochenbett, Rekonvaleszenz nach schweren Erkrankungen.

4. Anankastische Persönlichkeiten

Diese Personen sind sehr gewissenhaft, pedantisch, innerlich unsicher und ängstlich. Gegen ihre Mitwelt sind sie hart, lieblos, streng und nei-

gen dazu, sie zu tyrannisieren. In ihren Lebenslauf sind oft zwangshafte Perioden eingestreut, die aber meist »von selbst« verschwinden. Die Störung bleibt bei Schwankungen konstant, verschlechtert sich also nicht prozeßhaft.
Da das Weltbild solcher Menschen grundsätzlich verschoben ist, ist eine Behandlung mühsam und meist erfolglos, zumal analytische Methoden kaum in Frage kommen, handelt es sich hier doch oft nicht um eine eigentliche psychische Störung, sondern um ein charakterliches Schicksal.
Die anankastischen Symptome haben den Zweck, eine tiefliegende Verunsicherung zu kompensieren oder zu verdecken. Hinter den Symptomen stecken tiefe Unzulänglichkeitsgefühle. So ist es erklärlich, daß die anankastische Persönlichkeit in ständiger Angst lebt, etwas versäumt zu haben.

5. Maligne Zwangskrankheit

Hier handelt es sich um Patienten, die Zwangssymptome der geschilderten Art zeigen, dennoch aber prozessual krank sind. Maligne Zwangskrankheiten sind also psychotisch.
Der Zwangskranke lebt wie der Wahnkranke in einer Welt ohne jede »Harmlosigkeit«. Überall werden Bedeutungen und Sinngebungen (meist negativ bedrängender Art) gesehen, die nicht real vorhanden sind.
Der Zwangskranke weiß, im Gegensatz zum Wahnkranken, um das Unsinnige der sich ihm aufdrängenden Bedeutungen. Im Gegensatz zum Wahn, kommen im Zwang der Zwangskrankheit nur die negativen Seiten des Lebens zum Vorschein. Das Negative macht alles schmutzig, gefährlich, gemein.
In leichteren Fällen könnten solche Zwangskranken allein für sich in einer Art von Harmonie leben. Sie geraten jedoch in Konflikt, weil ihr Weltbild, ihre Einstellung zum Leben und die Interpretation alltäglicher Ereignisse sehr von denen anderer Menschen abweicht. Das gilt vor allem für ihre Einstellung gegenüber Ordnung, Pünktlichkeit, Vermeiden von Gefühlsäußerungen.
Bei schweren Fällen ist aber die Persönlichkeit hart und verschlossen. Sie wirkt egozentrisch und selbstverliebt und oft geistig wenig beweglich. Im Gegensatz zur Zwangsneurose beherrscht der Zwang den ganzen Menschen. *Alles* ist schmutzig und verdorben, jedes Lachen Ausweis einer psychischen Störung. Die Welt ist voller bedrohlicher Situationen. Sie müssen durch die Zwangshandlungen möglichst beherrschbar gemacht werden.
Die Zwangskrankheit ist selten so ausgeprägt, daß ein sozialer Kontakt nicht mehr möglich wäre.

Die Krankheit verläuft wellenförmig oder gleichmäßig hin zum Schlechteren. Sie ist wegen des hohen Leidensdrucks beim Patienten und seinem Willen zur Zusammenarbeit meist therapierbar. (vgl. Langen 1973, 61–63)
Nicht selten ist die Zwangskrankheit nicht rein psychisch bedingt. In vielen Fällen kann ein Basalgangliensyndrom (eine die innere 3. Hirnkammer bevorzugende Hirnatrophie) nachgewiesen werden (vgl. Huber 1981, 296).
Die schwere Zwangskrankheit beginnt nicht selten schon in der Vorpubertät und bleibt – unbehandelt – zeitlebens erhalten.

15. Die hysterische Neurose

Der *große hysterische Anfall* ist heute in Europa selten geworden. Häufiger begegnet man ihm noch in Südamerika und unterentwickelten Ländern. Hier wird deutlich, wie sehr die sozio-kulturellen Bedingungen für die Ausbildung psychischer Symptome erheblich sein können. Im großen hysterischen Anfall biegt sich der Patient massiv nach hinten, die Fersen werden unter den Körper genommen. Die Pupillenreaktion bleibt erhalten, die Haut ist sehr blaß, es kommt nicht zum Zungenbiß oder Einnässen. Im Gegensatz dazu, ist bei epileptischen Anfällen die Pupillenreaktion nicht erhalten, die Hautfarbe zyanotisch, Zungenbisse und Einnässen sind häufig. Gelegentlich ist der Patient durch heftiges Ansprechen oder auch durch Ohrfeigen aus dem Anfall herauszuholen.
Häufiger ist die *hysterische Hyperventilationstetanie.* Eine massiv verstärkte Atmung führt dazu, daß der Säurewert des Blutes sinkt. Das hat Krämpfe (insbesondere der Hände: Pfötchenstellung) zur Folge. Es handelt sich um ein Angstäquivalent, denn die Hyperventilation ist ein typisches Angstsymptom, wenngleich die »normale« Angstatmung auf hohem Restluftsockel flach aufatmet und es somit selten zu einer Alkose des Blutes kommt.
Neben diesen Anfallskrankheiten kennen wir hysterisch bedingte *Ausfälle der Motorik* (meist schlaffe Lähmungen) oder der sinnlichen Wahrnehmungsfähigkeit. Zu den motorischen Erscheinungen zählt man:

- Lähmungen, die meist appellativ vorgetragen werden,
- eine Gangunfähigkeit (Dysbasie), die mitunter zu einer jahrelangen Bettlägerigkeit führt,
- spastische Störungen (wie Schiefhals).

Zu den *sensorischen Erscheinungen* rechnet man psychogene Blindheit und Taubheit. Der »Gehörsturz« ist ein typisch hysterisches Symptom.

Aber auch Mißempfindungen (Parästhesien) sind nicht selten. Sie entsprechen meist nicht dem tatsächlichen Verlauf der Nerven, sondern den Vorstellungen der sensiblen Versorgung. So gibt es etwa handschuhartige Mißempfindungen.

Vor allem aber gehören hierher zahlreiche Schmerzen wie etwa der reifförmige Kopfschmerz, der dumpfe Druckkopfschmerz oder auch manche Formen der Migräne. Allgemein ist die Schmerzempfindlichkeit meist erhöht.

Es gehören aber zu den hysterischen Symptomen auch alle anderen Krankheiten ohne jeden körperlichen Befund (Konversionskrankheiten). Dazu zählen Erscheinungen wie eine Scheinschwangerschaft, ein Druck- oder Kloßgefühl im Hals oder ein Schmerz an einer genau beschriebenen Schädelstelle. Vermutlich kann *jede* Krankheit hysterisch imitiert werden.

Gelegentlich treten auch Bewußtseinsstörungen auf. Unwirklichkeitserlebnisse können bis zur Depersonalisation reichen. Diese hysterischen Dämmerungszustände gelten als Versuch, einer unerträglichen Gegenwart zu entrinnen. Die Realitätswahrnehmung wird reduziert. Es wird versucht, Probleme durch Nicht-Wissen zu lösen.

Auch sind Gedächtnisstörungen nicht selten. Bei der hysterischen Amnesie werden zwar Inhalte wahrgenommen, aber bald wieder der erinnernden Verfügbarkeit entzogen. Hysteriker neigen dazu, qualvolle oder andere unlustbereitende Ereignisse der Vergangenheit zu verdrängen.

Diffuse Angstzustände oder auch phobisch definierte Ängste sind häufiger zu bemerken. Mitunter sind sie so erheblich, daß man zweifelt, ob man die Störung mit »Angstneurose« oder »hysterische Neurose« etikettieren soll.

Bei allen Hysterikern ist das Sexualleben deutlich verändert. Die Störungen reichen von der Unfähigkeit zum Orgasmus über eine Interessenlosigkeit an Sexualität bis hin zu stark ausgeprägten sexuellen Bedürfnissen, die sich mit Angst oder Aggressivität verbinden. Manche Hysteriker demonstrieren eine Hypersexualität, um mit ihrer mangelnden Befriedigungsfähigkeit zurecht zu kommen. Die Quantität soll die Qualität ersetzen.

2. Der hysterische Charakter

Viele Phobien und alle hysterischen Störungen gründen in der Grundpersönlichkeit eines Menschen, der man einen »hysterischen Charakter« zuspricht. Das Verhalten des hysterischen Charakters kann die ganze Palette von normal bis hin zu offensichtlich neurotisch abdecken. Was einen hysterischen Charakter aber auszeichnet, darüber gibt es sehr verschiedene Ansichten. Heute überwiegt die Zuschreibung folgender Eigenschaften:

- Sie sind eitel und egozentrisch.
- Sie zeigen eine labile und reizbare, jedoch oberflächliche Affektivität.
- Sie neigen zu aufmerksamkeitserheischendem (mitunter auch dramatischem) Verhalten.
- Sie kreisen oft um sexuelle Themen und können sich hier provokativ verhalten.
- In zwischenmenschlichen Beziehungen sind sie eher abhängig und fordernd.

Die Schule von H. Schultz-Hencke (Seibt 1977, 66–70) spricht dem hysterischen Charakter folgende Eigenschaften zu:

- Die Unsicherheit in bezug auf das Selbstwertgefühl und die eigene Identität führen dazu, daß kindliche Verhaltensweisen beibehalten werden oder aber aufgedrängte Rollen übernommen werden, um so eine Selbstdefinition zu ermöglichen.
- Der Verantwortung für die eigene Vergangenheit möchte er sich entziehen, dafür aber stellt er an die Zukunft große Erwartungen.
- Die verbindlichen Normen der Mitwelt werden abgelehnt, verbunden mit dem Versuch, ihr die eigenen (schwankenden) Regeln aufzuprägen.
- Das Selbstwertgefühl ist labil und schwankt zwischen naiver Selbstüberschätzung und erheblichen Minderwertigkeitsgefühlen. Der Geltungsdrang ist erheblich.
- In schwierigen Situationen versucht er, die Schuld auf andere abzulenken.
- Ein Partner dient eher der Selbstbestätigung und der Befriedigung eigener Wünsche, denn als Liebesobjekt, dem man bedingungslos zu geben bereit ist.
- Auf Partner wird das Vater- oder Mutterbild projiziert. Die diesen geltenden Einstellungen werden auf die Partner übertragen.
- Gegenüber allen möglichen Formen von Kränkungen reagiert er tief beleidigt.
- Die Aggressivität steht im Dienst des Geltungsbedürfnisses. Das kann zu Intrigantentum führen.
- Die Leistungen hängen eher von den beteiligten Personen als von den Inhalten ab. Hier wird sein Verhalten beeinträchtigt durch Geltungsbedürfnis, Rachetendenzen, Rivalitätsprobleme.
- Die Überzeugungsfähigkeit ist gesteigert.
- Die Abwehr aller Traditionen macht aufgeschlossen für Neues.
- Kontaktfreude, Elastizität und Risikofreudigkeit ist überdurch-

schnittlich gut ausgebildet. Ein Schuß Optimismus erleichtert die Durchsetzung schwieriger Aufgaben.

Manche hysterische Charaktere sind zum Führen von Menschen geeignet, wenn es darauf ankommt, Dinge in Gang zu setzen, und die Detailarbeit anderen überlassen werden kann.

3. Die Psychogenese der hysterischen Neurose

Im Zentrum der hysterischen Dynamik stehen unbewußte Triebabkömmlinge, vor allem Vorstellungen und Phantasien sexueller Art. Warum ein Hysteriker die Technik wählt, diese Phantasien und Wünsche zu erledigen, indem er seine psychische Problematik durch somatische Symptome ersetzt, ist bislang nicht zureichend erklärt (Hoffmann 1979, 115). Gesichert aber scheint die Meinung, daß der Konversionsmechanismus von der Psyche zum Körper eher komplex als einfach ist.

Vermutlich kann jeder psychische Konflikt von jedem Menschen somatisch dargestellt werden. Bei Hysterikern ist aber die Konversion die Regel. Dabei können sich Hysteriker mit ihrer Krankheit so perfekt identifizieren, daß sie in der Begegnung mit organisch Kranken nach und nach deren Symptome naturgetreu nachzuahmen verstehen.

In der hyperemotionalen Szene (dem Anfall etwa oder dem dramatisch vorgezeigten Leiden) versucht sich der Hysteriker sowohl mit seinem inneren (seinem Gewissen) als auch mit dem äußeren Beobachter auseinanderzusetzen. »Weil er so erregt, weil er so betroffen ist, weil ihn alles so mitnimmt, weil alles so fürchterlich anstrengend ist, hofft der Hysteriker von innen und außen Vergebung zu erfahren und erreicht so oft das Gegenteil.« (Hoffmann 1979, 116). Das kommt oft von dem eigentümlich Unechten und Theatralischen her, das Hysteriker zeigen, wenn sie leiden. In der Gegenübertragung wird die hysterische Zuwendung in aller Regel abgelehnt, die hysterische Ansprache nicht verstanden. So ist verständlich, daß nahezu alle Autoren hysterische Symptome und Charaktere mit diskriminierenden Begriffen beschreiben.

Das hysterische Agieren (das ist Handeln aus unbewußten Motivationen) findet sich in einer beängstigenden und belästigenden Unstetheit immer neuer, sekundär rationaliserter Wünsche und Bedürfnisse dargestellt. Der Hysteriker versucht dabei, die Personen seiner Mitwelt an diesem Agieren zu beteiligen.

Die zentralen Abwehrmechanismen der hysterischen Neurose sind Verdrängung und Verleugnung. Auch die Affektverschiebung und die Projektion werden häufig eingesetzt. Vor allem unter der hysterischen Projektion können andere Menschen leiden.

In der Krankheit verändert der Patient sein Selbsterleben, so daß er ein günstigeres Bild von sich erhält. Das geschieht durch eine regressive Veränderung des Bildes. »Ich bin so klein, ohnmächtig, hilfsbedürftig, armselig … bitte, tut mir nichts, nehmt mir nichts übel, sondern helft mir.« Einem Kind darf man nichts vorwerfen, weder das Gewissen noch die Mitwelt, denn es kann ja nichts dafür.

4. Zur Psychodynamik der hysterischen Neurose

Die klassische Psychoanalyse geht in Theorie und Praxis davon aus, daß der Basiskonflikt der Hysterie in der ödipalen Phase erlebt wurde. Die moderne analytische Theorie vermutet, daß der Basiskonflikt in der oralen Phase liegt und die ödipalen Konflikte des zukünftigen Hysterikers von hierher eine spezifische Färbung erhalten. Es steht zu vermuten, daß die Trennung aus der symbiotischen Mutterbindung, dem Urbild aller anderen Trennungen, unvollständig geschah und deshalb alle anderen Trennungen, die zur psychischen Reifung notwendig sind, vor allem aber die ödipale mit der Ausbildung des Gewissens, nicht recht bewältigt wurden. Der Hysteriker versucht immer wieder, den symbiotischen Zustand mit seiner Mutter herzustellen. Und weil er daran scheitert, setzt er die Konversion und andere hysterische Techniken ein (Amnesien, Bewußtseinsstörungen …), um sein Ziel, die Ablösung von einer unerträglichen Gegenwart, zu erreichen und wieder wie ein Kind zu werden, unschuldig und hilflos, liebenswert und zuwendungsbedürftig – und das alles, ohne etwas Erhebliches von sich selbst geben zu müssen.
Die frühe Schädigung läßt strukturelle Mängel vermuten. Das Selbst bleibt kindlich-verwundbar. Die Regulation des Selbstwertgefühls wird für manche Hysteriker zur zentralen Lebensaufgabe, denn er erhält aus seiner Umwelt keine brauchbaren, seinem Selbstbild entsprechenden Interaktionsangebote. So muß er sie denn so zu modifizieren versuchen, daß er sie akzeptieren kann. Und das sind Interaktionsangebote, die dem hilflosen und unschuldigen Kind gemacht werden.
Immerhin ist das Körper-Selbst soweit ausgereift, daß die psychischen Störungen, die sich aus Konfliktsituationen ergeben (hervorgerufen durch die krasse Differenz zwischen dem Bild, was man von sich selbst hat und dem, was die anderen von einem haben), »nur« zu somatischen Symptomen ohne somatische Grundlage führen. Es ist möglich, daß ein schwächeres Körper-Selbst, bei analogen Abwehrwünschen zu eigentlichen somatischen, wenn auch psychisch bedingten oder mitbedingten Krankheiten greift, um einen erträglichen Kompromiß herzustellen.
Die im ganzen erhebliche und deutliche Fixierung des Hysterikers auf kindliche Einstellungen macht sich auch in seiner Entwicklung bemerkbar. Kindliche Verhaltensmuster (wie Daumenlutschen, Einnässen) wer-

den länger beibehalten. Im dritten Lebensjahr wird lang und intensiv getrotzt. Die Anhänglichkeit an einen Elternteil ist präödipal wie ödipal größer als bei anderen Kindern ... (Langen 1973, 77). Alles das zeigt, daß offenbar der Primärkonflikt vorödipal festgestellt werden muß. Doch auch nachödipal verläuft die Entwicklung des später hysterischen Menschen ungewöhnlich. Labile Entwicklungsstadien (Pubertät) treten stärker in Erscheinung und dauern länger. Der Übergang vom Spielen zum Arbeiten fällt schwerer. Die Menarche bei Mädchen ist oft deutlich verspätet, was aber nicht frühe Sexualkontakte ausschließt. Die Ablösung vom Elternhaus erfolgt spät, und dann meist unvollkommen und unter Schuldgefühlen (etwa durch vorschnell geschlossene Ehen). Die Bindung an den erotischen Partner ist besonders emotionsbestimmt.

16. Psychosomatische Krankheiten

Diese Krankheiten sind als Versuche des Ich zu verstehen, Konflikte abzuwehren, Kompromisse zu bilden, strukturelle Mängel des Selbst auszugleichen. Während es sich bei der Hypochondrie oder der hysterischen Neurose um symbolhafte Darstellungen und Ausdrucksgebungen in einer Körpersprache handelt, wird hier das Symbol zur symbolträchtigen Realität.

Um die Umsetzung einer psychischen Störung in einen somatischen Prozeß im Sinne einer psychosomatischen Erkrankung zu erreichen, müssen eine Reihe von Bedingungen erfüllt sein (Mentzos 1982, 243–248):

(1) Psychische Bedürfnisse müssen so sehr blockiert und somit unerfüllbar gemacht werden, daß sie einen psycho-physischen Dauererregungszustand auslösen, der das Vegetativum nachhaltig beeinflußt. Es kommt zu einer vegetativen Dauerirritation, indem dem Vegetativum »vorgegaukelt« wird, es wären erhebliche Streßsituationen zu bewältigen. Eine dauernde Kampf- oder Fluchtbereitschaft oder eine dauerhafte »Rückzugseinstellung« (withdrawal conservation pattern) ist die Folge. Im ersten Fall führt eine sympatische Irritation zu Symptomen wie Bluthochdruck, Migräne, Hyperthyreose ... Im zweiten Fall führt die Blockierung passiv-rezeptiver Wünsche zur Dauerirritation des Parasympaticus und zu Symptomen wie Magengeschwür, Durchfall, Asthma.

2) Psychosomatische Erkrankungen sind Rückübersetzungen des Psychischen in eine Körpersprache, die sehr viel primitiver ist als die der Konversionshysterie. Es handelt sich um eine »frühsymbolische Darstel-

lung in der Organsprache« (Mentzos 1982, 245). Ihr entspricht von allen Abwehrmechanismen der primitivste: die Inkorporation.
3) Die Tatsache, warum bei einem Menschen die hohe vegetative Dauerirritation zu einer psychosomatischen Erkrankung führt, bei anderen nicht, und warum es bei einem Patienten zu dieser, beim anderen zu jener Symptombildung kommt, läßt sich vermutlich nur erklären, wenn man einen primären biologischen Faktor ins Spiel bringt. Angeborene oder durch andere Krankheiten erworbene Organschwächen können dann als Kristallisationspunkte dienen, um die sich die psychosomatische Erkrankung organisiert.
Es gibt Gründe anzunehmen, daß sich alle emotionalen Zustände aus ursprünglich rein körperlichen Befindlichkeiten entwickelt haben. Im Laufe der Stammes- und Individualgeschichte differenzieren sich einfache Körperwahrnehmungen wie Lust und Unlust in erotische oder aggressive Emotionen. M. Schur spricht hier von »Desomatisierung« (1955).
Die Entstehung und Entfaltung von Emotionen und Bedürfnissen geschieht nicht in einem sozial leeren Feld, sondern in, mit und durch die Kommunikation mit anderen Menschen (vor allem der Mutter). Wie die Mutter auf die Lust- und Unlustdarstellungen ihres Säuglings reagiert, ist maßgeblich dafür, welche Emotionen ausgebildet werden, mit welchen Vorstellungen sie verbunden werden und wie heftig sie sind. Die Emotionen, interaktional entstanden, sind für die weitere Ausbildung der interaktionalen Fähigkeiten von erheblicher Bedeutung. Sie regulieren die Interaktionen und mit diesen die durch sie hergestellte narzißtische Homöostase. Werden diese Regulationen überfordert, kann als Notwehrmechanismus regressiv wieder eine Resomatisierung, eine Umkehrung des genannten Bildungsprozesses der Emotionen und Bedürfnisse eintreten. Mit dieser Abwehr wird ein psychischer Vorteil erzielt. Der gesamte emotionale Apparat wird an den Stellen entlastet, an denen er überfordert wurde. Die überforderten Emotionen verschwinden dahin, woher sie kamen – in körperliche Zustände.
Solche Resomatisationen von Emotionen und Bedürfnissen können auch bei gesunden Menschen auftreten. Auch ihr Ich beherrscht diese Abwehrstrategie. Doch wird diese Abwehr nicht zur bevorzugten institutionalisiert, sondern nur kurzfristig eingesetzt, bis andere, reifere zur Verfügung stehen.
Nicht selten versuchen, wie A. Mitscherlich ausführte, viele später psychosomatisch Kranke zunächst einmal die reifen Abwehrmechanismen einzusetzen. Sie zeigen dann vorübergehend psychoneurotische Symptome. Erst wenn diese Abwehr nicht gelingt, wird die Resomatisierung als letztes Instrument verwendet.
Damit Menschen solche archaischen Abwehrmaßnahmen ergreifen, ist

eine frühe präödipale Störung und Schädigung die Voraussetzung. In aller Regel funktionierte die Trennung nicht, die, auf verschiedenen Niveaus, die Voraussetzung dafür ist, daß eine realitätsgerechte Sonderung von Selbst- und Objektwelt gelingt. Die Frage, warum manche Menschen mit genau dieser Basisproblematik psychotisch, andere neurotisch, wieder andere psychosomatisch reagieren, ist nicht beantwortet. Ob es eine ausgesprochen »psychosomatische Persönlichkeitsstruktur« (entsprechend etwa der zwangsneurotischen oder hysterischen) gibt, wird diskutiert. Dabei wird vermutet, daß psychosomatische Patienten folgende Eigenschaften haben:

- Phantasielosigkeit,
- Haftung am Konkreten,
- Unfähigkeit zur Symbolisierung,
- Unfähigkeit zur psychischen Konfliktverarbeitung.

Französische und amerikanische Autoren nennen diesen Merkmalskomplex »Alexithymie« (Stummheit der Seele). In jedem Fall scheint eine übertriebene soziale Anpassung psychosomatische Erkrankungen zu begünstigen.

F. Alexander (1951) sieht den Abhängigkeitskonflikt, dessen Wurzel in eine Störung der frühen Mutter-Kind-Dyade reicht, als Basiskonflikt bei psychosomatischen Erkrankungen. Wird dieser Abhängigkeitskonflikt in einer Lebenssituation reaktiviert oder wird die bisherige Abwehrstrategie nicht aufrechterhalten, werde der Ambivalenzkonflikt zwischen Abhängigkeitstendenzen und Verselbständigungsbedürfnissen wieder aktuell und durch eine Symptombildung abgewehrt.

Man hat verschiedene Klassifikationen versucht, um die sehr unterschiedlichen psychosomatischen Erkrankungen einzuordnen. Die beiden gebräuchlichsten will ich hier vorstellen (vgl. Hoffmann 1979, 136 f).

1) Gliederung nach körperlichen Systemen
   a) Verdauungstrakt: Schluckstörungen, Magengeschwür, funktionelle Magenbeschwerden; Darmentzündungen, Durchfall und Verstopfung.
   b) Atemtrakt: Bronchialasthma, nervöses Atmen, Tuberkulose, Schnupfen.
   c) Herz-Kreislauf-System: Herzneurose, Verengung der Herzkranzgefäße (Infarkt), Bluthochdruck, Rhythmusstörungen des Herzens, Anfälle mit Bewußtseinsverlust.
   d) Drüsensystem: Zuckerkrankheit, Schilddrüsenüberfunktion.
   e) Hauterkrankungen: Nervöse Hauterkrankungen, Nesselsucht, entzündliche Hautrötung.
   f) Bewegungsapparat: Gelenkentzündung, Weichteilrheumatismus, Konversionslähmungen, Schiefhals, Schreibkrampf, Tic.

g) Urogenitaltrakt: Störungen der Regelblutung, Scheinschwangerschaft, Impotenz, Sterilität.

h) Zentrales Nervensystem: Kopfschmerz, Migräne.

i) Eßverhalten: Magersucht, Fettsucht.

2) Gliederung nach psychodynamischen Gesichtspunkten

a) Vegetative Neurosen (entstehen durch dauernde Überforderung des vegetativen Nervensystems): Magen- und Zwölffingerdarmgeschwür, Darmentzündungen, Bronchialasthma, Bluthochdruck, Hautentzündung, Schilddrüsenüberfunktion, Gelenkentzündung (die »holy seven«).

b) Ausdruckskrankheiten (entstehen durch Konversion): Lähmungen, Erblindungen, Taubheit ...

c) Funktionelle Syndrome (entstehen aus dem Konflikt verschiedener Handlungsmotive und sind verbunden mit Stimmungsschwankungen und wechselnden vegetativen Bereitstellungen): Störungen im Magen-Darm-Bereich, im Herzgefäßbereich, im Atmungsbereich, Kopfschmerzen, wechselnde Symptome.

d) Sekundäre Ausdruckskrankheiten (eine primäre Erkrankung erhält neuen Aussagewert, so etwa eine Krebsgeschwulst oder eine Infarktkrankheit ...).

Ich will im folgenden die wichtigsten und bekanntesten zehn psychosomatischen Erkrankungen darstellen.

1. Geschwüre im oberen Verdauungstrakt (Ulcus pepticum)

»Ulcus pepticum« bezeichnet eine gutartige Entzündung der Schleimhäute im Bereich des Magen-Darm-Traktes, der mit dem Magensaft in Berührung kommt. Am bekanntesten sind Magen- und Zwölffingerdarmgeschwüre, aber auch das Ulcus pepticum der Speiseröhre.

1) Symptome

Krampfartige, drückende, kneifende Schmerzen, die oft mit einem Hungergefühl verbunden sind. Der Schmerz beginnt nicht abrupt, sondern steigert sich langsam (etwa innerhalb von 15 Minuten). Der Schmerz wird gelindert durch Essen, Erbrechen oder die Einnahme von säurebindenden Medikamenten. Meist treten die Schmerzen innerhalb von zwei Stunden nach einer Mahlzeit auf. Häufig sind nächtliche Schmerzen (zwischen Mitternacht und drei Uhr). Die Beschwerden sind periodisch. Die Schübe dauern um die vier Wochen. Die Schmerzen sind stets lokalisierbar. Der Appetit ist nicht selten gut.

2) Psychische Auslöser

Hierher gehören vor allem Situationen, in denen der Verlust von Geborgenheit erlebt wird, oder aber Situationen, in denen mehr Verantwortung übernommen werden soll. Die Verantwortungsanforderungen

können sozial oder psychisch vermehrt werden, sie können aus dem Leistungs- oder Ehrgeizbereich stammen.
Nach F. Alexander leiden diese Patienten an der Spannung zwischen ihren unbewußten infantilen Abhängigkeitswünschen und dem bewußten Streben nach Unabhängigkeit und Erfolg. Als Muster dieser Auseinandersetzung gilt der erste dieser Konflikte bei der Ablösung des Kindes aus der Mutter-Kind-Symbiose. Diese Ablösung scheint bei vielen Patienten nicht recht gelungen zu sein. So bleibt das Bedürfnis erhalten, mit Liebe gefüttert zu werden wie ein Säugling in der oralen Phase. Dieses Bedürfnisse ist mit den Motiven des erwachsenen Ich nicht vereinbar. Solche Unvereinbarkeit führt zu einer dauernden vegetativen Anspannung verbunden mit einer Überproduktion von Magensaft. Die Gleichung Nahrung = Liebe ist erhalten geblieben – wie in der oralen Phase. Meistens wird Unabhängigkeit und Leistungsvermögen ausdrucksvoll nach außen demonstriert – eine Demonstration, die die nicht zugelassene Infantilität überspielen soll. Der Mut, Ansprüche an andere zu stellen, ist gering. Er wird durch erhöhte Anforderungen an sich selbst ausgeglichen. Dahinter steht die Erfahrung des Säuglings, daß er nicht wagen darf, Ansprüche zu stellen, um Liebe nicht zu verlieren – eine Erfahrung, die eine autonome Ich-Bildung verhinderte.

3) Persönlichkeitsstruktur

Hier unterscheidet man häufig:

- Aktiver Ulcus-Typ, der die Abhängigkeitsbedürfnisse durch eine Pseudo-Unabhängigkeit abzuwehren versucht. Hierher gehören manche erfolgreiche Manager oder strebsame, erregbare Akademiker. Fremde Hilfe wird nicht angenommen. Sich selbst lädt er alle möglichen Verantwortlichkeiten auf. So wird er nicht selten von seinen Mitmenschen als Streber oder lästiger Konkurrent abgelehnt.
- Passiver Ulcus-Typ, der seine Abhängigkeitsbedürfnisse durch Hilfs- und Hoffnungslosigkeit darstellt.

Ähnlichen Persönlichkeitsstrukturen begegnet man auch bei anderen psychosomatischen Erkrankungen (etwa dem Herzinfarkt).

2. Darmentzündung (Colitis ulcerosa)

»Colitis ulcerosa« bezeichnet eine oft chronisch wiederkehrende Erkrankung des Mastdarms (Rektum), des Dickdarms (Kolon) und gelegentlich auch des Krummdarms (Ileum).

1) Symptome

Die Symptome können, je nach der Schwere der Erkrankung, dem Ort der Entzündung und dem Stadium der Krankheitsentwicklung voneinander abweichen. Es werden jedoch regelmäßig mehrere folgender Symptome gezeigt:

- blutig-schleimige Durchfälle,
- vermehrter Stuhldrang, der zu krampfartig-schmerzhafter Entleerung drängt,
- Krämpfe im Unterbauch, aufgeblähter Bauch mit diffusem Druckschmerz,
- Appetitlosigkeit, Übelkeit, Erbrechen mit der Folge einer allgemeinen Schwäche,
- Fieber,
- Unverträglichkeit mancher Eiweißnahrung (Eier, Milch ...).

2) Psychische Auslöser

Der Erkrankung gehen oft tatsächliche oder eingebildete Beziehungsabbrüche zu erotisch besetzten Personen voraus. Aber auch Lebensanforderungen (etwa Selbständigmachen), denen der Patient sich unbewußt nicht gewachsen fühlt, können die Erkrankung auslösen. Vermutlich kann auch die Mißbilligung durch eine elterliche Figur zur Auslösung führen.

Bei der Mehrzahl der Fälle (70%) besteht eine starke Abhängigkeit von den Elternobjekten. Die Bindungen wurden nur unzureichend gelöst. Die Objekte sind nicht sehr stabil – eine Voraussetzung für eine glückende Ablösung. Die Folge der nicht-gelungenen Ablösung ist ein schwach ausgebildetes Überich, so daß die soziale Regulation immer noch starke Anlehnung und Führung durch andere fordert. Die Objektabhängigkeit ist über die Abwehr von Aggressionen depressiv: Die Aggressionen richten sich gegen das eigene Selbst. Stimmungen von Hoffnungslosigkeit, Resignation und Hilflosigkeit sind die Folge. Gefühle der Demütigung und des ohnmächtigen Zorns, oft ohne reale Bezugspersonen, überwiegen.

Nicht selten ist eine Regression auf die anale Form des Gebens. Das Geben bedeutet zugleich Leistung wie das Ausgeben wertvollen Besitzes.

3) Persönlichkeitsstruktur

Die meisten Patienten weisen zwangshafte Charakterzüge auf. Sie sind extrem empfindsam und nehmen feindselige oder ablehnende Haltungen anderer feinfühlig und zutreffend wahr. Die dem Ich zur Verfügung stehende Energie wird weitgehend verwendet, um Zurückweisungen abzuwehren. Dazu werden Strategien entwickelt wie

- Versöhnlichkeit, Nachgiebigkeit, Höflichkeit, das Bemühen, zu gefallen ...
- Stolz und Distanz, Ungeduld und Nörgelei.

Die begrenzte Fähigkeit, Versagenserlebnisse zu verarbeiten, die häufige Unreife der Sexualpraktiken, die Versuche, Verantwortung auszuweichen, können nicht durch den oberflächlichen Eindruck von Energie und Strebsamkeit verdeckt werden. Aufs Ganze wirkt das Verhalten eigentümlich unreif-pubertär. Hinter diesem unreifen Verhalten verbirgt sich der Wunsch nach Sicherheit, das Gefühl von Minderwertigkeit und Schuld.
Im Sozialverkehr sieht er sich bewußt als einen gefügsamen und angenehmen Partner. Unbewußt überträgt er nie aufgelöste Symbiose-Wünsche auf den Partner und stellt hohe Anforderungen an dessen Entgegenkommen. Er ist aber letztlich der Meinung, daß dieser fragwürdig und nicht verläßlich sei.

3. Bronchialasthma (Asthma bronchiale)

»Asthma bronchiale« bezeichnet eine Erkrankung mit kurzdauernden Anfällen von hochgradiger Atemnot mit erschwerter Ausatmung. Sie wird hervorgerufen durch Krämpfe der kleinen Bronchien und der Schwellung der Schleimhäute in diesem Bereich.

1) Symptome
Es kommt zu einer Atemnot beim Ausatmen, das von Husten und dem Auswurf eines zähflüssigen schleimigen Sputums begleitet ist. Die Brust wird als eingeengt wahrgenommen. In der anfallfreien Zeit sind die Patienten entweder beschwerdefrei oder zeigen die Symptome eines Bronchialkatarrhs.

2) Psychische Auslöser
Die Mutter ist zentrale Beziehungsperson, weil die Mutterbindung nicht gelöst wurde. Alle Wünsche, Bedürfnisse, Phantasien ..., die die Zuneigung zur Mutter (oder deren Ersatz) bedrohen können, sind ausgesprochen konfliktträchtig. Ihr primärer Wunsch ist es nicht, von der Mutter gefüttert, sondern beschützt zu werden. Die Mütter von Asthmatikern waren in der Regel überbeschützend und dominant. Das verursacht eine ambivalente Einstellung, insofern die Mutter zwar Schutz gewährt, nicht aber Selbständigkeit. Alle Aggressivität gegen die Mutter wurde unterdrückt. Das hat zur Folge, daß die eigentlichen Geborgenheitswünsche nicht realisiert wurden. So bleiben sie zeitlebens erhalten. Auch sind überbeschützende Mütter oft nicht zärtlich und hingebend. So bleiben auch diese Defizite prägend erhalten. Das Modell einer Mutter, der man sich anvertrauen möchte, aber – wegen ihrer Dominanz – nicht anvertrauen kann, wird zum Modell vieler Sozialbeziehungen. Das unter-

drückte Weinen oder die unterdrückte Wut, die in der Kindheit keinen adäquaten Ausgang über die Körpersprache gefunden haben, werden jetzt körpersprachlich dargestellt. Der Basiskonflikt ist bestimmt durch die einander widersprechenden Bedürfnisse, sich sowohl an die Mutter anzuklammern wie sich von ihr zu trennen.

3) Persönlichkeitsstruktur

Asthmatiker wehren emotionale, vor allem zärtliche und aggressive Regungen ab. Sie wirken dominierend-egozentrisch. Damit ist verbunden ein starkes Bedürfnis nach Liebe und Zuwendung. Die Grundstimmung ist vorwiegend eher unsicher-bedrückt, unzufrieden-depressiv.
Viele Asthmatiker sind kontaktscheu und neigen zu einem resignierenden Sich-Zurückziehen. Damit ist – wiederum widersprüchlich – das Bedürfnis nach Geborgenheit und Sicherheit dargestellt.
Der akute Anfall appelliert an die Zuhörbereitschaft. Er bessert sich oft schnell, wenn der Patient über seine Bedürfnisse und Wünsche sprechen kann. Das bald wieder einsetzende Distanzbedürfnis beendet oft den gerade in Gang gekommenen Dialog. Der Patient vermeint, sich selbst dabei zu verlieren, zu viel von sich herzugeben, durch die Nähe anderer erdrückt zu werden (wie einstmals von seiner Mutter).

4. Primärer Bluthochdruck (essentielle Hypertonie)

»Essentielle Hypertonie« bezeichnet eine Erkrankung des Kreislaufsystems, bei der über längere Zeit der Blutdruck die Werte 160/95 mm/Hg übersteigt und andere Ursachen (wie Nierenerkrankungen, Drüsendysfunktion, Arterienverkalkungen) nicht ausfindig gemacht werden können.

1) Symptome

Der essentielle Hochdruck beginnt mit meist nicht beachteten nur wenige Minuten dauernden Hochdruckphasen. Er kann oft jahrelang bestehen (und schon zu Nierenschäden geführt haben), ehe er bei einer Routineuntersuchung entdeckt wird. Die Patienten klagen über folgende Beschwerden (die allerdings nicht alle hochdruckbedingt sind):

- Kopfschmerz (durch Gefäßdehnung)
- Herzklopfen
- Nasenbluten
- Anfallschmerzen in der linken Brust
- Atemnot (bei Bewegung, später auch bei Ruhe)

Junge Patienten klagen oft über:

- Schwitzen und Frieren

- Erregbarkeit und Schlafstörungen
- kalte Hände und Füße
- Druck und Schmerz in der Herzgegend

2) Psychische Auslöser
Die Erkrankung beginnt meist, wenn der Betreffende in einer erheblichen Erwartungsspannung lebt. Auch langanhaltende Ängste, Zeitnot und wachsende Anspannung werden als Auslöser genannt.
Die Patienten fürchten, wenn sie ihre Aggressivität zeigen, die Zuneigung anderer Menschen zu verlieren. Das veranlaßte sie schon als Kinder, solche Gefühle abzuwehren oder zu kontrollieren. Hinter dieser Furcht steht die frühkindliche Erfahrung, daß aggressives Verhalten zu Zuwendungsverlust führt. So wird das aggressive Kind übermäßig fügsam.
Als Erwachsener wird er sich stark kontrollieren. Er wird möglichste Verhaltungsnormalität, verbunden mit Leistung, zu zeigen versuchen. So kann er
- verbotene Triebabkömmlinge abwehren,
- vermeiden, daß seine Aggressivität zu unliebsamen Konflikten führt,
- den Verlust von Bezugspersonen verhindern.

Hypertoniker sind meist leistungsorientierte Menschen. Sie fordern von sich selbst viel, weil sie (übrigens vergeblich) hoffen, über Leistung Zuwendung zu erhalten (sie gibt bestenfalls Anerkennung). Die eigenen Bedürfnisse werden hinter denen anderer zurückgestellt, zurückgestellt aber auch hinter dem Wunsch, etwas zu leisten, ohne Aggression auf sich zu ziehen. Die Ehrgeiz- und Konkurrenzbedürfnisse können nicht artikuliert werden, weil sie verdrängt worden sind.

5. Rheumatische Gelenkentzündung (Rheumatoide Arthritis)

Die »rheumatoide Arthritis« ist eine Allgemeinerkrankung, die schleichend in Schüben abläuft. Sie beginnt meistens im dritten bis fünften Lebensjahrzehnt. Frauen sind zu 75% betroffen. Im Blut ist stets der Rheumafaktor nachweisbar. Die Krankheit manifestiert sich vorwiegend an den Gelenken und bewirkt krankhafte Zellveränderungen bei der »Gelenkschmiere« (Synovia), am Knorpel und an den Skelettmuskeln.

1) Symptome
Die ersten Symptome sind meist morgendliche Steife und Schmerzen einzelner Gelenke (meist symmetrisch). Es kommt zu teigigen Schwellungen (besonders oft an den Fingergelenken). Bewegungs- und Druck-

schmerz beeinträchtigen die Funktion der kleinen Gelenke. Nicht selten wird dann das Knie befallen. Daneben werden Symptome wie Appetitlosigkeit, erhöhte Temperatur, Gewichtsabnahme, vermehrtes Schwitzen bemerkt.

Man kann drei Verlaufsformen unterscheiden:

- Die exsudative Verlaufsform mit Anschwellen der befallenen Gelenke und Bewegungseinschränkungen durch die Anschwellung der umgebenden Weichteile.
- Die fibröse Verlaufsform mit Bewegungsbehinderung infolge von Kapselschrumpfung.
- Die verknöchernde Verlaufsform, bei der sich der Gelenkspalt im Röntgenbild nicht mehr feststellen läßt.

Durch die erzwungene Inaktivität kommt es zu Muskelschwund.

Der schubartige Verlauf kann Jahrzehnte währen. Vor allem emotional belastende Ereignisse können einen Schub auslösen. Das Tempo variiert. Die inneren Organe sind nicht mitbeteiligt. Die durchschnittliche Lebenserwartung wird kaum gemindert. Der Prozeß kann in vielen Fällen durch eine rechtzeitige Therapie unterbrochen und teilweise gestoppt oder doch verlangsamt werden. In etwa 10% der Fälle kommt es zu schwerer Verkrüppelung.

2) Psychische Auslöser

Vor allem Krisen in den zwischenmenschlichen Beziehungen können als Auslöser der Erkrankung allgemein und von einzelnen Schüben vermutet werden. Die Belastungen können die bislang abgewehrten Aggressionen freisetzen. Wenn es nicht gelingt, diese Impulse, die durch eine Veränderung der äußeren Bedingungen verstärkt werden, zu kanalisieren und sozial abzuführen, scheint eine rheumatoide Arthritis eine naheliegende psychosomatische Reaktion zu sein. Dem Patienten gelang es vermutlich in der analen Phase nicht, ein gutes Maß an Autonomie ohne Schuldgefühle zu erreichen. Die widerspenstigen und die zärtlichen Bedürfnisse des Kindes in dieser Phase wurden meist mit Härte und Gewalt gebrochen, um das Kind den elterlichen Vorstellungen gefügig zu machen (zu »erziehen«). Die Einstellung des Kindes zu seiner Welt wird zurückhaltend-gespannt. Das Kind ist ständig in Lauerstellung, um Unrecht und Gewalt sicher und schnell zu erkennen. Nicht zufällig werden von der Krankheit später vor allem jene Körperbereiche betroffen, die für Abwehr und Verteidigung wichtig sind.

3) Persönlichkeitsstruktur

Die Spannung von Zartheit und Härte scheint nicht ausgeglichen zu sein. Drei Merkmale werden häufig beobachtet:

- Ein zwangshafter Zug zu Gewissenhaftigkeit und Perfektionismus, verbunden mit dem Bemühen, alle aggressiven Impulse zu unterdrükken.
- Masochistische Züge mit einem starken Bedürfnis, sich selbst aufzuopfern, und übertriebener Helferwille (oft verbunden mit depressiven Anwandlungen).
- Starke Bedürfnisse nach Bewegung vor Ausbruch der Erkrankung.

Die Patienten wirken folgsam, bescheiden und selbstlos. Tatsächlich aber entziehen sie sich so einer offenen Auseinandersetzung. Mitunter verleugnen sie die Notwendigkeit einer Therapie, weil es sich nicht lohne, von der Krankheit viel Aufhebens zu machen.

6. Die Schilddrüsenüberfunktion (Hyperthyreose)

Eine Schilddrüsenüberfunktion kann durch verschiedene Erkrankungen ausgelöst werden (Überfunktion einer Knotenstruktur, toxisches Adenom). Hier ist gemeint die Auslösung durch eine diffuse Hyperplasie, die Basedow'sche Krankheit. Da die Schilddrüse zuviel Thyroxin an das Blut abgibt, sind alle Stoffwechselprozesse beschleunigt.

1) Symptome
Bekannt ist die »Merseburger Trias«: Übergroße Schilddrüse, großes Glanzauge und hoher Puls. Einzelne dieser Merkmale können auch fehlen. Die Patienten zeigen:
- Herzklopfen, Herzstolpern, hohe Blutdruckamplitude, Spontantöne über den Arterien,
- Gewichtsabnahme trotz guten Appetits, Übelkeit und Durchfall,
- vermehrtes Schwitzen und Wärmeunverträglichkeit, Abneigung, sich in geheizten geschlossenen Räumen aufzuhalten,
- rastlose Überaktivität und innere Unruhe,
- Schlafschwierigkeiten, mangelnde Konzentrationsfähigkeit, depressive Verstimmungen,
- warme und zarte Haut, Haarausfall,
- Zittern,
- erhöhte Temperatur.

2) Psychische Auslöser
Die Krankheit beginnt oft in der Erfahrung einer lebensbedrohlichen Situation, wenn das Ich nicht mehr in der Lage ist, die erheblichen Ängste abzuwehren. Solche auslösenden Situationen können sein: Todesgefahr, Erfahrung des Todes eines geliebten Menschen, schwere Krankheit, Verlust oder Untreue eines Partners. In der Regel zeigen die Patienten ein ge-

steigertes Verantwortungsbewußtsein und hohe Leistungsbereitschaft, die beide den Zweck haben, Ängste abzuwehren. Die Ängste können, weil abgewehrt, nicht thematisiert werden.
In der Kindheit war die Mutterbindung erheblich. Damit verbunden war die Erfahrung, daß diese Verbindung bedroht sei.

7. Nervöse Hautallergien (atopische Neurodermitis)

»Atopisch« nennt man Erkrankungen, die aus der Bereitschaft hervorgehen, ungewöhnlich stark auf Substanzen der natürlichen Umwelt zu reagieren (Pollen, Sporen, Staub, Nahrungsmittel). Die Neurodermitis ist eine chronische, juckende, oberflächliche Entzündung der Haut.

1) Symptome
Meist beginnt die Krankheit mit starkem Juckreiz. Durch Kratzen und Reiben kommt es zu Hautabschürfungen und einer Verdickung der Haut (Lichenifizierung). Vor allem sind betroffen Gesicht, Hals, Ellenbeugen und Kniekehlen, Hände und Handgelenke.

2) Psychische Auslöser
Meist lag der Erkrankung ein Mangel an mütterlicher Zuwendung zugrunde. Die frühkindliche Situation führt zum Mühen, das Interesse eines anderen Menschen auf den eigenen Körper zu lenken, um Zuwendung und Liebe zu erhalten oder um vermeidliche Abwendung zu bestrafen.
Wichtig ist für die Deutung der Psychodynamik der Neurodermitis das Kratzen. Es handelt sich um ein lustvoll-aggressives (masochistisches) Tun. Es soll von seinem ursprünglichen Ziel (lustvoll-aggressiv, aber sadistisch) ablenken, um Schuldgefühle zu vermeiden. Die Aggression richtet sich also gegen den eigenen Körper.
Die Patienten suchen sehr intensiv jene Liebe und Geborgenheit, jene Nähe und jenen Hautkontakt, den sie als Kind vermißten. Doch wird diese Suche zum pathogenen Problem, weil sie mit der Kindheitserfahrung verbunden ist, daß Liebe doch früher oder später wieder entzogen wird.

3) Persönlichkeitsstruktur
Die Patienten wirken dauernd angespannt. Sie sehnen sich nach Erfolg und Anerkennung, beherrschen aber oft nicht die Techniken, sie zu erreichen. Sie sind oft sentimental und zeigen sich über ihre Mitwelt enttäuscht. Zeichen verdrängter Feindseligkeit betreffen vor allem nahestehende und emotional an sie gebundene Personen. Haben sie Erfolg, sind sie stolz auf ihre Kraft und Vitalität.

8. Magersucht (Anorexia nervosa)

»Anorexia nervosa« bezeichnet eine Krankheit, die als Ausdruck eines ungelösten psychischen Konflikts zu erheblichem Gewichtsverlust führt. Betroffen sind fast nur Mädchen. Sie tritt erstmals in der Pubertät auf, kann sich dann später in Schüben wiederholen. In etwa 10% der Fälle verläuft sie tödlich.

1) Symptome

Das Untergewicht wird erreicht durch Nahrungsverweigerung und/oder durch spontanes Erbrechen und Abführmittel. Mitunter werden die Phasen der Nahrungsverweigerung durch Phasen hemmungslosen Fressens unterbrochen, die, meist mit Schuld oder Versagenserlebnissen verbunden, eifrig durch weitere Nahrungsverweigerung gesühnt werden. Die Regelblutung fällt aus (»Notstandsamenorrhoe«). Dieses Symptom wird mitunter bewußt angestrebt, weil sich die junge Frau so nicht mit ihrem Frausein konfrontiert sehen muß. Der Grundumsatz ist reduziert (Temperatur, Blutzucker, Blutdruck sind erniedrigt, der Körper brennt auf Sparflamme), Haut und Haare werden trocken, Finger, Zehen, Ohren, Nase verfärben sich wegen mangelnder Durchblutung bläulich (Akrozyanose). Die innere Unruhe verbindet sich mit äußerer Überaktivität.

2) Psychische Auslöser

Auslöser sind die körperlichen und seelischen Veränderungen in der Pubertät. Sie machen Angst und sollen rückgängig gemacht werden. Das Ideal-Selbst mit seinem idealen Körperbild (oft ein jungenhaft schlanker Körper) stimmen nicht mehr mit der realen Körperwahrnehmung zusammen. Es entsteht die Tendenz, ein geschlechtsloses Wesen zu werden, um nicht das Ideal-Selbst aufgeben zu müssen.
Näherer Auslöser können harmlos gemeinte Worte der engeren Umgebung sein, die das Mädchen etwa »Pummelchen« nennen oder sonstwie auf die rundlicher werdenden Formen ansprechen. In manchen Fällen geht der Erkrankung ein kurzer körperlicher Kontakt mit einem Jungen, dessen Berührungen und Zärtlichkeiten als bedrohlich abgelehnt werden, voraus.
Psychodynamisch kann man sich streiten, ob es sich bei der Magersucht um eine narzißtische oder psychosomatische Erkrankung handelt. Beide Positionen sind möglich und ergänzen sich. In jedem Fall liegt der Grund für die Verweigerung, sich mit weiblicher Sexualität zu identifizieren und so das Körper-Selbst zu modifizieren, im ersten Lebensjahr, also beim Aufbau des ersten Körper-Selbst. Die ambivalente Einstellung zur Mut-

ter führt dazu, daß die Mutter (= Nahrung) verweigert wird, weil bei ihrer Inkorporation die Grenzen zwischen dem Selbstobjekt Mutter und dem Selbst aufgelöst werden und das Selbst untergehen könnte. Es kommt darauf an, die mühsam errichtete Grenze zwischen Selbstwelt und Objektwelt aufrechtzuerhalten. Die Verbindung zwischen beiden Welten stellt in der oralen Phase (oder in einer Regression auf diese Phase) der Mund dar und alles, was in ihn hineingeht. Es darf also möglichst wenig in ihn hineingehen, um die Grenze zwischen beiden Welten zu erhalten.

Die Störung der oralen Weltbegegnung führt, weil sie elementar und das Urbild aller Weltbegegnungen ist, zu einer Störung aller Weltbegegnung. So wird jede emotionale Nähe vermieden und Distanz zu allen Menschen aufgebaut.

Wie aber muß die Mutter erfahren werden, daß es zu solchen Verweigerungen kommt? Die Mütter lassen scheinbar ihren Kindern keinen Wunsch offen, entlassen sie aber auch nicht aus ihrem eigenen Selbst. Eine Individuation wird schon in den ersten Ansätzen erschwert. Die Krankheit ist ein Versuch, sich aus dieser Umklammerung durch die Mutter zu befreien. Die Mütter sind öfters dominierende, sexualfeindliche Personen, die aktiv, tüchtig und berufstätig sind. Sie sind Mann und Frau zugleich. Eine fruchtbare Mutter-Kind-Dyade kommt nicht zustande. Sie wird mit einem Menschen gebildet, der nicht klar die Muster beherrscht, die eine Mutter beherrschen soll: Dem Kind die ersten Entwürfe und Erfahrungen seines eigenen Selbst wiederzuspiegeln und ihm in dieser empfindlichen Phase selbstlosen, unbedingten Schutz und Geborgenheit zu schenken.

Die narzißtischen Aspekte der Magersucht werden deutlich in dem Bemühen, emotionell autark zu sein. Jede Form von Abhängigkeit, von Personen, von Bedürfnissen, von Nahrung ... wird abgelehnt und bekämpft. Nur dann ist man nicht enttäuscht. Nur so kann man zeigen, daß man sich auch an die Ersatzformen, die die Eltern anstelle ihrer Liebe anboten (vor allem die des Essens), nicht anlehnen muß. Diese Verweigerung macht unverwundbar und unabhängig. So bilden sich manche Mädchen ein, ein Perpetuum mobile zu sein, das ohne Energiezufuhr läuft. Erschöpfung wird nicht zugelassen.

Die magersüchtige Inszenierung hat also den Zweck, narzißtische Unabhängigkeit zu demonstrieren. Vor allem sich selbst. Dahinter steht eine tiefgehende Resignation, daß man Autonomie und Zuwendung nicht gleichzeitig haben könne, denn beide zusammen wurden nie erfahren.

Das Ich kann sich nur abgrenzen, indem es sich selbst schädigt. Die Fähigkeit des Ich, zwischen Triebbedürfnissen und Umwelt zu vermitteln, scheint aufgegeben zu sein. Das Ich steht jetzt ausschließlich im Katastrophendienst. Es hat die Aufgabe, den Untergang des Selbst zu verhindern.

3) Persönlichkeitsstruktur

Die meisten magersüchtigen Mädchen sind überdurchschnittlich intelligent. Oft sind sie in sich eingesponnen und/oder trotzig-oppositionell. In einer ersten Annäherung erscheinen sie brav und gefügig. Sie können mit wahrem Engelsgesicht über ihre Nahrungsaufnahme lügen. Die Regression auf den oralen Zustand erfolgt ohne inneren Widerspruch, ichsynton. Abgesehen von Schuldgefühlen nach einem Freßanfall, besteht psychischer Friede. Die Abwehr des Basiskonflikts und seiner Folgen gelingt perfekt.

Die meisten magersüchtigen Mädchen verstehen es, Sympathie zu wekken, indem sie sich kindlich und vernünftig (»altklug«) benehmen. Zugleich verweigern sie jede Fremdbeeinflussung ihres Verhaltens oder Versuche, Gemeinsamkeit herzustellen.

9. Fettsucht (Adipositas)

Wird dem Körper mehr Nahrung zugeführt als er zu Aufbau und Versorgung benötigt, wird Fett in verschiedenen Körperorganen eingelagert. Von Übergewicht spricht man, wenn das Normalgewicht um mehr als 20 % überschritten wird. Nur bei 5 % der Patienten ist die Fettsucht auf eine ungewöhnliche Drüsenfunktion zurückzuführen. In aller Regel ist Freßsucht die Ursache der Fettsucht.

1) Symptome

Die Beschwerden sind Symptome von Folgekrankheiten. Die Fettsucht disponiert wahrscheinlich für diese Erkrankungen:

- Verkalkung der Gefäße
- Fettstoffwechselstörungen
- Zuckerkrankheit
- Bluthochdruck
- Bindegewebsschwächen (die zu Brüchen, Hämorrhoiden, Senkfüßen, Wirbelsäulenschäden führen können).

Daneben bestehen Allgemeinbeschwerden wie

- verminderte Leistungsfähigkeit
- Anschwellen der Beine nach längerem Stehen
- Müdigkeit
- Engegefühl in der Brust
- Herzklopfen nach Belastungen
- Verstopfung.

Übergewichtige neigen dazu, alles Angebotene zu essen. Sie verbinden falsch die Beendigung der Nahrungsaufnahme mit dem Nichtmehr-Vorhandensein von Nahrung. »Der Teller muß leergegessen werden!« – »Es darf nichts übrig bleiben!« – solche und ähnliche Ermahnungen aus einer Hungerzeit können das Eßverhalten prägend beeinflußt haben.
Bei Gesunden endet der Wunsch nach Nahrungsaufnahme mit den Hungerkontraktionen des Magens. Mit dem Wunsch nach Nahrungsaufnahme (also dem Hunger) endet auch die Eßlust. Beides ist bei Fettsüchtigen nicht gegeben.
Man kann unterscheiden:

- Die Rauschesser, bei denen es zu rauschartig ablaufenden Eßvorgängen kommt. Es handelt sich um eine Art des »oralen Orgasmus«.
- Die Daueresser, die ständig Appetit haben – und ihn befriedigen.
- Die Nimmersatten, bei denen der Appetit erst mit dem Verzehr oder der Vorstellung davon auftaucht.
- Die Nachtesser, bei denen der Jäh-Hunger nachts (oder abends) kommt. Sie können den Eßvorgang nicht rechtzeitig beenden.

2) Psychische Auslöser
Psychisch auslösend sind in der Regel Objektverluste (Trennung vom Elternhaus, Partnerverlust ...) Auch Situationen mit dauernden Gefahren und hohen Leistungsanforderungen können zu gesteigerter Eßlust führen. Denselben Effekt können depressive Verstimmungen, Mißerfolge, unbefriedigende soziale Beziehungen oder Dauerfrustrationen haben.
Das Essen wird zum kompensatorischen Symbol der Liebe, der Geborgenheit, des Erfolges, des Trotzes, des Wohlbefindens, der Befriedigung ... Es entschädigt für Schmerzen und andere Unlustempfindungen. Oft hat ein solcher Mensch schon als Kind gelernt, daß Essen über vieles hinwegtrösten kann. Offenbar stehen freßsüchtigen Menschen nur sehr begrenzte Strategien zur Verfügung, mit Unlust fertigzuwerden. Sie regredieren schnell auf die orale Phase und befriedigen sich ersatzweise oral.
Die Mütter fettsüchtiger Menschen versuchten, ihre Kinder übermäßig zu besitzen und zu beschützen. Ihr Gluckenverhalten hinderte sie daran, ihrem Kind die Möglichkeit zu geben, sich eine eigene Welt zu schaffen (und damit ein eigenes Selbst). Statt dessen wurde es verzärtelt und kontrolliert. Sie konnte nicht »Nein« sagen, obschon das Kind die eigene Welt nur im Widerstand gegen die der Mutter aufbauen kann. Meist quälten sie unbewußt Schuldgefühle, daß sie ihrem Kind zu wenig gäben an Liebe und Zuwendung. Dieses Schuldgefühl wehrten sie erfolgreich ab, indem sie dem Kind zuviel zu essen gaben.
Nicht selten ist das Zuviel-Essen auch als ein unbewußtes Instrument der

Selbstzerstörung zu begreifen. Menschen leben in einer Geschlechtsrolle (meistens der weiblichen), die sie nicht akzeptieren können. Die adoleszente Integration der Geschlechtlichkeit in das Selbst hat nicht stattgefunden. Sie machen sich möglichst unattraktiv, um nicht Frau sein zu müssen.

Offenbar kann Fettsucht verschiedene psychische Gründe haben. Man kann sie jedoch nicht generell als Fehllernen behaupten und ausschließlich verhaltenstherapeutisch zu beheben versuchen. Sicherlich hilft manchen Menschen eine Verhaltenstherapie dauerhaft. Doch es sind enttäuschend wenige. Sehr viele Fettsüchtige werden rückfällig. Das macht es wahrscheinlich, daß psychische Beeinträchtigungen der Kindheit das Verhalten steuern.

3) Persönlichkeitsbild

Es gibt kein einheitliches Persönlichkeitsbild für die Fettsucht, wie es auch keine einheitliche psychodynamische Erklärung gibt. Manche Fettsüchtige sind hochaktiv, andere antriebsarm, manche sind kontaktfreudig, andere verweigern sich engen Kontakten.

Die meisten leiden nicht unter ihrer Fettsucht. Sie verdrängen sie.

10. Vegetative Neurose

Die vegetative Neurose ist durch chronische (also nicht nur gelegentliche) zum Teil häufig-wechselnde Störungen und Beschwerden definiert, denen kein eigentlicher Organbefund zugeordnet werden kann, außer einer Unfähigkeit des Parasympathikus, die sympathische Dauererregung zu dämpfen.

1) Symptome

Den vegetativen Neurosen ist ein umfangreiches Symptomfeld zuzuordnen:

- nervöser Reizmagen und Schluckbeschwerden,
- Verstopfung und Durchfall,
- beschleunigter, unregelmäßiger Puls,
- schnelles Atmen mit Neigung zu Hyperventilation,
- Kopfschmerzen und Migräne,
- Schlaflosigkeit, Heißhunger, schnelle Erschöpfbarkeit (die durch manche Tranquillizer behoben werden kann), Zittern, Unruhe, Ängstlichkeit.

2) Psychische Auslöser

Jeder Mensch reagiert auf Belastungen, die ihn psychisch überfordern, mit vegetativen Symptomen der genannten Art. Die Erregung des sympathischen Nervensystems ist ein Bereitstellungsvorgang, um nach außen schnell reaktiv tätig werden zu können. Bei vegetativen Neurotikern fehlen diese Auslöser. Die Bereitstellungsstimmung des Vegetativums hält sinnlos an. Oft werden sekundär unbewußt Streßsituationen produziert, die eine solche Reaktion rechtfertigen.

3) Persönlichkeitsbild

Zu solchen vegetativen Neurosen neigen asthenische Persönlichkeiten. Vermutlich steht hier also eine konstitutionelle Anlage im Vordergrund. Dennoch ist sicher auszumachen, daß bestimmte Konstellationen der Kindheit die Störungen begünstigen (vgl. Bräutigam 1981, 322):

- Elternehen, in denen Konflikte nicht beherrscht ausgetragen wurden (65%),
- harte, gleichgültige oder schlechte Erziehung,
- höhere soziale Schicht.

Erst wenn die Symptome so intensiv werden, daß sie Arbeits- und Genußfähigkeit des Patienten beschränken, erhalten sie einen eigentlichen Krankheitswert und führen zur Behandlung.

Man kann die vegetative Neurose als »prosomatisches Allgemeinsyndrom« verstehen. Sie fixiert eine Vorstufe aller anderen psychosomatischen Erkrankungen, zu denen keine spezifische Disposition vorliegt. Das vegetative System, ist die »schwächste Stelle«, an der sich die Störung dauernd festmacht.

Bei dieser Erkrankung besteht die Versuchung, sie ausschließlich medikamentös zu behandeln, da für die Behebung der Symptomatik wirkungsvolle Medikamente zur Verfügung stehen. Diese aber treffen nicht die eigentliche Krankheitsursache, sondern verschleiern den zugrundeliegenden Konflikt weiter.

Sachregister

Häufig vorkommende Begriffe (Es, Ich, Überich, Ubw ...) werden nur angeführt, wenn es sich um begrifflich erhebliche Darstellungen handelt. Kursiv gesetzte Hinweise beziehen sich auf ausdrückliche Begriffsbestimmungen.

Abhängigkeit 249
-sbedürfnis 247
Abwehr 15, 19, 24, 54, 59, 87, 91, 95, *98*, 99–134, 144, 278, 295, 308, 309, 311
-mechanismen 62, *100–101*, 104–128, 159, 239, 240, 241, 309
Adoleszenz 101, 124, 206, 219–231, 241, 287, 346
Affekt 54 (cf. Emotion)
Affektisolierung 116, 220
Affektualisierung *128*, 240
Aggression *36*, 37, 39, 50, 60, 88, 107, 122, 129, 185, 210, 316–320, 335
Agieren 145, 146, 147, 328
Alexithymie 57, 332
Ambivalenz 59, 60, 110, 146, 173, 196, 256, 276, 277, 308, 310, 332
analer Charakter 188, 189, 199
anale Phase 181–189
Angst 66, 71, 72, 85–98, 121, 203, 258, 259, 262, 266, 284, 310–315, 341
– unbewußte 90–91
Angstneurose 244, 310–312
Angsttraum 19, 159, 160
ASSM (= Angst-, Scham-, Schuld- und Mindergefühle) 18, 19, 24, 64, 65, 67, 68, 70, 71, 72, 73, 84, 93, 96, 97, 98, 101, 102, 103, 107, 110, 122, 124, 127, 128, 129, 143, 144, 154, 159, 160, 185, 186, 194, 197, 198, 200, 201, 236, 237, 239, 274, 286, 288, 292
Asthma 337
Autoerotik 134, 135, 141, 165, 166, 198, 211
Autonomie 181–186

Bahnung 38
Basedow'sche Krankheit 340, 341
Basiskonflikt *236*, 237
Bedürfnis *39*, 41, 43, 45, 46, 55, 62, 68, 87, 99, 100, 106, 166, 267 et passim
-typen 40, 41, 236
Behaviorismus 237, 290, 313
Besetzung *35*, 36, 38, 42, 45, 92, 106, 107, 135 ff., 210, 222, 223
– neutrale 37, 47
Dauer starker B. 45, 47, 142, 166, 181, 199
-sverschiebung 222, 223
Bindungsangst 225
Blutdruck 262
– erhöhter 337, 338, 344
Borderline-Störungen 59, 135, 239, 276–281, 305, 310, 312

Charakter *15*, 16, 27, 139, 199, 208, 221, 242
– analer 188, 189, 199
– anankastischer 323, 324, 335
– hysterischer 326–328
– okrophiler 139, 144, 148
– oraler 178
– philobatischer 139, 148
– phobischer 313
– psychosomatischer 323
-neurose 242, 243, 307
-panzer 99
Christentum 16, 21, 65, 67, 201, 286

Darmentzündung 334–336
Decherinnerung 121, 122
Denken 93, 150, 158, 159, *298*, 299
– primärprozeßliches 51, 52
Denkhemmung 258
Depersonalisation 248, *251*

Depression 59, 122, 227, 243, 244, 257–273, 289, 301–303, 306, 316–318
Desomatisierung 57, 331
Destrudo 34, 41, 53
Determinismus 25–30
Disziplinierung 172, 181, 182
Doppelbindung 173, 246
Doppelwahrnehmung 45

Ehrgeiz 112
Eifersucht 59, 127, 195, 291
Eigentumsverhalten 182
Ekel 181, 284, 289
Eltern 63, 64, 65, 70, 74, 75, 76, 78, 79, 82, 89, 228, 229, 232, 246, 347
-repräsentanz 88, 89, 335
Emotion 18, 28, 39, 40, 43, 46, 49, 54, 55, 56, 57, 58, 60, 63, 81, 87, 99, 100, 106, 117, 120, 267 et passim
– autonome *56,* 57
Energie 34, 35, 36, 47, 107
– neutrale *47,* 48, 49, 129
Entneutralisieren 49
Entscheidung 25
Entsublimieren 129, 130
Epilepsie 253, 325
Erblichkeit 248, 259, 289, 308
Erfahrung 45, 165
Erfahrungen, vorgeburtliche 167, 248
Erkenntnisinteresse 14, 17
Erklärungsbegriff 20, 21, 29
Erkrankungen, psychosomatische 171, 330–347
Erlebnisreaktion *307*
– neurotische 307, 308
Eros *36,* 39, 41, 122, 127
Erregung 33, 34
Erziehung 38, 75–83, 200
Es *41* et passim
Exhibitionismus 284
Exkorporation 61
Externalisieren 58, *61*

Fanatismus 111
Fehlleistung 26, 27
Fetischismus 283, 284
Fettsucht 344–346
Fixierung 37, 123, 124, 179
Freiheit 25, 29–32, 183, 201
Fremdeln 172
Freudlosigkeit 103, 257
Frigidität 197
Frustration 30, 36, 50, 93, 143, 172, 204, 232, 236, 345
Furcht 94, 95

Geburt 44, 77, 86, 91, 93, 134, 164, 165, 173
Gefühle aus 2. Hand 125, 126, 215
Gegenbesetzung 37, 48, *72,* 106, 107, 209, 212, 221
Gegenidentifikation 125, 210, 216, 228
Gegenübertragung 43, 147, 148, 300, 303, 304, 328
Gehörsturz 326
Gewissen 188, 189, 201, 212, 232, 317, 329
Gott 13, 65, 69, 94, 119, 271
Gotteskomplex 65, 69
Grenze 111
Grenzhaftigkeit 98
Grübeln 214, 215

Halluzination 247, 251
Hebephrenie 252
Herzneurose 314, 315
Heuchelei 112
Homoerotik 138, 213, 288–291
Homöostase, narzißtische *16,* 18, 32, 59, 60, 61, 98, 100, 112, 115, 136, 141, 222, 277, 290, 295, 302
Homosexualität 69, 99, 111, 119, 125, 127, 211, 224, 230, 231, 286–292
Hyperhymie 305, 306
Hypochondrie 141, 243, 303–305, 315, 330
Hysterie 61, 69, 111, 213, 244, 314, 325–330

Ich *43* et passim
-grenze 46, 47, 58, 59, 120, 133, 169, 170, 171, 223, 241, 250, 266
-verödung 105, 106, 109, 116
Ideal-Selbst 83–85, 140, 141, 143, 217
Ideenflucht 273
Identifikation 60, 63, 124–127, 204, 205, 207, 227, 229
Identität 13, 18, 74, 168, 208, 216, 218–231, 304
-sschwäche 48, 49, 66, 85, 95, 108, 112, 120, 126, 130, 224, 245, 276, 280, 294, 309, 311
-sverwirrung 224–230
Initiative 191, 200
Inkorporation *58*, 59, 63, 126, 166, 170, 174, 192, 204, 295, 318, 331
Intellektualisierung *128*, 230, 240
Interaktion 143, 144, 147, 172, 175, 176, 178, 183, 204, 218, 229, 248, 280, 281, 298, 301, 329
Interesse 14, 17, 44, 98
Internalisierung 58, 63, 64, 65, 67, 68, 74, 75, 78, 124, 172, 173, 185, 192, 201, *238*, 270, 271, 304, 318
Introjektion *59*, 60, 63, 74, 126, 127, 184, 192, 204, 227, 246, 250, 279
Isolationsangst 94, 174, 176
Isolierung 116, 117

Jugendreligion 226, 256

Kastrationsangst 86, 196, 285
Kindergruppe 205, 207
Kindheit 56, 78–83, 164–207
Klischee 56, 143, 250
Kollusion *131*, 132, 167
Kommunikation 28, 40, 52, 55, 57, 75, 96, 113, 168, 169, 170, 184, 243, 250, 251, 266, 280, 298, 299, 303, 304, 305, 331
– schizophrene- 254–256
Kompromiß 14, 69, 96, 100, 101, 102, 104, 130, 153, 236, 241, 262, 329
-bildung *15*, 16–19, 27, 33, 69, 96, 101, 222, 278, 286, 290, 322
Konflikt 15, 237, 239, 241 et passim
-fähigkeit 123, 131
Konkurrenz 116, 334
Konversionskrankheit 124–127, 243, 262, 304, 326, 328
Körper 45, 46, 47, 58, 165, 180
-ich 46, 47, 259
-repräsentanz 170
-selbst 46, 58, 165, 169, 170, 181, 270, 305, 315, 329, 342
Kränkung, narzißtische 61
Kreativität 14, 292
Krise 101, 102, 104, 184, 195, 205, 207, 265 et passim

Libido 34, 37, 41, 47, 50, 53, 70, 86, 107, 138, 141, 144, 211, 212
Liebe 37, 59, 138, 166
– primäre 134, 135, 142, 165, 177
Lust 15, 30, 39, 41, 43, 44, 45, 49, 56, 64, 65, 71, 87, 103 et passim
-prinzip 42, 89, 109, 136, 144, 285

Magengeschwür 333, 334
Magersucht 342–344
Magie 118, 193, 321
Manisch-depressive Krankheit 243, 272–285, 294
Märchen 97
Marxismus 16, 32, 33, 77
Masochismus 211, 285, 319, 320
Masturbation 65, 118, 191, 198, 206, 207, 226, 286, 288, 300
Melancholie 103, 125, 176, 213
Mindergefühl 206
Mittlebenskrise 84, 101, 102, 241, 256, 265, 300
Moral 99, 202

Mutter, dominante 336, 343
Mythos 13, 14, 16, 17, 18, 20, 26, 30, 31, 32, 43

Narzißmus 41, 61, 94, 98, 119, 122, 132, 133, 134–142
narzißtische Kompensation 244, 282–296
– Kränkung 140, 141, 217, 218, 231
– Objektbeziehung 136, 137, 148, 168, 176, 180, 215, 230, 231, 277, 297
– Objektwahl 137, 138, 139, 171
– Phantasie 139, 140
– Störung 244, 282
– Verarbeitungsmuster 244, 297–306
Neurose 74, 79, 86, 88, 94, 96, 97, 144, 194, 213, 241, *306*, 307–330
– traumatische 160
Norm 16, 74, 190, 327

Objekt *34*, 38, 41, 52, 58, 137, 238, 343
-beziehung, narzißtische cf. narzißtische Objektbeziehung
-beziehung, ödipale 195
-Konstanz 185, 311, 312, 315
-repräsentanz 61, 83, 126, 141, 168, 171, 203, 239, 245
-verlust 222, 223
ödipaler Konflikt (»Ödipuskomplex«) 71, 72, 75, 193–199, 207, 290
orale Phase 58, 164-180
Oralität 176–178
Organsprache, affektive 46, 169, 170

Pädophilie 283
Panik 92, 95
Partialtrieb 108, 210, 211, 212, 283
Partnerersatz 133
Penisneid 197
Perversion 211, 213, 244, 282–286
phallische Phase 190
Phantasie 113, 115
Phase *272*, 275
Phobie 96, 97, 121, 244, 261, 262, 309, 310, 312–314
Primärprozeß *49*, 50, 51, 92, 278, 279
Produktionsverhältnisse 75, 76
Projektion 61, 107, 118–120, 122, 130, 137, 193, 194, 195, 239, 240, 250, 279, 301
Psyche *22*
Psychopathie 305
Psychose 96, 97, 130, 144, 240, 241, 244–275, 311
Pubertät 101, 102, 107, 108, 120, 124, 207–218, 219, 256, 265, 283, 284, 287, 330, 342

Rationalisieren 23, 30, *128*
Reaktion, depressive 269, *270*, 317
– schizophrene 256, 257
– zwanghafte 323
Reaktionsbildung *53*, 54, 110–112, 141
Realangst 89, 94, 315
Realitätsprinzip *42*
Regression 49, 62, 95, 97, 122–124, 138, 140, 141, 142, 153, 154, 179, 182, 201, 210
Religion 142, 198, 232
Repräsentanz 34, 35, 38, 44, 45, 47, 52, 58, 70, 80, 81, 92, 117 et passim
Resomatisierung 104
Rheuma 338–340
Rollenspiel 190, 192, 193
Rückzug, narzißtischer 62, 208, 218, 230

Scham *178*, 188, 193, 202, 323
Schicksalsneurose 73
Schizoidie 120, 239, 248, 303
Schizophrenie 38, 56, 141, 148, 179, 240, 243, 244–257, 280, 297, 300

Schlaf 53, 141–160
-störungen 250, 258, 260, 261, 262, 263, 265, 346
Schub 240, 316, 317
Schuldgefühl 19, 31, 55, 67, 103, 121, 203, 228, 229, 270, 319, 323
Seele 20, 21, 22
Sekundärprozeß 49, *50*, 51, 91, 278
Selbst 38, 41, *58*, 62, 63, 77–85, 90, 102, 124, 134, 166 et passim
– deformiertes 237–239
– falsches 80, 82
-achtung 16, 217
-bedürfnis 177
-bewußtsein 142
-bild 16
-defekt, struktureller 245, 249, 267, 278
-objekt *81*, *136*, *245*, 270, 279, 291, 302
-objektivierung *61*, 62, 291
-repräsentanz *61*, 62, 72, 83, 99, 102, 108, 118, 141, 168, 171, 177, 203, 207, 225, 236, 239, 245
-tötung 141, 218, 227, 261, 265, 266, 269, 317, 318
-verwirklichung 101, 232
Sexualität 88, 108, 137, 165, 179, 181, 190, 193–198
Signal 55, 94
-angst 55, *92*, 93
Sinn des Lebens 16, 293, 300
Soziopathie 244
Spiel 206, 114, 115, 181, 190
Sprache 183, 184, 190
Stimmung 266, 267
Störung, vegetative 260, 261, 262, 269, 311, 330, 346, 347
Stottern 49
Strafe 31, 50, 63, 64, 68, 72, 73
Struktur 23, 29, 32, 35, 63
Sublimation 37, 53, 129–130, 198, 199
Sucht 59, 244, 249, 261, 265, 293–296
Symbiose Mutter-Kind 168, 246, 256, 313, 329, 332, 334, 343
Symbol 157, 158
Symptome, neurotische 18, 19, 27, 69, 96, 102, 116, 168 cf. Neurose
Symptomneurose 240, *242*, 243, 307
System 23, 29, 32, 33, 94, 95

Theorie 17, 18, 39
Tod 20, 142, 264
-esangst 93, 94, 97, 311
-estrieb 41, 53, 302
Toleranz 18, 69
Totenkult 20
Transvestitentum 284
Trauer 104, 125, 179, 222, 223, 260, 261, 317, 318
Traum 18, 28, 53, 109, 149–160
-analyse 149–160
-arbeit 149, 153–158
Trennungsangst 86, 94, 133, 174, 184
Triangulierung 184, 195, 240
Trieb *33*, 34, 38, 39, 43, 48, 56, 87, 101, 107, 110, 116, 120
-abkömmlinge 28, 39, 40, 43, 46, 55, 81, 87, 99, 100, 106, 110, 118, 119, 128, 143, 144, 147, 150, 169, 200, 246, 331
-mischung 36, 37, 179

Überbesetzung 37
Überich 63–74, 126, 200, 202, 271 et passim
– reifes 70
– strenges 70, 73, 88, 101, 193, 201, 202, 204, 321, 322
-angst 88, 93
Übertragung 143–148
-sneurose *108*, 144, 240
Unbewußtes (Ubw) 24, 25, 28, 32, 34, 35, 36, 37, 67, 71, 72, 73, 86, 100 et passim
Ungeschehen-machen 118, 220
Unlust 15, 16, 19, 30, 39, 41, 43, 50,

56, 64, 65, 72, 87, 91, 100, 102, 103, 166, 203, 219
Unterbewußtes 24
Urangst *87*, 174–177, 311, 312
Ur-Ich 173
Urmißtrauen 178
Ursache 29
Urverlust 176, 177
Urvertrauen 169, 174–176, 177, 242
Urverunsicherung 134

Verantwortlichkeit 31
Verdichtung 52, 53, 155, 156
Verdrängen 53, 105 ff., 113, 117, 121, 141, 193, 194, 328
Verleugnung 107, 113–116, 126, 141, 185, 240, 277, 305, 328
Verlustangst 72, 86, 89, 247
Verschiebung 36, 52, 69, 121–122, 156, 157, 309, 338
Verzweiflung 257
Vorpubertät 210, 211, 325
Vorurteil 16, 115

Wahn 96, 97, 115
-krankheit (Paranoia) 239, 253, 263, 297–301
-vorstellungen 248, *251*, 253, 258, 263, *297*
-welt 218, 324
Weltanschauung 16, 17
Wendung gegen das Selbst 122
Werte, handlungsleitende 220
Wertnivellierung 260, 268, 275
Wiederholungszwang *42*, 43, 109, 144, 145, 175, 221, 222
Würde 12, 28, 188

Zufall 26
Zuhören, projektives 113
Zurückspiegeln 57, 80, 81, 120, 167, 168, 174, 217, 218, 225, 259, 266, 270
Zwang 263, 269, 320, 322
-haft 115, 117, 188
-scharakter 320
-sneurose 60, 115, 117, 118, 121, 122, 189, 213, 244, 309, 320–325
Zweifel 187, 188

Literaturverzeichnis

Alexander, F., Über das Verhältnis von Struktur- zu Triebkonflikten, in: Internationale Zeitschrift für Psychoanalyse, 20 (1934), 33 f

Alexander, F., Psychosomatische Medizin, Berlin (De Gruiter) 1951

Ammon, G., Psychoanalyse und Psychosomatik, München (Piper) 1974

Argelander, H., Ein Versuch zur Neuformulierung des primären Narzißmus, in: Psyche 25 (1971), 358–373

Bauer, M., u. a., Psychiatrie, Stuttgart-New York (Thieme) 1980

Beckmann, D. und H. E. Richter, Herzneurose, Stuttgart-New York (Thieme) 1973

Berg, J. H. van den, Grundriß der Psychiatrie, Stuttgart-New York (Fischer) 1978

Bibring, E., The Mechanism of Depression, in: P. Greenscr (Ed.), Affective Disorders, New York 1953 (International Universities Press), 13–48

Blos, P., Adoleszenz, Stuttgart (Klett) 1973

Bräutigam, W. und P. Christian, Psychosomatische Medizin, Stuttgart-New York (Thieme) 1981

Brenner, Ch., Grundzüge der Psychoanalyse, Frankfurt (Fischer TB 6309), 1976

Brenner, Ch., Praxis der Psychoanalyse, Frankfurt (Fischer TB 6740) 1982

Burchard, J. M., Lehrbuch der systematischen Psychopathologie, Stuttgart-New York (Schattauer UTB 1003/4) 1980

Erikson, E. H., Jugend und Krise, Wien (Ullstein) 1981

Fetscher, R., Das Selbst und das Ich, in: Psyche 35 (1981), 616–641

Freud, A., Das Ich und die Abwehrmechanismen, München (Kindler TB 2001) 1980

Freud, S., Gesammelte Werke, Frankfurt (Fischer) 1960 ff. Hier zitiert oft ohne Angabe des Autors und nur mit Band und Seite

Hoffmann, S. O., und G. Holzapfel, Einführung in die Neurosenlehre und die psychosomatische Medizin, Stuttgart-New York (Schattauer UTB 951) 1979

Huber, G., Psychiatrie, Stuttgart-New York (Schattauer) 1981

Jacobsen, E., The Self and the Object World, in: Psychoanalytic Study of the Child 9 (1954)

Kohut, H. und E. Wolf, Die Störungen des Selbst und ihre Behandlung, in: Psychologie des 20. Jahrhunderts X, München (Kindler) 1980, 667–682

Langen, D., Psychotherapie, Stuttgart-New York (Thieme) 1978

Lorenzer, A., Die Wahrheit der psychoanalytischen Erkenntnis, Frankfurt (Suhrkamp stw 173) 1976
Lorenzer, A., Sprachzerstörung und Sprachzerfall, Frankfurt (Suhrkamp stw 31)
Lorenzer, A., Sprachspiel und Interaktionsformen, Frankfurt (Suhrkamp stw 81) 1977
Mentzos, St., Interpersonale und institutionale Abwehr, Frankfurt (Suhrkamp) 1977
Mentzos, St., Neurotische Konfliktverarbeitung, München (Kindler TB 2239) 1982
Miller, A., Das Drama des begabten Kindes, Frankfurt (Suhrkamp st 950) 1983
Miller, A., Am Anfang war Erziehung, Frankfurt (Suhrkamp st 951) 1983b
Mitscherlich, A., Zur psychoanalytischen Auffassung psychosomatischer Erkrankungen, in: Psyche 7 (1953/54), 561
Morgenthaler, F., Homosexualität, in: V. Sigusch, Therapie sexueller Störungen, Stuttgart-New York (Thieme) 1980
Nagera, H., Psychoanalytische Grundbegriffe, Frankfurt (Fischer TB 6331) 1977
Rado, S., Die psychischen Wirkungen der Rauschgifte, in: Internationale Zeitschrift für Psychoanalyse 12 (1926), 540–556
Rattner, J., Psychologie und Pathologie des Liebeslebens, Frankfurt (Fischer TB 6737) 1981
Reich, W., Charakteranalyse, Wien 1933
Rottmann, G., Untersuchungen über Einstellungen zur Schwangerschaft und zur fötalen Entwicklung, in: 2. Tagung der Int.Stud.Gem. Pran. Psychol., Paris 1973
Scheff, Th. J., Das Etikett ›Geisteskrankheit‹, Frankfurt (Fischer TB 6719) 1980
Schlegel, L., Grundriß der Tiefenpsychologie I, München (Francke UTB 118) 1972
Schur, M., Comments on the Metapsychology of Somatization, in: The psychoanalytic Study of the Child 10 (1955)
Searls, H. F., Der psychoanalytische Beitrag zur Schizophrenieforschung, München (Kindler) 1965
Seibt, Fr., Psychoanalytische Charakterlehre, München-Basel (Reinhard UTB 662) 1977
Stephanos, S., Analytische-psychosomatische Therapie, Bern (Huber) 1973
Willi. J., Die Kollusion als Grundbegriff für die Ehetherapie, in: Gruppendynamik 6 (1972), 147–154